KB194104

역사이성과 자기혁신

유헌식 지음

역사이성과 자기혁신

유헌식 지음

철학과현실사

머리말

한국사회를 어떻게 변화시킬 수 있을까? 사회의 변화는 어떻게 가능한가? 사회의 변화를 설명할 수 있는 참된 이론적 틀은 무엇일까? 1970년대 중후반 사회학을 전공하던 학부 시절 사회변동론에 관심을 갖다가, 사회학이 '변화의 문제'에 근본적인 답변을 하지 못한다고 여겨 '사회과학의 철학'을 공부할 요량으로 대학원 전공을 철학으로 바꿨다. 그런데 사회과학의 철학은 영미의 과학철학에서 주로 다루고 있어 그다지 나의 흥미를 끌지 못했다. 방황과 모색 중에 변화의 문제를 존재론적으로 해명했다고 보이는 헤겔의 변증법을 만났다. 이 만남이 이후 나의 학문 여정에 결정적으로 쐐기를 박으리라고는 그 당시에는 예상하지 못했다.

'헤겔'은 나에게 너무나 컸다. 석사과정에서는 헤겔의 『논리학』을 중심으로, 박사과정에서는 헤겔의 『정신현상학』과 『역사철학』을 중심으로 논문을 썼지만, 지금도 나에게 가장 발설하기 껄끄러운 철학자 이름은 '헤겔'이다. 큰 틀에서는 어느 정도 자신 있게 헤겔적 사유의 윤곽을 말할 수 있으나, 세부사항으로 들어가면 어느 것 하나

명쾌하게 해명할 자신이 없다. 독일 프랑크푸르트의 다락방 서재에서 흙벽에 손톱을 긁으며 절망했던 기억이 아직도 생생하다. '헤겔'이 나의 지적 능력 밖에 있는 인물이라는 사실을 알게 된 것은 최근의 일이다.

헤겔과 힘겹게 씨름했던 나의 지적 편린들 몇 편을 여기 내어 놓는다. 전반부 글들 가운데 특히 2장은 나의 학위논문 「헤겔의 역사적 사유에 나타난 '새로움'의 문제」 일부를 개작한 것이고 후반부의 글들은 그 성격에서 헤겔과 직간접으로 관련이 있는데, 특히 3장의 최인훈과 함석헌 관련 글은 헤겔과 한국 지성의 연관성을 모색한다는 점에서 헤겔 철학의 한국적 변용이라고 할 수 있다. 헤겔 철학은 어디까지 '우리'에게 설득력을 지니고 적용될 수 있을까? 몇 년 전부터 헤겔 철학에서 서서히 거리를 두고 있는 나 스스로에게 던지는 물음이다. '한국적 사유'라는 것이 있다면, 그것은 헤겔적 사유와 어떻게 다를 수 있을까?

이 책에 실린 글들은 인식론, 역사철학, 방법론 등에 걸쳐 다양한 모습으로 드러나고 있지만, 내적으로는 '변화의 문제'와 관련하여 '새로운 것(novum)의 출현을 어떻게 설명할 것인가?'라는 문제의식을 바탕에 깔고 있다. 일반적으로 헤겔에게 '변증법'이라는 꼬리표를 달아 그를 마치 '변화'의 대표 주자처럼 간주하는 경향이 있으나 그것은 단편적인 이해의 소산이다. 헤겔의 '사변' 철학에서 초점은 대립과 분열이 아니라 종합과 통일에 맞춰져 있기 때문이다. 하지만 다른 한편으로 '시간'과 '역사'가 존재사유의 이해에서 기본적이고 필수적인 변수로 고려되고 있는 한에서, 변화 또는 새로움의 문제가 헤겔의 사유 안에서 어떻게 해명되고 있는지를 살피는 일은 만만치 않았다. 전체적으로는 이성의 역사성을 강조하면서 정신의 자기쇄신을 역설하는 헤겔의 사유에 비추어 '역사이성과 자기혁신'이라는 제

목을 끌어냈으며, 이를 중심으로 다른 인문학 분야와의 소통 가능성
을 타진해 보고자 했다. 특히 '새로움'이라는 현상을 헤겔 철학과 관
련하여 조명함으로써 헤겔 철학체계의 특징을 이해할 뿐만 아니라,
요즘 나의 관심사인 '한국 철학의 정립'에 헤겔의 사유가 기여할 수
있는 점과 그렇지 못한 점을 분간하는 실마리를 찾고자 하였다.

　자신이 엮어 온 시간의 흔적에 대한 기억은 풋풋하면서 쓸쓸하다.
한 뜸 한 뜸 글을 떠올릴 때를 생각하면 싱그러운 마음이 들다가도,
지금 표정 없이 앉아 있는 글자들을 보면 안쓰럽기 그지없다. 글쓰
기의 생명력은 어디에서 확보되는 것일까? '살아 숨 쉬는 글을 쓰고
싶다'는 바람이지만, 실제는 마음을 따르지 못하고 있다. 어려운 여
건에서도 순수철학적인 저술의 출판을 흔쾌히 승낙해 주신 철학과현
실사에 감사의 말씀을 전한다.

2009년 1월

유 헌 식

차 례

3장 정신의 자각적 운동구조

헤겔 원전 약어

1. 다음의 약어로 표기된 헤겔 원전은, Suhrkamp 출판사에서 간행된 20권짜리 헤겔 전집(hrg. E. Moldenhauer und K. M. Michel, Frankfurt/M. 1969ff.)을 바탕으로 한다.

D : *Differenz des Fichteschen und Schellingschen System der Philosophie* (Bd. 1)

NR : *Über die wissenschaftliche Behandlungen des Naturrechts* (Bd. 2)

Ph : *Phänomenologie des Geistes* (Bd. 3)

L I : *Wissenschaft der Logik I* (Bd. 5)

L II : *Wissenschaft der Logik II* (Bd. 6)

R : *Grundlinien der Philosophie des Rechts* (Bd. 7)

E : *Enzyklopädie der philosophischen Wissenschaften im Grundrisse* (Bd. 8-10)

G : *Vorlesungen über die Philosophie der Geschichte* (Bd. 12)

Ästhetik I : *Vorlesungen über die Ästhetik I* (Bd. 13)

P : *Vorlesungen über die Geschichte der Philosophie* (Bd. 18)

P II : *Vorlesungen über die Geschichte der Philosophie II* (Bd. 19)

P III : *Vorlesungen über die Geschichte der Philosophie III* (Bd. 20)

2. 그 외 헤겔 원전

G(H): *Die Vernunft in der Geschichte*, hrg. v. J. Hoffmeister, Hamburg 1955ff.

P(H) : *Einleitung in die Geschichte der Philosophie*, hrg. v. J. Hoffmeister, Hamburg, 1940ff.

1 장

정신의 자기부정

철학의 시간성과 '새로움'의 문제

헤겔이 본 철학의 한 과제

철학 그 자체는 '새로운 것(das Neue)'의 발생문제와 어떻게 관련되어 있는가? '새로움'이라는 현상은 어떤 의미에서 철학함의 대상일 수 있는가? 새로움이란 철학적으로 어떻게 규정될 수 있는가? 시간적인 현상으로서의 새로움은 존재일반의 학으로서의 철학과 어떤 맥락에서 관련되는가? 이 문제들을 헤겔의 **철학 개념** 안에서 살펴보는 것이 이 글의 목적이다.

헤겔의 철학적 반성은 **현재**, 즉 '여기 지금(hic et nunc)'에서 출발한다. 현재는 직접적으로 앞에 주어져 있는 존재(das unmittelbar vor-gegebene Sein)로서 철학자로 하여금 철학하기를 요구한다. 이 존재를 개념적으로 **매개**하는 일이 철학함의 본질이다. 이 매개 안에서 존재의 **시간성**과 **탈(脫)시간성**은 서로 만난다. 그런데 문제는 철학의 자기관계성(Selbstbezüglichkeit)과 시간(시대)연관성(Zeitbezogenheit)이 어떻게 상호 매개될 수 있는가 하는 점이다. 이러한 문제 상황은 헤겔이 전자를 "스스로 사유하는 이념(die sich denkende Idee)"(E §574)으로, 후자를 "자기 시대의 철학(Philosophie ihrer Zeit)"(P 65)

으로 표현하면서, 이 양자가 "정신이 한 시대를 파악한 것(Begreifen des Geistes einer Zeit)"(P 71)에서 통일된다고 본 데에서 기인한다. 철학의 이념이 어떻게 절대성을 띠면서 동시에 시간성을 띨 수 있는가 하는 문제를 우선 다루는 것은 우리가 앞으로 살펴보게 될 '새로움'에 대한 철학적 이해를 위한 전제조건이 된다는 점에서 중요한 의미를 지닌다. 요컨대, 철학의 정신은 어떻게 자기 자신을 파악하면서 이 파악의 결과가 동시에 시대 인식일 수 있으며, 이는 역사의 시간 안에서 출현하는 새로움이라는 현상을 설명하는 일과 어떻게 관련되는가?

이러한 문제 제기와 관련하여 우선 철학과 시간성의 관계를 살펴보기로 한다. 철학의 이념은 "스스로를 아는 이성(die sich wissende Vernunft)"(E §577)이며, 따라서 오직 자기 자신에게만 관계하는 한에서, 철학의 이념은 전통 형이상학의 의미에서의 실체에 대한 정의와 일치하며 그런 뜻에서 타자와의 모든 관계를 자기로부터 배제한다. 이러한 실체론적 사유에서는 모든 시간적인 규정태는 우발적인 것으로서 실체의 자기관계성에 종속되어 버린다. 그러나 헤겔에 따르면 철학은 다른 한편으로 시간(시대)의 제약 속에 있다. 즉 철학은 시간적인 규정을 자기 안에 지닌다. 여기서 철학의 자기관계성이 어떻게 자기 시대에 대한 경험적 인식과 맞물릴 수 있는가 하는 문제가 생긴다. 이 양자의 관계 규정이 중요한 이유는, 헤겔에게서 새로움에 대한 철학적 이해는 한편으로 '불멸적인 이성성의 파악'과, 다른 한편으로 '시간의 규정을 받는 현존재의 인식'과 관련되기 때문이다.

헤겔이 철학사에 공헌한 것 가운데 하나는 이성의 보편적 이념을 시간이라는 특수성과 결합시킨 점이라는 데에는 이론의 여지가 없다. 그러나 이념적인 것의 탈시간성과 실재적인 것의 시간성을 결합시킬 때 '어떻게 철학의 **이념**이 **시간성**을 띨 수 있는가?' 하는 물음이 제기된다.[1] 이 맥락에서 다음과 같은 풀다(H. F. Fulda)의 문제설정은 흥미롭다: "무엇이 사유의 시간성을 위한 특별한 근거인가?"[2] 풀다는 우선 사유의 **오성적인 특성**(Verstandescharakter des Denkens)에 근거하여 이 문제에 답변하려 한다: "그것[이념: 필자]이 시간 안에서의 전개로 나타나는 것은 오성적인 것이 이념의 첫 번째 계기를 이루기 때문이다."[3] 그리고 나서 풀다는 사유의 오성적인 특성을 "특수자에 대해 보편자를 고수하려는 데에서" 보고, 시간을 결국 보편자의 특수자로의 전개 과정 안에서 이해한다: "보편자가 이제 순수한 사유 안에서 스스로를 특수자로 **전개시켜야만** 하는 한, 보편자는 하나의 매개체에 의존하고 있다. 이 매개체가 다름 아닌 먼저 것과 나중 것의 질서, 즉 그 안에서 전개가 생겨날 수 있는 근거로서의 시간이다."[4] 풀다에 따르면 시간이란 보편적인 이념의 자기외화 과정에서 자기이해의 수단으로 불가피하게 개입되어야 하며 또한 이는 이념의 전개를 위한 근거이다. 풀다의 이러한 해석은, 시간성이란 정신의 자기반성 안에 이미 포함되어 있다는 해석과 대조를 이룬다.[5]

시간은 정신의 형식에 대해 **외적인 것**으로서 정신의 목적, 즉 정신의 특수화를 위하여 보편정신에 봉사하는 매체인 것인가? 아니면, 시간은 정신의 **내적인** 요소로서 이를 토대로 정신이 자기를 역사적인 현존재 안에서 전개시키는 것인가? 시간의 정신내재성과 정신외

---

1) "철학이 어떻게 시간 안에서의 발전으로 나타나는가?"(P 51)라고 헤겔 자신도 이 문제를 제기한다.
2) Fulda 1975, 196.
3) 같은 책, 196ff.
4) 같은 책, 197.
5) "이러한 '순수' 논리적인 범주들 안에는 시간성이 포함되어 있어야만 하는 것이 아닌가."라는 반성이 이에 속한다(Liebrucks 1955, 242).

재성에 대한 물음이 중요한 이유는 이에 대한 답변의 결과에 따라 '새로움'이라는 현상의 근거가 달라지기 때문이다. 다시 말해 이 결과에 따라 새로움의 현상은 정신의 내재적인 형식에서 도출될 수 있는가, 또는 없는가 하는 문제가 결정되기 때문이다. 그러나 이에 대한 답변이 쉽지 않은 것은 헤겔 자신이 이 문제를 명료하게 다루지 않았다는 데 있다.

시간이란 헤겔에게서 "외화의 방식들 가운데 하나"(P 51)이다. "시간은 개념 자신이다. 그것은 거기 있으면서 공허한 직관으로 스스로를 의식에게 드러내 보인다; 그래서 정신은 필연적으로 시간 안에서 현현한다."(Ph 584) 그런데 정신이 시간 안에서 현현해야 할 필연성은 구체적으로 어디에 있는가?6) 시간은 외화의 한 방식으로 정신의 개념 자체에 속하는가? 아니면 정신에서 독립하여 항상 이미 현존함으로써 직관된 개념으로서 단지 정신의 의식에 표상되어야만 하는가? "시간은 외적으로 직관된, 자기에 의해 파악되지 않은 순수한 자기, 즉 단순히 직관된 개념이다."(Ph 584)라는 서술에서는, 시간이 정신의 자기와는 구별되며 따라서 정신의 자기반성에서는 벗어나 있는 것같이 보인다. 그럴 경우 시간성은 '새로운 것'이 정신으로부터 전개되는 것에 대하여(gegenüber dem von Geist her zu Entfaltenden) 예기치 않게, 혁신적으로(innovativ) 출현할 수 있게 된다. 풀다의 해석에 따르면, 헤겔의 시간성은 '낯섦의 경험(Fremdheitserfahrung)'의 토대로서 외재하는 것이지 정신의 자기외화의 내적인 방식이 아니다. 따라서 정신의 변증법적인 진행의 내용은 정신의 형식의 전개에서 도출될 수 없다는 것이다.7)

---

6) 정신은 '단지 시간을 통하여' 자기의 '개념' 또는 '자기이해'에 도달할 수 있다(Dubsky 1961, 78 참조)는 것은 분명하다. 그렇지만 정신은 왜 시간을 통해서만 자기 자신에 이를 수 있는가 하는 문제는 아직 답변되지 않고 있다.

18

이에 반해, 우리가 "시간은 개념 자체이다."라는 표현을 글자 그대로 이해할 경우 헤겔은 **개념**과 **시간**을 **동일시**하고 있는 것처럼 보인다. 이러한 해석은 본질적으로 자아의 자기판단(Selbst-Urteil des Ich: 자아의 근원적인 자기분할)에서 야기되는 정신의 **절대적인 자기구별**에 근거한다. "이 '나 = 나'는 스스로를 자기 안에서 반성하는 운동이다. 왜냐하면 이 동등성은 절대적인 부정성이라는 점에서 절대적인 구별이라고 할 때, 자아의 자기동등성이 이 순수한 구별과 맞서기 때문인데, 이때 이 구별은 순수하며 동시에 스스로를 아는 자기에 대립한다는 점에서 시간이라고 언표될 수 있다."(Ph 586ff.) 그럼으로써 결국 헤겔은 "본질"을 "사유와 연장의 통일" 그리고 "사유와 시간의 통일"로 파악한다(Ph 587). 헤겔은 자아의 자기동등성을 그의 절대적인 구별로 전환시킴으로써 정신의 자기반성 과정에 시간이 필연적으로 개입된다는 사실을 일깨운다. '나 = 나'의 판단에서의 계사 '이다'는 더 이상 사유의 단적인 자기정립과 관련되어 있지 않고, 사유의 절대적인 부정성, 즉 **순수한 시간성**과 관련되어 있으며, 이를 통해 자기를 시간 안에서 드러내 보이는 '관념적인 것과 실재적인 것의 통일'을 매개한다. '이다'는 **활동하는 중심**으로서 다름 아닌 **시간으로 직관된 개념**이다. 사유는 자신이 지닌 바로 이 시간성 때문에 스스로를 외화하고 또 오직 시간을 통해서만 자기일 수 있게 된다.

시간성이 정신에 내재해 있는가, 또는 정신에 대해 외적인 것인가 하는 물음은 이제 와서는 하나의 잘못된 문제설정이었음이 드러난다. 왜냐하면 이 물음에는 정신의 자기정립 과정에서 **전제된** 자기와

---

7) 이러한 측면은 풀다가 변증법의 새로운 단계에서의 '의미전환'에 대해 논하는 데에서 구체적으로 나타난다. 즉 의미변형 과정에서 "하나의 새로운 용어"는 "첫 번째 보편자의 영역 밖에서" 생겨난다(Fulda 1978, 60).

정립된 자기가 동일하다는 잘못된 가정이 숨어 있기 때문이다. '나 =
나'로 표현되는 자아의 타자화(자기분화)는 자아의 시간화(Verzeit-
lichung)를 의미하는 계사 ' = '를 통해서만 가능하다. 전제된 자아는
시간성을 띠지 않는다. 그러나 정립된 자아는 시간에 의해 매개된
자아이다. 이는 정신의 주관성이 단순히 시간적이라거나 또는 비시
간적이라고 규정될 수 없음을 뜻한다. 정립된 자기는 시간에 의해
매개되었다는 점에서 전제된 자기와 본질적으로 구별된다. 헤겔에게
서 '자기'는 단지 언표되는 한에서만 실존하며 또한 사변적인 명제
를 매개로 해서만 자신의 진리성에 이른다고 할 때, 이 판단에 수반
되는 계사는 바로 시간성의 개입이 필연적임을 의미한다. 여기에서
는 자기와 시간 간의 관계 규정이 아니라 정신(개념)의 주관성의 행
위가 초점이 된다. 따라서 시간성은 자기의 자기정립 행위에서 비로
소 직관되는 것이지 근원적인 자기 안에 포함되어 있는 것이 아니
다.8) 시간은 자기에 대해서는 외적(外的)이나 자기의 자기반성에 대
해서는 내적(內的)이다.

'나 = 나'라는 자기의 절대적인 판단은 무시간적인 자아가 시간을
거쳐 시간을 지양하는 자아로 진행하는 하나의 행위이다. 이러한 진
행은 하이데거가 헤겔의 시간개념을 잘못 이해했듯이 개념의 운동구
조가 직접 시간성으로 적용됨으로써 개념의 자기운동이 시간화되는
것이 아니다. 개념은 오히려 시간을 매개로 운동한다. 따라서 무시간
적인 전제된 자아는 시간을 통해 매개된 정립된 자아와 구별된다.
이렇게 볼 때 코제브(A. Kojéve)의 헤겔 해석에도 문제가 있다.9) 정

---

8) 칸트나 피히테와는 달리 헤겔에게서 시간은 주관의 범주에서 선험적으로 도
출되지 않는다. 오히려 주관성은 자기와 시간으로 이루어져 있다: "시간이
주관-객관의 동일성인 '나 = 나'에서 형이상학적, 선험적으로 연역되는 대신
에 [헤겔에게서는: 필자] 자기를 객관화하는 주관성의 이중 계기로서 자기와
시간의 변증법적인 동일성이 나타난다."(Kimmerle 1978, 343)

20

신의 사유 과정에서 필연적으로 직관되는 시간은 자기에 대하여 외적으로 존재한다: "시간은 **외적으로** 직관된, 자기에 의해 **파악되지 않는 것이다.**"(Ph 584) 시간은 이렇게 정신에 대해 단지 외적이기만 한 것인가? 그래서 풀다가 생각하듯이 시간은 정신의 판단에 외부로부터 개입하여 새로운 것이 직접적으로 그리고 예기치 않게 출현하는 토대가 되는가?

풀다에 따르면 시간성은 외적인 계기로서 정신의 자기이해 과정에 **개입**된다. 그러나 헤겔에게서 철학의 정신은 "그 본질이 시간 **안으로** 현상하게끔 하는 것이 아니라 스스로를 시간적인 것으로 구성한다." 그런 의미에서 철학의 역사적인 욕구는 "**자기시간화**(Sich-zeitigen)"를 통하여 충족된다.[10] 시간은 정신의 자기직관의 수단으로서 정신 스스로가 창출하는 것이지 외부에 있는 시간 안으로 정신이 자기를 투사(投射)하는 것이 아니다. 또 이와 관련하여 언급되어야 할 것은, 풀다의 설명에는 '시간적으로 이해 가능한 것'이 '보편적인 것'에 어떻게 **관계**하는가에 대한 설명이 결여되어 있다. 자기의 전개 과정에 시간이 외적으로 개입한다는 점에서, 새로운 것이 자기와 시간의 변증법적인 통일의 각 단계마다 직접적으로 출현할 수 있는 근거를 정신 외적인 것에서 마련할 수는 있겠지만, 양자의 관계가 해명되지 않을 경우, **어떻게** 시간화된 개념이 **지양**되며 또 **누가** 지양

---

9) Kojéve 1975, 121ff. 참조. 그의 헤겔 해석에서는 개념 또는 정신이 시간과 직접적으로 동일시되고 있는데, 이러한 오류는 그가 이러한 동일시를 인간학의 정당화를 위한 기초를 마련하기 위해 나쁜 의미에서 이용하려 한 데에서 기인한다. 그는 개념을 인간과 동일시하고 그리하여 시간과 동일시함으로써 무시간적으로 전제된 개념이 시간화된 현존하는 개념과 구별된다는 사실을 간과하고 있다. 코제브가 개념(인간)과 시간의 동일성이라고 표현한 **역사적인 시간**(die geschichtliche Zeit)은 헤겔에게서 **시간화된 개념**(der verzeitlichte Begriff)이지 개념(인간)적인 시간이 아니다.

10) Zimmerli 1974, 82ff.

하는지 하는 문제가 남게 된다. 이 문제에 대한 답변이 중요한 이유는, 헤겔의 철학 개념에서 관건이 되는 것은 단순한 '정신(자기)의 시간화'가 아니라 '시간화된 정신의 **지양**', 헤겔의 표현을 빌리자면 '시간을 없애는 것(Tilgung der Zeit)'이기 때문이다: "정신은 자신의 순수한 개념을 파악하지 않는 한, 즉 시간을 없애지 않는 한, 시간 안에서 현현한다."(Ph 584) 정신이 자기를 이해하기 위한 매체로서의 시간은 철학의 사유가 얽매이는 기준점이 아니라, 오히려 정신이 자기의 반성을 통해 지양해야 할 대상이다. 시간은 아직 자기 내적으로 완결되지 않은 정신의 운명이다(Ph 584ff. 참조). 코제브의 생각처럼 정신과 시간이 동일한 것도, 풀다가 이해하듯이 시간이 정신에 대해 외적인 것도 아니다. **정신은 스스로를 시간화한다. 정신은 스스로를 시간 안에서 절대적으로 구별한다.** 이러한 한에서만 시간화된 자기는 자기로 되돌아갈 수 있다. 정신의 시간으로의 자기분화(자기외화)와 시간화된 현존재로서의 자기를 지양함으로써 정신은 **새로워진다.**

시간 안에서의 정신의 절대적인 구별은 철학의 과제와 관련해서 중요한 의미를 갖는다. 왜냐하면 시간화된 자기는 바로 **철학함의 대상**이기 때문이다. 그런데 시간으로 외화된 자기는 시간과 동일한 자기가 아니라 시간 안에서 분열된 자기, 즉 철학을 통하여 지양되어야 할 자기이다. 외화된 자기의 분열상은 자기의 자기 자신에 대한 **오성적인** 인식에 기초한다. '시간적이다'는 헤겔에게서 '오성적이다'와 동일하다. 자기가 시간적인 현존재인 한, 자기는 **오성에 의해 고착된 자기 내 분열** 바로 그것이다.[11] "분열은 **철학의 욕구의 근원이**

_____

11) 오성적인 것이 야기한 자기의 분열과 대립을 이성적인 것이 지양한다: "이성은 오성이 분열을 절대적으로 고착시키는 데 대항하여 스스로를 정립한다. 절대적으로 대립하는 것 자체가 이성에서 생겨났을 때에는 더욱 그러하

며 또한 시대의 도야(陶冶)라는 면에서 볼 때 특정 형태의 부자유한 측면이다."(D 20) 분열은 헤겔에게서, "자기의식적인 정신으로서의 이성과 현존하는 현실성으로서의 이성 사이에"(R 26) 있는 자기의 부자유(Unfreiheit des Selbsts)로 나타난다. 철학의 과제는 이러한 분열과 모순의 극복에 있다. 철학적 이성의 유일한 관심은 "고착화된 대립을 지양하는 것"(D 26), 구체적으로 말해, "주관성과 객관성의 고착화된 대립상을 지양함으로써 지적이고 실재적인 세계로 이루어진 결과를 생성의 과정(ein Werden)으로, 산출된 결과로서의 이 세계의 존재를 산출하는 과정(ein Produzieren)으로 파악하는 것"이다 (D 22). 그럼으로써 "절대적인 분열은 상대적인 분열로 전락하는데, 이러한 전환은 근원적인 동일성을 통해 뒷받침된다."(D 22)

분열된 시대는 철학의 욕구가 출현하는 배경이다: "내적인 갈망과 외적인 현실 사이의 단절이 있는 곳에서 … 비로소 철학함이 시작된다."(P 71) 철학함은 자기의 내적인 것과 외적인 현실 사이의 대립을 인식하는 데에서 출발한다. 이 대립을 철학적으로 지양하기 위해서는 먼저 분열된 세계상이 **상대적인 것**으로 인식되어야 하며 또 그것이 **절대적인 것**의 자기관계성(Selbstbezüglichkeit des Absoluten)에 비추어 파악되어야 한다. 철학이 지양을 시작하는 그 순간, 이 지양이 새로운 시대로의 이행을 뜻할 때, **새로운 것을 파악**하는 일(Erfassen des Neuen)이 **역사적인 욕구**로서의 철학의 과제로 주어진다.

그렇다면 시대의 경험을 철학적으로 파악하는 일은 새로움에 대한 철학적 이해와 구체적으로 어떻게 관련되는가? 이에 대한 대답은 쉽지 않다. 그 이유는 헤겔의 시대파악 방식이 양면적이라는 데 있다. 그 방식은 **회상적**(回想的, retrospektiv)이면서 동시에 **전망적**(展望的,

---

다."(D 22)

prospektiv)이다. 이러한 양면성은 본질적으로, 철학은 "현재적인 것과 현실적인 것을 파악하는 일"(R 24)이라는 헤겔의 말에 대한 해석의 문제와 결부되어 있다. 현실에 대한 철학의 태도는 우선은 **이미 이루어진 세계에 대한 추후적인 정당화**처럼 보인다. 이는 철학이 "실재하는 세계의 몰락과 더불어"(P 71), 그리고 현실의 도야 과정이 완결됨과 동시에 시작한다는 데에서 드러난다(R 28 참조). 이에 따르면 철학의 권리는 **과거** 즉, 이미 이루어진 사실에 대한 **기억**에 제한된다. 헤겔이 철학을 "황혼이 다가오는 무렵에야 비로소 날기 시작하는 미네르바의 부엉이"(R 28)에 비유한 것이 헤겔의 보수주의 내지는 철학의 후발적인 무능력을 드러낸 것으로 자주 거론되는 것도 바로 이러한 맥락에서이다.[12] 철학은 **항상 늦게 오는 자**로서 역사에 대하여 "어떠한 파일럿 기능도 가지고 있지 않다."[13] 철학이 현실에 대해 추후적인 반성만 한다는 문제 상황은 헤겔이 말하는 정신의 상기(想起) 원칙(Prinzip der Erinnerung)에서 비롯하는 것처럼 보인다. 철학의 정신이 현재와 현실을 파악하기 위해 "사상이라는 공간으로 도피하여 현실세계와는 대립되게 … 사유의 왕국을 건설할 때"(P 71), 철학의 이성적 통찰이 "현실 안에서가 아니라 관념적인 세계 안에서" 행해질 때, 이 정신은 자기 안으로 들어가며(in sich gehen), "자기의식의 밤으로"(Ph 590) 침잠한다. 정신의 이러한 "자기 안으로 들어감" 또는 "상기"에서 "새로운 세계와 새로운 정신의 형태"(Ph 591)가 생겨난다. 철학의 **실재성**은 말하자면 내면화의 원칙에 따르는 사상의 **관념성**에 있다. 정신이 과거에 경험한 것은, 철

---

12) 하버마스가 헤겔의 철학 개념은 사후정당화의 논리라고 비난한 것도 이의 한 예라 할 수 있다. "정신이 현실을 실천적으로 혁명하고 난 후에야 그리고 이성을 현실적으로 만들고 난 후에야, 철학은 혁명화된, 이성적으로 된 세계의 의식에 이를 수 있다."(Habermas 1978ff. 144)

13) Hösle, 1987, Bd. II, 437.

학이 그것을 토대로 현재적인 것(현실적인 것)을 규정할 수 있는 자료인 셈이다.

그러나 **철학의 상기**란 헤겔에게서 무엇을 뜻하는가? 정신의 상기 또는 기억이 어떻게 새로움의 근거일 수 있는가? 현재적인 것을 파악하기 위해서 철학의 사유는 **자기 자신**을 상기한다. 그는 **자기 안**으로 침잠한다. 외적인 것과의 이해연관을 떨쳐버리고 자기 안으로 들어간다. '자기 안으로 들어감'이란 철학적 사유의 **순수한 자기반조**(die reine Selbst-Reflexion)이다. 이러한 철학의 내면화(Er-innerung)는 분열된 시대의 지양을 위한 발판일 뿐만 아니라 이성적인 것을 파악하기 위한, 그럼으로써 특수자를 보편자로 고양시키기 위한 토대이다. 정신의 상기(내면화)는 시간적으로 지나간 것을 다시 되살려 기억해 내는 것이 아니라 정신의 이념이 **자기와 관계**하는 것이다. 이는 곧 정신이 '아직 전개되지 않은 보편자로서의 **자기를 의식하는 것**'이다. 정신의 보편자에 대한 의식은 실재하는 현실이나 관념적인 이념 안에서 한번도 **의식된 적이 없는** 보편자(이성성)에 대한 정신의 자기반조(自己反照)이다. 그러한 한에서 이 보편자는 아직은 무규정적인 직접태로서, 이는 시간과의 매개를 통하여 비로소 대자화(對自化)된다. 철학적 정신의 내면화는 결코 과거로 눈을 돌리는 행위가 아니라 **순수한 자기**와의 대면이며 이를 통해 철학의 정신은 **앞으로 전진**하여 이전보다 **더 높은 새로운** 형태의 자기로 태어난다. 그런데 여기서 주목해야 할 점은 철학적 정신의 자기반조는, 플라톤에게서처럼 현실과 독립된 피안의 이념을 재인식하는 것이 아니라 바로 이 차안의 **현재** 안에서 **자기를 찾는다**는 점이다. 현재적인 것 안에서 자기를 찾는 일은 현재에 대한 **철학적 이해**를 요구하며, 여기서 나타나는 철학적 반성과 현재적인 것의 만남은 단순히 시간적인 것에 대한 개별적인 서술이 아니라 이 시간적인 것 안에 존재하는 이성적인 것의 파악이며, 이를 통해 철학은 오히려 **시간적인 것**을 **지양**한다.

이렇게 볼 때 오성적인 것에 상응하는 시간적인 것은 이성적인 것에 상응하는 현재적인 것과 구별된다.[14] 철학함의 대상이 이성적인 것인 한, 철학의 과제는 오성에 의해 야기된 분열의 시대를 지양하는 데 있다. 여기서 철학은 시대의 부정성을 분열된 현실 안에서가 아니라 이 현실의 관념성, 즉 이성적인 이념의 주관성 안에서 찾는다. 시대의 분열은 하나의 실재이기는 하지만, 이성이 이 실재 안에 **존재**하는 한, 극복될 수 없는 어떤 것이 아니다: "철학은 이성적인 것을 천착하기 때문에 현재적인 것과 현실적인 것을 파악하는 것이지, 피안의 것을 내보이는 것이 아니다."(R 24)[15] 시간적인 것은 그것이 오성에 의해 고착된 한에서, 그것이 정신에 의해 파악되지 않은 한에서 **부정**의 대상이다. 이에 반해 현재적인 것은 그것이 이성적인 한에서 **규정**의 대상이다. 주어진 것은 현재적인 것이 아니라 시간적인 것이다. 따라서 현재적인 것의 개념적인 이해는 결코 외적인 현실을 학적으로 정당화하는 것이 아니라, 이미 알려져(bekannt) 있지만 아직 인식되지 않은(noch nicht erkannt) 이성적인 것을 파악하는 일이다: "철학에서 관건이 되는 것은 알려진 것으로 전제된 것이 인식되는 것이다."(P II 352)[16]

---

14) "존재하는 것(was ist)을 파악하는 일이 철학의 과제이다. 왜냐하면 존재하는 것은 이성이기 때문이다."(R 26)라는 서술에서, 현재적인 것(das Gegenwärtige)은 시간 안에 외적으로 드러나 있는 현실이 아니라 시간에 내재해 있는 이성적인 것임이 확인되어야 한다.

15) "헤겔에게서 이성의 실현이 과제일 수 있는 것은 바로 이성이 하나의 사실(eine Tatsache)이기 때문이다."(Theunissen 1970b, 29)

16) '알려진 것'과 '인식되는 것' 간의 차이에 대해 헤겔은 이미 『정신현상학』에서 언급하고 있다(Ph 35 참조).

헤겔은 현재적인 것(현실적인 것)의 파악을 이성적인 것의 파악과 동일시한다. 그렇기 때문에, "철학은 사상으로 포착한 그의 시대이다."(R 26 참조)라는 헤겔의 유명한 명제는, 철학이 시간적인 것을 인지한다(wahrnehmen)는 뜻으로가 아니라 철학이 현재적인 것(이성적인 것)을 개념적으로 인식한다(begreifen)는 뜻으로 이해되어야 한다. 헤겔의 『법철학』은 이의 단적인 예라 할 수 있다. 철학은 시간적인 것을 이성적인 것으로 지양한다. 정신의 **부정태**로서의 시간적인 것은 여기서 다시금 **부정**된다. 철학이 출현하는 시대는 "불행한 세계의 시대이며 정치적인 생(生)이 쇠락하는 시대이다. 이 시대에는 모든 것이, 해체되고 새로운 것을 찾아 나서는 데에서 파악"된다. 즉 이 시대는 "전체의 도야기(Bildungsepoche des Ganzen)"이다(P 72). 따라서 존재하는 것을 파악하는 일이 철학의 과제라고 할 때, 이는 결코 주어진 상황에 대한 정당화가 아니라 오히려 이 상황에 대한 비판이며 더 나아가 이성적인 것을 천착함으로써 거기에서 새로운 것이 산출되도록 하는 것이다.[17] 그런 한에서 철학은 "정신의 내적인 탄생지이며 이 정신은 차후에 현실적인 모습으로 출현하게 된다."(P 75) 이런 뜻에서 철학은 **미래전망적**이다.

"철학은 시대의 분열에서 발생하지만 철학의 과제는 낡은 시대의 몰락 속에서 동터 오는 새로운 시대를 인식하는 것이다."[18] 그런데 철학은 분열된 시대에서 어떻게 새로운 것을 파악하는가? 분명한 것은, 분열된 시대는 헤겔에게서 철학에 의해 부정되어야만 할 단순히

---

17) "헤겔이 존재하는 것을 변호한 것은 분명히, 그것이 일단 존재한다는 이유만으로, 주어진 것을 칭찬한 것이 아니다. 다시 말해 그의 변호는 연역과 비판을 금지하거나 진보와 기대를 금지하는 것이 아니라 단지 퇴행에 대한 민감한 거부반응(Empfindlichkeit gegen Regression)일 뿐이다."(Marquard 1964, 50)

18) Brauer 1982, 181.

부정적인 것이 아니라 그 자체가 오히려 새로움으로 지양될 긍정적인 것을 포함하고 있다는 사실이다. 『정신현상학』의 서술에서 드러나듯이, 정신의 시대에 대한 **경험**은 한편으로는 정신의 자기 지(知)와 대상 지(知) 간의 불일치를 인식하는 것이면서, 다른 한편으로는 아직 인식되지 않은 이 양자 간의 동일성을 파악하는 것으로, 바로 여기에서 새로운 지(知)가 직접적으로 출현한다. 이 동일성은 특정한 시기의 **특수성**의 **규정**이면서 동시에 새로이 다가오는 시대의 보편성에 합당하지 않은 낡은 것의 특정한 측면을 **부정**한다. 이러한 뜻에서 정신의 시대에 대한 관계방식을 방법적으로 **규정적 부정**(die bestimmte Negation)이라 특징지을 수 있다. 시대를 포착하는 일과 분열된 시대를 지양하는 일은 철학의 과제로서 상호 배타적이지 않고 보완적이다. 왜냐하면 전자의 시대는 현재적인 것(현실적인 것), 즉 현실 내적인 존재를 의미하는 데 반해, 후자의 시대는 외적으로 주어진 현실을 의미하기 때문이다.[19] 여기서 오성적 규정, 즉 분열된 시대는 이성적인 것의 계기로 지양된다. 새로운 것은 오성에 의해 야기된 대립이 이성적인 동일성을 통해 지양된 형태이다. 그렇다고 해서 이성의 활동성을 마치 이성이 자기 입장에서 대립태에 대해 밖으로부터 강권(強權)을 행사하는 것처럼 이해해서는 안 된다. 이성은 오히려 대립태와의 관계를 통해서만 생산적으로, 즉 규정적, 부정적으로 활동할 수 있다. 다시 말해 이성의 자기동일성은 역사적 과정 안에서 비로소 실현된다. 이성은 시대경험을 통하여 자기의 즉자성에서 벗어나 대자존재, 즉 새로운 자기로 탈바꿈한다. 따라서 새로운

---

19) 철학적 반성이 시대에 대해 지니는 이러한 이중적 관계는 부브너(Bubner)가 시대에 대한 철학의 '해석학적인' 반성과 '비판적인' 반성을 구별한 것과도 상통한다. 이 구별에서 "후자는 근본적으로 시대에 대항하며, 전자는 신중하게 시대에 관여한다."(Bubner 1970, 325)

것은 한편으로 역사적인 경험을, 다른 한편으로 이성의 관념성을 자기 안에 포함한다. 새로움은 결코 이성의 초(超)시간적인 원칙이 시간화된 결과가 아니다. 새로움은 시간적인 경험을 자기 안에 포함하는 이성적인 것이다. 그것은 정신적인 것, 즉 역사화된 이성(die ge-schichtlich gewordene Vernunft)이다.

그런데 대립은 왜 그 상태로 지속되지 않고 이성적인 것의 통일로 이행하는가?(새로운 어떤 것은 왜 이성적인 것이어야만 하는가?) 주어진 시대에 대한 철학적 비판의 기준은 무엇인가?(무엇이 새로움의 기준인가?) 시대에 대한 규정적 부정의 결과에서 외적인 현실의 이해는 철학적 이념의 사상과 통일되며, 또한 여기에서 새로운 것이 출현한다. 이 통일은 "이성적 통찰"을 통해 가능해지는데, 이를 헤겔은 "현실과의 화해"라고 표현한다(R 27). 이 화해는 철학이 그의 시대를 파악하는 매 단계마다 나타난다. 여기서 철학의 특수성이 드러난다. 그러나 이 특수성은 보편자의 계기, 즉 하나의 이성의 자기 지(知)의 계기가 된다. 철학의 시대파악은 일단은 시대 안에서의 특수한 경험의 파악이다: "모든 철학은 바로 하나의 특수한 발전단계를 서술하기 때문에 그의 시대에 속하며 따라서 시대의 제한을 받는다." (P III 516) 그러나 다른 한편으로 철학의 시대파악은 이러한 제한을 넘어서서, 시간적이거나 소멸적이지 않은 실체적이고 영원한 이성적인 것의 인식을 뜻한다: "시간적이고 일시적인 듯 보이는 데에서 내재적인 실체와 현재적인 영원을 인식하는 것이 관건이다."(R 25)

철학의 시대(시간)연관성은 새로운 지(知)가 정신의 논리를 선취(先取)하지 않은 채 옛것에 대해 직접적으로 출현할 수 있는 근거이다. 그런데 이 시대연관성은 단지 새로운 것의 직접적인 출현을 위한 하나의 조건에 지나지 않는다. 이성적인 것의 인식에서 나타나듯이 철학의 시대파악은 시간적인 제약을 넘어선다. 이성적인 것은 시간 속에 있기는 하지만 시간적인 규정, 즉 유한성 속에 갇히지 않는다. 이성적인 것의 존재는 **자기 나름**의 논리를 갖는다. 이 논리는 단순히 시간의 오성적인 논리에서 도출되지 않는다. 철학이 "자기 시대의 실체적인 것에 대한 지(知)"(P 74)라고 할 때, 철학은 결코 시간적인 것에 대한 순수한 서술이 아니라 오히려 시간적인 것에 대한 비판적인 인식이다. 왜냐하면 철학은 분열된 시대 안에서 자기와 시간의 동일성을 찾고자 하기 때문이다. 철학이 "세계사 안에서 자기 자신과 관계하는 사유하는 정신"(P(H) 124)이라면, 철학은 자신의 활동의 목적을 시간적인 것이 아니라 자기 자신, 즉 절대적인 주관성에 둔다. 철학적 사유의 **절대적인 자기관계성**은 외적인 것과의 모든 관계를 자기로부터 배제한다. 그런 의미에서 헤겔이 지시하는 철학은 **절대철학**이다. 절대정신의 한 형태로서의 철학의 자기반성은 그것이 "절대적인 것과 관계"를 지니고 그럼으로써 "자기 자신뿐만 아니라 모든 존재와 제한자들을 무화시킬"(D 26) 때에만 **이성적이**다. 이 **절대적인 것과의 관계**는 본질적으로 철학의 **순수한 자기목적성**에서 기인한다.[20]

이렇게 볼 때 철학이 시대에 제약을 받는다는 점과 시대를 벗어난다는 점과 관련하여 새로움을 파악하는 시각은 두 가지, 즉 **시간내재적인 것**과 **시간초월적인 것**으로 구별될 수 있다. 시대의 산물로서 시간적인 규정에 영향을 받는 철학은 시대를 넘어서는 철학과 구별된다. 이 두 시각에 따라 새로운 것은 한편으로는 직접적인 것 그리고 돌발적인 것으로 규정되는데, 이는 새로운 것이 시간의 규정을

---

20) '철학의 **자기목적성**'은 풀다의 헤겔 '철학 개념'에 대한 규정으로, 철학은 외적인 것과의 이해관계를 떠나 오직 자기 자신만을 활동의 목적으로 삼음으로써 이를 토대로 오히려 기존 현실을 비판할 수 있다고 한다(Fulda 1968, 15ff. 참조).

30

받기 때문이다. 그러나 다른 한편으로 새로운 것은 매개된 것 그리고 필연적인 것으로 규정되는데, 이는 새로운 것이 영원한 것(절대적인 것)과 관련되어 있기 때문이다. 그렇다면 문제는, 철학의 어떤 측면이 시간에 의해 제한을 받으며 또한 그의 어떤 측면이 시간의 규정을 넘어서는가? 그리고 이 두 측면은 어떻게 종합될 수 있는가?

철학의 **개념**과 관련해 볼 때 시간내재적인 새로움의 **직접성**은, 그로부터 철학의 욕구가 생겨나는 하나의 **문제 상황**에 불과하다. 이 새로움은 그것이 아직 의식에 의해 매개되지 않은 한 결코 참된 새로움이 아니다. 매개되지 않은 존재(타자)는 헤겔에게서 가상에 지나지 않는다. 새로움에 대한 철학적 반성은 낯선 어떤 것이 직접적으로 주어질 때에 시작된다. 이 낯선 것은 시간 안에서 나타나지만 이 낯섦을 극복하는 일(개념으로 매개하는 일)은 시간성이 아니라 **철학적 반성**의 몫이다. 새로움은 시간에서 출현하지만 그것의 정체는 철학적 반성에서 비로소 밝혀진다. 시간내적으로 출현하는 새로움은 매개되지 않았다는 점에서 철학함의 대상이고, 여기서 철학은 이 직접적인 것을 시간초월적으로 개념 안에서 파악한다. 철학의 이러한 시간초월적인 개념적 인식은 그 타당성의 요청근거를 현존하는 현실에서가 아니라 절대적인 이성의 자기동등성, 즉 정신의 **절대적인 자유**에 둔다. 그러므로 철학이 시간 안에서 새롭다고 파악하는 것은 시간에 대해 외적인 타자(他者)가 아니라 시간 안에 내재하는 바로 **자기**(自己)이다. "철학은 자기 자신을 파악하는 사상이다. 이 사상은 구체적이며, 자기 자신을 파악하는 이성이다. 이 자기파악은 자기를 전개하면서 파악하는 것이다."(P(H) 124) **시간**에 대한 **철학의 경험**은 단순히 시간내적인 우연적인 것의 경험이 아니라, 시간 안에 존재하지만 동시에 시간초월적인 이성의 **필연성의 경험**이다. 따라서 철학이 자기의 사상 안에 포착하는 새로움은 우연적인 것이 아니라 절대적인 것의 자기관계성에 관계하는 필연적인 것이다. 절대적인 것의 자기관계성과의 매개를 통해서만 새로움에 대한 철학적인 이해가 완결된다.

그러나 이는 철학이 시간적인 것을 무시하거나 간과한다는 것을 뜻하지 않는다. 오히려 철학은 시간적인 것을 자기 안에 **지양**한다. 철학이 분열의 시대를 지양해야 하는 문제 상황에서 발생한다고 할 때, 철학의 활동은 필연적으로 **특정한 시대의 문제**와 연관되어 있다. 그러나 특정 시대의 문제는 헤겔의 의미에서 볼 때, 현실이 철학에 대해 던지는 질문이 아니라 거꾸로 철학이 현실에 대해 던지는 질문이고, 그 질문에 대해 철학은 자기관계적인 관념성을 근거로 답변한다. 따라서 여기서의 철학의 활동은 시간내적으로 분열된 세계상을 부정하면서, 다른 한편으로는 시간의 규정에서 벗어나는 이성적인 것을 규정한다. 이러한 **규정적 부정**은 철학이 **절대적인 것의 자기관계성**에 관계함으로써 수행된다. 그럼으로써 오성적인 것에 의해 고착된 시간적인 **존재**는 이성적인 것으로 규정되는 시간의 **생성**으로 고양된다. 즉 오성적인 것은 이성적인 것의 계기가 된다. 시간의 **생성**은 철학이 선험적인 이성의 원칙을 현실에 적용함으로써 생기는 것이 아니라, 철학이 시간 안에 존재하기는 하나 **단지 알려져 있기만** 한 이성적인 것을 **인식**함으로써 생긴다. 이 이성적인 것은 절대적인 것의 자기관계성에 관계되어 있는데, 이는 철학의 현실에 대한 비판의 준거점이 된다. 현실에 대한 비판은 현실이 철학의 **자유의 원칙**(순수한 자기관계성)에 어긋날 때 행해진다. 새로움에 대한 철학적인 이해는 **시간내재적인 이성성**과 **시간초월적인 정신의 주관성** 사이에 **선택적인 친화력**(selektive Affinität)이 있을 때 비로소 가능하다.

철학적 사유의 **시대연관성**은 더 나아가, 철학이 그의 **현재**에 대한 시간적 경험을 토대로 과거의 의미를 **변형**하고 이를 **미래와의 관계**로 투사한다는 점을 시사한다. 따라서 **과거**는 철학적 반성에 대해 **닫혀 있지 않고** 항상 열려 있다. 현재의 경험에 기초하여 철학의 반성 활동이 과거의 의미를 변형하는 데에서 고려해야 할 것은, 과거를 변형시키는 주체로서의 철학이 자신의 활동의 규범적인 기준으로 삼는 것은 절대적인 것의 자기관계적 부정성에 관계하는 **이성적인 것**이라는 점이다. 현재 안에서의 과거의 의미변형과 그의 미래연관에서 볼 때, 옛것에서 새로운 것으로의 이행은 단순히 시간적인 계기나 **인과성**에 따라 이루어지지 않는다. 물리적이고 외적인 시간은 여기서 **상대적인 것**으로서, 개념의 **절대적인** 구별에 관계하는 정신의 내적인 시간의 **계기**로 지양된다.

이상의 서술에서 다음과 같은 두 가지 점에 논의의 초점이 맞추어져야 한다. (1) 처음에는 단지 직접적이고 우연적이며 불연속적이고 예기치 않은 열린 것으로 **시간** 안에서 나타났던 새로운 것이 이제는 철학의 정신에 대해 매개된 것, 필연적인 것, 연속적인 것, 기대되는 것 그리고 닫힌 것으로 드러난다. (2) 새로움에 대한 철학의 반성은 한편으로 과거지향적이면서 다른 한편으로는 미래지향적이다. 왜냐하면 철학의 반성은 한편으로 **생성된 존재**에 관계하면서, 다른 한편으로는 동시대인이 **의식하지 못한 채** 산출해 낸 것을 추후적으로 **의식화**하기 때문이다.

(1)에 대한 보충 설명 : 무시간적인 정신의 자기반발에 의해 산출되는 시간화된 정신은 그것이 시간과의 관계 속에 놓이는 한에서, 여기에서 나타나는 새로움이라는 현상은 직접적인 것, 즉 정신의 반성 규정에 의해 임의로 처리될 수 없는 것, 우연적인 것 그리고 불연속적인 것이다. 왜냐하면 이 새로움은 정신의 통제에서 벗어나 있는

시간적인 경험의 특수성에 따라 다양하게 나타나기 때문이다. 또한 이 새로움은 미래에 대해서 열려 있는데, 이는 새로움의 출현이 전적으로 시간의 변화에 의존해 있기 때문이다. 그러나 헤겔은 이러한 직접성, 우연성, 불연속성 그리고 개방성을 **절대적인 것**과의 관계 안에서 파악하기 때문에 그가 말하는 새로움은 이러한 요소들을 절대적인 것과의 관계로 **지양함**으로써 **개념적인** 의미를 지니게 된다. 직접적으로 주어진 새로움은 그것이 절대적인 것과의 관계 안에서 이해되기 때문에 더 이상 우연적인 것이 아니다. 이제 그것은 철학적 **사유의 필연성**의 계기가 된다.[21] 시간 안에서 새로움으로 직접 출현하는 개별적인 표상들의 불연속성 역시 자기 자신을 파악하는 이성의 계기가 된다. 여기서 새로움은 특수한 불연속성에서 벗어나 이성의 **연속적인** 자기전개 과정으로 고양된다: "이 현존재, 즉 시간내적인 존재는 사유성을 띤 철학적 이념의 전개의 한 계기이다."(P 51)[22]

새로움의 출현의 **개방성**과 관련해서 말하자면, 헤겔의 **철학** 개념에서 문제가 되는 것은 새로움의 시간적인 개방성이 아니라 시간 안에서 출현하는 새로움이 시간 규정을 넘어서 무한자와 맺는 관계이다. 철학의 과제는, "어떻게 무한자가 자기 자신으로부터 밖으로 나오기를 결단하는가 하는 물음에 대답하는 것"이다(E §94 Z). 새로움에 대한 철학적 이해는 무한자의 자기인식에 대해 닫혀 있다.[23] 철

---

21) 헤겔의 우연 개념에 대한 헨리히(D. Henrich)의 분석에서도 개별적인 우연들은 보편적인 필연성으로 고양된다: "존재자의 우발성은 요청하는 존재의 필연성과 통일된다."(Henrich 1975, 184) "우발적인 존재자를 존재하게 하는 것은 여기서 존재의 필연성으로부터 생긴다."(같은 책, 185)

22) 시간의 규정을 넘어서서 전개되는 철학적 이념은 철학사에 대한 헤겔의 서술에서 드러난다. 이에 따르면 세계사에 나타나는 모든 철학은 "정신의 자기지(知)"에 관여하는 "하나의 철학"에 이바지한다(P(H) 124).

23) 여기서 새로움에 대한 철학적 이해의 '닫힘'은 당연히 시 · 공간적인 닫힘이 아니라 단지 정신의 **이념적인** 운동구조의 닫힘과 관련된다. 이 닫힘에는,

학의 이념이 절대적인 것에 매개됨으로써, 시간 안에서 직접적으로 출현하는 새로움은 비로소 자신의 **개념적인** 의미를 얻는다: "바로 절대적인 것과의 관계를 통하여 제한자(das Beschränkte)는 존립하게 된다."(D 26) 이렇듯 새로움의 발생은 시간에 대하여 **열려** 있으나 새로움의 파악은 정신의 자기관계성에 대해 닫혀 있다. 헤겔은 **돌발적인** 사태의 발생이 갇히는 세계의 구조를 밝힘으로써 개별적인 사태의 운동의 **열림**과 총체적인 사태의 운동의 닫힘 간의 관계를 내보인다. 개별자(제한자)는 자신이 어떤 일을 경험할 때 열려 있는 다양한 가능성 가운데 하나를 자신의 결단과 의지에 의해 선택하지만 이는 전체적으로 볼 때 결국은 절대적인 것의 자기관계라는 필연성 속에서 행해지는 우연인 것이다.

(2)에 대한 보충 설명 : 철학함의 시작은 시간 안에 주어진 것, 시간 안에서 이미 완결된 것, 즉 모든 현재 속에 **이미 생성되어 있는** 것이라는 의미에서의 **과거**(지나간 것)에 의존한다. 그러나 여기서 지나간 것 안에서의 철학적 반성의 대상은 두 가지, 즉 분열된 시대와 이 **시대 안에 즉자적으로 존재하는 새로움**으로 구별되어야 한다. 지나간 사태에 대한 철학적 반성은 사회와 역사의 분열상을 **지양**하면서, 다른 한편으로는 이 분열된 세계상 안에 즉자적으로 존재하는 새로움을 밝혀내는 일(aufklären: 계몽하는 일)이다. 여기서 중요한 것은 대립태의 지양 가능성은 현재적인 과거 안에 이미 존재한다는 사실이다. 새로움의 단초는 매개되지 않은 채 현재적인 과거 안에 **이미** 와 있다. 이 **즉자적으로** 존재하는 새로움은 철학의 반성을 통하여 **대자적인** 새로움이 된다. 철학의 과제는 시간 안에 직접적으로

"이행과 타자 안에서의 자기 자신과의 관계"를 뜻하는 헤겔의 '진(眞)무한' 사상이 밑바닥에 깔려 있다(E §95).

존재하는 새로움을 절대적인 것과의 관계를 통하여 매개된 것으로, 즉 정신의 **진리**에 관계된 것으로 지양하는 데 있다. 분열된 시대의 지양은 옛것 안에 즉자적으로 존재하는 새로운 것을 철학이 자신의 반성 활동에 절대적인 것과의 연관을 끌어들임으로써 대자화(對自化) 또는 계몽시키는 데에서 실현된다.[24] 그런 한에서만 모든 철학적 시대 인식은 **하나**의 진리에 대한 서술일 수 있으며, 이 진리의 전개 과정에서, 시간적으로 뒤에 나타나는 철학은 앞서 출현한 철학을 자기 안에 포함한다: "한 시대의 철학은 앞서 출현한 철학의 결과로서 그의 형성 과정을 포함한다. **하나**의 동일한 이념, 즉 단지 **하나**의 진리가 모든 철학의 토대를 이루고 있으며, 뒤에 나타나는 모든 철학은 앞서 간 철학의 규정들인 동시에 또한 그들을 포함한다."(P III 514) 뒤의 것(새로운 것)은 앞의 것(옛것)과의 관계 안에서만 출현하지만, 이 출현 과정에는 절대적인 것의 보편성에 관계하는 동일한 이념이 그 바탕에 깔려 있다.

구체적인 새로움은 철학이 고착된 대립을 지양함으로써 출현하는데, 이는 현재하는 과거 안에 단순히 즉자적으로 존재하는 새로움이 시간초월적인 절대이성의 자기활동과 결합함으로써 가능하다. 이렇게 **이성의 활동성**이 철학의 반성에 개입하기 때문에 철학의 활동은 **미래를 지향**하며, 이 이성의 활동성에서 철학은 옛것에서 새로운 것으로의 이행의 필연성의 근거를 얻는다.[25] 이성적인 것이 현실에서

---

24) "철학의 계몽적인 기능"은 "아직 충분히 밝혀지지 않은 한 시대의 '실체적인' 내용과 요구에 대한 의식의 도야(Bewußtseinsbildung)"에 있다(Fulda 1968, 29, 각주 20).

25) 풀다에 따르면 각 시대에 대한 철학적 비판의 기준은 철학의 **자기목적성**에 있는데, 이는 **자기관계성**의 순수한 이론으로서 이미 제도화된 것의 필연적인 **변화**를 꾀하는 실천성의 토대를 이룬다(참조 Fulda 1968, 39ff.). "헤겔적인 의미에서 철학이 비판적일 수 있는 것은 철학이 단지 자기목적적이기 때문

출현하도록 한다는 의미에서 철학은 "다가올 현실의 내적인 탄생지"이며, 이는 "개별적인 원리 형태를 깨고 들어가는 새로운 원리"를 지시한다.26) 이 급작스럽게 나타나는 새로움은 요컨대 **존재**, 즉 시간 안에 즉자적으로 존재하는 이성적인 것과 **당위**, 즉 시간초월적인 이성의 요구 사이의 선택적 친화력의 결과이다. 새로움의 이러한 당위적인 성격 때문에 철학은 "자기목적으로서 순수한 이론과 매개된 미래"27)이다.28)

헤겔의 새로움에 대한 이해는 **과거지향적**이면서 동시에 **미래지향적**이다. 그러나 어떻게 철학적 반성은 이미 지나간 사실을 앞으로 올 새로움과 연결시킬 수 있는가? "철학적 반성은 절대적인 자유의 행위이다. 이는 절대적인 자의(恣意)로 스스로를 주어진 존재의 영역에서 고양시켜, 경험적인 의식에서 지성이 무의적으로 산출한 것, 그럼으로써 주어진 것으로 나타나는 것을 의식적으로(mit Bewußtsein) 산출한다."(D 66) 새로움에 대한 철학적 반성은 따라서 그의 절대적인 자유에 입각하여, 과거에 무의식적으로 산출된 것을 이제 의식을

이다."(Theunissen 1970b, 67)

26) Fulda 1968, 48.

27) Theunissen 1970a, 415.

28) 현존재 안에서의 **이성의 실현**이라는 점에서 이 **당위**는 헤겔이 공격했던 관념론적 당위와 구별되어야 한다. 소위 말하는 **당위철학**에 대한 헤겔의 비난은 결코 일단 주어진 존재나 사실에 대한 변명이 아니라 "단지 당위적이기만 한 것에 대한 거부"(Marquard 1964, 39)이다. 즉 헤겔은 종래의 선험철학이 내세우는 "당위와 현실의 분리"에 대항한다(같은 책, 46). 헤겔의 당위 비판은 "진행제지, 즉 진보제지(Progreßbremsung)가 아니라 오히려 반대로 후퇴제지(Regreßbremsung)이다."(같은 책, 49) 헤겔이 비판한 것은 당위 그 자체가 아니라 현실과 분리된 당위이다. 당위가 철학적 반성을 통하여 현실과 통일될 때 역사적으로 새로운 것이 출현할 수 있다.

통해 인식하는 것이다. 무의식적으로 이루어진 것을 철학의 반성을 통해 의식화하는 것은 직접적으로 이루어진 것을 **개념적으로** 매개하는 것이며, 이는 동시에 현재 안에 감추어진 **미래**의 사회와 역사 형태에 대한 **의식**을 지시한다. 그럼으로써 철학적 사유는 한 사회의 몰락을 **가속화**하고, 여기서 더 **고차적인** 원리가 출현한다(G(H) 71 참조). 간과해서 안 될 것은, 새롭고 고차적인 원리가 시간 안에서 무의식적으로 산출된 것이 철학의 반성을 통하여 **이성**의 자유원리와 합일될 때 출현한다는 점이다.

이러한 맥락에서 철학의 **소극적인** 기능과 **적극적인** 기능이 구별될 수 있다. '소극적'이란 철학적 반성의 재료가 **시간성**의 관점에서 볼 때 **이미 일어난 사태**에 의존적이며 철학은 오직 이를 토대로 해서만 새로운 것을 새롭다고 진술할 수 있다는 뜻에서이다. '적극적'이란 철학이 사회적인 것(역사적인 것)의 미래 형태를 **동기화**하고 그의 **목표**를 설정한다는 뜻에서이다.[29] 이는 철학이 자유로운 정신의 원리를 이미 일어난 사태에 결합시켜, 이것에 포함되지 않았던 **어떤 것**을 첨가함으로써 이루어진다. 이 **첨가된 것**은 철학적 반성이 그의 자유원리를 통하여, 단순히 발생된 것에 **생기를 부여**하는 데에서 기인한다. 현재하는 과거에 생기를 부여하는 것은 하나의 정치체계가 미래지향적으로 자기의 목적을 정립하고 실현하는 **동기**가 되며 또한 개인들은 이 동기에 따라 자신들의 행동방식을 반성하고 변화시키게

---

29) 철학은 "도덕성의 동기부여와 목적정립을 위해 바로 그의 보수적인 과제를 인지함으로써 간접적으로 의미를 얻을 수 있으며, 통찰과 도야를 통하여, 일어나야만 할 것이 일어나는 데 기여할 수 있다."(Fulda 1968, 54ff.) 풀다의 헤겔 해석에 따르면, 철학과 **세계변화**의 관계에서 볼 때 헤겔은 철학의 **극단적인 적극적 기능**에 비판적이다. 철학은 "더 고차적인 권리를 직접적으로 국가권력에 대항하여 관철할 수 없으며"(같은 책, 48) 또한 "특정한 행위를 어떤 식으로든 지정해서는 안 된다."(같은 책, 54)

된다. 철학은 절대적인 이성성(자기관계성)을 자기 안에 지님으로써 이렇게 동기를 강화하는 기능(die motivationsfördernde Funktion)을 갖는다. 철학의 실천은 따라서 현재하는 과거 안에 즉자적으로 존재하는 사회적인 것 그리고 역사적인 것에 대한 의식을 도야하는 일에 제한된다.

새로움의 문제와 직접적으로 관련되는, 철학의 미래연관성과 관련하여 토이니센(M. Theunissen)의 기독교적 종말론에 입각한 헤겔 해석을 검토해 볼 필요가 있다. 그는 기독교의 화해(Versöhnung)의 원리를 바탕으로 블로흐(E. Bloch)의 헤겔 해석에 반대하여 고고학적인 것(das Archäologische)과 종말론적인 것(das Eschatologische)을 헤겔의 철학 개념 안에서 종합하려 한다.30) 토이니센은 극단적인 고고학(그리스의 형이상학)과 극단적인 종말론(유대인의 종말론)에 반대하여 기독교의 종말론이 철학함의 행위 안에서 단순히 과거지향적인 고고학과 단순히 미래지향적인 종말론을 상호 매개할 수 있다고 서술한다: "종말론적인 것은 미래를 가리키고 고고학적인 것은 과거를 가리킨다. 여기서 밝혀질 관점에서는 양자가 철학함의 행위 자체에 속해야 하기 때문에 이 행위의 현재는 한편으로는 미래에 대하여 열려 있어야 하고 다른 한편으로는 과거를 자기 안에 보존해야 한다."31) 헤겔의 철학은 "이전의 그리스 형이상학의 과거회고적인 인

---

30) 헤겔 철학을 이렇게 두 가지 측면으로 구분하여 특징짓는 것은 본래 블로흐의 헤겔 이해에 근거한다. 그는 '변증법학자(Dialektiker)'로서의 헤겔과 '고서학자(古書學者, Antiquar)'로서의 헤겔을 구별하고, 헤겔에게서 이 양자의 '모순'은 해소되지 않고 있다고 지적한다(Bloch 1962, 228ff.). 여기서 중요한 것은 블로흐에 따르면 헤겔의 이론체계는 "미래, 새로움, 개방성을 차단함으로써, 모든 지(知)는 잊은 것을 다시 기억하는 것이라는 플라톤의 상기설과 다를 바가 없다."는 것이다(Bloch 1975, 57). 그리하여 "헤겔 철학은 근거를 상기한다는 점에서 전적으로 '아직 아님(das Noch-Nicht)'을 잊고 있는 형이상학에 분류"된다(Theunissen 1970a, 366).

식을 기독교의 미래전망적인 구원의 앎(das prospektive Heilswissen des Christentums) 안으로 통합시킴으로써", 철학의 사유는 "시간 안에서 서서히 모습을 드러내는 새로움을 실제적인 세계변화를 통하여 촉진시킨다."[32] 그리하여 토이니센은, "철학의 현재는 화해실현(Versöhnungsrealisation)의 역사적인 도정의 계기로서 사상을 통해 미래를 기약한다."[33]고 말한다.

그런데 여기서 중요한 것은, 토이니센에 따르면 헤겔 철학이 기독교적 종말론의 관점에서 고고학적인 것과 매개될 수 있는 이유는 **화해가 현실 속에 이미 이루어져 있기 때문**이라는 점이다: "화해는 … 신의 인간화와 더불어 즉자대자적으로 이미 현실이 되었다. 그것은 즉자대자적으로 존재하는 화해의 현실이다."[34] 토이니센은 계속해서 다음과 같이 말한다: "고고학은 과거로 지향된 구원의 앎이 된다. 고고학은 더 이상 독자적으로 출현하는 형이상학의 독자적인 형태가 아니라 전체적으로 기독교의 종말론을 밝히는 사유의 계기이다."[35] 기독교적 종말론이 고고학적인 태도를 보이는 점은 기독교적 종말론의 화해가 예수의 죽음과 부활이라는 역사적 사건과 더불어 이미 완결되었다는 데 있다.

그러나 문제는, 우리가 토이니센처럼 **고고학적인 것**을 단지 예수라는 일회적 사건에 국한시켜도 되는가 하는 점이다. 그가 말하는 "종말의 고고학",[36] 다시 말해 "앞으로 올 것이 이미 와 있음"[37]은

---

31) Theunissen 1970a, 382.

32) 같은 책, 385.

33) 같은 책, 415.

34) 같은 책, 368.

35) 같은 책, 368.

36) 같은 책, 379.

37) 같은 책, 380.

그의 (복음주의) 신학적 해석으로 인해 너무 많은 것을 잃고 있지 않은가? 철학의 과제가 대립태의 화해와 매개를 서술하는 것이며, 이 서술이 "단순한 요구가 아니라 즉자대자적으로 완결된 것 그리고 스스로 완결해 가는 것"(Ästhetik I 81ff.)임은 분명하다. 그런데 왜 이 완결된 것이 반드시 신의 인간화이어야 하는가? 완결된 것이 아리스토텔레스의 형이상학에서 나타나는 실체적인 것일 수는 없는가? 어떻게 그리스도 이전에 발생한 사건들이 신의 인간화의 관점에서 추후적으로 서술될 수 있는가? 기독교적 종말론의 원칙을 세계사 및 철학사 일반의 전개 과정에 적용하는 것은 무리가 아닌가? 이 원칙의 적용은 단지 **현대사회**의 발생에만 제한되어야 하지 않겠는가?[38]

헤겔이 말하는 철학의 미래연관성은 완결된 것(지나간 것)과의 관계를 배제하고는 생각할 수 없다. 그러나 철학의 미래지향성이 과거의 단순한 상기가 아니라 그 이상의 어떤 것을 첨가해야 한다고 할 때 — 왜냐하면 그렇지 않을 경우 헤겔의 변증법에서 앞으로 다가올 것은 이미 지나간 것의 단순한 반복일 테니까 — 이 어떤 것이 첨가된 것은 그것이 비록 과거의 결과를 자기 안에 포함하고 있다고 해도, 이 어떤 것이 첨가된 새로움이 어디에서 유래하는가 하는 문제는 여전히 남게 된다. 이를 우리는 철학적 사유의 **자기관계성**에 관계하는 철학의 **시간(시대)경험**에 대한 **규정적 부정**과 관련하여 논의한 바 있다.

새로움에 대한 **철학적** 고찰은 철학적 이념의 **절대성**과 연관해서만 서술될 수 있다. 철학은 그 자체로 하나의 자기목적, 즉 어떤 외적인 목적의 수단이 아니다. 철학은 자신의 목적을 자기 안에 지니기 때

---

38) "주관적 자유의 권리는 고대와 현대를 구별 짓는 전환점 또는 중심점이다. 무한성을 띤 이 권리는 기독교에서 얘기되었는데, 오늘날 세계의 새로운 형태를 설명하는 일반적이고 현실적인 원칙이 되었다."(R §124, 주석)

문에 절대적이다. 그러한 의미에서 철학은 본질적으로 **자기를 자기 자신으로부터 구별**한다. 철학의 사유는 자기구별 또는 **자기반발**을 통하여 자기를 시간으로 외화하고 다시 자기로 되돌아온다. 이러한 외화와 복귀(내면화)의 과정에서 **시간의 경험**과 **절대정신의 이념**은 철학의 반성과 엇물리게 된다. **시간화된 철학**은 자기가 있는 그대로 항상 머무르지 않고 스스로를 지양한다. 왜냐하면 그것은 **절대적인 부정성**으로서 자기를 자기 자신으로부터 밀쳐내야 하기 때문이다. 즉 자기구별 또는 자기부정은 철학의 운명이다. 새로운 것이란 여기서 **철학적 사유의 절대적인 구별의 결과** 바로 그것이다.

철학이 일단은 시간화되고 따라서 시간성의 지배를 받기 때문에 철학적 반성의 대상으로서의 새로움은 우연적이고 불연속적이며 외적인 것처럼 보인다. 그러나 새로움에 대한 철학적 인식이 시간적으로 규정된 새로운 것을 단순히 기계적으로 질서 있게 만드는 일이 아니라 오히려 그것을 **지양**하는 일이라 할 때, 철학이 시간화된 자기를 자기 자신으로 다시 복귀시킨다고 할 때, 우연성, 타자성 그리고 불연속성은 철학적 사유의 구체적인 자기구별의 추상적인 계기가 된다. 여기서 중요한 것은, **새로운 것을 새롭다고 규정하는 것**은 시간적인 규정성이 아니라 철학의 **이념 자체**라는 점이다. 새로움에 대한 철학적 이해는 헤겔에게서 결코 시간 안에서 예기치 않게 출현하는 것에 대한 서술이 아니다. 오히려 그것은 새로움을 **사태 자체의 필연적인 운동**과 관계시키기 때문에 새로움은 필연적으로 개념의 자기운동과 관련된다. 따라서 새로움은 **절대정신의 자기전개의 진리성**을 띠게 된다. 새로운 것은 일시적인 것, 즉 옛것과의 관계에서만 고찰되고 그럼으로써 상대화되기는 하지만, 그것은 그 자체로, 자신의 **구체적인 규정성**을 정신의 사변적인 **개념**에 두고 있는 특정한 시대의 차이성에 대해 **절대적이고 참**이다.

[참고문헌]

Bloch, Ernst(1962), *Subjekt und Objekt; Erklärungen zu Hegel*, Frankfurt/M.

___(1975), *Über Methode und System bei Hegel*, Frankfurt/M.

Brauer, Oscar Daniel(1982), *Dialektik der Zeit, Untersuchungen zu Hegels Metaphysik der Weltgeschichte*, Stuttgart.

Bubner, Rüdiger(1970), "Philosophie ist ihre Zeit, in Gedanken erfasst", in: *Hermeneutik und Dialektik I*, hrg. v. R. Bubner usw., Tübingen, 317-342.

Dubsky, Ivan(1961), "Über Hegels und Heideggers Begriff der Zeit", in: *Hegel-Jahrbuch* 1961, I. Halbband, 73-84.

Fulda, Hans Friedrich(1968), *Das Recht der Philosophie in Hegels Philosophie des Rechts*, Frankfurt/M.

___(1975), *Das Problem einer Einleitung in Hegels Wissenschaft der Logik*, Frankfurt/M.

___(1978), "Unzulängliche Bemerkungen zur Dialektik", in: Seminar: *Dialektik in der Philosophie Hegels*, hrg. v. H. F. Fulda u. D. Henrich, Frankfurt/M.

Habermas, Jürgen(1978ff.), "Hegels Kritik der französischen Revolution", in: Ders., *Theorie und Praxis*, Frankfurt/M. 1988.

Henrich, Dieter(1975), "Hegels Theorie über den Zufall", in: Ders., *Hegel im Kontext*, Frankfurt/M.

Hösle, Vittorio(1987), *Hegels System* Bd. II, Hamburg.

Kimmerle, Gerd(1978), *Sein und Selbst*, Bonn.

Kojéve, Alexandre(1975), *Hegel*, Frankfurt/M.

Liebrucks, Bruno(1955), "Zur Theorie des Weltgeistes in Thodor Litts Hegelbuch", in: *Kant-Studien* 1954/55, Bd. 46, H. 3, Köln.

Marquard, Odo(1964), "Hegel und das Sollen", in: *Schwierigkeiten mit der Geschichtsphilosophie*, Frankfurt/M. 1982.

Theunissen, Michael(1970a), *Hegels Lehre vom absoluten Geist als thologisch-politischer Traktat*, Berlin.

___(1970b), *Die Verwirklichung der Vernunft, Philosophische Rundschau Beiheft 6*, Tübingen.

Zimmerli, Walter Christoph(1974), *Die Frage nach der Philosophie, Hegel-Studien Beiheft 12*, Bonn.

사변논리 속의 부정의 미학

1. 분열의 극복과 사변

분열은 **철학의 욕구**의 원천이다. 분열되지 않은 상황에서 철학은 사유하지 않는다. 헤겔의 철학적 사유는 분열된 시대와 분열된 지식에서 출발한다. 분열은 곧 문제 상황으로 드러난다. 문제는 해결을 요구하듯 분열은 극복을 요구한다. 그래서 "고착된 대립을 지양하는 일이야말로 이성의 유일한 관심사이다."[1] 여기서 헤겔은 "분열될 수밖에 없음(notwendige Entzweiung)"을 "생(生)의 한 요소"로 보면서 "총체성이란 극단적인 분리(분열)로부터 다시 살아남으로써만 최고의 생명력을 유지할 수 있다."고 말한다.[2]

현실의 분열상 속에서도 새로운 시대로의 진입을 예감한 헤겔은

---

1) 『피히테와 셸링 철학체계의 차이』, 22/24. 빗금(/) 앞의 숫자는 Suhrkamp판 원본의 쪽수, 뒤의 숫자는 번역본(임석진 옮김, 지식산업사)의 쪽수를 가리킨다. 『정신현상학』의 경우도 마찬가지다.

2) 같은 책, 21-22/24.

분열을 학문적으로 조장하는 칸트, 야코비, 피히테 등의 오성철학적 사유를 반성적으로 검토하고 다른 한편으로는 셸링의 절대적 동일성에 근거한 실존론적 이원론을 거부하면서 **대립의 극복**을 통한 참된 **총체성의 회복**을 철학 일반의 과제로 내세운다. 이러한 문제의식에서 자아와 타자의 비동일성을 극복하기 위한 대안으로, 헤겔 철학의 근간을 이루는 '동일성과 비동일성의 **동일성**' 원리가 출현하며, 헤겔은 여기서 동일성과 비동일성이 동일해지는 **과정**과 동일해진 **결과**를 통틀어 **사변**(Spekulation)이라고 부른다.

헤겔의 사유체계를 **사변철학**이라고 부를 때, 여기서는 헤겔 철학에게 일반적으로 붙여지는 '변증법'이라는 이름은 상대적으로 희미해진다. '변증법'과는 달리 '사변'은 헤겔에 이르러 새롭게 발굴되어, 헤겔은 제2의 코페르니쿠스적 전환을 주도한 장본인이 된다. 사유의 활동에서 생기는 대립 또는 모순의 불가피성은 이미 칸트가 '변증론'의 이름 아래에서 이율배반으로 정식화했지만 헤겔은 칸트와는 달리 이를 **긍정적**으로 평가하여 사변으로 나아가는 **계기**로 재구성한다. '사변' 때문에 헤겔 철학에는 지금까지 절대적 관념론이나 절대적 동일성 체계라는 꼬리표가 따라다니면서 '사변성'은 헤겔 철학의 대명사가 되었다. 그런데 헤겔의 사유체계에서 사변은 변증법적 진행 과정의 마지막에서 피어난 꽃이라고 평가되면서도, 다른 한편으로는 이 꽃이 '가짜'가 아니냐는 시비에 헤겔 연구가들은 또한 시달리고 있다. 헤겔은 현실의 모순과 대립적인 양상을 누구보다도 정확하게 통찰하기는 했지만 결국 그의 **사변철학**은 **절대자의 자기매개**라는 마법을 동원하여 분열이 불가피한 실재의 간극(상처)을 감쪽같이 치유하고, 또 현실의 분열상을 절대자의 자기운동의 필연적인 계기로 규정하여, 결과적으로 헤겔은 차이성(구별성)과 개별성의 독자적인 영역을 박탈하고 현실의 난맥상을 정당화함으로써 그가 시도한 '분열의 극복'이란 빛깔만 좋은 허구에 지나지 않는 것이 아닌가 하는 의혹의 눈초리가 심상치 않다.

2. 사변과 부정

'사변'이 헤겔의 고유물은 아니다. 고대-중세의 형이상학이 감각적인 소여태를 넘어서서 보편자에 대한 '추상적인' 인식에 관심을 기울이고 또 데카르트적인 인식론의 전통에 서 있는 철학들이 세계를 객관적인 사태들의 존재로 인식하여 존재자가 주어져 있는 방식을 형이상학적으로 구성할 때 사변의 단초는 이미 있었다.[3] 그리고 가깝게는 칸트가 선험적 종합판단이 가능한 최후의 근거로서 통각의 근원적인 통일성(종합)을 제시했을 때 여기서 헤겔은 "사변의 전개를 위한 가장 깊은 원리들 가운데 하나"를 발견하고,[4] 피히테가 대립태의 지양을 위해 지적 직관(사유가 자기 자신을 대상으로 삼는 직관)을 말할 때 "가장 근원적이고 깊이 있는 사변"이라고 격찬했다.[5] 그렇지만 셸링만큼 헤겔의 사변에 직접적인 영향을 끼친 사람은 없다. 셸링에 따르면 "표상과 대상이 어떻게 일치할 수 있는가 하는 문제는 지(知) 자체 안에 양자가 **근원적으로** 하나가 되는 점(Punkt), 또는 존재와 표상의 완벽한 동일성이 이루어지고 있는 점이

---

3) '사변'에 대한 철학사적인 이해의 변천 과정, 특히 데카르트의 영향과 관련해서는 W. Marx, *Selbstbewußtsein und Spekulation*, Freiburg, 1972, 45ff.를 참조. 그러나 합리 신학(rationelle Theologie)을 표방하는 종래의 형이상학은 신(神)을 사유에 의한 신의 표상(Vorstellung von Gott)으로 규정하여 신 개념을 "부정이 배제된 실정성 또는 실재의 추상태"로 파악함으로써 사변의 본래적인 의미를 결여한 "실재와 부정의 대립"을 절대시했다고 헤겔은 비판한다(E §36 주석과 보유를 참조).

4) L II 260;『대논리학 III: 개념론』, 임석진 옮김, 지학사, 1982, 39.

5)『피히테와 셸링 철학체계의 차이』, 51/61.

없으면 전적으로 설명이 불가능하다."[6] 칸트가 제시한 선험적 종합판단의 가능성 문제는 객관적 질료와 주관적 형식이라는 근본적으로 이질적인 두 사태의 만남 가능성을 따지는 문제라고 할 때 칸트가 이를 '나는 사유한다'의 선험적 지평에서 근거짓고, 이러한 자기 사유의 선험성은 피히테의 절대자아론을 거쳐 결국 셸링에 이르러 주관적인 표상과 객관적인 존재가 **직접적으로** 만나 하나가 되는 점, 즉 무차별적인/무관심한 절대적 동일점으로 나타나는데, 이 점이 다름 아닌 **사변의 점**(spekulativer Punkt)이다.

그런데 여기서 양자가 동일해지는 **방식**이 문제가 된다. 헤겔은 셸링이 표상과 존재(대상)를 매개하지 않고 직접적으로 피차간에 이행시킨 점을 너무 성급하고 안이하다고 평가한다. "**근원적인 통일성** 자체 또는 **직접적인 통일성 자체**가 아니라 타자 안에서의 자기 내 반성이 참이다."[7] 또한 양자의 동일성은 피히테나 셸링이 생각하듯이 지적 또는 미학적 직관만을 통해 확보되지 않는다. 개념의 반성이라는 사다리를 매개자로 삼지 않는 한 우리는 표상과 대상의 동일성에 이를 수 없다. 여기서 헤겔의 **매개철학**이 등장한다: "존재는 절대적으로 매개되어 있다."[8] 헤겔은 매개 개념을 개입시킴으로써 정신의 운동 과정을 '직접성 → 매개 → 직접성'이라는 **원환관계**로 구성하기에 이른다. 이러한 구성은 '정립 → 반정립 → 종합'이나 '동일성 → 비동일성 → 동일성'과 비교하여 사유의 **자기관계성**을 효과적으로 정식화하고 또 두 번째 단계가 첫 번째와 세 번째 단계에 어떻게 관계되는지를 명시적으로 드러낸다. 직접성과 매개의 원환적 관계를 헤겔은 부정 개념을 매개로 하여 다음과 같이 적고 있다.

---

6) F. W. J. Schelling, *System des transzendentalen Idealismus*, Hamburg, 32.
7) 『정신현상학』, 23/75.
8) 『정신현상학』, 39/96.

"방법의 이 전환점에서 인식의 흐름은 동시에 자기 자신으로 복귀한다. 이 부정성은 스스로를 지양하는 모순으로서 최초의 직접성을 회복하는 것, 즉 단순한 보편성을 회복하는 것이다. 타자의 타자, 부정적인 것의 부정적인 것은 바로 긍정적인 것, 동일적인 것, 보편적인 것이기 때문이다. 이 두 번째 직접적인 것은 전체적인 흐름에서 순차적으로 볼 때 첫 번째의 직접적인 것과 두 번째의 매개된 것과 비교하여 세 번째 것이다. 그것은 그렇지만 첫 번째의 형식적인 부정태 그리고 절대적인 부정성 또는 두 번째 부정태와 비교할 때에도 세 번째인 것이다. 그런데 첫 번째 부정태가 이미 두 번째 항인 한에서 세 번째로 순번이 매겨진 것은 네 번째 것으로 순번을 매길 수 있기 때문에 추상적인 형식은 3분법이 아니라 4분법으로 간주될 수 있다. 부정적인 것 또는 구별은 이런 식으로 둘로 계산된다. 그럼으로써 3차적인 것 또는 4차적인 것은 첫 번째와 두 번째 계기, 즉 직접적인 것과 매개된 것의 통일을 의미한다."9)

직접성과 매개의 원환적인 관계를 정립하는 데에서 헤겔은 칸트-피히테의 반성 철학과 셸링의 동일성 철학을 비판적으로 재구성한다. 전자에서는 영원한 이원적 대립을 비판하고 후자에서는 매개 없는 동일성을 비판하지만, 사유 작용에서 드러나는 대립/모순의 불가피성은 전자에서, 그리고 대립태의 절대적인 통일성은 후자에서 각각 암시 받는다. 이들 양자를 종합하는 데에서 관건이 되는 것은 전자의 구별성과 후자의 동일성을 어떻게 하나의 체계 안에서 양립시킬 수 있을 것인가 하는 문제이다. 이 문제 앞에서 헤겔이 찾아낸 해결책은 동일성과 구별성을 논리적인 전제관계와 시간적인 선후관계로 규정하여 하나의 자기동일적인 주체가 스스로를 차별화하는 길을 모색하는 것이다. 그럼으로써 주체가 동일적이면서 동시에 차별적일 수 있는 방안을 제시한다. 그것이 곧 헤겔이 말하는 주체의 자기관

---

9) L II 564; 『대논리학 III: 개념론』, 429-430.

계적 차별화(der sich auf sich beziehende Unterschied)이다. 주체는 자기관계적이기 때문에 동일적이고 그러면서도 차별화하기 때문에 비동일성을 자기 안에 포함하는 야누스이다.

주체(정신)는 자기관계성을 통하여 자기(동일성)와 타자(비동일성)를 함께 정립한다는 사실은 그렇지만 다음과 같은 커다란 물음을 제기한다. (1) 최초의 직접적인 것은 왜/어떻게 자기를 부정할 수 있는 가? (2) 매개 단계의 대립태(부정태)는 그 상태로 머물러 있지 않고 왜/어떻게 새로운 긍정(종합)을 낳는가?

첫 번째 물음과 관련하여 헤겔은 누구보다도 피히테에게서 일단 그 답변의 실마리를 발견하는 것처럼 보인다. 자기동일적인 명제는 자체적으로 이미 차별성을 포함하고 있다는 사실을 헤겔은 피히테의 자기동일적 반성 활동에서 끌어낸다. 그러나 헤겔은 피히테가 자아의 자기동일성과 타자동일성을 서로 다른 명제로 정립한 데 반대하여 A=A와 A=B를 똑같이 **사변적인** 명제로 규정한다. 왜냐하면 "A = A 는 동일성과 더불어 주체로서의 A와 객체로서의 A라는 차별성을 포함하고 있고 A = B는 양자의 차이성과 더불어 [= 을 통해: 필자] 동일성을 포함하고" 있기 때문이다.[10] 자아의 자기동일적인 반성 활동에는 불가피하게 차별성이 개입한다는 사실에서 헤겔은 사변적 문장 (spekulativer Satz)의 전형을 본다. 여기서 헤겔은 직접적인 것이 지닌 절대적인 차별성의 근거를 그것의 **절대적인 부정성**(die absolute Negativität)으로 파악하고 직접적인 것의 이러한 자기매개(부정)적인 운동구조를 자기관계적인 부정성, 즉 **사변**이라고 부른다.[11]

그러나 사태가 그렇게 단순하지 않은 것이, 최초의 정립태가 자기

---

10) 『피히테와 셸링 철학체계의 차이』, 39/47.
11) "사변, 자기 자신에 관계하는 부정성(die sich auf sich beziehende Negativität) 으로서의 무한성"(R §55).

스스로를 운동시켜야 할 이유가 그것만으로는 충분히 정당화되지 않기 때문이다. 최초의 직접적인 것이 충족시켜야 할 요건은 먼저, 앞으로 전개되어야 할 모든 것이 그 안에서 도출될 수 있는 전체성을 띠어야 하고(전체성을 띠지 않을 경우 외부의 제3자가 개입됨으로써 진행의 **필연성**이 보장되지 않기 때문에), 그러면서도 다음으로 그 자체가 완전치 못하여 스스로를 부정해야 한다는 점이다(그 자체로 완전할 경우 그것은 **운동**할 필요가 없어 정지 상태에서 머물기 때문에). 요컨대 최초의 것은 **전체성**과 **불완전성**이라는 모순적인 조건을 동시적으로 충족시켜야 한다. 여기서 헤겔은 양자의 조화 가능성을, 최초의 직접적인 것은 **형식적으로는 전체적이나 내용적으로는 불완전하다**는 데에서 찾는다: "사유의 시작으로서의 시원(始源)은 극히 추상적이고 극히 보편적이며, 모든 내용이 배제된 극히 형식적인 것이어야 한다."[12] 이 맥락에서 출현한 명제가 곧 '존재와 무(無)는 동일하다.'이다. 헤겔이 설정한 시원의 존재는 그래서 규정/매개할 수 없고 아무런 내용을 지니지 않은 순수한 형식일 따름이다. 시원의 존재는 모든 것을 포괄하고 그 토대를 이루나 그것은 아무것도 지시하지 않는 공허(空虛, das Leere)이다.

1) 직접성과 '무(無)의 부정성'

시원의 존재가 존재와 무를 포괄하는 한에서, 그것은 전체적이다. 존재와 무 그 바깥은 없기 때문이다. 무규정적 직접성으로서의 시원적 존재는 그러나 그 안에서 모든 것이 흘러나오는 전체적이고 절대적인 **실체**가 아니다. 시원은 그런 의미에서 플로티노스의 일자나 스

---

12) L I 73;『대논리학 I: 존재론』, 63.

피노자의 실체처럼 자기원인적인 절대자로서 현상을 가능하게 하는 근거가 아니며 또한 음양의 양극을 지닌 태극처럼 거기에서 만물의 생극(生剋) 원리가 도출되는 그러한 것도 아니다. 시원은 "차후의 규정들 안에 두루 내재하면서 항존하는 것"[13]이기는 하지만, 존재와 무라는 양 극단을 자기 안에 지닌다는 점에서 **순수한 모순**이며 **순수한 차이성 자체**이다. 그런 의미에서 시원은 "비전체적인 총체성 (Nicht-alles-Totalität)"이다.[14] 여기서 중요한 사항은, 시원에는 반성의 계기가 포함되어 있지 않다는 점이다. 즉 존재와 무는 상호 반성적인 관계에 있지 않다.[15] 어떠한 매개도 부정하는 순수한 부정성으로서의 시원은 존재와 무가 직접적으로 서로 이행해 있는(übergegangen sein) 상태이다.

존재와 무의 직접적인 통일성은 철학적 시원의 사변적인 특성으로서, 주체인 시원의 존재는 자기를 설명하기 위해 자기 이외의 아무것도 밖으로부터 끌어들이지 않는다. 그런 의미에서 존재는 자기동일적인 동어반복(Tautologie)이다. 그러나 이 동어반복은 특정한 규정을 결여하고 있기 때문에 동어반복의 주어는 어떠한 규정이나 술어를 기대하는 곳에서 사실은 아무것도 확인하지 못하고 오직 무(ein Nichts)를 확인할 따름이다. 존재는 그런 의미에서 항상 빈 자리를 열어놓고 있으며 따라서 시원의 '자기동일성'은 결코 안으로 닫힌

---

13) L I 71; 『대논리학 I: 존재론』, 61.

14) 이 대목에서 우리는 지젝(S. Zizek)의 예리한 통찰에 주목할 필요가 있다: "시원의 비(非)전체적인 총체성은 자기 내적으로 결함을 지니고 있으며 따라서 순수한 차이를 통해 규정된다. 즉 절대적이고 순수한 차이는 항상 이미 자기동일성 또는 동어반복의 술어이다. '시원'은 말하자면 순수한, 절대적인 모순이며 …"(S. Zizek, *Der erhabenste aller Hysteriker*, 67)

15) "이 비(非)전체는 … 그 차이의 빈 것을 채우는 반성적인 계기를 배제함으로써만 전체가 된다."(같은 책, 67)

충만(充滿)이 아니라, 규정의 결함을 통하여 결함의 규정이 정립되는 열린 공허이다.16) 같은 맥락에서, 시원에서의 존재와 무의 동일성은 절대적인 자기차별성으로서 "절대적 동일성과 절대적인 비동일성의 매개되지 않은 모순"이며 "절대적 동일성의 절대적 비동일성으로의 직접적인 전환"이다.17)

시원의 직접성은 그러니까 닫혀 있는 열림이라는 모순이다. 형식에서는 닫혀 있으나 내용에서는 열려 있다. 닫혀 있기만 하면 진행과정(Prozeß)이 빠지게 되고, 열려 있기만 하면 원칙(Prinzip)이 빠지게 된다. 열림의 근거는 존재의 '무'성(無性)인데, 무(無)는 새로운 어떤 것이 그로부터 출현하는 존재론적인 근거라는 점에서 중요하다. 시원의 무는 "순수 무(das reine Nichts)가 아니라 거기에서 무엇인가가 출현해야 하는 어떤 무(ein Nichts)이다."18) 이 사실에 주목하는 이유는 헤겔 사변논리의 특징이 변증법적 과정을 통하여 새로운 것(das Neue)이 출현하는 데 있다고 할 때,19) 그것이 가능할 수 있는 조건이 이미 시원에 대한 규정에서 이루어지고 있기 때문이다. 다시 말해 무(無)는 부정의 존재론적인 근거이고 또한 무는 절대 무가 아니라 그것에서 무언가가 생겨날 수 있는 무라는 점에서 부정의 생산성 또는 긍정성과 바로 맞물리기 때문이다. 이에 따라 존재와 무의 동일성은 변증법적 진행의 전 과정의 밑바닥에 항존하는 원리로 작용한다고 할 때, 최초의 직접성 자체가 무를 자기관계로 지닌다는

16) 같은 책, 67ff. 참조. 같은 맥락에서, "이 공허(Leere)는 전적으로 철학의 시원이다."(L I 79)
17) H. Röttges, *Der Begriff der Methode in der Philosophie Hegels*, 78ff.
18) L I 73; 『대논리학 I: 존재론』, 63.
19) "의식이 자기 자신에 접하여, 즉 자기의 지(知)와 대상에 접하여 행하는 변증법적 운동은 본래, 이 운동에서 새롭고 참된 대상이 출현하는 한에서 경험이라 일컫는다."(『정신현상학』, 78/152)

점은 한편으로는 시원적 존재의 결함을 나타내면서도, 다른 한편으로는 이후의 진행 과정에서 새로운 것을 만들어내는 창조 활동이 가능한 근거를 제공한다. 부정적인 것으로서의 무(無)가 존재의 창조적인 활동에 관여하는 사태에 대해 헤겔은 다음과 같이 적고 있다.

> "하늘과 땅 어디에도 존재와 무 양자를 자기 안에 지니지 않은 것은 아무것도 없다. … 물론 어떤 것과 현실적인 것에 대해 말할 때에도 그 안에는 존재와 무의 규정이 … 긍정적인 것과 부정적인 것으로 파악되고 있다. … 긍정적인 것은 존재를, 부정적인 것은 무를 그들의 추상적인 토대로 포함한다. 이렇게 신(神) 자체에는 질, 활동성, 창조성, 힘 등이 부정적인 것의 규정을 본질적으로 포함한다. 그것들은 어떤 다른 것을 산출하는 것이다."[20]

무(無)는 시원의 존재가 자기를 절대적으로 부정할 수 있는 근거이다. 그러나 이 부정은 무 자체가 '어떤 것이 생겨날 수 있는 가능성'을 이미 지니고 있지 않은 한 생산적 또는 창조적일 수 없다. 무의 활동성은 범주적인 이행이 기능할 수 있는, 다시 말해 하나의 범주가 스스로를 부정하여 그것을 넘어서서 새로운 범주로 이행하는 데에는 무가 그 토대를 이루고 있다. 무는 시원적 존재의 자기부정이 가능한 근거이며 또한 존재의 추상성(결여)을 지시하여 그것이 무엇인가로 채워져야 한다는 당위성을 근거 짓는다. 무는 존재의 빈자리이다. 존재는 무를 자기관계로 지니고 있다는 점 때문에 **자기 밖으로 나아가지 않고도**, 다시 말해 자족적으로 그리고 자율적으로 자기의 타자를 산출할 수 있는 근거를 지니게 된다. 개념의 자율적인 부정(autonome Negation)은 그래서 애초의 시원에서 이미 마련되고 있는 것이다.[21]

---

20) L I 86.

2) 매개와 '부정의 생산성'

시원에서의 존재와 무의 직접적인 동일성은 존재와 무의 상호 반성 활동에 의해 정립된 것이 아니다. 그것은 양자 간에 상호 **직관된** (서로 직접적으로 쳐다본) 운동성이다. 최초의 직접적인 전체라는 점에서 그것은 절대적인 것에 대한 가장 순수하고 추상적인 형식이며 또한 차후에 전개될 모든 규정들은 매개를 통하여 절대적인 것에 내용을 부여하여(채워서) 풍부하게 만드는 작업을 수행한다. 여기서 직접성과 대립하는 의미에서의 **매개**가 중심어로 등장한다.

직접성의 단계에서의 **절대적인** 부정성과는 달리 매개 단계에서는 말하자면 **상대적인** 부정성이 지배한다. (첫 번째 인용문에서 드러나듯이) 직접적인 존재인 출발점에서의 절대적인 것이 매개를 거쳐 다시 자기의 직접성으로 복귀하면서 절대적인 것은 매개 **과정**을 통하여 자기가 누구인지를 결과적으로 드러내는데 이 과정에서 직접적인 것의 부정태로서의 대립, 모순 등의 매개된 것은 다시 부정(매개)되어 **새로운** 직접성을 획득한다. 그런데 이 장면에 대한 설명과 이해의 어려움은 바로 다음과 같은 사실에 있다. "사변"이란 "주체와 객체의 절대적인 통일성"22)이고, 또 "대립적인 것을 그 통일성 안에서 파악하고 부정적인 것 안에서 긍정적인 것을 파악하는 것이 곧 **사변적인 것**"23)이라고 할 때, 사변은 곧 운동의 **결과**로 나타나며 또한

---

21) '자율적인 부정'은 헨리히(D. Henrich)의 표현으로, 이는 일단은 부정의 근거가 타자가 아닌 자기라는 점을 일깨우지만, 다른 한편으로는 auto-nom(自-律)의 어원적인 의미와 관련하여 ─ '자유로운 부정(freie Negation)'과 대비되는 의미에서 ─ 부정이 지향하는 방향은 아무 데로나 열려 있는 것이 아니라 자기통제성을 띠면서 특정한 방향을 지향한다는 점에서 헤겔 변증법의 목적론적 성향을 적절하게 드러낸다.

22) 『피히테와 셸링 철학체계의 차이』, 41/49.

그 결과는 부정의 긍정성에 근거하여 획득되는데 이때 부정이 어떻게 긍정이 되어 종래와는 다른 어떤 것을 최초의 직접적인 것에 첨가하느냐 하는 문제이다. 이 물음에 대해 우리는 일단 헤겔이 말하는 **규정적** 부정(die bestimmte Negation)에서 답변의 실마리를 찾을 수 있다.

> "부정적인 것은 긍정적이기도 하며 자기모순적인 것은 영(零), 즉 추상적인 무(無)로 해소되지 않고 본질적으로 모순적인 것의 특정한 내용의 부정이다. 다시 말해 그러한 부정은 전체 부정이 아니라 … 한정된 사태의 부정, 따라서 한정적 부정이다. 부정의 결과 안에는 그 결과를 낳은 출처가 포함되어 있다. 이는 그러니까 동어반복인 셈인데, 그렇지 않을 경우 결과는 직접적인 것일 뿐 결과가 아니게 될 것이기 때문이다. 결과로 드러나는 것은 … 규정적 부정이기 때문에 이 부정은 특정한 내용을 지닌다. 그것은 새로운 개념으로서, 선행하는 개념보다 더 높고 풍부한 개념이다. 왜냐하면 그것은 **선행하는 개념의 부정 또는 대립만큼 풍요로워졌기** 때문에, 다시 말해 선행하는 개념을 포함하면서도 그 이상이기 … 때문이다. 이 과정에서 개념들의 체계 일반이 형성될 수 있으며 또한 밖으로부터 아무것도 끌어들이지 않는 순수하고 끊임없는 흐름 속에서 완성될 수 있다."(강조는 필자)[24]

여기서 우리는 무엇보다도 '부정 또는 대립만큼 풍요로워졌다.'는 대목에 주목할 필요가 있다. 대립이나 모순이 무(無)로 해소되지 않고 새로운 어떤 것을 추가하여 예전에는 없던 새로운 종합을 만들어낸다는 것이다. 이 대목은 모순의 해소나 대립의 지양이 '종합'이라는 형태로 나아감으로써, 즉 최초의 형식적인 직접성이 내용을 가지고 다시 살아남으로써 헤겔의 변증법은 칸트와 피히테의 이원론적

---

23) L I 52; 『대논리학 I: 존재론』, 47.
24) L I 49; 『대논리학 I: 존재론』, 43-44.

변증법을 극복하고 일원론으로 나아가는 논리적-존재적인 근거를 보여준다. 칸트는 "변증법의 결과를 순전히 무한한 무(無)로 파악함으로써 이성의 무한한 통일은 종합을 상실하고 이에 따라 사변적이고 참으로 무한한 개념의 시원을 잃게 된다."[25] 그리고 피히테의 경우에도 "모순 = 0"[26]이다. 헤겔 논리의 '사변적' 특성은 바로 모순과 대립의 결과물이 지닌 **생산성**에 있다. 그런데 결과로서의 사변은 오성의 관점에서 파악될 수 있는 성질의 것이 아니다.[27] 부정의 생산성을 통해 가능해지는 종합으로의 이행에 대해 헤겔은 신비스러운 표현을 서슴지 않는다.

"정신은 절대적인 분열 속에서도 자기 자신을 찾음으로써만 자기의 진리를 획득한다. 이러한 위력을 지닌 정신은 … 부정적인 것을 외면하는 긍정적인 것이 아니라 부정적인 것을 직시하면서 거기에 머무는 힘이다. 이 머물음은 부정적인 것을 존재로 전환시키는 마력(Zauberkraft)이다."[28]

'부정적인 것에 머물음으로써 부정적인 것은 존재로 전환한다.' 이 사태를 어떻게 이해할 것인가? 마술적인 힘을 지닌 부정의 위력은 첫 번째 부정태에서 비롯한 대립에서 자생적으로 출현하는 것이다. 직접적인 것이 부정되어 매개 단계를 구성하고 분열된 매개체가 다시 자기를 부정하여 직접성을 회복한다고 할 때 이 직접성이 풍부해진, 구체화된 직접성이 되기 위해서는 두 번째 단계에서의 부정이 **생산성**을 띠어야 하는데 이 **생산성에 대한 이해**가 지금 문제시되고

---

25) L II 261; 『대논리학 III: 개념론』, 41.
26) 『피히테와 셸링 철학체계의 차이』, 39/46.
27) "모든 사변적인 것은 오성에게는 하나의 신비이다."(『헤겔 전집』 17권, 535)
28) 『정신현상학』, 36/92.

있는 것이다. 이를 직접적인 존재의 무성(無性)과 관련시킬 경우, 매개 단계에서 나타나는 부정의 생산성은 근본적으로 존재의 빈 자리, 즉 무에서 어떤 것이 생겨난다는 데에서 그 근거를 찾을 수 있을 것이다. "무(無)는 그 자체로 특정한 무이면서 또한 하나의 내용을 지닌다. … 그 결과는 실제로는 **특정한** 부정으로 파악된다고 할 때 여기에서 직접적으로 새로운 형식이 출현했고 또 그 부정에서 이행이 이루어졌으며 이를 바탕으로 다양한 형태들로 이어지는 온전한 계열이 스스로 생기게 된다."[29] 없던 것을 생겨나게 하는 창조 활동은 부정의 근거인 무의 작용이라고 할 때 이 작용은 반성이 아니라 직관의 차원에서 파악되는 사태라고 볼 수 있다. 이러한 사정은 헤겔이 초기의 피히테와 셸링의 비교 연구에서 **반성**과 **직관**을 철학적 사유의 두 축으로 설정한 것과 맞물리면서 직관의 직접성과 반성의 매개성을 적실하게 드러내는데, 두 번째 단계의 매개성에서는 반성이 토대를 이룬다면 이제 새로운 직접성으로의 이행에서는 최초의 직접적인 것과 마찬가지의 직관이 개입한다. 그런데 뒤의 직접적인 것에서 개입하는 직관은 지적 직관이 아니라 미학적 직관이라고 보는 것이 타당하다. 왜냐하면 부정의 생산성이 결국은 일종의 마술적인 힘이라고 할 때 이 힘은 그 자체로 없던 것(無)을 있는 것(존재)으로 전환시키는 창조적인 것이고 창조란 하나의 미학적인 사태이기 때문이다.

3. 부정 속의 미학

헤겔은 넓게 보아 범논리주의자이고 범이성주의자이다. 그러나 이

---

29) 『정신현상학』, 74/145-146.

때의 논리주의나 이성주의는 **결과적인** 이야기일 따름이다. 특히 헤겔의 이성은 근세 합리주의자들의 이성과 다르다. 헤겔은 세계를 '합리'로만 풀어내는 사람이 아니다. 헤겔의 이성은 비합리를 포함하는 합리이다. 철학 일반의 욕구(Bedürfnis), 『법철학』의 의지(Wille) 그리고 『역사철학』의 열정(Leidenschaft) 등은 건조한 합리성에만 갇혀 있는 개념이 아니다. 이는 근본적으로 헤겔의 **생(生)** 개념에 기초해서 이해할 필요가 있으며, 생 안에서는 부정이 긍정으로 전환하는, 오성적인 사유로는 파악하기 힘든 사태가 발생한다. 생 자체가 실천적인 힘을 담고는 있지만 생을 유지시키는 존재-논리적인 힘은 종국적으로 개념의 절대적인 반성, 즉 사변의 힘이다. 그런데 부정이 긍정으로 전환하는 과정은 개념에 의해 추진되지만 그 **과정 자체**는 합리적이고 논리적인 요소만으로 이루어지지 않는다.[30] 그 과정에는 창조적-미학적인 계기가 개입되지 않으면 변증법 자체가 성립할 수 없게 된다. "개념의 절대적인 반성, 즉 사변적인 이해는 … **논리적인 이해와 미학적인 이해**의 변증법에서 출현하는 개념의 운동으로 파악할 수 있을 것이다."[31] 이러한 변증법을 헤겔은 초기 작품에서 반성과 직관의 변증법으로 서술한 바 있다.[32] 개념의 절대적인 자기반성이란 헤겔에게서 개념이 자기를 절대적으로 매개하는 행위, 즉 개념이 절대적으로 자기를 자기로 아는(知) 행위인데, 이때의 지(知)는 개념적인 반성과 미학적인 직관의 통일체를 의미한다.[33]

---

30) 그러나 그렇다고 해서 운동의 과정을 이성적으로 설명할 수 없다고 말하는 것은 아니다. 운동의 결과를 사후적으로 재구성함으로써 비합리적인 요소를 이성적인 것의 계기로 파악하는 일 자체는 사변의 또 다른 측면이다. 이에 대해서는 별도의 논의가 요구된다.

31) G. Wohlfart, *Der spekulative Satz*, 181.

32) 특히 『피히테와 셸링 철학체계의 차이』, 25 이하. 이에 대한 설명으로 크로너, 『헤겔』, 유헌식 옮김, 청아출판사, 1990, 44 이하 참조.

여기서 우리는 최초의 직접적인 것에 작용하는 직관은 지적 직관이고, 매개를 거쳐 다시 자기로 복귀한 직접적인 것에 작용하는 직관은 미학적 직관이라는 사실을 상기할 필요가 있다. 왜냐하면 지적 직관은 새로운 것을 만들어내는 창조적인 능력이 아니라 이미 있는 것을 직접적으로 정립하는 작용인 데 반해 미학적 직관은 없던 것을 있게 만드는 창조적 활동이라고 할 때, 여기서 지적 직관은 대립하는 양자를 지양하여 새로운 종합을 이루어내는 일이 아니라 이미 주어진 사태에 다른 이름을 부여하는 **분석** 작업인 데 반해 미학적 직관은 오직 매개 단계에서 직접성의 단계로 이행하는 데에서 새로운 것을 추가하는 **종합** 작용이기 때문이다. 가령 『논리학의 학』에서 헤겔이 시원(始源)의 존재를 가장 추상적이고 직접적인 것으로 파악하여 이를 무(無)와 동일시했을 때 여기서의 동일성은 존재에 대한 직접적인 언표의 차원에서 이루어진 사태이며 또한 『정신현상학』에서 의식의 경험을 출발시키는 '이것(Dieses)'도 지적 직관의 소산이라고 볼 수 있다.[34] 또한 최초의 직접성을 정립하는 데에서 뿐만 아니라 매개를 주도하는 비동일성의 운동 과정에서도 겉으로는 반성 작용의 결과처럼 보이지만 사실은 여기에 직관이 작용하고 있다.[35]

그런데 앞에서 관건이 되었던 두 번째 단계의 매개에서 세 번째 단계의 직접성으로 이행하는 데에서 헤겔이 이를 '부정된 만큼 풍부

---

33) 이러한 헤겔의 생각은 기본적으로, 반성을 절대자에 대한 직관에서 분리시키는 셸링이나 슐라이어마허의 생각에 대비된다.
34) 헤겔은 의식철학에서의 '이것'과 논리학의 '존재 일반'에 동일한 발생구조적 가치를 부여한다(『정신현상학』, 85 참조).
35) "직관은 사실 지(知) 개념에서 말하는 전체 인식 행위의 첫 번째 또는 세 번째 단계에 해당될 수 있지만, 만일 두 번째 단계 즉 대립, 또는 본래적인 의미에서의 반성이 없다면 이러한 직관 역시 있을 수 없을 것이다."(크로너, 『헤겔』, 44)

해진다.'고 말했을 때, 그 풍부해짐을 가능하게 하는 부정의 의미는 그 앞 단계의 부정과는 다르게 이해해야 한다. 헤겔은 그 부정을 전체의 부정이 아니라 특정한 내용의 부정, 즉 **한정적** 부정이라고 일컬으면서 소위 지양(Aufheben)과 동일시하여 이를 '폐기하다', '보존하다', '고양하다'의 삼중적인 의미로 이해한다고 해도, 여기서 폐기와 보존의 기준이 무엇인지 불확실할 뿐만 아니라 특히 부정이 어떻게 고양(高揚), 즉 더 높은 단계로의 이행을 가능하게 하는지는 여전히 미스터리로 남는다. (헤겔의 이성주의에 근거하여, 이성적 사유의 자유의 원칙에 합당한 것만 선택되고 승화된다고 말할 수 있겠지만 그것을 일종의 힘이라고 이해할 경우 우리는 그 힘의 내재적인 근거를 정당화하기 어렵다.) 그래서 우리는 여전히 헤겔의 '부정적인 것에 머물음에 따른 새로운 것의 출현'이라는 표현에 다시 눈길을 보내게 된다. 그런데 여기서 머물음(Verweilen)이라는 사태는 『정신현상학』에서의 '새로운 의식의 출현'이나 역사철학에서 주제화되고 있는 '새로운 세계사적 민족의 출현'을 설명하면서 헤겔이 **뜸 들이는 시간**(Gärungszeit)을 말하는 것과 직접적으로 관련되는데 이러한 표현에서 우리는 논리적인 개념이 아니라 미학적인 직관이 범주적인 **이행의** 순간에 얼마나 중요한 역할을 수행하는지 확인하게 된다. 요컨대 **새로운 것이 출현하는 과정** 자체에 대해서는 헤겔도 개념적인 이해만으로 충분치 않다는 점을 인정한 셈이다.

이러한 사정은 당시의 헤겔이 초기의 독일 낭만주의에게서 큰 영향을 받았다는 사실을 통해 뒷받침된다. 횔덜린, 노발리스, 슐레겔 등이 낭만주의적인 머리를 가지고 계몽주의적 주지주의에 대항하여 "생산적 상상력을 세계 창조의 고유한 원칙으로 승화"[36]시키는 상황

---

36) H. A. 코르프, 「낭만주의의 본질」, 김용직 외 편, 『문예사조』, 문학과지성사, 1979, 98.

에서 헤겔이 이들과 긴밀한 교분을 유지하면서 그들의 생각을 자기 안으로 끌어들인 점을 고려하면 그가 순수한 논리주의에 머물지 않았다는 사실은 어쩌면 당연한 일일 수 있다.

자기의 탈중심화를 통한 자기와 타자의 상호 침투
『정신현상학』 접근의 한 방법

헤겔이 『정신현상학(*Phänomenologie des Geistes*)』의 집필을 마칠
당시(1807) 유럽은 나폴레옹을 중심으로 국제질서가 재편되면서 라
인 동맹이 결성되어, 850년간 지속되어 오던 신성로마제국이 붕괴하
였다. 신성로마제국의 붕괴는 황제의 중앙집권적인 권력이 무너지고
제후국들의 주권이 확립된다는 점에서 유럽 역사의 전환점을 이루는
데, 이러한 사실은 헤겔이 『정신현상학』을 서술하는 데에서도 중대
한 의미를 지닌다.

『정신현상학』은 철학적 저작 가운데 난해하기로 유명하다. 그 이
유를 난삽한 문장 구성이나 모호한 표현에서 찾을 수 있지만 그보다
는 이 저작이 지닌 복합적인 구조에서 찾지 않을 수 없다. 비교적 짧
은 기간에 저술된 이 저작은 인간 삶의 다양한 측면이 중첩되어 있
어서 독자는 그 층위와 맥락을 쉽사리 파악하기 어렵다는 것이다.

『정신현상학』의 원래 제목은 '의식의 경험의 학'이다. 의식이 어
떻게 진리를 경험하는지 그 과정을 서술한다. 의식 자체를 학(學)의
수준으로 도야하는 과정에 대한 서술이다. 이 과정을 헤겔은 '생성하

는 지(知)(das werdende Wissen)'라고 부른다. 그는 정신의 다양한 형태들을 의식-자기의식-이성-정신의 이행 과정으로 파악하여, 출발점의 '감각적 확신'이 어떻게 '현실적인 지'로 생성되는지를 보인다. 그리하여 정신현상의 혼돈 상태를 학적인 질서 상태로 전환시킨다. 여기서 뒤의 단계는 앞의 단계의 진리로 나타나는데, 최후의 진리는 전체적인 진행의 결과인 학(學) 안에 있다.

여기서 '생성하는 지'의 '현실성'이 관건이 된다. 『정신현상학』은 새로운 철학적 의미론을 창출한다. 개념적 사유를 역사적 현실과 결합시키기 위하여 그는 이성과 역사 그리고 사변과 경험을 상호 연관시킴으로써 정신의 오디세이를 연출해 낸다. 철학의 추상적 개념을 삶의 구조 속에 녹임으로써 다양한 부피와 질감의 역사적 상황을 철학적으로 재구성한다. 특히 개인적인 세계 경험을 초개인적인 보편적인 구조/맥락들과 관련시킴으로써 개인이 어떻게 역사적 상황에 대한 이해를 통하여 자신의 입지와 행동 방향을 정위하는지 보여준다. 그리하여 『정신현상학』은 현대의 여명기에서 개인이 자기와 세계의 변화 과정을 실질적으로 파악할 수 있는 기회를 제공한다. 그리하여 **주체를 객체의 역할에서 해방시킨다.** 이 점이 바로 『정신현상학』이 제시하는 철학적 관점의 혁명이다.

『정신현상학』은 하임(R. Haym)을 비롯한 당시의 식자층에게 환영받지 못했고 이해되지 않았을 뿐만 아니라 나중에 포이에르바흐, 마르크스, 키에르케고르, 하이데거 등에 의해 신랄하게 비판받는다. 하지만 마르크스는 『정신현상학』을 헤겔 철학의 참된 원천이며 비밀로 파악하였는데, 그는 여기서 특히 헤겔이 주인과 노예의 인정 투쟁을 서술하는 데에서 인간을 자기 노동의 결과물, 달리 말해 대상화와 탈대상화의 통일체로 파악한 점을 높이 평가한다.

여기서 『정신현상학』은 주체와 객체, 철학과 역사, 내재적인 것과

초월적인 것 등 종래의 철학적 대립 개념에 대해 실천철학적인 매개를 시도한다. 헤겔은 정신이 현상하는 양태를 재구성함으로써 칸트가 남긴 이론이성과 실천이성의 구분을 넘어 양자가 어떻게 상호 침투하는지를 드러낸다. 그리하여 주관적인 인식(Erkennen)에서 어떻게 상호적인 인정(Anerkennen)으로 이행하는지를 보여준다. 한 개인은 상호 인정의 투쟁 속에서 인정하는 자로 스스로를 인정하는 개인들 가운데 하나로 파악하는 한에서만 자기를 이해할 수 있다. 달리 말하면, 『정신현상학』은 데카르트와 칸트의 의식철학이 아니라 '정신'이라 불리는 '세계의 역사적 지평'에 토대를 둔 역사철학으로서, 이 지평에서는 주관적인 자기를 의식/인식하는 일이 아니라 자기가 형성되는 사회-역사적 그리고 상호 인정적인 발생의 이념이 중시된다. 그래서 『정신현상학』은 개인이 겪는 삶의 분수령을 인류의 보편사적인 전환점과 관련시켜 서술한다.

'상호 인정'을 『정신현상학』의 철학사적인 혁명이라고 규정할 때 거기에는 좀더 구체적인 설명이 필요하다. 『정신현상학』의 궁극적인 지향점과 관련하여 우리는 소위 '주객동일성'의 테제를 거론하지 않을 수 없다. '정신의 현상학'이라는 제목은 기본적으로 '정신은 현상한다'는 테제를 내건다고 할 때, 이는 주객동일성의 테제와 어떤 관계가 있는가? 앞에서 설명했듯이 『정신현상학』이 대립적인 사태들의 통일을 목표로 한다면, 그것이 극복하고자 하는 철학적 입장은 역시 칸트에서 비롯한 선험철학 또는 반성철학이다. 칸트의 현상계와 물자체계, 그리고 피히테의 자아와 비아의 대립을 어떻게 극복할 것이며, 이 문제 상황에 대한 셸링의 자연주의적 관념론의 해법에 어떠한 한계가 있는지에 헤겔은 주목한다. 『정신현상학』에 앞서 씌어진 『피히테와 셸링 철학체계의 차이』에서 정식화했듯이 그는 피히테적인 '주관적인 주관-객관'과 셸링적인 '객관적인 주관-객관'을 통일시키고자 한다. 여기서 그의 '사변(Spekulation)' 개념이 등장한다. 사변은 양자를 아우르는 '활동하는 중심(tätige Mitte)'으로서 주관과 객관이 절대적으로 구별되고 또 통일되는 양상을 일컫는다. 이러한 구별과 통일의 운동은 사변의 주체가 정신일 경우에만 가능하다. 왜 냐하면 정신만이 자기를 절대적으로 구별하여 구별된 타자 안에서 자기를 다시 인식할 수 있기 때문이다. 여기서 주의할 점은 정신의 변증법에서 '통일'은 대립항의 차이 또는 구별을 제거하여 그것과 구별되는 새로운 통일체를 구성하는 일이 아니라 구별태를 정신은 '자기의 타자'로 인식하여 이를 자신의 한 양상으로 파악하는 일이다. 이 경우 구별은 소위 지양을 통하여 소멸하는 것이 아니라 더 포괄적인 새로운 항 안에서 새롭게 자리매김된다.

정신이 자기를 전개해 나아가는 과정이 '정신의 현상학'이며 이를 통하여 주객동일성이 확보된다고 할 때, 결과적으로 '정신의 전개 과정'은 곧 칸트의 '물자체의 현상 과정'과 다를 바가 없다. '정신이 현상한다'는 '물자체가 현상한다'와 동일하며, 이에 따라 현상과 물자체의 엄격한 구별은 빛을 잃는다. 물자체가 현상함으로써 물자체와 현상의 구분이 퇴색한다고 하지만 이것은 어디까지나 결과론적인 설명이고, 실제에서 정신은 자신의 물자체성 즉 실체성을 탈피/부정하여 현상/외화함으로써 참된 자기를 탐색한다. 그러니까 물자체의 현상화 또는 정신의 외화는 아리스토텔레스 이후에 정식화된 잠세태의 현세태화처럼 잠재된 내적인 것이 자동적으로 외부로 드러나는 방식이 아니라 오히려 자기의 부정, 헤겔의 표현을 빌리면 규정적 부정(bestimmte Negation)을 통하여 진행된다. 헤겔이 칸트의 물자체를 즉자존재(Ansichsein)로 전환시켰을 때 거기에는 즉자존재 자체의 직접성과 무규정성/무내용성이 함축되어 있으며 즉자존재의 이러한 특성으로 인하여 그것은 스스로를 매개/부정하여 대타존재(Sein für

Andere)가 된다. 타자관계를 자기관계로 끌어들일 때에만 정신은 공허한 자기에서 탈피하여 내용을 지닌 대자적 존재가 된다. 이를 통하여 정신은 자신에 대해 새로운 지(知), 구체적인 내용을 담은 지를 획득하게 된다. 정신이 더 이상 자신에게 새로운 지를 필요로 하지 않는 상태, 즉 자기존재를 완전히 타자존재와 연관 속에서 파악할 때 절대지의 단계에 이른다.

현실적인 지를 위한 예비단계에서『정신현상학』은 자연적 의식을 출발점으로 삼는다. 그런데 자연적 의식은 감각적 확신(sinnliche Gewißheit)이 현실 경험의 모든 진리를 담보한다고 착각한다. 감각적 확신은 감각에 주어진 실재에 대한 직접적인 지에 지나지 않는다. 그것은 내용이 없는 추상적인 진리이며 순수한 존재의 직접성이다. 감각적 확신은 어떤 것을 가리켜 '이것(Dieses)'이라고만 말하는데, '이것'은 직접적으로 경험할 수 없으며 우리는 단지 이것의 '보편적인' 의미만을 경험할 수 있을 따름이다. 이것은 구체적인 타자와 매개되어 있지 않아서, 다시 말해 아무런 맥락(Kontext)을 지니지 않아서 아무것도 말하지 않고 또 보여주지 않는다. 헤겔은 '이것'을 '지금'과 '여기'로 다시 구분하여 설명하는데, 이 두 용어 역시 실질적으로 아무것도 지시하지 않는다는 사실을 밝힌다. 그래서 헤겔은 우리가 소위 '구체적인 경험'으로 일컫는 것이 사실은 감각적인 실재와 근원적으로 접촉하고 있지 않으며 그것이 감각적 실재에서 도출되지도 않는다는 부정적인 결론을 도출한다. 그리하여 어떠한 지(知)도 개념적인 매개 없이는 허무맹랑하다고 서술한다.

여기서 우리는『정신현상학』의 범주적인 이행에서 '언어'가 차지하는 비중에 주목할 필요가 있다. 자연적 의식이 막연히 생각하는 것(meinen)과 달리 감각적 확신의 진리는 구체적인 개별자에 대한 언명이 아니라 개별적인 규정을 넘어서는 보편적인 언명을 시도한다. 여기서 헤겔은 사념(私念, Meinen)에 대하여 언어(Sagen)를 대비시킨다. 정확히 말하면 그는 언어를 통하여 사념을 전복시킨다. 이 전복은 언어의 일반성을 통하여 우리가 '우리 자신'을 넘어서 타자(das/der Andere)와 만날 수 있는 길을 터놓는다는 점에서 중요하다. 언어의 보편성은 정신의 개입으로 인해 성립하는 사태로서 이를 통하여 사태는 개별적인 감각성에서 탈피하여 보편적인 개념성과 결합한다.

이 진행에는 하지만 어떠한 외적인 반성이 개입하지 않고 순전히 사태 자체의 내재적인 원리가 작용한다. 사태 자체에 감추어진 모순이 언어를 통하여 표면화되면서 자연적인 의식은 사념에서 벗어나 개념적인 의식으로 전환한다. 여기서 실체와 주체, 자기와 타자, 개별성과 이성성 등의 이분법적인 구별은 사라지고 그 자리에 '자기 내적으로 구별된 통일성'이 들어서게 된다. 이러한 자기구별적인 통일성은 '자기 자신과 관계하는 부정성'으로서 이러한 논리적, 인식론적 특성을 '중심 없는 중심성'이라고 정식화할 수 있다. 이렇게 자기 관계하는 부정성은 자기로의 복귀라는 '원운동'의 방법적인 특성과 바로 통한다. 중심 없는 중심성은 『정신현상학』이 추구하는 '끊임없는 중심 탈출(Dezentrierung)의 과정'과 맞물리는데 이는 도야/문화(Bildung)의 역사적 형성 과정으로 현상한다.

'의식의 경험의 학'으로서의 『정신현상학』은 제1원리에서 연역하는 것도 아니고 의식과 대상의 관계를 단순히 반성하는 것도 아니다. 헤겔은 근대 철학에서 '경험' 개념에 대한 새로운 규정을 제시한다. 의식은 "자신의 경험 안에 있는 것만을 알고 또 파악한다." 그 이전의 의식철학과 달리 헤겔은 『정신현상학』에서 철학 이전의 의식이 자아와 세계, 인식과 행위 등의 상호 의존인 복합체라는 사실에서 출발한다. 의식의 경험의 학은 처음부터 의식의 복합적인 경험을 철학함의 출발점으로 삼는다.

　　"정신의 직접적인 현존재인 의식은 지식과 이 지식에 부정적인 대상
성이라는 두 계기를 지닌다. 이들 요소 안에서 정신은 스스로 전개하
여 자신의 계기들을 드러내는 데에는 대립적인 요소가 나타나며 그 계
기들은 모든 것을 의식의 형태로 드러낸다. 이러한 과정의 학이 곧 의
식이 행하는 경험의 학이다."[1]

　　이제 철학이 자아에서 출발할 것인가, 아니면 대상에서 출발할 것
인가 하는 양자택일은 무의미하다. 의식은 항상 어떤 것에 대한 의
식이며 대상도 의식의 대상인 한에서 관념론과 실재론의 대립은 지
양된다. 하지만 이 지양은 상호 상쇄가 아니라 상호 인정이다. 어느
하나가 다른 하나에 종속되는 것이 아니라 상호 인정적인 자유의 관
계에 있다. 그리하여 주관적인 것과 객관적인 것, 유한한 것과 무한
한 것, 그리고 내적인 것과 외적인 것은 대립을 넘어 상호 침투한다.
이러한 실상을 지젝(S. Zizek)이 '뫼비우스의 띠'로 형상화한 것은
정당하다. 뫼비우스의 띠에서는 어떤 것도 평면적이고 고정적일 수
없으며 항상 유동적으로 타자를 향해 있다. 모든 것은 자기유동화
(Selbstverflüssigung)의 과정 속에 있다. 이 과정에서 부분과 전체,
개별과 보편, 실체와 주체, 개인과 사회/역사, 신과 인간 등은 서로에
게 낯선 것을 없애고자 한다. 소외의 극복이 관건이다. 소외, 즉 타자
에 대한 낯섦은 운동이 진행되도록 하는 추진력이다. 타자가 자기에
게 낯선 한에서 타자를 자기 것으로 삼아야(sich aneignen) 하는데,
이는 타자의 제거가 아니라 타자의 인정이다. 밥을 먹어 소화를 시
킬 때 이 '소화'는 밥의 밥성(性)을 부정하지 않고 인정하는 경우에

---

1) Suhrkamp판, 38.

만 가능한 것과 같은 이치이다. 자기와 타자가 서로를 향한 존재라는 사실, 타자를 타자로서 그대로 인정하는 것이 자기를 자기로서 유지하는 데 절대적으로 긴요하다는 사실, 그리하여 타자를 매개로 해서만 자기를 정립할 수 있다는 사실이 인식되어야 한다. 이러한 사정은 의식의 경험 과정에서 의식이 자기 이외에 '자기에게 부정적인 대상성'을 다른 하나의 계기로 지닌다고 할 때 이 부정적인 대상이 자기에게 더 이상 낯선 것이 아닌 것으로 화할 때까지 의식의 경험이 진행되며, 이 과업이 완수될 때 운동은 끝이 나는데 그럼으로써 정신은 '절대정신'이 되고 이 정신의 자기인식이 곧 '절대지'이다. 절대지의 단계에서 자기와 타자는 전적으로 화해하여 상호 침투한다.

"화해(Versöhnung)라는 말은 **현존하는** 정신으로서 이 정신은 자기 자신의 순수한 지를 자기의 반대항 안에서, 그리고 절대적으로 자기 내 존재하는 **개별성**인 자기의 순수한 지 안에서 **일반적인** 본질로 파악하는데, 이러한 상호 인정(gegenseitiges Anerkennen)이 곧 **절대정신**이다."[2]

여기에서 드러나듯이 자기의 개별성은 포기되지 않으며 오히려 보장되고, 그런 조건 아래서 개별성은 일반성으로 파악되고 그럼으로써 서로를 인정할 수 있게 된다. 이러한 사정이 가장 명료하게 드러난 대목은 역시 '자기의식' 장(章)의 소위 '주인과 노예의 인정 투쟁'이다. 주인의식과 노예의식 간의 인정 투쟁은 어느 하나가 다른 하나에 종속되는 '인정을 위한 투쟁(Kamp um Anerkennung)'이 아니라 양자가 동등한 자격을 부여받고자 하는 '인정의 투쟁(Kamp des

---

2) Suhrkamp판, 493.

Anerkennens)'이다. 주인과 노예의 인정 투쟁은 '자기의식' 장에서 마무리되지 않고 절대지의 단계에서 완결된다. 이 단계에서 자기와 타자는 더 이상 서로에게 소외되지 않고 투명하게 상호 침투한다. 자기와 타자는 자기의 중심성/실체성을 부정하여 타자에게 자기를 열어놓음으로써 비로소 '자유'가 된다. 이때 각자의 주체성/개별성은 포기되지 않고 오히려 적극적으로 주장되는 한에서 상호 인정과 상호 침투가 가능해진다.

이러한 자기의 탈중심화 과정을 헤겔은 방법적으로 '규정적 부정 (bestimmte Negation)'에 의존하고 있다. 규정적 부정은 헤겔의 변증법에서 보통 '지양(Aufheben)'과 같은 의미로 쓰이는데 이는 『정신현상학』뿐만 아니라 『논리학』과 『법철학』 등 다른 저작에서 범주적 이행을 설명하는 데 필수적인 개념이다. 규정적 부정은 형식논리적인 의미에서의 방법적 도구가 아니다. 그것은 형식을 매개로 내용을 무차별적으로 덮어씌우는 보편적인 틀이 아니다. 그것은 각 경우의 특수한 내용에 따라 전 단계의 범주의 추상성을 부정하여 새로운 내용을 추가하는 양상을 일컫는다. 규정적 부정은 각 단계에서 '경험'에 장애물이 되는 것을 부정하고 '자기'를 구체화하는 데 요구되는 내용을 규정한다. 그런 한에서 방법은 내용과 긴밀하게 관련되어 있다. 그리하여 개념적인 측면에서 볼 때 규정적 부정은 추상적인 보편에서 구체적인 보편으로 이행하는 데 산파 역할을 한다. 이때 부정되는 것은 전 단계의 추상성이고 규정되는 것은 다음 단계의 새로운 내용이다.

규정적 부정을 통한 이행에서 특징적인 점은 철학사에서 지금까지 '구체적'이라고 알려졌던 '경험적 지식'이 사실은 '추상적', 즉 내용을 결여하고 있어서 결국 사이비 경험에 지나지 않는다는 점이다. 경험론적인 의미에서의 경험이 추상적인 것은, 경험적 지식이 고도의 일반적인 개념에 의존하고 있으며 나아가 경험적인 질료들은 아무런 맥락을 갖지 않은 개별성을 띠고 있어서 그 자체로는 아무런 진리 규정을 함축하지 못하기 때문이다. 그래서 감각/지각→ 오성 → 이성의 이행에서 뒤에 오는 규정은 바로 앞의 규정에게 맥락을 부여하여 앞의 규정이 맥락 없이 부유하는 추상성에서 탈피하게 한다. 그래서 앞의 규정은 뒤의 규정으로 화하여 구체적인 보편, 즉 진리성을 띠게 된다.

헤겔이 『정신현상학』을 통하여 모든 종류의 자기이해와 세계이해의 탈중심화 또는 탈실체화를 시도한다고 할 때 그가 당시의 역사-사회적 상황과 관련하여 특히 역점을 둔 시대사조는 '정신' 장에 서술된 '계몽주의(Aufklärung)'이다. 이 부분은 헤겔 사변논리에서 '주객동일성'과 쌍을 이룬다고 할 수 있는 소위 '유한-무한의 동일성'의 테제와 연관되기 때문에 중요하다. 그는 우선 계몽주의의 미몽을 고발한다. 계몽주의적 이성은 인간과 자연과 사회의 모든 외적/내적 현실을 '대상화'함으로써 중세에 정신에게 부여했던 무한성을 박탈하고 절대자를 공허한 개념으로 전락시켰다고 비판한다. 세계이해를 유한한 사물로 전환하고 분석적인 합리성이 중세의 신앙적 가치를 대신함으로써 정신적 표상의 세계를 물질적 산출의 세계로 환원시켰다는 것이다.

계몽주의적 이성은 유한성, 개체성, 유용성, 목적지향성을 모토로 하여 인간과 세계를 감각적으로 경험 가능한 실재, 즉 사물로 고정시킨다. 이러한 도구적 이성을 사용함으로써 인간은 유용한 목적에 따라 사물을 생산하고 표시하며 분리시키고 종합한다. 인간은 이를 통하여 자신의 자유를 입증하고 사회-역사에 대해 보편적인 힘을 행사한다고 믿는다. 인간의 주체적인 활동이 이렇게 객관을 향한 지배로 향하면서 '유용성'은 근대 세계의 상호 주관적 관계를 종합하는 형식이 된다. 헤겔에 따르면 계몽주의적 이성이 지향하는 '유용성'은 세계를 규정하는 원리이기는 하지만 선험적 또는 역사독립적인 개념이 아니라 역사적인 범주로서만 작동한다. 그런 의미에서 계몽주의적 이성이 표방하는 개별성, 유한성, 유용성은 역사를 주도하는 학문 형식을 규정함으로써 각각 유명론, 경험론, 공리주의를 낳는다.

이렇듯 계몽주의적 이성은 역사적 성격을 띠고 있는데도 근대의 복잡하고 분화된 세계를 '하나의 보편적인 관점'에서 설명하려 한다. 그리하여 보편적인 자유의 의식을 토대로 중세적 삶의 초월성을 사회적 관계의 변화라는 내재성으로 끌어내린다. 여기서 계몽주의가 저지른 오류는 천상의 것을 지상으로 끌어내렸다는 점이 아니라 세계에 내재한 초월적인 것(eine der Welt immanente Transzendenz)을 담지하는 의식을 개발하지 못했다는 데 있다. 계몽주의는 급변하는 세계의 중심부에만 고착되어 있어서 시대의 표시를 객관적으로 해석할 수 없었다. 계몽주의가 표방하는 유용성의 존재론과 사회철학은 근대 세계에서 새롭게 자리하는 자유의 의미를 제대로 파악할 수 있는 개념을 숙성시키지 못했다. 새롭게 출현하는 세계에서 요구되는 이론과 실천은 계몽주의적 이성이 생각하는 것 '그 이상의 것(ein Mehr)' 그리고 '맥락적인 것(ein Kontextuelles)'을 함축한다는 사실을 계몽주의자들은 알지 못했던 것이다. 이 '그 이상의 것'과 '맥락적인 것'은 개인적이고 집단적인 역량 바깥에 있기 때문에 근대 세계의 모든 행위와 사건들은 행위자의 기대와 어긋나는 측면을 지니며, 따라서 모든 통제 가능성 밖에 있는 혼돈스러운 계기들을 산출한다. 이러한 측면을 무시하고 계몽주의적 이성의 유용성과 합리성을 전체적으로 확대 적용할 경우 치명적인 결과가 초래되는데 그 대표적인 역사적 사실을 헤겔은 프랑스 혁명에서 빚어진 참상으로 제시한다. 이러한 사태의 양상은 헤겔이 『역사철학』에서 언급한 '이성의 간지'가 잘 대변한다. 어느 개인이나 집단도 역사를 진행시키는 끈을 가지고 있지 않다.

근대의 분업화된 조직 세계에서 사회적 주체의 자리는 비어 있다. 다양한 이해관계와 행복의 요구를 중심적인 관점에서 중재하기 위해서는 어느 정도의 강압이 필요하다고 헤겔은 말한다. 이때 다시 중심적 관점으로서 '주체'가 문제가 된다. 계몽주의적인 경험주의와 공리주의는 인간을 '자기의식적인 사물'로 파악함으로써 세계내재적인 초월성과 자기해석 불가능성을 계획적으로 배제한다. 그리하여 인간의 사물성을 인간의 반성적 존재성과 동시적으로 생각하는 개념적 장치를 마련하지 못한다. 계몽주의는 이러한 충돌 양상을 결국은 술어적 규정성의 형이상학(Metaphysik der prädikativen Bestimmtheit)으로 해소하려 하지만 그것은 자기와 세계연관의 이해에서 자기동일적인 또는 도구적인 합리성의 개념을 넘어서지 못함으로써 갈등적 상황을 매개하는 데 실패한다.

이러한 '매개'의 문제는 헤겔 변증법에서 새롭게 조명된다. 변증법은 자기동일적인 사유의 인식적 태도를 거부한다. 변증법은 인식(Erkennen)을 상호 인정(Anerkennen)의 근거로 되돌림으로써 실천적인 서술의 공간을 열어놓는다. 여기서 근대적 삶의 역설인 무규정적 규정성(unbestimmte Bestimmtheit)은 계몽주의적 의미의 단순한 술어적 규정성을 넘어선다. 사변적인 규정성이 규정적인 범주들을 무력화시킴에 따라 사변적 이성은 실천적인 이성으로 탈바꿈하고 여기서 자기와 타자는 상호 인정을 통해 자유로워진다.

당시의 주도적인 시대사조인 계몽주의와 대결하면서 헤겔이 어떠한 세계이해를 제시했는가를 설명했는데, 이는 단순히 계몽주의와 관련된 사항에 머물지 않고 『정신현상학』 전반의 기획과 연관되어 있다. 이 저작의 핵심은 결국 '자기의 탈중심화를 통한 자기와 타자의 상호 인정과 그에 따른 양자의 상호 침투'에 있다. 이 사실은『정신현상학』에 대한 일반적인 오해와 관련되어 있어서 주목을 요한다.『정신현상학』이 개별적인 다양한 관점의 차이를 부정하여 일자적인 중심, 즉 절대자로 통일/종속시킨다는 해석/비판은 지양(규정적 부정)을 앞서는 항이 거부되어 뒤에 오는 항에 고스란히 자기를 양보하는 것으로 간주하는 데에서 빚어지는 오해이다. '지양'의 세 가지 뜻, 즉 '버리다, 보존하다, 더 높은 단계로 나아가다'에서 볼 때 부정되는 것은 해당 항의 추상적인 형식이고 보존되는 것은 해당 항의 내용이며 더 높은 단계로 나아가는 것은 다음 항과의 긴밀한 관련성을 뜻한다. 그래서『정신현상학』은 오히려 개별 항들의 차이를 인정하면서도 서로가 서로에게 낯설지 않은, 그리하여 서로를 소외시키지 않는 세계를 구상한다. 이러한 세계가 가능할 수 있는 길을 헤겔은 특히 지(知)의 영역에서 추적하는데, 지의 생성 과정을 역사-사회적 현실과 연관시켜 서술함으로써 자기에 대한 지와 타자에 대한 지가 상호 배타적이지 않고 상호 교환적이라는 사실을 드러낸다. 여기서 절대지는 자기 지와 타자 지의 상호적인 인정과 침투 그 이상이 아니다. 그리하여 당시의 역사적 현실, 즉 라인 동맹의 결성과 신성로마제국의 붕괴에 따른 국제적 질서의 재편성 과정에서 근대의 새로운 정치-역사적 이념이 정립되어야 한다는 요구에 헤겔은『정신현상학』을 통하여 충실히 부응한다. 이제 수렴해야 할 하나의 중심점은 없으며 다중심적인 상호 인정과 화해가 있을 따름이다. 그 안에서만 근대적 정신은 이해될 수 있고 또 자유롭다는 사실을 헤겔은 이 저작을 통하여 보여준다.

2 장

역사의식과 자기혁신

새로운 의식의 출현 과정과 그 서술의 문제 *

헤겔『정신현상학』의 서론 분석 **

* 의식의 '새로워짐'을 설명하는 데에는 무엇보다도 다음의 세 가지 물음이 단
계적으로 제기되어야 할 것이다. 의식은 도대체 새로워질 수 있는 것인가?
새로워질 수 있다면, 새로움의 현상은 철학의 설명영역에 포함되는가? 포함
된다면, 어떠한 철학의 관점이 방법적으로 이에 적합한 것인가? 이 커다란
문제들에 우선적으로 답변하는 일이 사실은 이 글에 들어가기에 앞서 전제
되어야 하겠지만, 이는 '새로움의 철학'이라는 일반론 안에서 다룰 계획이어
서 일단 접어둔다. 그러면서 앞의 두 문제에 대해 잠정적으로 긍정적인 답변
을 내리고 또한 세 번째 문제는 오늘날 인문학의 방법론적인 성찰과 관련하
여 비상한 관심을 모으고 있다는 점만을 지적하기로 한다. 세 번째 문제는
구체적으로 퍼스(C. S. Peirce)에 의해 제기되었는데 그의 소위 귀추논리(歸
推論理, abductiv logic)는 – 연역논리와 귀납논리에 대비되는 관점에서 – 새
로운 사실을 밝혀내기 위한 논리장치로 고안된 것이다. 그리고 사회과학 분
야에서는 현재 독일 프랑크푸르트 대학의 외버만(U. Oevermann) 교수가 그
의 객관적 해석학(objektive Hermeneutik)을 통하여 이 문제에 대한 답변을
시도한다. 여기서 흥미 있는 사실은 퍼스와 외버만이 모두 암암리에 헤겔의
관점을 변형하여 자기들의 방법론에 원용하고 있다는 점이다(헤겔, 퍼스 그
리고 객관적 해석학의 연관성에 대해서는 특히 외버만의 다음 논문을 참조.
"Genetischer Strukturalismus und das sozialwissenschaftliche Problem der
Erklärung der Entstehung des Neuen", in: *Jenseits der Utopie*, hrg. v.
Stefan Müller-Doohm, Frankfurt/M, 1991). 그렇기 때문에 새로움의 출현에
대한 학적인 설명 가능성을 따지는 데에서 헤겔에 대한 이해는 필수적이라
고 보인다. 따라서 이 글은 항간에 유행하는 헤겔 비판, 즉 그의 철학에는
새로움 출현의 설명 근거가 없다는 주장에 맞서면서 특히 헤겔 변증법의 경
험 개념에 나타난 새로운 점을 부각시키는 데 애쓸 것이다.

** 위의 주제 자체가 헤겔 체계 안에서도 포괄적인 성격을 띠고 있지만 이 글에
서는 특히 그의『정신현상학』에 드러난 '경험' 개념을 토대로 새로움의 출현
문제에 접근하기로 한다. 그것도『정신현상학』(Suhrkamp판『헤겔 전집』3
권) 서론에서 주로 76-81쪽을 집중적으로 분석하기로 한다.

1. 들어가는 말

의식은 어떤 방식으로 새로워지는가? 의식은 어떤 과정을 거쳐 자기의 낡은 모습에서 벗어나 새로운 모습으로 탈바꿈하는가? 이에 대한 서술은 어떻게 이루어지는가? 이 물음들에 대해 헤겔은 『정신현상학』의 서론에서 의식의 **경험** 개념을 바탕으로 매우 압축적으로 대답하고 있다.

  "의식이 자기 자신에 접하여, 즉 자기의 지(知)와 대상에 접하여 행하는 **변증법적** 운동은 본래, 이 운동에서 **새롭고 참된 대상이 출현하는** 한에서 경험이라 일컫는다."(Ph 78)

의식이 지와 대상에 관계하는 데에서 발생하는 그의 변증법적 운동 과정은 다름 아닌 의식이 행하는 **새로운** 대상의 출현 과정이다. 즉 의식의 변증법은 곧 **새로움(das Neue)**의 경험 과정이다. 새로운 대상의 경험을 통하여 의식은 비로소 자기의 진리성을 획득하고, 이에 따라 앞서 간 의식의 비(非)진리성이 폭로된다. 새로움은 말하자면 의식의 **존재성**의 근거이고 동시에 **진리성**의 증거이다. 존재성으로서의 새로움은 의식에 대한 실체론적 사유를 거부하는 관점을 지시하며, 진리성으로서의 새로움은 의식의 발전론적 또는 목적론적 특성을 시사한다. 의식의 이러한 **자기쇄신(Selbsterneuerung)**은 『정신현상학』 전반에 걸친 서술상의 특징 가운데 하나이다.

이제 살펴볼 과제는 의식이 지(知)와 대상에 따라(접하여) 행하는 경험이 어떻게 새로운 의식으로 전환하느냐 하는 것이다. 이를 위해서는 우선 헤겔이 말하는 의식의 특성을 살펴보아야 한다.

2. 의식의 대상연관성과 지(知) 귀착성

헤겔에 따르면 의식은 두 계기, 즉 '지(知)'와 '지(知)에 부정적인 대상성'으로 이루어져 있다(Ph 38). 얼핏 보기에는 의식의 이러한 이중적 계기를 의식의 역동적인 변증법적 구조로 이해할 수 있을 것 같다. 그러나 의식의 이중구조가 곧바로 새로운 의식의 출현 가능성을 시사하지는 않는다. 왜냐하면 이 두 계기는 항상 분리된 채로 머물러 있을 수도 있으며 또한 헤겔이 비판하는 소위 반성철학은 바로 이 두 영역을 매개하지 않은 채 남겨두고 있기 때문이다. 의식의 쇄신은 기본적으로 기존의 지(知)가 대상과의 **관계**를 통하여 변화한다는 사실을 전제하기 때문에 위의 두 항 간의 **매개**는 필수적으로 보인다.[1]

헤겔 변증법에서 의식의 이중구조는 말할 것도 없이 고정된 것이 아니라 역동성을 띤다. 왜 역동적인가? 어떠한 역동구조인가? 이를 알아보기 위해 우리는 의식이 대상 또는 어떤 것과 만나는 방식을 우선 살펴야 한다. "이것[의식: 필자]은 자기가 **관계**하는 어떤 것을 동시에 자기로부터 **구별**한다."(Ph 76) 의식이 대상에 대해 관계와 구별의 이중적 계기를 자기 안에 포함하고 있다는 사실을 헤겔은 바로 지(知)와 **진리**의 이중적인 계기와 관련시킨다. 그래서 "의식에 대하여 어떤 것이 지니는 이러한 **관계**나 **존재**의 특정한 측면이 곧 지(知)이다. 그런데 우리는 이러한 대타존재를 **즉자존재**와 구별한다. … 이러한 즉자의 측면이 곧 **진리**이다."(Ph 76) 대상 관계성을 지

---

1) 그러나 새로움이라는 현상을 설명하기 위해서 매개가 필수적이라고 설명해서는 안 되고─그럴 경우 사후정당화의 오류를 범하기 때문에─의식의 내적인 움직임 자체가 새로움이라는 현상을 낳을 수밖에 없다는 필연성이 설명되어야 한다. 그래야 의식의 경험 과정은 곧 의식의 쇄신 과정이라는 『정신현상학』의 서술상의 특징과 일치하기 때문이다.

(知)로, 대상 구별성을 진리로 규정한다고 할 때 새로운 대상 또는 새로운 의식의 출현문제는 의식에 연루되어 있는 '지(知)와 진리'의 상관관계를 규명하는 일이 급선무가 된다. 여기서 지(知)의 대타성(對他性)과 진리의 즉자성(卽自性)이 **동시에 하나의** 의식 지평에 주어진다는 점에서 의식은 역동성을 띠게 되는데 이 역동적 구조는 그 자체로 대타존재와 즉자존재 간에 새로운 관계정립이 가능할 수 있는 토대를 제공한다.

그런데 여기서 헤겔은 다음의 얘기로 우리를 아주 혼란스럽게 만든다. "이 두 계기, 즉 **개념과 대상, 대타존재와 즉자존재**는 지(知) 자체에 귀착된다."(Ph 77) 이 구절은 두 가지 측면에서 혼란을 야기한다. 첫째, 앞에서 헤겔은 대상과의 관계적인 측면, 즉 대타존재를 지(知)라고 칭하면서 이를 즉자존재로서의 진리와 구별하였으면서도 이제 와서는 이 양자가 다시 지에 귀착된다고 말하는데, 그렇다면 '대타존재로서의 지(知)'와 '대타존재와 즉자존재가 귀착되는 지(知)'는 어떻게 다른가 하는 문제가 발생한다. 이와 관련하여 둘째로, 대타존재와 즉자존재가 지에 귀착된다는 사실은 헤겔이 기획하고 있는 **새로운 의식의 서술** 문제를 가볍게 하기보다는 더 무겁게 만든다. 왜냐하면 즉자존재까지 지(知)의 영역에 떨어질 경우 즉자존재의 즉자성 또는 독자성은 상실되어, 의식의 쇄신이란 결국 외부 **대상**으로부터 주어지는 내용과는 무관하게 지(知)의 자의적인 진행이 될 수도 있고 그럴 경우 이는 의식의 동어반복적인 유희에 지나지 않게 될 것이기 때문이다.

이러한 혼란에서 벗어나는 길은, 대상의식에 함의된 '대상과 개념, 즉자존재와 대타존재의 지(知) 귀착성'을 공시적인 인식이 아니라 통시적인 관점에서 사태를 겨냥할 때 가능해진다. 여기서는 우선 두 가지 지(知), 즉『정신현상학』76쪽 11째 줄의 지(知)와 77쪽 19째 줄의 지(知)는 각각의 문맥에서 동일한 지(知)를 뜻하지 않는다는 점이 지적되어야 한다. 앞의 것은 이미 드러난 지(知)인 데 반해 뒤의 것은 아직 드러나지 않은, 앞으로 드러날 지(知)이다. 달리 말해, 전자는 대상과의 관계가 폭로된 지(知)이지만, 후자는 그 관계가 아직 폭로되고 있지 않은 지(知)이다. 그런 의미에서 후자의 지(知)는 개념(대타존재)과 대상(즉자존재)의 통일성에 관계하는 존재론적 지평인 데 반해, 전자는 개념에만 상관하는 인식상의 결과이다. 지와 진리의 계기가 모두 지(知)의 계기로 떨어지면서 여기서 헤겔 특유의 지(知) 개념이 등장하게 된다. 이러한 지의 계기에서 중요한 것은 의식이 즉자존재와 자기가 구별된다는 사실을 **안다**는 점이다. 이 구별의식은 의식이 자기와 즉자존재가 **다르다**는 것을 아는 의식이라는 점에서 이를 우리는 **차이 의식**(Bewußtsein der Differenz)이라고 부를 수 있다. 이 맥락에서 주목할 점은, 의식은 즉자존재와 직접적으로 관계하는 것이 아니라 자기가 즉자존재와 차이성을 띠고 있다는 사실을 안다는 것이다. 바로 이 점 때문에, "대상에 대한 의식"이면서 동시에 "자기 자신에 대한 의식"으로서의 의식(Ph 77)은 **자기관계**와 **타자 구별**이라는 양면성을 띠게 되고, 여기서 의식이 **타자**(즉자존재)와의 구별적인 계기를 **자기관계**로 함의한다는 점에서 의식은 종래의 자기관계에만 머무는 것이 아니라 자기 밖, 즉 타자 연관의 맥락으로 이행해야 할 필연성을 띠게 된다. 이 양자의 상호 작용을 통하여 새로운 관계가 정립될 수 있으며, 이 차이를 극복해 가는 과정이 곧 새로운 대상의 출현 과정이고 이를 헤겔은 경험이라 부른다.

이러한 설명에도 불구하고 미심쩍은 점은 역시, 의식이 즉자존재에 대해 어떠한 태도를 취하고 있는가 하는 점이다. 새로운 의식의 출현 문제는 궁극적으로 낡은 의식에서의 탈피를 전제로 하고 이를 위해서 의식은 자기가 아닌 타자와 관계해야 하는데, 이때 의식에게 는 무엇보다도 자기가 아직 되지 못한 것 또는 자기가 되고 싶은 것, 즉 즉자로서의 진리가 최대의 관심거리가 아닐 수 없다. 이러한 사 정에서 헤겔이 의식을 대상의식과 자기의식으로 구별하면서 전자를 "자신에게 참인 것(眞)에 대한 의식", 후자를 "참인 것에 대해 자기 가 아는 것(知)에 대한 의식"으로 규정하고(Ph 77), "의식에게 참(眞) 인 대상"은 "즉자(das Ansich)"이고, "즉자에 대해 의식이 아는(知) 대상"은 "이 즉자의 향(向)의식적인 존재(das für-es-Sein dieses Ansich)"로 서술한 것(Ph 79)은 주목할 필요가 있다. **새로운 대상의 출현 문제**는 바로 의식이 어떻게 즉자의 향의식적인 존재를 탈피하 여 즉자와 만날 수 있는가 하는 문제와 직접적으로 관련되기 때문이 다. 그런데 여기서 즉자존재는, 앞에서도 언급했듯이 의식과 독립해 있는 존재가 아니라 **의식에 대(對)해 있는 존재, 즉 대(對)의식적인 즉자태**(das gegenüber dem Bewußtsein Ansich)라는 점에서 앞의 향 (向)의식적인 즉자태(das für das Bewußtsein Ansichsein)와 구별된 다.[2] 그렇지만 의식이 대상을 만나는 데에서 발생하는 긍정적이고 부정적인 두 계기는 결국 의식의 지(知)에 귀착되어 의식은 이 두 계 기를 비교할 수 있게 된다. 그래서 "양자가 의식에 대해 존재한다고 할 때, 의식은 그 자체로 양자의 비교 활동이다. 대상에 대한 의식의 지(知)가 대상에 일치하는가, 그렇지 않은가 하는 판단이 **의식의 입 장**에서 이루어진다."(Ph 78) 지(知)와 대상의 일치 여부를 판단하는 활동을 헤겔은 의식의 자기검사라고 부른다.

---

2) '대(對)의식적인 즉자존재'는 의식에 매개되지 않은 무규정적인 존재라는 점 에서 의식에 매개되어 있는 '향(向)의식적인 즉자존재'와 구별된다.

3. 의식의 자기검사

1) 문제 상황

의식의 자기검사는 "현상하는 지(知)의 비진리성에 대한 의식적인 통찰"(Ph 72)이다. 그런데 의식은 현상하는 지가 참이 아님을 어떻게 확인할 수 있는가? 의식은 대상 지(知)와 대상의 불일치를 어떻게 아는가? 헤겔의『정신현상학』에서 의식의 경험의 서술은 곧 현상하는 지의 서술이다. 그러나 이 서술은 의식이 단순히 **의식을 향한** 즉 자존재에 대한 지(知)를 서술하는 것이 아니라, '의식 일반에게 나타나는 지(知)'를 서술하는 것이다. 달리 말해, 향(向)의식적인 즉자존재에 대한 지(知)뿐만이 아니라 즉자존재의 진리에 대한 지(知)도 의식의 서술 대상에 포함된다. 따라서 의식의 서술 대상에는 지(知)와 대상의 동등성뿐만 아니라 양자의 비동등성도 포함된다. 지와 대상의 비동등성을 확인하는 의식의 자기검사에서는, 현상하는 지의 비진리성, 즉 지와 대상의 불일치를 의식은 어떻게 확인할 수 있는가 하는 물음이 제기된다. 여기서는 우선 비교의 **척도**가 문제된다.

"이제 우리가 지(知)의 진리를 탐구한다고 할 때, 그것은 마치 지(知)의 즉자가 무엇인지를 탐구하는 것처럼 보일 수 있다. 그러나 실은 이 탐구에서 지(知)는 **우리의 대상**, 즉 **우리에 대해**(für uns) 있는 것이다. 앞으로 드러나게 될 것의 즉자는 **우리에 대해** 존재하는 것일 뿐이라고 말할 수 있다. 우리가 지(知)의 본질이라고 주장하려는 것은 사실은 지의 진리가 아니라 지에 대해 우리가 이해하는 지(知)에 지나지 않는다. 지의 본질 또는 척도가 결국은 우리에 귀착됨으로써, 지(知)와 비교되어야 하고 또 이 비교의 준거점을 이루는 어떤 것은 결국 이 척도를 필연적이라고 인정할 수 없게 된다."(Ph 76)

이를 간추리면, (1) 탐구의 대상은 즉자로서의 지(知)의 진리이다. (2) 그러나 이 대상은 대상 그 자체가 아니라 단지 우리에 대한 대상일 뿐이다. (3) 대상에 대한 지(知)는 따라서 지의 진리가 아니라 우리의 지(知)에 지나지 않는다. (4) 진리에 대한 척도가 우리에 귀착되는 한에서 이 척도는 보편타당한 것으로 인정될 수 없다.

이러한 일련의 추론은 의식이 자기가 대상과 맺는 관계를 반성하는 데에서 기인한다. 즉 의식의 지(知)가 사실은 대상 자체에 대한 지(知)가 아니라 단지 우리에 대한 즉자존재의 지(知), 다시 말해 가상지(假象知)라는 것이다. 의식이 행하는 반성은 지(知)와 대상의 부등성 및 '단지 우리에 대해 참된 지'와 '진실로 참된 지(진리)'의 불일치를 고정된 것으로 본다. 이러한 고정화는 분리를 절대시한다. 그러나 분리는 절대적이지 않다. 왜냐하면 분리는 의식의 무근거한 반성에 의해 표상된 것에 지나지 않기 때문이다. 실제로는 이 두 계기는 분열되어 있지 않다. "우리가 탐구하는 대상의 본성은 이러한 분리 또는 '분리의 이러한 가상'을 넘어선다."(Ph 76) 분리는 말하자면 '지(知)에 의해 반성된 분열'에 대한 우리의 반성에서 유래할 뿐이다.

그렇다면 반성에 의해 야기된 이 가상지(假象知)에서 어떻게 벗어날 수 있는가? 이 문제에 답하기 위해 우리는 무엇보다도 '우리에 대한 즉자존재'의 의미를 좀더 깊이 따져볼 필요가 있다. 앞의 논의와 관련해 볼 때 이 용어는 우선 '의식에 대한 즉자존재'와 구별된다. '우리에 대한 즉자존재'는 대상 자체가 의식에 대한 대상과 분리된다는 점에 관련될 뿐 즉자인 진리에 관련되지는 않는 데 반해, '의식에 대한 즉자존재'는 대상 자체와 '의식에 대한 대상'의 부정적인 통일에 관련된다. '우리에 대한 즉자존재'는 여기서, 한편으로는 우리가 지(知)로 규정하는 지(知)가 단지 우리에 대한 지(知)일 뿐 결코 진리에 대한 지(知)가 아니라는 의미에서 **제한되어** 있으며, 다른 한편으로는 단지 우리에 대해 즉자적인 즉자존재는 더 이상 즉자 자체가 아니기 때문에 **극복되어야만** 할 어떤 것이다. 따라서 이러한 즉자존재는 진리의 척도 구실을 할 수 없으며 그 기능을 '의식에 대한 즉자존재'에 넘겨주어야 한다. 여기서 이제 **의식이** 척도로 등장하게 된다.

그리하여 "의식은 자신의 척도를 자기 자신에게 부여한다. 따라서 탐구란 의식의 자기 자신과의 비교가 된다. 왜냐하면 앞서 행해진 구별은 결국 의식에 귀착되기 때문이다."(Ph 76) 즉자존재의 두 계기, 즉 대상 자체와 우리에 대한 대상이 의식에 귀착된다는 사실에서 확인되어야 할 것은 이 계기들이 사실은 **의식에 대한 대상의** 계기들이라는 점이다. 우리에 대한 대상 그리고 '이 관계 밖에 있는 대상 자체'의 구별이 사실은 바로 **의식을 통하여** 이루어졌기 때문이다. 그래서 '두 계기가 의식에 귀착된다'는 사실은 두 가지 관점, 즉 '의식에 대해 즉자인 것(das Ansich für das Bewußtsein)'과 '의식에게 즉자인 것(das Ansich dem Bewußtsein)'으로 구별하여 이해해야 한다. 여기서 후자는 전자보다 외연이 더 넓다. "의식 안에는 **어떤 타자에 대한** 것이 존재한다. 즉 의식은 지(知)를 이루는 계기에 대한 규정성을 자체적으로 지니고 있다. **의식에게는** 이 타자가 의식에 대해 존재할 뿐만 아니라 동시에 이 관계 밖에 즉자적으로, 즉 진리의 계기로서 존재한다."(Ph 76ff., 강조는 필자) 여기서 무엇보다도 의식과의 관계 밖에 있는 것은 진리의 계기로서 의식에게 즉자적으로 존재한다는 사실이 확인되어야 한다. 더 중요한 것은 우리에 대한 즉자존재를 정립하는 주체인 **우리는** 진리를 판별하는 기준의 역할을 의식에게 넘겨주어야 한다는 점이다. 왜냐하면 **우리가** 진리의 척도를 가진다면 우리의 주관적인 임의성이 검사에 개입되기 때문에 결코 검사결과의 객관성을 인정할 수 없게 되기 때문이다. "이에 따라 우리는 척도들을 가지고 가거나, 우리의 착상(着想)과 사념(思念)을 탐구 과정에 적용할 필요가 없다." "의식은 자기 자신을 검사하기 때문에 우리는 이러한 측면에서도 순수하게 지켜보는 자로만 머물 뿐이다."(Ph 77) 의식은 자기 자신을 검사한다. 이 검사를 위한 척도를 의식은 자체적으로 지니고 있다. 우리는 관망자(觀望者)일 뿐이다. 우리는 이 검사 과정에 어떠한 추가적인 것도 외부로부터 개입시켜서는 안 된다. 의식이 자기 자신을 경험하고 검사하는 과정을 우리는 다만 지켜볼 따름이다.

위에서 보았듯이 의식은 자기의식과 대상의식의 두 계기를 지닌다. "두 계기가 의식에 대해 있기 때문에 의식은 그 자체가 '양자의 비교 활동'이다. 대상에 대한 의식의 지(知)가 대상에 일치하는가, 그렇지 않은가 하는 판단이 의식에 대해, 즉 의식의 입장에서 이루어진다."(Ph 77ff.) 대상에 대한 지(知)와 대상 자체의 일치 여부에 대한 검사는 이제 의식의 활동으로 귀착된다. 그런 한에서 의식은 대상 자체에 이를 수 없는 것처럼 보인다. 왜냐하면 대상 자체는 의식에 대해 존재하는 것이 아니라 의식의 피안에 머물러 있는 것 같기 때문이다. "대상은 의식에 대해 단지 의식이 대상을 아는 방식대로만 존재하는 것처럼 보인다. 의식은 말하자면 대상이 의식에 대해서 존재하는 방식이 아니라 대상이 즉자적으로 존재하는 방식의 배후에까지 도달할 수는 없기 때문에, 결국 의식은 자기의 지(知)를 대상에 따라 검사할 수는 없는 것처럼 보인다."(Ph 78) '어떤 것에 대한 의식' 또는 '어떤 대상에 대한 의식의 지(知)'에는 이미 대상과 대상 지(知)의 통일성과 차이성이 부정적으로 동일하게 존재한다는 생각이 깔려 있다. 즉 의식은 타자를 즉자 자체로가 아니라 자기 자신과의 구별태로 알고 있다. 즉자 자체가 의식에 대한 즉자와는 다른 계기인 한, 즉자에 대한 의식의 경험은 우선 즉자와 부정적인 관계만을 보인다. 대상 지(知)는 의식에 대해 존재하는 데 반해, 대상 자체는 의식에게 어떤 타자로 나타나는 것처럼 보인다. "의식이 어떤 대상에 대해 안다는 것에는 바로, 의식에게 어떤 것이 즉자이면서, 또 다른 계기가 지(知) 또는 의식에 대한 대상의 존재라는 구별이 이미 존재한다."(Ph 78)[3]

의식은 자신이 행하는 "즉자존재와 '의식에 대한 존재'의 구별"이 옳은 것인지, 아닌지를 검사한다. 검사를 통하여 의식은, 선행하는 지(知)가 대상 자체에 일치하지 않는다는 사실, 그리고 지(知)가 이전에 자기 자신과 구별했던 즉자가 더 이상 자기의 타자 또는 부정적인 계기가 아니라 긍정적인 계기라는 사실을 확인한다. 즉자는 의식에 무관하게 존재하지 않고 의식에 적극적으로 관계한다. 그럼으로써 선행하는 지(知)의 비진리성이 밝혀질 경우, 의식의 지(知)는 대상에 따라 변화하기에 이른다. "이 비교에서 양자가 일치하지 않을 때, 의식은 자기를 대상에 적합하게 만들기 위해 자기의 지(知)를 바꿔야만 할 것처럼 보인다."(Ph 78)

지(知)의 변화의 필연성은 동시에 대상의 변화의 필연성을 뜻한다. 왜냐하면 대상 그 자체는 의식의 지(知)에 의존하고 있기 때문이다: "지의 변화에 따라 사실 의식에게는 대상 자체도 변화한다. 왜냐하면 현재의 지(知)는 본질적으로 대상에 대한 지(知)였기 때문이다. 지(知)와 더불어 대상 역시 다른 대상이 된다. 왜냐하면 대상은 본질적으로 이 지(知)에 속하기 때문이다."(Ph 78) 그러므로 의식의 검사는 자기의 대상에 대한 지(知)를 향한다는 점에서 결국 **자기검사**인

---

3) 푼텔(L. B. Puntel)은 여기서 헤겔이 의식 '에게'라는 3격을 사용하고 있음에 특히 주의한다. 푼텔에 따르면, 앞서 언급한 대상의 두 계기는 "의식에 대해서가 아니라, 의식에게" 주어진다는 것이다(Puntel 1973, 289).

셈이다. 대상의 변화가 지의 변화에서 이끌어내어진다는 것은, 의식의 경험 과정에서 어떠한 대상도 의식의 지(知) 밖에 있지 않다는 사실, 즉 즉자존재가 **차이 의식**(Bewußtsein der Differenz) 안에 이미 보존되어 있다는 사실에 의존한다.

대상의 변화와 더불어, 선행하는 즉자는 참된 즉자가 아니라 단지 의식에 **대해서만** 즉자적으로 참임이 밝혀진다. 의식의 검사를 통하여 예전의 대상은 '의식에게'가 아니라 '의식에 대해서', 즉 **가상적인 즉자로서만** 현상한다는 사실이 드러난다. 대상은 단지 의식에 **대해서만** 즉자적이었기 때문이다. "여기서, 예전에 **즉자**였던 것이 사실은 즉자적이지 않고 단지 **의식에 대해서만** 즉자적이었다는 사실이 의식에게 드러나게 된다."(Ph 78) 대상이 본질적으로 의식의 지(知)에 속하는 한에서, 지와 대상의 불일치를 검사한 결과 대상 자체가 변화한다는 것은 당연하다고 볼 수도 있다. 예전의 지(知)가 의식의 검사를 통과하지 못한다면, 이 지(知)에 상응하는 예전의 대상도 변화해야만 한다. "의식이 자기의 대상에 비추어 자기의 지(知)가 이 대상과 일치하지 않는다고 생각하면, 대상 자체도 그대로 머물러 있을 수 없게 된다."(Ph 78) 이 문장에서 무엇보다도 "자기의 대상에 비추어(자기의 대상에 접하여: an seinem Gegenstand)"라는 표현에 주목하자. 이 표현대로라면 검사의 척도는 의식이 아니라 **대상**에 있는 것처럼 보인다. 이 표현에서 헤겔은 두 가지 의미를 염두에 두고 있다. 하나는 검사의 척도가 자기, 즉 **의식**의 대상에 있다는 점, 다른 하나는 헤겔이 말하는 '자기의 대상'은 의식이 임의로 생각해 낸 대상이 아니라 대상 자체, 즉 **진리**라는 점이다. 대상의 변화와 관련된 헤겔의 서술내용을 **관념론적으로** 이해하지 않기 위하여 우리가 위의 표현을 **실재론적으로** 이해하려 한다면, 우리는 헤겔이 거부했던 "즉자와 '의식에 대한 즉자'의 분리"를 또다시 전제해야만 하는데, 이는

분리 행위 자체가 결국은 의식의 활동에 귀착된다는 사실을 간과한 데에서 기인한다.[4]

지(知)와 대상의 변화와 더불어 검사의 척도 자체도 바뀌어야 한다. 왜냐하면 예전의 척도는 새로운 지와 새로운 대상에 적합하지 않기 때문이다. 예전의 지와 예전의 대상에 적용되었던 척도는 새로운 지와 새로운 대상에 따라 새로이 정립되어야 한다. "자기 자신이 검사의 척도가 되어야 할 것이 검사에서 부적합하다고 판정될 경우 검사의 척도가 바뀐다. 즉 검사는 지(知)에 대한 검사일 뿐만 아니라 검사의 척도에 대한 검사이기도 하다."(Ph 78)

지금까지 우리는 의식의 자기검사와 관련된 부분을 가능한 한 원전의 서술 순서에 따라 문장 하나하나에 초점을 맞추어 해석을 시도했다. 이를 통해 우리는 다음과 같은 사실을 확인했다. (1) '어떤 것에 대한 의식'은 절대적인 차이로서 지(知)와 대상의 부정적인 통일, 달리 말해 지와 대상을 통일하고 구별하는 활동의 총체성이다. (2) 의식과의 관계 밖에 있다고 보이는 즉자존재는 사실은 즉자가 아니라 단지 의식에 대해서만 즉자적인 것으로서 결국 '즉자의 향(向)의 식적인 존재'가 된다. (3) 의식에게 즉자적으로 나타나는 것과 의식

---

4) '자기의 대상에 접하여'라는 표현에서의 '대상'이 의식과 연관되어 있다는 사실은, 대상의 두 계기가 의식 또는 지(知)에 귀착되며 이에 따라 지의 변화는 곧 대상의 변화를 낳는다는 지금까지의 서술과 내용상으로 호응한다. 이에 따라 헤겔의 서술 과정에는 관념론적인 관점이 암암리에 들어와 있다는 이의가 제기될 수 있다. "헤겔이 지의 변화를 대상의 변화와 연결시킨 것은 관념론의 우위를 암암리에 전제하는 한에서만 가능하다는 주장이 헤겔에 대한 이의로 제기될 수 있을 것으로 보인다. 관념론적으로 이해된 대상만이 그에 대한 지(知)와 더불어 변화한다는 것이다. 그러나 이러한 주장은 그 입장에서 볼 때 다시금 '대상 자체'와 '의식에 대한 대상'의 구분을 전제한다. 이 구분 행위는 그 자체가 사실은 의식에 귀착되며 따라서 타당한 주장일 수 없다."(Röttges 1981, 109)

에 대한 대상 지(知) 사이의 불일치가 알려짐으로써 선행하는 지(知)가 참이 아님이 밝혀지는데, 이 지(知)는 즉자를 '즉자의 향의식적인 존재'와 구별했던 것이다. (4) 이에 따라 지의 대상과 척도도 변화한다. 왜냐하면 이들은 모두 지(知)에 의존해 있었기 때문이다. (5) 여기서 향의식적인 즉자존재가 새로운 참된 대상으로 나타난다.

그렇지만 이러한 설명에서 아직도 답변되지 않은 문제가 있다. 1) 대상과 대상 지(知)의 불일치는 **어떻게** 확인될 수 있는가? 2) 양자 사이의 불일치의 확인은 새로운 대상 또는 새로운 형태의 의식의 출현과 어떤 맥락에서 관련되는가?

1)과 관련하여 : 이 물음에 대한 답변이 어려운 이유는 의식의 자기검사가 아포리아에 빠질 염려가 있다는 데 있다. 여기서 문제가 되는 것은 **의식의 자기검사의 척도**이다. "의식은 자기 자신에게 자기의 척도를 부여한다."(Ph 76) 지(知)와 대상의 일치 여부에 대한 검사가 의식에 의존한다는 사실은 지와 대상이 본질적으로 의식에 귀착된다는 점에서 비롯한다. 그런데 이 의식이 절대 중립적인 입장에서 두 계기를 비교할 수 있다고 한다면 사실 아무 문제도 생기지 않는다. 그러나 의식의 **중립성**은 어떻게 보장받을 수 있는가? 의식 안에서의 의식의 검사는 하나의 동어반복이 아닌가? 이러한 아포리아에 빠지지 않으면서 의식은 어떻게 지와 대상 간의 차이를 확인할 수 있는가? 의식은 도대체가 '의식에 대한 대상'과 의식과의 관계 밖에 있는 것처럼 보이는 '즉자적인 대상' 간의 차이를 확인할 수 있는가?

이 문제 상황이 진지하게 받아들여져야 하는 이유는 새로운 대상 또는 새로운 의식의 출현 문제는 바로 이것과 연관되기 때문이다. 이 글의 맨 앞에서 인용한 문장을 다시 한 번 반복해 보자. "의식이 자기 자신에 접하여, 즉 자기의 지(知)와 대상에 접하여 행하는 **변증**

법적인 운동은 본래, 이 운동에서 **새롭고 참된 대상이 출현하는 한에서, 경험**이라 불리는 그것이다."(Ph 78) 경험이란 운동이다. 그런데 이 운동에서는 반드시 새로운 대상이 출현해야 한다. 새로운 대상은 **의식**의 검사결과이다. 의식은 지(知)와 대상의 일치 여부를 **자기의 척도**에 따라 검사한다. 그런데 문제는 의식이 사용하는 그 **척도 자체도 변한**다고 헤겔은 말한다. 즉 의식의 척도가 보편적으로 사용될 수는 없다는 것이다. 따라서 두 개의 척도가 구별되어야 할 것같이 보인다. 낡은 대상에는 적합했지만 새로운 대상에는 더 이상 적합하지 않아 바뀌어야 하는 척도, 그리고 낡은 척도 자체를 검사하여 그의 비적합성을 확인하는 척도로 구분되어야 할 것 같다. 그렇지만 여기에서, 의식의 경험 과정에서 제3자로서의 그러한 보편적인 척도가 있을 수 있는가 하는 물음이 제기된다. 만일 그러한 것이 있다면, 의식의 검사는 헤겔의 의미에서 사실 아무런 의미를 갖지 못할 것이다. 왜냐하면 그럴 경우, 헤겔은 진리의 절대적인 기준으로서 절대 지(知)를 애초부터 전제하고 있지 않은가 하는 이의가 제기되기 때문이다. 이러한 이의의 정당성은 절대 지(知)를 전제할 경우, "사태는 그의 **목적**에 남김없이 드러나 있지 않고, **전개 과정에서**"(Ph 13) 자기에 이르며, 경험 자체의 본성이 외적인 반성에 의거하지 않고 새로운 의식을 자연스럽게 출현시켜야 한다는 헤겔의 기본 입장에 위배된다는 데 있다.

2)와 관련하여 : 의식이 대상과 지(知)의 불일치를 확인한다 하더라도 이 사실이 곧 의식이 새로운 대상의 출현을 가능하게 한다는 것을 뜻하지는 않는다. 왜냐하면 두 계기의 불일치를 확인하는 것은 단지 새로운 대상의 발생을 위한 필요조건일 수는 있어도 충분조건은 아니기 때문이다. 의식의 검사 그 자체는 말하자면 새로운 것을 출현시키지 않고도 단지 구별 행위로만 머물 수도 있기 때문이다.

따라서 어떻게 불일치의 확인에서 필연적으로 새로운 대상의 출현, 즉 낡은 대상에서 새로운 대상으로의 이행이 가능한지가 밝혀져야 한다.

이러한 문제 상황에 비추어 무엇보다도 '즉자의 향(向)의식적인 존재성'이 자세하게 설명되어야 한다. 앞서 제기한 물음 1)과 2)에 대한 답변을 각각 다음 소제목에서 시도해 보기로 한다.

2) 대상과 그에 대한 지(知)의 불일치 확인 문제 : 불일치는 경험의 대상이 아니라 지양의 대상이다

대상과 그에 대한 지(知)의 불일치는 어떻게 확인될 수 있는가에 대한 물음과 관련하여 먼저 검사자로서의 의식, 다음으로 의식의 검사기준에 대해 살펴보기로 한다.

의식은 검사의 척도를 스스로 지니면서 자기를 검사한다. 그런데 문제는 이 사실이 중대한 아포리아를 야기한다는 점이다. 이 문제를 클라에스게스(U. Claesges)는 『현상하는 지(知)의 서술』에서 '자기검사의 아포리아'라는 소주제 아래 정식화하고 있다. 즉 의식은 "즉자와 이에 대한 지(知)의 상위(相違, Diskrepanz)를 결코 확인할 수 없다."는 것이다. "왜냐하면 척도로서 작용하는 즉자는 항상 그것이 속하는 지(知) 안에서만 주어질 수 있기 때문이다."[5] 의식은 자기 지(知)를 검사하는데, 이 검사는 '대상에 따라(대상에 접하여)', 즉 대상의 진리에 따라 행해진다. 그러나 대상 자체가 즉자 그 자체로서 현전하는 것이 아니라 항상 **지(知)에 대한 어떤 것**으로 있는 한에서, 검사는 '대상에 따라서'가 아니라 '지(知)에 의해 매개된 대상에 따라' 이루어지는 것처럼 보인다.

5) Claesges 1981, 78. 이는 『정신현상학』, 78쪽의 3-7줄에 대한 그의 해석이다.

돌이켜보건대, 정신의 직접적인 현존재로서의 의식이 행하는 경험의 초기 단계에서 의식은 지(知)와 이 지(知)에 부정적인 대상성이라는 두 계기를 지닌다. 의식의 내적으로 분열된 단순성이 지닌 이러한 대립적 계기들은 의식의 경험을 추동하는 힘이다. 경험의 도정에서 의식은 자기의 지(知)에 부정적으로 마주 서 있는 대상이 대상 자체가 아니라 단지 의식에 대한 즉자라는 사실을 확인한다. 의식과의 연관성을 배제할 경우 대상은 자기의 존재론적인 위치를 상실할 것처럼 보인다. 또한 대상이 의식에 관계될 경우 대상은 자기의 객관성을 상실할 것처럼 보인다. 왜냐하면 의식과 관계된 대상은 더 이상 의식과의 관계에 무관하게 있는 즉자일 수 없기 때문이다. 이러한 아포리아는 본질적으로 의식의 대상에 대한 반성에서 기인하는 것이다. 헤겔 자신도 이러한 문제점을 보고 있다.

"의식은 어떤 것을 아는데, 이렇게 알려진 대상이 본질 또는 즉자이다. 그러나 대상은 의식에 대해서도 즉자이다. 여기서 진리의 이중적인 의미가 나타난다. 의식은 지금 두 가지 대상을 지님을 우리는 알고 있다. 그 하나는 첫 번째 즉자이고 다른 두 번째 하나는 이 즉자의 향(向)의식적인 존재(das Für-es-Sein dieses Ansich)이다. 여기서 이 후자는 우선 의식의 자기 내 반성에 지나지 않음으로써 이는 어떤 대상을 표상한 것이 아니라 단지 즉자에 대한 의식의 지(知)에 불과한 것처럼 보인다."(Ph 79)

그런데 여기서 '것처럼 보인다'라는 표현은 무엇을 뜻하는가? 즉자의 향(向)의식적인 존재는 첫 번째 대상에 대한 지(知)가 아니라는 뜻인가? 겉으로 보기에 두 번째 대상은 의식의 반성의 산물로 드러난다. 그러나 이는, 의식의 반성이 거부되어야 한다는 것이 아니라 이 반성을 통하여 가상적인 즉자가 거부되어야 한다는 것을 뜻한다.6) 즉자의 의식 또는 지(知)와의 연관성은 첫 번째 대상의 비진리성을 지시한다. 의식에 전적으로 대립해 있는 것처럼 보이는 첫 번째 대상은 의식의 입장에서 볼 때 하나의 가상, 즉 단지 즉자적으로만 존재하는 것이다. 이 대상은 의식을 향한 존재가 되어야 한다. 그래서 헤겔은 계속해서 다음과 같이 말한다. "그러나 앞에서 이미 밝혀졌듯이 여기에서 첫 번째 대상은 의식에 맞추어 변화한다. 즉 이 대상은 이제 즉자이기를 그치고 의식에 맞추어 '의식을 향해서만 즉자'인 그러한 대상이 된다."(Ph 79)

우리에 대해 즉자적으로 존재하는 대상이 아니라 의식을 향해 즉자적인 대상이 이제 지(知)의 진리로 등장한다. 따라서 의식은 우리에 대한 즉자에 따라서가 아니라 **의식을 향한 즉자에 따라서** 자기 자신을 검사해야 한다. 이것이 바로, "의식은 자기의 척도를 'an ihm selbst' 부여한다."(Ph 76)에서 'an ihm selbst'은 '자기에 따라'의 의미이다. 검사의 척도로서의 진리는 단순히 즉자적인 것이 아니라 의식을 향해 즉자적이다. 바로 그렇기 때문에 의식의 검사는 "자기의 자기 자신과의 비교"(Ph 76), 즉 의식이 '자기의 지(知)'를 '즉자의 향(向)의식적인 존재'와 비교하는 일이다. 따라서 지(知)의 검사기준이 되어야 하는 대상은 결코 대상 자체가 아니라 의식을 향한 즉자이다.

이렇게 볼 때 의식에 무관하게 있는 대상은 애초부터 여기에서 논의의 대상이 되지 않는다. 우리가 의식의 경험의 **실재론적** 측면을 살리기 위해 의식의 운동의 시작에서 의식에 대립해 있는 대상을 지(知)에 대립시킬 수는 있다. 뢰트게스(H. Röttges)처럼 헤겔에게서 실재론을 살리기 위해 "의식의 형태로서의 표상, … 의식의 대상은

---

6) 같은 책, 86 참조.

즉자적으로 그리고 의식과의 관계에 무관하다는 점"을 경험을 "추진하는 계기"로 삼을 수도 있겠지만[7] 그것은 그다지 설득력이 없다. 물론 대상에 대한 표상은 실제로 의식의 운동을 추진하는 계기이다. 하지만 대상이 그렇게 되기 위해서는 일단 대상이 의식을 향한 존재로 전환되어야 한다. 달리 말해 우리는 의식과 독립해 있는 대상을 전제할 필요가 없다. 의식에 대해 절대적인 타자(他者)로서의 대상은 의식의 경험 과정에서 아무런 의미를 지니지 않는다. 의식에 대립해 있는 대상은 그것이 의식을 향한 대상이 되고 나서야 비로소 존재론적인 의미를 갖는다. 의식에 대립하는 대상 자체가 전제된다고 할 때 우리는, 어떤 것이 의식에 대립한다는 사실을 도대체 누가 확인하는지에 대해 대답해야 한다. 이에 대해 답변하기 위해서는 어떤 제3자가 의식의 밖에 있어야만 할 것 같다. 그러나 헤겔에게서 그러한 경우란 있을 수 없다. 의식은 자기와 대립해 있는 어떤 것을 표상할 수 없다. 단지 의식을 향해 나타나는 것만이 의식의 경험대상이 된다.

그러나 여기서 제기될 수 있는 질문은, 의식의 경험 과정에서 실재론적인 요소는 아무런 자리를 차지하고 있지 않은가 하는 것이다. 실재론이라는 표현을 우리가 '의식의 행위와는 독립해서 존립하는 어떤 대상이 있다'라고 이해한다면, 헤겔에게서 실재론이 차지하는 자리는 없다. 우리가 그러한 대상을 직관적으로 **생각해 낼 수는 있다.** 그러나 그러한 대상은 결코 학적(學的)인 대상이 아니다. 의식은 단지 **학적인 대상만을** 자기의 경험대상으로 삼는다. 의식은 지(知)와 대상의 차이가 의식에 대해 나타날 때에 비로소 스스로 운동하기 시작한다. 이 차이 **그 자체**는 말하자면 학문 이전적(vorwissenschaft-

---

7) Röttges 1981, 107.

lich)이다.[8] 의식의 경험의 학으로서의 정신현상학은, 우리가 부가하는 학문 이전적(以前的)인 표상이 아니라 의식에 현상하는 것을 서술한다.

그렇지만 여기서 주목해야 할 점은, 대상이 의식 안에 있는 것이 아니라 대상이 의식을 향해 있다는 것이다. 또한 학적인 인식이란 의식의 지(知)와 특정한 관계를 맺고 있는 것만을 자기의 대상으로 삼는다. 물론 이 관계는 결코 대상과 지(知)의 고착된 통일체가 아니라 두 계기의 **부정적인**, 움직이는 통일체를 뜻한다. 중요한 것은 다만 두 계기가 의식의 지(知)의 계기로 귀착된다는 점이다. 의식의 지(知)의 요소는 이를 통해 진리가 탐구되고 경험될 수 있는 유일한 전제이다. "의식은 어떤 것을 아는데 이렇게 알려진 대상이 본질 또는 즉자이다."(Ph 78, 강조는 필자) 즉자존재와 의식을 향한 존재 간의 차이는 의식의 **경험**을 통하여 확인되는 것이 아니라 이 **경험 안에** 이미 들어와 있다. 즉 '차이(Differenz)'는 경험의 대상이 아니라 **경험 자체**(*die* Erfahrung selbst)이다. 의식의 검사는 지(知)가 의식에 대립해 있는 대상과 일치하는가, 그렇지 않은가에 대해서가 아니라 지(知)가 '즉자의 향(向)의식적인 존재'에 일치하는가, 그렇지 않은가에 대해서 행해진다. 개념과 대상이 지(知)에 귀착된다는 사실은 의식이 행하는 검사의 주제가 아니라 의식이 행하는 전(前)반성이다. 의식의 경험은 두 계기가 지(知) 또는 의식에 귀착되고 난 후에야 비로소 시작된다. 의식의 탐구대상은 바로 이 지(知)이다. 헤겔이 반복하듯이 우리가 탐구하는 것은 지의 진리이다(Ph 76 참조). 이와 직접

---

8) 진행의 학문성(Wissenschaftlichkeit des Fortgangs)에 반하여 시원(始源)의 양상이 지닌 전(前)학문성(Vor-wissenschaftlichkeit des Anfangsmodus)은 헤겔의 논리학에서도 나타난다. 여기서 시원은 "학문 이전"의 단계에 있으며 이는 "일련의 학적(學的)인 전진 운동을 통하여" 비로소 매개된다(L I 35).

적으로 관련된 대목을 인용해 보자.

"이 두 계기, 즉 **개념**과 **대상**, **대타적 존재**와 **즉자적 존재**는 우리가 탐구하는 지(知) 자체에 귀착되며 따라서 우리는 척도들을 가지고 가거나 **우리의** 착상(着想)과 사념(思念)을 탐구 과정에 적용할 필요가 없다. 이러한 것들을 떨쳐버림으로써 우리는 사태를 즉자대자적으로 있는 그대로 고찰할 수 있게 된다."(Ph 77)

여기서 확인되어야 할 것은 두 계기가 지(知)에 귀착된다는 사실이 의식의 차기검사의 전(前)단계라는 점이다. 왜냐하면 이 전(前)반성을 통하여 의식 자체를 검사해야 할 척도를 우리가 가지고 들어갈 것인지 아닌지가 결정되어야 하기 때문이다. 두 계기가 지(知) 안에서 마주치고 나서 의식은 스스로를 자기의 척도에 따라 경험하고 또 검사하기 시작한다. **우리의** 착상이 만들어낸 '개념과 대상의 가상적인 대립'을 우리가 떨쳐버리고 난 후에야 의식은 무엇이 즉자대자적인 것인지를 경험(탐구)한다.

이 설명이 중요한 이유는, 경험 개념과 이 개념이 빠져드는 아포리아와 관련하여 생기는 많은 오해는 바로, 개념과 대상이 지(知)에 귀착된다는 사실을 일반적으로 '경험의 **과정**'에 속하는 것으로 파악하는 데에서 기인하기 때문이다. 의식의 자기검사가 지니는 아포리아, 즉 "자기검사가 이루어질 수 없는 것은 척도로 작용하는 즉자가 항상 지(知)에 귀착된 것으로서만 주어질 수 있기 때문이라는 사실"[9]은 가짜 문제이고, 그런 한에서 클라에스게스의 고민은 가짜 고민이다. 왜냐하면 자기검사는 오히려, 척도로서 작용하는 즉자가 항상 지(知)에 귀착된 것으로 주어짐으로써만 수행될 수 있기 때문이

---

9) Claesges 1981, 78.

다. 클라에스게스도 뢰트게스와 마찬가지로, 즉자가 지(知)에 귀착될 경우 진리의 척도로서의 즉자가 실재론적인 위치를 상실하게 될까 봐 두려워하는 것이다. 이와 달리 헤겔에 따르면 즉자가 지(知)에 귀착되는 한에서만 의식은 이를 검사의 척도로 삼을 수 있다. 앞서 언급한 오해는 결국 일반적인 실재론의 의미에서의 대상은 의식의 경험 과정에 개입되지 않는다는 사실을 간과한 데에서 비롯된다. 그러한 대상은 학문 이전적인 표상에 지나지 않는다. 지(知)에 귀착되는 대상만이 의식의 경험에 관계한다. 그러나 즉자가 지(知)에 귀착된다는 사실은, 즉자를 주관적 관념론의 시각에서 의식에 귀착시킨다는 측면에서가 아니라 즉자를 객관적 관념론의 시각에서 진리로 파악한다는 측면에서 조명되어야 한다. 즉자의 귀착점인 지(知)는 결코 주관적인 지식이 아니라 **정신적인 실체**에 대한 지식이다.

이러한 해석을 뒷받침하는 것으로, 헤겔이 의식의 두 계기를 지(知)와 "이 지(知)에 부정적인 대상성(Gegenständlichkeit)"(Ph 38)으로 표현한 점에 주목할 필요가 있다. 지(知)에 대립해 있는 것은 대상 자체가 아니라 대상성이다. 헤겔은 무엇을 염두에 두고 이렇게 표현했을까? '대상'이라는 표현과는 달리 '대상성(對象性)'이라는 표현에는 대상의 **개념(정신)**이 포함되어 있으며, 이 개념은 바로 **의식과의 연관의 필연성**을 지시한다. 의식에 귀착되는 것은 경험에 귀착되는 것이다. 실재론의 의미에서의 대상의 정립이 경험의 대상이 아니라면 그러한 대상을 처음부터 전제할 이유는 없다. 그것은 의식의 입장에서 볼 때 무리한 요구이다.

그렇지만 실재론적인 의미에서의 대상을 정립할 필요가 없다는 사실이 곧 주관적 관념론의 의미에서 대상을 의식에 환원시킨다는 뜻은 아니다. 대상의 의식연관성을 통하여 헤겔이 강조하려는 것은, **대상 안에 있는 정신적인 것**만이 경험 주체의 참된 대상이라는 점이다.

100

정신적인, 이성적인 실체만이 의식의 지(知)(개념적인 앎)의 대상이다. "의식은 자기의 경험 안에 있는 것만을 알고 또 파악한다. 왜냐하면 경험 속에 있는 것은 단지 정신적인 실체, 구체적으로 말해 이 실체 자신의 **대상**으로 존재하는 것이다."(Ph 39) 의식의 대상은 물질의 의미에서의 물자체가 아니라 **정신**이며, 이 정신에 따라 의식은 경험을 수행할 수 있다. "**경험** 안에 없는 것은 아무것도 **알려지지** 않는다. … 왜냐하면 경험이란 바로, 정신으로서의 내용 **자체**가 실체, 즉 **의식의 대상**이라는 것이다."(Ph 585) 이런 의미에서 의식의 경험은 바로 "정신의 **현상**"(E §414)이다.

그런데 의식이 정신을 대상으로 삼는 한에서 이러한 설명은 마치 정신이 의식에 대해 전제되어 있는 것처럼 생각될 수 있다. 그러나 지금 우리의 논의에서 주제가 되는 것은 주관과 객관의 인식론적인 이원론이 아니라 **관념성 안에서의 이 두 계기의 존재론적인 관계**이다. 정신의 현존재로서의 의식은 두 계기, 즉 정신의 자기(自己)로서의 '지(知)'와 **정신의 타자(他者)로서의 '지(知)에 부정적인 대상성**'으로 나누어져 있다. 이 타자는 따라서 정신 바깥의 타자가 아니라 **정신 자신의 타자**, 즉 정신과의 **관계** 속에 있는 타자이다. 그렇다고 해서 두 계기가 **주관적** 정신에 귀속된다는 뜻이 아니라 정신의 **객관적 관념성**의 계기로 들어온다는 뜻이다. 따라서 지(知)와 대상의 관계는 결코 양자 가운데 어느 하나로 환원될 수 없으며, 이 관계는 정신의 관념성의 지평에서만 정당화될 수 있다. 의식의 대상으로서의 타자는 의식에게는 외적인 것처럼 보이나, 정신에게는 외적인 것이 아니라 **자기 자신의 타자**, 즉 내적인 것이다.[10]

---

10) 이 맥락에서 나는 푼텔의 생각에 동의한다. 그는 "현상학적인 것(das Phäno-menologische)"과 "정신학적인 것(das Noologische)"을 구별하면서, 전자는 의식에 후자는 정신에 관계하는데 여기서 "정신학적인 것이 현상학적인 것

대상이란 하나의 **실존**이다. 그러나 이 실존은 정신적인 것, 즉 **정신**의 타자이다. 그런 한에서 그것은 정신적인 것을 통해서만 **파악**될 수 있다. 또한 그런 한에서만 의식은 대상을 경험할 수 있다. 대상의 관념성은 의식의 경험이 가능하기 위한 불가결의 전제이다. 바로 이 맥락에서 헤겔의 칸트 비판을 주목할 필요가 있다. "칸트 철학을 가장 분명하게 규정하자면, 칸트 철학은 정신을 의식으로 파악함으로써 현상학의 규정만을 포함하고 있을 뿐 정신에 대한 철학적 규정을 포함하고 있지 않다고 말할 수 있다."(E §415 A) 정신을 의식으로 파악하는 것이 아니라 거꾸로 의식을 정신으로 파악하는 관점에서 볼 때, 칸트의 물자체는 학적인 체계에서 정당화될 수 없다. 의식과 대상 안에 정신이 현존함을 밝힘으로써 헤겔에게는 지(知)와 물자체, 현상계와 본체계의 이원성은 애초부터 문제가 되지 않는다.

이렇게 볼 때 지(知)와 대상 간의 의식의 비교는 결코 지(知)와 **물질적인** 사물의 비교가 아니라 지(知)와 **정신적인** 대상의 비교이다.11) 의식은, 자기 자신을 정신적인 대상으로 규정하는 타자만을 경험대상으로 삼는다. 의식의 '비교'가 가능하기 위해서는 두 계기의 관계의 관념성이 전제되어야 한다. 그러나 이 관념성은 처음에는 단지 형식적인, 즉 아직 매개되지 않은 관념성이다. 의식의 대상(타자)과의 직접적인 관계는 주관이나 객관으로 환원될 수 없다. 의식의 주체로서의 '나(Ich)'는 선험철학적인 의미에서의 주관이 아니라, 그 안에서 주관과 객관이 동일하게 정립되는 '정신의 **사유**'이다. "의식의

_____

의 진리로" 드러난다고 말한다(Puntel 1973, 150-173 참조).

11) 헤겔에게서 **사물**이란 "본질적으로 타자를 향한 존재일 뿐이다." "**사물은 자아**(自我)이다. 사실 이 무한판단에서 사물은 지양된다. 사물은 그 자체로는 아무것도 아니다. 사물은 관계 안에서만, 즉 **자아**와 '자아와의 **관계**'를 통해서만 의미를 지닌다."(Ph 577) 따라서 물질로서의 사물은 의식의 경험 과정에서 처음부터 문제가 되지 않는다.

주체인 '나'는 사유이다. 객체의 논리적인 세부적 규정은 '**주관과 객관 안에서 동일적인 것**'이며, 이 규정의 절대적인 맥락은 객체가 주체에 속한다는 것이다."(E §415) 물론 이 주체는 정신의 자유로운 주관성이다. 정신의 주관성은 우선 대상과 형식적이고 직접적인 **관계**를 지니는 의식이다. 따라서 이 주관성은 처음에는 자유롭지 못하다. 정신 안에서의 주관과 객관의 직접적인 통일체는 매개되기를 기다린다. 왜냐하면 단지 **형식적**이기만 한 이 통일체에는 **내용**이 결여되어 있기 때문이며, 이 내용은 매개를 거쳐서야 비로소 드러나게 된다.

주관과 객관, 지(知)와 대상의 **직접적인 통일**은 일차적인 지(知)를 이루는데, 이 지(知)는 나중에 **매개됨**으로써 참이 아닌 것으로 입증된다. 그런데 여기서 주의를 요하는 점은, 지(知)와 대상의 차이에 대한 의식의 경험은 결코 선험철학적 의미에서의 지(知)와 물자체의 차이를 확인하는 일이 아니라, 지(知)와 대상의 **직접적인 관계와 매개된 관계** 간의 차이를 확인하는 일이다. 직접적인 지(知)에서 매개된 지(知)로의 이행에는 어떠한 외부적인 자극도 개입하지 않는다. 타자와의 연관을 떨쳐버린 채 정신은 대상의식으로서의 의식의 자기운동을 추진한다. 그런 한에서 정신은 "**자기 자신의 확실성을 진리로**" 고양시킬 수 있다(E §416).

의식의 경험은 **정신의 현상**이다. 두 영역의 현상학적인 결과는 동일하다. 그러나 정신이 의식의 경험을 통하여 비로소 현상하는 한에서 양자는 똑같지 않다. 정신은 자기 스스로 경험하지 못한다. 그의 현존재인 의식을 통해서만 정신은 대상과 관계할 수 있다. 그러나 의식은 정신의 현상을 위한 하녀가 아니라 그의 현-존재(Da-sein)이다. 즉 의식의 대상과의 직접적인 관계는 정신 자체의 다른 이름이다. 의식의 직접성이 그의 매개성으로 이행할 필연성은 곧 즉자적인 정신이 대자적인 정신으로 이행하는 운동의 필연성이다. 의식의 경험은 정신이 타자가 되고 이 타자가 지향되는 운동이다. 이 운동을 통하여 정신은 자기 자신을 인식한다.

"그런데 정신은 대상이 된다. 왜냐하면 정신은 **스스로** 타자, 즉 **자기 자신의 대상**이 되고 이 타자를 지양하는 운동이기 때문이다. 그래서 경험이란 바로 이러한 운동을 일컫는데, 여기에서 직접적인 것, 경험되지 않은 것, 즉 추상적인 것은 그것이 감각적인 존재이든 단지 사유되기만 한 단순한 것이든 간에 스스로 소외되어 있고 그러고 나서 이 소외로부터 자기에게로 복귀하는데, 그럼으로써 그것은 이제 비로소 자기의 현실성과 진리성을 띠게 되며 또한 의식의 소유물이 된다." (Ph 39)

의식의 주체로서의 자아는 "정신의 자기와의 무한한 관계"(E §413) 이다. "정신의 자기와의 동일성은 … 단지 자기의 추상적이고 형식적인 동일성이다."(E §414) 정신의 자기와의 직접적인 동일성은 그것이 아직 매개되지 않은 한에서 구체적인 내용과의 관계를 자기 안에 지니지 않고 있으며 자기 자신을 지양해야 한다. 즉 정신은 자기 자신을 규정하기 위해 부정적인 자기와의 부정적인 관계를 지녀야 한다. 정신의 **현존재**로서의 의식은 더 이상 자아의 무규정적인 관념성 또는 "정신적인 것과 자연적인 것의 무의식적인 통일성"(E §413 Z)에 머물 수 없다. 의식은 정신의 **부정성**이다. 이 부정성은 정신의 자기와의 부정적인 관계가 그의 대상과의 부정적인 관계로 탈바꿈함으로써가 아니라 정신 안에 추상적으로 정립된 내용이 그의 의식 안에 있는 내용을 구체적으로 드러냄으로써 발생한다. 따라서 의식의 운동을 정신의 운동구조에 귀속시킬 수 없다. 의식은 정신의 반성형식이 아니라 정신의 현존재이며, 이는 지금 단지 내용 또는 대상과 자유롭지 못한 불완전한 관계에 놓여 있을 뿐이다. 정신이 자기의 직접성 또는 추상성으로부터 자유롭고자 할 때에만 의식이 초점이 된다. 달리 말해 정신이 자기 자신을 **규정**하려고 할 때 의식이 문제가 된다. "순수한 추상적 자유 그 자체는 자기로부터 그의 규정성, 영혼의 자연적인 생(生)을 자유롭게, **독자적인 객체**로 방면시키며, **자아에 외적인** 이 객체에 대해 자아가 우선적으로 아는 것 바로 그것이 의식이다."(E §413) 의식은 정신이 단지 자신의 **부정적인** 계기로서 추상적, 형식적으로 정립한 내용을 매개한다. "정신이 의식 안에 지니는 **실존**은 여기에서 유한성을 띤다. 즉 이 실존은 자기와의 형식적인 관계, 단지 확실성에 지나지 않는다. 객체는 단지 추상적으로만 **자기 것**으로 규정되어 있고, 정신이 객체 안에서 자기 내적으로만 추상적인 자아로 반성되어 있기 때문에 이 실존은 아직은 자기의 내용이 아닌 내용을 지닌다."(E §416) 내용 또는 객체는 아직 정신의 소유물이 아니다. 그러나 그렇다고 해서 객체가 정신 밖에 있다는 것이 아니라 객체가 정신과 직접적인, 즉 부정적인 관계에 있음을 뜻한다. 정신이 자기의 직접성에서 벗어나기 위해서는 그의 현존재로서의 의식이 내용과의 부정적 관계를 지양하여 정신의 직접성을 매개해야 한다. 이러한 의식의 지양과 매개 행위를 헤겔은 경험이라 일컫는다.

이상 논의된 내용을 간추리면 다음과 같다. (1) 의식의 경험은 통상적인 실재론의 의미에서 '대상에 대한 지(知)의 직접적인 관계'에서 시작하지 않고, 정신이 관념적으로, 즉 **자기 자신의 타자**로 정립한 대상과 맺고 있는 정신의 직접적인 관계에서 시작한다. (2) 따라서 경험의 대상은 대상의 본질을 이루는 **관념성**이다. 그렇기 때문에 실재적인 것은 경험의 과정에서 아무런 위상을 차지하지 못한다. 그렇다고 해서 물질적인 사물이 존재하지 않는다는 것이 아니라 사물의 관념적인 속성이 학(學)의 진리성으로 고양되는 경험의 대상이 된다는 것이다. (3) 의식이 행하는 지(知)와 대상의 비교는 지(知)와 그 지(知)에 대립하는 대상의 불일치를 확인하는 것이 아니라 직접적인 지(知), 즉 대상과 직접적인 관계에 놓여 있는 지(知)와 매개된 지(知), 즉 대상과 매개된 관계를 맺고 있는 지(知)를 비교하는 것이다. (4) 매개된 지는 '직접적인 지가 단지 부정적으로만 관계하는 대상'의 관념성과의 관계를 자기 안에 끌어안음으로써 새로운 참된 지(知)가 된다.

이를 통해 분명해지는 사실은 개념(대타적 존재)과 대상(즉자적 존재)이 지(知)의 계기로 포함되면서도 두 계기의 일치 여부를 검사하는 일이 주관의 임의적인 행위로 전락하지 않는다는 사실이 결코 모순적이지 않다는 것이다. 두 계기가 바로 지(知)에 (또는 의식에 대해) 귀착됨으로써만 오히려 의식의 검사는 학적으로 정당화될 수 있다. 의식과 대상의 관계는 지(知)를 통하여 정립된다. 그러나 앞에서 언급했듯이 대상에 대한 직접적인 지(知)는 경험의 대상이 아니라 정신의 현존재로서의 의식의 최초의 상태이다. 이 지(知)가 직접적인 것은 '논리학'에서의 무규정적 직접성과 마찬가지로 경험되거나 파악되는 성질의 것이 아니기 때문이다. 그런 의미에서 그것은 두 가지 의미에서 하나의 **가상**이다. 즉 그것은 우선 가장 추상적인 것, 가장 빈곤한 것이라는 점에서 아무런 내용을 지니지 않으며, 다음으로 그것은 현존재의 경험 안에 비침(scheinen)으로써 그의 부정성(Un-mittelbarkeit)이 부정(매개)되어야 한다. 그의 직접성 자체는 경험 이전 단계(Vor-Erfahrung)에 속한다.

이러한 생각을 바탕으로 클라에스게스가 제기한 물음을 재검토해 볼 수 있다. 그는 "의식은 도대체 어떻게 지(知)와 대상의 불일치를 확인할 수 있는가?" 하는 문제로 고민한다.[12] 그렇지만 이는 잘못 제기된 물음이다. 왜냐하면 두 계기의 불일치는 지(知)의 대상과의 비(非)매개적인(부정적인) 관계에 이미 포함되어 있기 때문에 결코 경험의 대상일 수 없다. 양자 간의 격차는 의식의 경험 안에 이미 현존하고 있다. 다시 말해 의식은 이미 지(知)와 그 대상 사이의 동등성과 구별성을 동시적으로 지니는 차이 의식 또는 모순 의식이다. "따라서 의식은 관계 일반이 그렇듯이 두 측면의 독자성과 동일성을 동시적으로 지니는 **모순**이다."(E §414) 의식의 경험은 차이의 경험이 아니라 의식 안에 이미 현존하는 **차이의 지양**이다. 불일치를 확인하는 것은 의식의 경험대상이 아니다. 왜냐하면 의식이 정신의 현존재 또는 **정신의 부정성으로 정립**된 한에서 의식은 **항상 이미** (immer schon) 분열되어 있기 때문이다. 따라서 분열된 의식은 자기의 분열성 또는 차이성을 별도로 확인할 필요가 없고 또 확인할 수도 없다. 의식은 자신의 경험 안에 이미 있는 것만을 검사할 수 있다. 그러나 이 검사는 지(知)와 대상과의 **차이를 확인하는 일**이 아니라 그 **차이를 지양하는 일**이다.[13] 의식이 이 차이를 확인하지 못하는 것은 의식이 주관적인 지(知)의 관계의 측면에 결부되어 있기 때문이 아니라 그의 현존재성이 **항상 이미** 차이성을 지니고 있기 때문이다. 의식과 대상이 통일의 단계로 들어서자마자 의식은 항상 다시 **자기분열**을 일으킨다. 그래서 의식은 **절대적인** 부정성이다.

클라에스게스가 제기한 물음의 문제성은 근본적으로 그가 의식의 자기검사의 문제를 존재론의 차원이 아니라 인식론의 차원에서 다루려 한 데 있다. 그는 지(知)와 대상의 존재론적인 관계 지평, 즉 의식된 존재(das Bewußt-Sein)를 문제 삼지 않고 있다. 토이니셴에 반대

---

12) Claesges 1981, 87.

13) 그러한 의미에서 헤겔은 칸트의 경험 개념이 마무리 지어진 바로 그 부분 또는 그 순간에 자기 고유의 경험 개념을 전개한다.

하여 그가 제기한, "의식은 어떻게 자신의 지평을 주제화할 수 있는 가?"[14] 하는 물음은 가짜 문제이다. 왜냐하면 의식은 존재와의 관계 안에 있기(sein) 때문에 의식의 반성은 객체에 대립하는 인식하는 주체의 반성이 아니라 두 계기의 **관계의 자기반성**이기 때문이다. 사변적인 의미에서의 의식을 선험철학적인 의미에서 인식하는 주체로 이해할 경우 우리는 악순환에서 벗어날 수 없다. 즉 대상과의 관계에 이미 놓여 있는 의식이 마치 대상에서 독립하여 관계의 진리를 판단하는 것 같은 부조리를 낳는다.

이 맥락에서 강조되어야 할 것은, 의식의 검사는 의식과 대상 사이의 불일치가 아니라 지(知)와 그의 대상 사이의 불일치에 관련된다는 점이다. 의식과 지(知)는 헤겔이 이따금 같은 뜻으로 사용하기는 하지만 결코 동일하지 않다. 또한 헤겔에게서 의식과 대상은 서로 대립적인 개념이 아니다. 양자는 한편으로는 동일적이면서 다른한편으로는 비동일적인 하나의 관계 속에 이미 들어와 있다. 앞에서 언급했듯이 비(非)진리로서의 지(知)는 관계의 동일적인 계기에 속하며 진리로서의 지(知)는 관계의 구별적인 계기에 속한다. 의식의 검사는 따라서 지(知)와 대상의 불일치를 확인하는 일이라기보다는 **지(知)가 대상과 맺는 관계방식의 차이를 확인**하는 일이다. 여기서 경험은 두 계기의 관계방식에 대한 반성과 관련되며, 경험 안에서 지(知)의 대상에 대한 관계방식의 **구별적** 계기가 진리의 계기로 드러난다. 경험이란 바로 지(知)와 대상의 직접적인 관계가 참(眞)이 아니며 따라서 양자의 매개가 참으로 드러나게 된다. "의식에게 예전에 **즉자**였던 것이 실은 즉자가 아니라는 것, 즉 단지 의식에 대해서만 즉자적이었다."(Ph 78)는 사실은 참이 아닌 '지(知)와 즉자'의 직

---

14) Claesges 1981, 81.

접적인 관계방식에서 참인 양자의 매개된 관계로 이행하는 것을 지시한다. 여기서 초점이 되는 것은 바로 관계의 **방식**이기 때문에 "지(知)의 변화에 따라" 의식에게는 "대상 자체도" 변한다(Ph 78). 지(知)와 대상의 관계방식이 바뀜으로써 결국은 지(知)뿐만 아니라 대상도 변화하게 되고 이에 따라 직접적인 관계에서 적용되던 척도 역시 바뀌어야만 한다.

이제 제기되는 질문은, 어떠한 의식이 검사를 수행하는가 하는 것이다. 즉 이미 대상과의 관계 속에 있는 의식은 무엇이며, 이 관계를 검사하는 의식은 무엇인가? 이 물음은 앞의 의식이 뒤의 의식과 구별되는 한에서 의미를 갖는다. 그런데 문제는, 이 뒤의 의식이 어떤 것에 대한 의식 밖에서 전체를 조망하고 판단하는 어떤 3자가 아니라는 점이다. **검사하는** 의식과 **검사되는** 의식은 동일한 의식이다. 검사의 주체는 옆에 서 있는 '우리'가 아니라 의식 자신이다. "의식이 자기 자신을 검사하는 동안 우리는 … 순수히 지켜보기만 한다."(Ph 77) 그럼에도 불구하고 의식의 자기검사는 아포리아에 빠지지 않는다. 우리가 검사자와 피검사자를 서로 대립시킨다면 아포리아는 불가피할 것이다. 그러나 의식의 검사는 '어떤 것에 대한 의식'에 대해 의식이 검사하는 것이 아니라 '어떤 것에 대한 의식' 자체의 **자기반성**이라고 할 때 우리는 아포리아를 면할 수 있다.

대상의식은 절대적 부정성이라는 점에서 대상과의 직접적인 결합상태를 스스로 반성할 수 있는 힘을 자기 안에 지니고 있다. 그 의식은 자기가 대상에 대해 알고 있는 것이 자기가 알아야 할 지(知)의 전체가 아니라는 것을 알고 있다. "의식은 그 자체로 자신의 **개념**인데 이 개념을 통하여 의식은 제한된 것을 넘어섬으로써 — 이 제한된 것은 개념에 속해 있기 때문에 — 결국 자기 자신을 넘어선다."(Ph 74) 의식은 자기의 제한성을 부정하는 힘을 **자기** 안에 지닌다. 의식이 정신의 현-존재로 나타나는 한에서 의식은 곧 **차이** 의식이다. 즉 자존재에 대한 직접적인 지(知)와 향(向)의식적인 즉자존재에 의해 매개된 지(知) 사이의 차이는 '어떤 것에 대한 의식' 안에 이미 포함되어 있다. 이 분열 자체는 의식의 자연적인 현상이다. 그것은 즉 자연적인 의식에 속한다. 의식의 경험의 목표가 바로 그러한 자연적 의식을 학(學)으로 고양하는 데 있다면 경험은 그러한 차이 자체를 확인하는 일이 아니라 그 차이를 지양하는 데 목표가 있다.

이렇게 볼 때 이제 우리의 관심은 의식이 어떻게 지(知)와 대상의 차이를 확인할 수 있는가 하는 문제가 아니라, 차이 의식이 어떻게 새로운 대상의 출현을 가능하게 하는가 하는 문제로 넘어간다.

3) 새로운 대상의 출현 : 향(向)의식적인 즉자존재에서 즉자의 향의식적인 존재로

어떤 것에 대한 의식의 지(知)의 계기, 즉 "의식이 **어떤** 것을 안다."(Ph 78)는 것은 대상의 이중 구조, 즉 '즉자'와 '향(向)의식적 즉자'를 지시하는 것처럼 보인다. 그러나 대상의 이중화 자체는 경험의 주제가 되지 않는다. 왜냐하면 이는 어떤 것에 대한 경험에 **이미** 포함되어 있기 때문이다. 오히려 첫 번째 즉자를 두 번째 대상으로 **지양**하는 것이 경험의 본령을 이룬다. 헤겔은 이 이행을 **새로운 참된 대상**의 출현으로 특징짓는다. 이에 따르면 두 번째 대상은 결코 첫 번째 대상에 대한 의식의 반성의 산물이 아니다. 그것은 오히려 첫 번째 대상의 **진리**의 계기로 드러난다. 여기서 문제는 '두 계기의 불일치가 어떻게 새로운 대상의 출현을 야기하게 되는가?' 하는 점이다.[15]

---

15) 뢰트게스는 이 문제를 "대상의 대상성, 즉 향(向)의식적 즉자존재는 왜 새로

뢰트게스가 지적하듯이 문제는, "대상의 즉자존재에서 '단지 향(向)의식적인 존재'로의 이행은 자기 내적인 대상화에 토대를 둔 반성과 다를 바가 없고 따라서 결코 새로운 대상을 산출하지 못하지 않겠는가."[16] 하는 우려에서 발생한다. 만일 향의식적인 존재로서의 새로운 대상이 단지 즉자로서의 첫 번째 대상에 대한 의식의 지(知)에 불과하다면 그 대상은 새로운 대상이 아니라 첫 번째 대상에 대해 의식이 달리 지칭한 것에 지나지 않을 것이기 때문이다. 여기서 헤겔은, 새로운 참된 대상은 첫 번째 대상이 더 이상 즉자가 아니라 즉자의 향의식적인 존재로 이행할 때 발생한다고 말한다. "따라서 이것, 즉 '이 즉자의 향의식적인 존재'는 참된 것이며 이는 나아가 본질 또는 의식의 대상이다."(Ph 79) 여기서 '참된 것'은 당연히 두 번째 대상의 진리성을 지시할 뿐만이 아니라 첫 번째 대상의 비진리성을 폭로한다. 새로운 대상의 진리성은 이 대상이 예전의 대상에 포함되지 않은 '그 이상의 것'을 포함한다. 이 '그 이상의 것'이 생겨나는 것은 즉자의 향의식적인 존재가 의식의 단순한 자기 내 반성에서가 아니라 의식이 대상에 따라, 또는 대상에 접해(an) 행하는 반성에서 기인한다.

"새로운 대상은 첫 번째 대상을 무화시키면서 그것을 넘어서(über) 행해지는 경험이다."(Ph 79) 즉자존재에서 즉자의 향(向)의식적인 존재로의 전환은 첫 번째 대상의 부정이면서 동시에 그것을 넘어섬(Hinausgehen)으로써 이루어진다. 그런데 여기서 주의할 것은 향의식적인 즉자존재(das für-das-Bewußtsein Ansich-sein)를 즉자의 향의식적인 존재(das für-das-Bewußtsein-Sein des Ansich)와 혼동해서는 안 된다는 점이다. 새로운 대상은 향의식적인 즉자존재가 아니라

운 대상을 산출하는가?"로 규정한다(Röttges 1981, 111).
16) 같은 책, 111.

즉자의 향의식적인 존재이다. 이 구별이 이루어지지 않을 경우 경험 개념의 변증법적인 구조는 제대로 서술될 수 없다. 즉자의 향의식적인 존재에서는 즉자존재와 향의식적인 즉자존재의 차이가 지양되어 있다. 의식의 경험은 즉자존재가 향의식적인 즉자존재가 됨으로써가 아니라 즉자존재가 즉자의 향의식적인 존재가 됨으로써 완결된다. 그렇지만 여기서 중요한 것은, 즉자가 단지 의식에 대해서만(향의식적으로만) 즉자일 수 있다는 사실이 알려질 때 비로소 즉자의 향의식적인 존재가 되는 한에서, 향의식적인 즉자존재는 하나의 과정 또는 수단이라는 점이다. 새로운 대상이 첫 번째 대상을 넘어서 행해진 경험에 준거한다고 할 때, 그것은 경험의 **결과**의 관점에서는 즉자의 향의식적인 존재이지만 경험의 **내용**을 이루는 것은 향의식적인 즉자존재, 즉 대상에 따른 의식의 반성이다. 따라서 **즉자존재에서 향의식적인 즉자존재를 거쳐 즉자의 향의식적인 존재로의 이행 과정은 경험의 변증법적 운동을 압축적으로 표현한 하나의 형태라 할 수 있다.**

이렇게 볼 때 경험의 대상은 얼핏 보기에는 두 가지 같지만 사실은 하나이다. 대상이 둘로 보이는 것은 대상이 이미 **의식**을, 구체적으로 말해 의식의 지(知)의 행위를 향(向)하는 데에서 불가피하게 나타나는 가상적인 것이다. 헤겔에 따르면, "의식은 어떤 것을 **아는데**, 이 대상이 … 즉자이다. … 그러나 그것은 의식에 대해서도(향의식적으로도) 즉자이다."(Ph 78ff., 강조는 필자) 즉 지(知)와 더불어 의식은 두 가지 대상을 지닌다. 그러나 이 지(知)는 실제로는 오직 하나의 대상에만 상관한다. 의식의 경험을 매개로, 즉 의식이 첫 번째 대상이 단지 향(向)의식적으로만 즉자라는 사실을 앎으로써 첫 번째 대상에 대한 지는 두 번째 대상에 대한 지로 이행한다. "첫 번째 대상과 그에 대한 지에서 다른 대상으로 이행하는 것에 대해 우리는 경험이 행해졌다고 말하는데, 이 이행은 첫 번째 대상에 대한 지, 즉 향의식적인 첫 번째 즉자가 두 번째 대상 자체가 되는 것을 뜻한다."(Ph 79) 어떤 것에 대한 의식의 지(知)에는 두 가지 대상이 표상된다. 그러나 이 표상은 하나의 가상이다. 의식이 행하는 두 계기의 비교를 통하여 두 번째 대상의 **진리**가 확인됨으로써 첫 번째 대상은 비(非)진리임이 드러난다. 그의 비진리성은 어떤 것에 대한 의식의 **추상성, 형식성,** 즉 지와 대상의 **직접적인 관계성**에 있다. 이 비진리성이 지양되는 데에서 매개된 형태를 띤 두 번째 대상이 참된 것, 새로운 것으로 나타나며, 여기에서 첫 번째 대상은 부정된다.

결국 의식의 지(知)의 계기를 통하여, 즉 의식은 즉자가 단지 의식에 대해서만 즉자적이라는 사실을 **앎**으로써 대상에 직접적으로 얽매여 있던 의식은 대상에 접하여 매개된 새로운 의식으로 된다. 이러한 **생성,** 즉 **새로운 의식의 출현**을 헤겔은 **의식의 전회**(轉回)(die Umkehrung des Bewußtseins)라고 일컫는다. 의식이 항상 어떤 것에 대한 의식인 한에서, 즉 의식이 항상 대상에 관련된 한에서 새로운 대상의 출현은 의식의 전회에 의존적이다. "새로운 대상은 **의식의 전회** 자체를 통하여 생성된 것으로 나타난다."(Ph 79) 의식의 전회(Um-kehren)에 암시되어 있듯이 이 전회는 단순히 직접적인 의식이 매개된 의식으로 바뀌는 것만을 뜻하는 것이 아니라 동시에 의식이 **자기 자신으로 되돌아감**을 뜻한다. 다시 말해, 새로운 대상의 발생은 한편으로는 어떤 것에 대한 직접적인 의식의 자기부정의 결과이면서 다른 한편으로는 의식의 자기 자신에 대한 인식인 것이다. 여기서 우리의 관심은 의식의 전회가 "의식의 자기 내 반성 그 이상"[17]을 포함하는 새로운 대상을 출현시킨다는 사실에 있다. 이에 따라 다음

---

17) 같은 책, 113.

과 같은 문제들이 제기된다. 어떻게 새로운 대상은 예전의 대상보다 더 풍부한 내용을 지니게 되는가? 예전의 대상에는 포함되지 않았는데 새로운 대상에는 포함된 그 잉여분은 도대체 어디에서 오는 것인가? 새로운 것은 '왜' 옛것과는 다른 어떤 것인가? 이 문제들은 근본적으로 의식의 전회의 구조적인 성격을 자세히 분석하는 데에서만 해명될 수 있다.

예전의 의식에는 포함되지 않았지만 지금 출현한 새로운 어떤 것은 즉자존재와 향(向)의식적인 즉자존재의 차이에서 생긴 잉여분이다. 그런데 문제는 이 새로운 것을 산출하기 위해 의식은 어떠한 요소도 밖에서 끌어들여서는 안 된다는 데 있다. 달리 말해 의식은 **자기 자신으로부터** 새로운 것이 산출되도록 해야만 한다는 것이다. 의식의 경험은 의식의 **자기 자신의 타자**에 대한 경험, 즉 어떤 것에 대한 의식 자체의 타자화이다. 이러한 맥락에서 헤겔은 경험 개념에 대한 통상적인 **경험주의적** 이해를 거부한다. "이에 반해[즉자에서 즉자의 향의식적인 존재로의 이행에 반해: 필자] 여타의 경우, 우리는 우리가 우연히 그리고 외적으로 발견한 **어떤 다른** 대상에 따라 우리의 첫 번째 개념의 비진리성을 경험한다."(Ph 79) 통상적인 경험주의의 관점을 따르면 '의식의 전회'에서 소유격 '의'는 **목적의 소유격**(Genitivus *objektivus*)을 의미하나, 헤겔이 의도하는 것은 **주격의 소유격**(Genitivus *subjektivus*)이다. 의식은 다른 대상을 끌어들이지 않은 채 스스로 전회 또는 자기를 전회시킨다. 의식이 외적인 요소의 개입을 허용한다면, 칸트가 감각의 수용성을 인식의 출발점으로 삼음으로써 오성의 **종합판단**을 통한 새로운 지식의 가능성을 증명해 보였듯이, 새로운 지(知)의 가능성은 별 어려움 없이 파악될 수 있을 것이다. 그러나 헤겔의 경우 의식은 "자기에 대한 규정을 어떤 다른 것에서 취해서는" 안 된다(Ph 52). 왜냐하면 그렇지 않을 경우 의식

114

의 태도는 **학문성**을 저해하기 때문이다. "학문은 오직 개념의 고유한 생(生)을 바탕으로 해서만 조직될 수 있다."(Ph 51) 의식 내용의 자기운동은 어떠한 **외적인** 반성도 자기 안에 개입시켜서는 안 된다.

문제 상황을 분명히 하기 위해 구체적인 예를 들어보자. 어떤 두 살배기 아이는 자기 주위의 모든 대상을 자기 장난감으로 여긴다. 유리컵은 그 아이에게 한편으로는 물을 마시는 데 사용되지만 다른 한편으로는 만지고 굴리는 장난감으로 사용되기도 한다. 그런데 어느 날 그 아이는 유리컵을 재미로 벽에 집어던진다. 유리컵은 조각조각 깨진다. 아이는 아무 생각 없이 맨발로 그 파편들을 밟는다. 발에서 피가 나고 그 아이는 결국 울고 만다.

그 아이가 세계를 유희의 대상으로 보는 한에서 세계는 그 아이에게 처음에는 장난감에 불과했다. 세계는 **그의** 장난감으로서 그의 의식과 **직접적으로** 결부되어 있었다. 그러나 유리가 깨지고 그것이 자기에게 아픔을 가져다주는 경험을 한 뒤부터 그 아이는 유리컵이 장난감이 아니라는 사실, 즉 세계에 대한 자기의 생각이 잘못되었다는 사실을 **알게** 된다. 대상, 즉 유리컵이 장난감으로서 그에게 더 이상 즐거움을 가져다주지 않음을 경험함으로써 유리컵에 결부되었던 예전의 의식의 진리성이 더 이상 견지되지 못한다. 그래서 그 아이는 이제 대상에 대해 다른 표상을 떠올리게 되고 또 그에 대해 다른 의식을 지니게 됨으로써 대상과 '예전과는 다른 관계방식'을 정립한다. 이에 따라 새로운 의식이 출현하며, 의식이 대상에 대해 지녔던 관계는 예전의 그것과는 **질적으로 다른 것**이 된다.

이 예에서 이제 다음과 같은 질문이 제기된다. 대상 자체가 변화했는가, 아니면 대상에 대한 의식이 변화했는가? 또는 유리컵의 파손 가능성은 그의 성질에 속한 것으로 그의 즉자태는 그에 대한 의식과는 무관하게 예나 지금이나 변화하지 않고 남아 있는 것이 아닌가? 이와 관련해서 보면 즉자태의 변화 또는 새로운 대상의 출현에 대한 헤겔의 논제는 불합리한 것처럼 보인다. 그러나 그러한 이의의 배경에는, 그 아이의 의식이 처음부터 대상에 대한 자기의 직접적인 관계가 관계의 전부가 아니라는 사실을 알고 있다는 가정이 암암리에 전제되어 있다. 이는 그렇지만 소박한 실재론에 바탕을 둔 근거 없는 가정이다. 그 아이는 자신이 알고 있는 대상이 대상의 전부가 아니라는 것을 어떻게 확인할 수 있는가? 그 아이의 의식이 대상에 **직접적으로** 얽매여 있는 한에서 적어도 처음에는 이 직접적인 관계를 떠나 있는 다른 대상들을 표상할 수 없다. 지(知)와 대상의 직접적인 관계로 현상하는 세계는 그 아이의 의식의 입장에서 볼 때 그 의식이 표상할 수 있는 전부이다. 즉 이 세계는 그 아이의 직접적인 의식 안에 전적으로 갇혀 있다. 대상과의 직접적인 관계 안에서 그 아이는 자기가 관계하는 세계 이외의 다른 세계를 전혀 생각할 수 없는 것이다.

고통의 경험을 통하여 비로소 그 아이는 유리컵에 대해 예전과는 다른 표상을 지니게 된다. 그는 이제 세계에는 장난감만이 있는 것이 아니라는 사실을 알게 된다. 이 지(知)의 계기를 토대로 그는 이제 유리컵을 조심스럽게 다루기 시작한다. 유리컵은 그에게 더 이상 장난감이 아니게 된다. 유리컵을 대하는 방식이 변함에 따라 대상 자체도 바뀐다. 또한 그 아이가 예전에 부여했던 '장난감'이라는 기준도 '실용성'이라는 다른 기준으로 바뀌게 된다.

그러나 이러한 예를 통해서도 아직 새로운 의식의 출현 문제에 대해 충분히 답변된 것 같지 않다. 경험이란 지(知)와 대상의 직접적인 관계에서 의식이 벗어나는 것이라고 할 때, 대상에 **직접적으로** 얽매여 있는 의식에게 그러한 경험이 도대체 어떻게 가능한 것인가 하는 물음이 다시 제기되기 때문이다. 우리는 어디에서 첫 번째 대상의 비진리성을 드러내는 지표를 확보하는가? 물론 지(知)의 변화, 즉 새로운 의식의 출현이 예전의 의식 안에서가 아니라 밖으로부터의 낯선 경험을 통해서, 앞의 예의 경우 의식과는 전혀 무관하게 발생한 유리컵이 깨지는 사건을 통하여 설명될 수 있을 것처럼 보인다. 그러나 헤겔은 바로 그러한 경험주의적인 이해를 거부한다는 것이 문제이다. 즉 예전의 지(知)의 비진리성에 대한 경험은 "우리가 우연히 그리고 외적으로 발견하는 **어떤 다른 대상에 따라**" 거부되는 것이 아니다(Ph 79). 그렇다면 예전 관계의 비진리성은 어떻게 확인될 수 있는가? 새로운 대상은 어디에서 출현하는가?

새로운 의식의 근원은 의식이 행하는 특정한 경험이다(*die Erfahrung des Bewußtseins*). 이 경험은 다른 대상에 촉발되어 이루어지는 경험이 아니다. 즉 이는 결코 외적인 대상의 수동적인 수용이 아니다. 부정의 계기, 즉 예전의 지(知)의 비진리성을 확인하고 그것을 부정하는 계기를 의식은 자기 안에 지니고 있다. 의식과 대상의 직접적인 관계는 지(知)의 변화의 계기를 자기 안에 지닌다. 그렇다면 이는 곧, 새로운 대상이 예전의 의식에서 발생한다는 것을 뜻하는가? 이에 대한 대답은 **대상 경험**(Gegenstandserfahrung)을 어떻게 이해하느냐에 달려 있다. 헤겔에게서 외적인 대상에 대한 경험이 새로운 대상의 출현을 위한 조건인 것은 분명하다. 여기서 문제가 되는 것은 즉자적인 대상이 아니라 대상에 대한 **경험**이다. 또한 **대상 경험**과 관련하여 문제가 되는 것은 지(知)와 대상이 일치하느냐 일치하지 않느냐 하는 것이 아니라, 두 계기의 불일치가 **지(知)가 되느냐 되지 않느냐** 하는 것이다. 오직 지(知)의 계기가 되는 것만이 경험에 귀착되고 또 새로운 대상으로 나타난다. 달리 말해 대상의 변화, 즉 새로운 대상의 출현은 전적으로 지(知)의 계기에 의존적이다. 앞의 의식이 지금 발생한 대상을 새로운 것으로 **알지 못할 경우**, 이 대상은 결코 새로운 대상으로 되지 않는다: "처음에는 대상으로 나타났던 것이 의식에게 대상 지(知)로 귀착되고 또 즉자가 즉자의 향(向)의식적인 존재로 화하는데, 이 존재가 곧 새로운 대상이다."(Ph 80) 첫 번째 대상은 이 지(知)로 귀착되는 한에서만 새로운 대상의 객체가 된다. 지(知)가 주도하는 것은 대상이 아니라 어떤 것에 대한 의식, 즉 대상 지향적인 의식이다.

외적인 대상의 변화에도 불구하고 지(知)의 변화가 따르지 않는 경우를 우리는 얼마든지 생각할 수 있다. 앞의 예에서, 대상에 대한 그 아이의 지(知)는 유리컵의 깨짐과 발의 고통에도 불구하고 변화하지 않을 수 있다. 그는 그 경험 이후에도 유리컵을 계속해서 장난감으로 생각하고 가지고 놀 수 있다. 지(知)가 변화하지 않는데 대상 자체의 변화는 마땅히 고려대상이 되지 않는다. 대상에 대해 의식이 취하는 행동방식의 변화는 전적으로 지(知)의 계기에 달려 있다. 그러한 의미에서 헤겔은, 새로운 대상의 출현은 첫 번째 대상에 대한 지(知)가 두 번째 대상에 대한 지(知)로 변화하는 것이라고 설명한다 (vgl. Ph 79/18-23).

이와 마찬가지로 모든 대상을 학적(學的)인 것으로 규정해서도 안된다. 지(知)의 현상 과정에서는 모든 경험이 헤겔적인 의미에서의 경험은 아니다. 의식에게 새롭고 참된 대상이 출현하는 한에서만 의식의 운동은 경험이라 불릴 수 있다(vgl. Ph 78/28-32). 새롭고 참된 대상의 발생은 말하자면 경험이 정당화될 수 있는 근거이다. 달리 말해, 즉자가 즉자의 향(向)의식적인 존재로 되지 않는다면 결코 새로운 대상이 출현할 수 없고 따라서 어떠한 참된 경험도 생길 수 없다. 경험이란 그 안에서 새로운 것이 생겨나는 한에서 의식의 경험이다. 새로운 대상을 발생시키는 경험만이 경험인 것이다.

이러한 생각을 바탕으로 무엇보다도, 대상의 지(知) 의존성은 의식의 역사성을 뜻한다는 사실이 인식되어야 한다.[18] 얼핏 보기에 이 얘기는 일반적인 생각, 즉 의식의 역사성은 거꾸로 외적인 대상에 대한 지(知)의 의존성에서 생겨난다는 생각과 어긋나는 것 같다. 그러나 헤겔의 경우, 지(知)의 변화에 따라 대상 자체도 변화한다는 사실을 고려한다면, 의식의 지(知)의 계기가 그의 역사성을 결정한다는 사실을 이해할 수 있다. 왜냐하면 대상의 변화 자체가 지의 계기가 되지 않을 경우 그것은 의식의 변화에 아무런 영향을 미치지 않을 것이기 때문이다. 새로운 의식의 출현은 의식에 대립해 있는 듯이 보이는 대상이 지(知)에 귀착될 때에만 가능하다. 만일 대상이 지(知)와 무관하게 항상 동일한 실체로 존립할 경우 의식의 변화는 객관에 대립해 있는 주관의 가짜 운동에 지나지 않을 것이다. 대상의 운동이 지(知)의 운동에 귀착된다는 바로 그 사실 때문에 대상에 대한 의식의 지(知)가 변화하는 한에서 의식은 역사성을 띤다.[19] 의식의 역사성은 대상에 대한 그의 지(知)에 의존한다.

그러나 아직도 해결되지 않은 문제는, 대상 자체가 **어떻게** 지(知)의 계기로 떨어지며 그리하여 즉자의 향(向)의식적인 존재, 즉 새로운 대상이 되는가 하는 것이다. 의식의 경험에서 새로운 대상은 분

18) 지금 초점이 되고 있는 의식의 **역사성**은 본질적으로 **정신**의 역사성과 구별된다. 『정신현상학』의 경우 역사성은 정신에서 나타나지 의식에서 나타나지는 않는다. 즉 "**역사**"는 정신의 "**인지**(認知)하는, 자기매개적인 생성"(Ph 590)이다. 정신이 역사성의 범주에 귀속되는 반면에 의식은 변화, 즉 **시간성**의 범주에 귀속된다. 그렇다고 해서 의식이 역사적이지 않다는 뜻은 아니다. 의식은 이미 역사 안에 있다. 그러나 다만 정신은 자기 자신을 역사적인 것으로 **아는**(知) 데 반해 의식은 자기 자신을 역사적인 것으로 **알지** 못한다는 것이다. 의식의 시간성과 정신의 역사성의 차이는 존재론적인 차이라기보다는 본질적으로 **방법적인** 관점의 차이로서 이는 **역사성의 지**(知)의 계기를 구체화하는 하는 일과 관련된다.
19) 여기서 강조되어야 할 것은 의식의 역사성은 본래 대상의 실재론적인 계기에서 산출되지는 않는다는 점이다(vgl. Röttges 1981, 107).

명히 예전의 대상의 부정에서 출현한다. 즉자존재가 즉자의 향의식적인 존재로 되는 것이 **새로운** 대상의 출현이고, "그럼으로써 선행하는 것과는 다른 본질을 지닌 새로운 형태의 의식도 나타난다."(Ph 80)고 할 때, 이러한 이행은 **대상 자체**의 부정이 낳은 결과이어야 한다. 그렇지 않을 경우 새로운 의식은 주관적인 의식이 자기 자신에 대해 지니는 단순한 표상에 지나지 않을 것이기 때문이다. 그러나 문제는, 지(知)가 대상의 자기운동 또는 자기부정을 어떻게 확인할 수 있는가 하는 점이다.

새로운 대상의 출현 문제를 다루는 데에서 가장 어려운 문제는, 지(知)가 어떻게 대상의 본질을 드러낼 수 있는가 하는 문제라 할 수 있다. 의식은 "자신을 대상에 맞추기 위해" 자기의 지(知)를 변화시켜야 한다(Ph 78/13-15)는 사실에 대해 우리는 이미 살펴본 바 있다. 이에 따르면, 대상은 진리의 계기로서 먼저 정립되어 있고 이 대상에 따라 지(知)도 변화해야 하는 것처럼 보인다. 의식의 자기검증이 의식의 지(知)가 대상에 일치하는가에 초점이 맞추어지는 한에서 대상이 진리 자체의 계기로 간주되는 것처럼 보인다. 이는 실체로서의 대상이 진리의 지표로서 항상 자기동일적인 성격을 띠고 있음을 뜻하는 것처럼 보인다. 그러면서도 헤겔은 다른 한편으로, 지(知)의 변화에 따라 대상 자체도 변한다고 말한다. 그렇다면 변화하는 대상은 무엇이고 진리의 계기로 작용하는 자기동일적인 대상은 무엇인가? 헤겔이 한편으로는 대상 자체의 변화를 얘기하면서도 다른 한편으로는 지의 변화에 대한 대상의 독자성을 말하는 이 모순적인 사태를 어떻게 설명할 수 있는가?

이 문제는 근본적으로, 헤겔의 실체-주체 동일성 원리에 따라 '변화하는 대상'과 '진리로서의 대상'이 동일하다는 사실에 근거하여 답변될 수 있을 것으로 본다. 대상 자체의 운동이 지(知)의 운동에 의존적이고 대상의 진리성은 대상의 지(知) 귀착성에서만 증명될 수 있는 한에서 의식의 관점에서 볼 때 대상 그 자체는 아무런 문제가 되지 않는다. 그러나 대상이 **진리**의 계기로서 의식의 경험에 나타나는 한에서 관건이 되는 것은 대상의 실재론적인 **실존**의 가능성이 아니라 지(知)가 대상 자체를 **파악**할 수 있는 가능성이다. 새로운 의식은 대상이 의식에게 지(知)로 귀착됨으로써 참된 것으로 나타날 때에 출현한다(vgl. Ph 80/6-9). 현상하는 지로서의 경험을 통하여 대상은 새로운, **참된** 대상이 된다. 이는 처음부터 두 개의 대상이 존재하는 것이 아니라 지(知)에 따라 변화하는 오직 **하나**의 대상이 존재하는 것을 뜻한다. 따라서 헤겔이 말하는 대상의 이중성, 즉 즉자존재와 향(向)의식적인 즉자존재(Ph 78ff.)는 대상의 이중적인 구조가 아니라 대상의 두 가지 **운동**의 계기를 이룬다. 그런 한에서 첫 번째 대상이 새로운 대상, 즉 즉자의 향의식적인 존재가 **되는** 것을 이해할 수 있다. 즉자의 향의식적인 즉자존재로의 생성을 근거로 헤겔은 의식의 운동이 결코 의식의 주관적인 반성이 아니라 **사태 자체**의 운동임을 드러낸다.

그런데 여기에는 두 가지 형이상학적인 전제가 놓여 있다고 볼 수 있다. 즉 지(知)가 대상의 본질을 드러낸다는 점, 그리고 역으로 대상은 자신의 진짜 모습을 드러낸다는 점이다. 만일 지(知) 자체가 대상에 대한 지(知)를 **자기** 것으로 삼을 수 없다고 할 경우 즉자의 '즉자의 지(知)'로의 생성이 새로운 **참된** 대상의 출현일 수 없을 것이다. 그리고 대상 자체가 자신을 진짜로 드러내지 않을 경우 대상에 대한 지(知)는 참된 것일 수 없게 된다. 그렇지만 현상하는 지(知), 즉 경험에서는 두 계기가 하나로 합쳐진다. 일반적으로 말해, 의식의 지(知)는 그 안에서 사유와 존재가 통일되는 계기이다. 여기에서 우리는 헤겔이 고대 그리스 철학, 특히 정신(Nous)의 사상(사유와 존재의 이성성의 원리)을 독일 관념론(인식하는 주체의 원리)에 접맥시킨 것을 확인할 수 있다. 이러한 사실은 비록 새로움의 출현 문제와 직접적으로 관련되지는 않는다 하더라도, **의식의 새로워짐의 속성이 바로 대상의 진리성의 계기를 통해 규정된다**는 사실을 간접적으로 시사한다는 점에서 중요하다. 왜냐하면 헤겔은 새로움의 발생을 '자신의 직접적인 추상적 규정으로부터 자유로워지는 참된 존재의 발생'으로 파악하기 때문이다. 새로움의 발생은 존재 일반의 진리성을 지향한다. 헤겔이 사회와 역사의 발전에 대해 확신하는 데에는 그러한 합리주의적 세계관이 바탕을 이루고 있다.

대상 자체에 대한 지(知)의 파악 가능성의 물음에서 우리의 관심은 즉자존재에 대한 인식 가능성보다는 **의식 안의 어디에 새로운 대상의 출현을 수용할 수 있는 공간이 마련되어 있는가** 하는 문제에 있다. 이에 대한 대답이 요구되는 것은, 우리가 헤겔이 말하는 내용(어떤 것에 대한 의식)의 자기운동을 받아들인다고 할 때 예전의 의식이 새로운 의식으로 이행하는 것은 실제로 불가능해 보이기 때문이다. 왜냐하면 새로운 의식은 그것이 '어떤 다른 것' 또는 '그 이상의 것'을 포함해야 하는 한에서 그것이 예전의 의식에서 도출되어서는 안 될 것처럼 보이기 때문이다. 어떤 것에 대한 자기운동에서, 즉 외적인 요소가 이 운동에 개입하지 않으면서도 어떻게 새로움의 출현이 서술될 수 있는가? 이 물음에 대답하기 위해 우리는 다시 '어떤 것에 대한 직접적인 의식'으로 되돌아갈 필요가 있다.

의식이 경험을 통하여 새로워지는 계기는 반드시 직접적인 의식 **안**에 있어야 한다. 그렇지 않을 경우 새로움의 발생은 헤겔이 말하는 개념의 적극적인 노동이 아니라 통상적인 경험주의에서처럼 단지 외적인 계기의 수동적인 수용의 결과가 될 것이다. 이 맥락에서 다시 주목해야 할 사항은 초기의 의식, 즉 어떤 것에 대한 **직접적인 의**

식은 결코 지(知)와 대상 간의 긍정적으로 굳어진 통일체가 아니라 **부정적인 것**의 계기를 자기 안에 포함하고 있다는 사실이다. 정신의 현-존재(Da-sein)로서의 직접적인, 즉 **매개되지 않은** 의식은 내적으로 분열되어 있다. 이 의식은 직접적으로 또는 **추상적으로** 대상과 관계한다는 의미에서 **유한**하다. 달리 말해 이 의식은 추상적인 의식으로는 완전히 규정될 수 없는 대상을 자기 것으로 삼기 때문에 **부정적**이다. "정신이 의식 안에 지니는 **실존**은 자기와 형식적인 관계를 유지한다는 점에서, 즉 단순히 확실성에 지나지 않는다는 점에서 유한성을 띤다. 여기에서는 객체가 단지 추상적으로만 **자기 것**으로 규정되어 있거나 정신이 의식 안에서 단지 자기 내적으로만 추상적인 자아로 반성되어 있기 때문에 이 실존은 아직도 자기 것으로 규정되지 않고 있는 내용을 지닌다."(E §416) "객체가 단지 추상적으로만 **자기 것**으로 규정되어 있기 때문에" 어떤 것에 대한 직접적인 의식은 그 배후에 아직 규정되지 **않고** 남아 **있어야 하는** 잉여를 지닌다.[20] 규정되지 않고 남아 있는 잉여 부분은 그렇다면 어디에 있는가? '자기 것으로 규정되지 않고 있는 내용'은 분명히 의식의 밖이 아니라 의식 안에 있다. 그렇지 않을 경우 의식의 **자기운동**은 포기되어야 한다. 어떤 것에 대한 의식의 부정성에게는 오직 정신의 자기부정성만이 정당화된다. 헤겔에게서 의식은 정신의 직접적인 현존재로서 실존하기 때문이다. 최초의 단순성, 즉 정신의 부정성은 의식 안에서 정신의 지(知)의 부정성으로 서술된다.

"현존재가 종(種)으로 규정되어 있다는 바로 그 사실 때문에 현존재
는 단순한 사상일 수 있으며 누스(νοῦς), 즉 단순성은 실체일 수 있다.

---

20) 이러한 부정과 당위의 관계는 『대논리학』의 현존재 장, 특히 'B. 유한성'에
   잘 나타나 있다.

실체는 그의 단순성 또는 자기동등성 때문에 고정되고 항구적인 것으로 나타난다. 그렇지만 이 자기동등성은 곧 자기부정성이기 때문에 앞의 고정된 현존재는 자기를 해체하기에 이른다. 현존재가 지닌 규정성은 언뜻 보기에는 그것이 **타자**에 관계하고 또 그것의 운동이 외부의 낯선 힘에 의해 좌지우지되는 것처럼 생각할 수 있다. 그러나 규정성은 자신의 타자존재 자체를 자기 스스로 지니고 있으며 따라서 외부의 힘에 의존하지 않고 스스로 운동한다. 이것은 바로 사유 자체의 단순성 안에 포함되어 있다. 왜냐하면 이 단순성은 자기 스스로 운동하고 구별하는 사상이며 또한 자기고유의 내면성을 띤 순수한 **개념**이기 때문이다. 이렇게 볼 때 **오성성**(die Verständigkeit)은 하나의 생성(ein Werden)이며, 이러한 생성이라는 점에서 오성성은 **이성성**(die Vernünftigkeit)이다."(Ph 54)

이 인용문에서 우선, 정신의 현존재로서의 의식의 부정성은 누스(정신)의 자기동등성에서 유래한다는 점이 확인된다. 이에 따라 의식은 자신의 타자를 외부로부터 받아들이는 것이 아니라, 즉 외부의 낯선 힘을 끌어들이지 않고 자기 스스로의 힘으로 산출한다. 따라서 의식의 경험은 의식의 외부로 향한 활동이 아니라 의식이 내적으로 스스로를 구체화하는 활동이다. 대상에 지향된 존재로서의 의식은 **자기 스스로 새로워진다**. 의식의 경험, 즉 즉자에 대한 지(知)에서 즉자의 향(向)의식적인 존재로의 전환은 의식의 개념의 내적인 운동이며, 이는 추상적인 부정성에서 구체적인 규정성으로의 운동 또는 어떤 것에 대한 직접적인 의식에서 매개된 의식으로의 운동이기도 한데, 여기에서 후자가 곧 새로운 것으로 나타난다. 새로운 대상의 동기유발 요소로서의 경험적 질료는 직접적인 의식 밖에서 오지 않는다. 왜냐하면 어떤 것에 대한 직접적인 의식은 관념론적인 계기와 실재론적인 계기를 자기 안에 지니고 있기 때문이다. 이는 곧 **추상**

적인 전체의 정립(die Setzung des abstrakten Ganzen)을 뜻한다. 여기에서 실재론적인 계기는 부정적인 것으로 정립되어 있다. 따라서 의식이 경험적 질료를 받아들이는 것, 즉 의식의 경험은 의식에게 외적인 경험적 질료를 수동적으로 수용하는 것이 아니라 자기 안에 부정적으로, 즉 아직 매개되지 않고 현존하는 경험적 질료를 일깨워 규명하는 것이다.[21] 따라서 새로운 대상과 새로운 의식의 출현은 의식의 자체적인 구별 행위에서 비롯한다.

"이렇게 볼 때 오성성은 하나의 생성이며, 이러한 생성이라는 점에서 오성성은 **이성성**이다." 자기구별과 자기운동은 '순수한 개념'이다(Sein). 현존재의 자기파악(Selbst-begreifen)은 그의 자기이해(Selbst-verständigung)이다. 현존재는 스스로 **운동**하고 **생성**한다(Werden). 그렇지만 운동 자체나 생성 자체는 현존재의 소관이 아니다. 현존재는 항상 이미 생성 **안**에 있다. 바로 그렇기 때문에 그 자신이 생성이면서도 자기 자신이 생성하고 있다는 사실을 현존재 자신은 의식하지 못한다. 달리 말해 생성은 현존재의 의식이 아니라 현존재의 **이성성**의 소관이다. 그렇다고 해서 이성이 의식의 생성을 주도한다는 것이 아니라 현존재의 생성 **안**에서 그의 이성성이 **확인**된다는 것이다. **생성** 안에서 현존하는 의식은 자기의 진리성, 이성성 그리고 참신성을 획득한다. 새로운 의식의 발생은 곧 현존재의 이성성의 생성이다.

여기에서 강조되어야 할 것은, 의식은 생성 중에 있음으로써 그 생성이 이성적인데도 불구하고 자신이 무엇인지를 모른다는 점이다.

---

21) 헤겔이 초기 저작에서, 이를테면 프랑스 혁명의 정신은 유럽인들의 의식에 이미 들어와 있는데도 그것의 구체적인 실상이 아직 의식되지 않고 있어 이를 의식화하는 일이 철학의 중요한 작업이라고 지적한 것도 이러한 맥락에서 이해할 수 있다.

의식은 실제로는 이성적으로 운동하고 있으면서도 그것이 이성적이라는 사실을 알지 못한다.[22] 의식은 생성이라는 점에서 이미 내적으로 분열되어 있다. 그러면서도 자기가 분열되어 있다는 것을 모른다. 의식은 자기의 대상에 관계하는 것만을 자기로 간주한다. 따라서 의식은 전적으로 닫힌 세계에 속해 있다고 할 수 있다. 자기의 분열상을 알지 못한 채 현실적으로는 변화를 겪는다. 왜 그런가? 지(知)와 대상의 직접적인 동일성에는 **부정적인** 계기로서의 비동일성이 자리 잡고 있는데, 의식은 이 비동일성을 의식하지 못하기 때문이다. 즉 의식은 자기 자신과 일대일로 조응하는 것만을 의식할 수 있기 때문이다. 여기에는 항상 **동일성**의 의식(das Identitätsbewußtsein)이 작용한다. 새로운 대상의 발생은 의식이 그 대상과 동일한 것으로 정립되는 한에서만 의미를 지닌다.

의식 자체는 그것이 새로운 의식으로 **된다**는 사실을 알지 못한다. 왜냐하면 그것은 항상 이미 대상과 직접적인 관계에 있는 자기만을 자기로 알기 때문이다. 의식에게 새로운 대상이 출현하자마자 의식은 곧바로 그 대상과 새로운 직접적인 관계를 맺는다. 즉 의식은 결코 이전 단계에서 새로운 단계로의 이행 자체를 인식하지 못한다. 의식은 매 단계마다의 정지된 상태만을 알 수 있을 뿐 이행 자체를 지(知)의 대상으로 삼을 수 없다.[23] 의식의 **이행 자체**는 의식이 알

---

22) 여기에서 유비적으로 헤겔의 역사철학에서 나타나는 노동하는 개인과 이성의 간지 사이의 간격을 원용할 수 있다. 오성적인 인간은 자기 자신이 세계사의 진행에 참여하고 있으면서도 세계사가 어디로 어떻게 진행하는지를 모른다. 세계사의 생성 자체는 오성적인 개인의 지(知)의 대상이 아니다. 오직 역사이성에 대해서만 세계사는 하나의 생성이고 오직 역사이성만이 지금 무엇이 발생하고 생성하는지를 안다.

23) 현상학적으로 볼 때 의식의 지(知)는 영화 필름의 각 조각(斷片)들과 마찬가지로 어떤 연속성을 띠지 않는다. 각 조각은 다른 조각들과 구별되는 나름의 동일성을 띠고 있다. 개별적인 조각 자체는 정지 상태에 있다. 그것들은 슬

수가 없다. 의식의 전환은 의식에 대해서가 아니라 우리에 대해서
(für uns) 이루어진다.

4. '우리의 추가'로서의 의식의 전회와 새로운 의식의 출현: 의식의 지식양상의 불연속성과 존재양상의 연속성

새로운 대상의 출현은 "의식 자체의 **전회**(轉回)를 통하여" 이루어
진다. 그러나 "사태를 이렇게 관찰하는 것은 우리가 추가하는 것이
고 이 추가를 통하여 의식이 행하는 일련의 경험은 학적인 과정으로
고양되는데, 그렇지만 이 추가는 우리가 관찰하는 의식에 대해서 이
루어지지는 않는다."(Ph 79) 여기에서 언뜻 보기에는 헤겔이 이전에
주장한 우리의 '순수한 관망(觀望)(reines Zusehen)'과 지금 얘기되
는 '우리의 추가(unsere Zutat)'가 서로 모순을 일으키는 듯하다. 이
모순을 피하기 위하여 하이데거는 헤겔의 관점을 역설적으로 '모든
종류의 추가를 제거하기' 위한 추가 행위의 필연성, 말하자면 일종의
현상학적 환원으로 해석한다. "존재자가 자유롭게 자기 자신으로부
터 현상하고 또 그것의 현상이 비치도록 할 수 있기 위해서는", 즉
우리가 단순히 관망자로서 존재자의 형상을 관찰할 수 있기 위해서
는 모든 추가적 활동이 제거되어야 한다. "그러나 제거 행위는 스스

라이드의 조각과 마찬가지로 움직이지 않는다. 그럼에도 우리는 개별적인 조
각들이 독자적이라는 것을 의식하지 못한 채 움직이는 화면을 보고 또 그것
들이 마치 연속적으로 연결되어 있는 것처럼 생각한다.
보어(Niels Bohr)의 양자이론에서도 각각의 전자(電子)는 특정한 궤도에서만
운동한다는 사실을 확인할 수 있다. 전자가 특정한 궤도에서 운동하는 한에
서만 관찰자는 양자(量子)의 구조를 인식할 수 있다. 에너지의 상승에 따라
전자가 한 궤도에서 다른 궤도로 옮겨갈 때 관찰자는 이 이행을 결코 파악
할 수 없다. 이행 자체는 관찰의 대상이 될 수 없기 때문이다.

로 이루어지지 않는다. 어떤 식의 방치(das Lassen)를 하나의 행위라고 한다면 그것은 곧 제거 행위를 뜻한다. 이 행위는 필연적으로 일종의 추가 행위이다. … 의식의 전회에 따른 추가는 현상하는 것 자체를 현상하도록 방치하는 것이다."[24]

의식의 전회는 현상하는 것 자체가 현상하도록 하게 한다는 하이데거의 해석은 물론 옳다. 그러나 그의 해석에서는 무엇보다도 **의식의 무력**(無力)이 확인되는데, 의식은 절대자의 의지가 개입하지 않고서는 자기 자신으로부터 자유로워질 수 없고 또 스스로를 부정할 수 없다는 것이다.[25] 그에 따르면 '추가'는 절대자가 낡은 의식에서 새로운 의식으로의 이행에 필연적으로 개입하며 그럼으로써 존재자의 숨겨진 진리를 드러낸다는 것이다. 그러나 의식의 전회에 제3자로서 절대자가 개입하는 것은 '순수한 관망'에 대해서 뿐만 아니라 '사태 자체의 관찰'에도 모순된다(vgl. Ph 77/23-24 u. 31). 우리의 추가는, 하이데거가 주장하듯이 의식 안에 존재하지 않는 어떤 것을 '우리'가 의식의 전회에 덧붙이는 것으로 이해해서는 안 된다. 그것은 의식의 경험 과정에 대해 단지 **우리가 차후적으로 행하는 학적인 반성**일 따름이다. 하이데거의 잘못된 해석은 그가 '의식의 전회'에서 소유격인 '의'를 주격적 소유격으로 해석하지 않고 목적격적 소유격으로 해석한 데에서 기인한다. 다시 말해 우리의 추가는 의식의 실질적인 전회에 아무런 영향력을 행사하지 않는다. 의식의 전회는 하이데거가 제시하듯이 '**절대자의 현재**(顯在)(Parusie des Absoluten)'에 따라서가 아니라 의식의 개념성 그리고 의식의 절대적인 부정성에 근거하여 발생한다. "의식은 그 자체로 자기의 **개념**이기 때문에 피제약자를 곧바로 넘어서며, 또한 이 피제약자가 의식에 속하기 때문

24) Heidegger 1957, 174ff.
25) 같은 책, 175.

128

에 이는 곧 자기 자신을 넘어서는 것이기도 하다."(Ph 74)

'우리의 추가'는 새로운 대상이 의식 안에서 발생하는 방식을 학적으로 서술하는 관점을 시사한다. '추가'는 새로운 대상을 발생시키거나 의식을 전회시키는 작용이 아니라 새로운 대상의 발생에 대한 우리의 추후적인 반성이다. 따라서 '우리의 추가'는 의식의 전회와는 실질적으로 아무런 관련이 없다. '추가'가 없이도 의식의 경험, 즉 새로운 의식의 출현은 가능하다. 그러나 '추가'가 없이는 의식의 경험에 대한 학(學)은 불가능하다. "우리의 추가[를 통하여] … 의식이 행하는 일련의 경험은 학적인 과정으로 고양된다."(Ph 79)

그 이외에도 학적인 서술의 담지자로서의 '추가'가 지시하는 것은, 의식은 자기의 경험을 서술의 도움 없이 이끌고 갈 수 없다는 점이다. 그러나 그렇다고 해서 '추가'가 의식의 운동을 주도한다는 것이 아니라 '추가'는 의식에게 의식이 이미 도달해 있으면서도 자신이 어디에 있는지를 알지 못할 때 그 위치를 일깨워주는 역할을 한다.[26] 현상학적인 서술은 의식이 아직 의식하지 못하고 있는 의식의 **생성**이 지닌 진리에 대한 서술이다. 이러한 의미에서 그것은 **무의식적으로** 대상과 관계하는 의식의 행위가 아니라 절대적인 자유의 행위인 **철학적 반성**이다. "철학적 반성은 주어진 존재에서 절대적인 자의(恣意)로 스스로를 고양시켜, 경험적인 의식 안에서 지성이 **무의식적으로** 산출한 것, 따라서 주어진 것으로 나타나는 것을 **의식적으로** 산출한다."(D 66, 강조는 필자) 따라서 우리의 추가로서의 의식의 전회는 새로운 대상의 발생**이며**, 이는 **의식에 대해서**가 아니라 **우리**

---

26) 여기에서 『법철학』 서문에 나타난 **미네르바의 부엉이**와 동일한 서술의 모티브가 나타난다. 학적(學的)인 서술자는 미네르바의 부엉이로서 그의 과제는 의식에게 이미 의식 안에 들어와 있는데도 의식이 깨닫지 못하고 있는 새로운 원칙을 알려주는 일이다.

에 대해서 서술된다. 새로운 대상의 출현이라는 사건은 단지 우리에 대해서만 하나의 **생성**이다.

"새로운 대상은 그것이 어떻게 발생하는지 의식 자신이 알지 못하게 의식에게 주어지며 그의 **출현**은 우리에 대해 말하자면 의식의 배후에서 진행된다. 이를 통하여 **즉자존재** 또는 **우리에 대한 존재**의 계기가 의식의 운동 안으로 들어오는데, 이 계기는 경험 자체에서 파악되는 의식에 대해서 서술되지는 않는다."(Ph 80)[27]

'우리'는 새로운 대상의 출현, 즉 의식의 **내용**의 생성을 지켜보고 또 이를 언어화할 뿐이다. 따라서 내용 자체의 생성은 '우리'의 서술 과는 독립해서 이루어진다. 내용은 스스로 생성된다. "우리에게 발생 하는 것의 내용은 **의식에 대해** 존재하며 우리는 단지 내용의 형식적 인 것 또는 내용의 순수한 발생을 파악할 따름이다. **의식에 대해서 는** 이렇게 발생된 것이 단지 대상으로 존재하지만, **우리에 대해서는** 운동이면서 동시에 **생성**이다."(Ph 80) 여기에서 분명해지는 것은, '우리'는 단순히 지켜보는 자로서 의식의 운동에 아무런 영향을 미 치지 않는다는 점이다. 의식의 경험 내용, 즉 새롭고 참된 대상은 그 자체가 의식에 대해서가 아니라 우리에 대해서 발생한다. 내용의 순 수한 발생, 말하자면 **옛것과 새것의 연속적인 연관은 우리에게만 알**

---

27) '추가' 문제와 관련하여 이 부분에 대한 뢰트게스의 해석은 새겨둘 만하다. "헤겔은 분명히 대상의 즉자존재에서 '단지 향(向)의식적인 즉자존재'로의 이행을 통한 의식의 전환을 고유한 추가로 규정했다. … 이 '추가'는 전적으 로 의식에 따라서 행해진다. 즉 추가는 의식에 대해서(für es)가 아니라 오직 의식에 **따라서**(*an* ihm) 이루어짐으로써 새로운 대상이 출현하며 의식에게는 그의 경험이 반성으로 의식되는 것이 아니라 새로운 대상으로 다가온다. 헤 겔의 추가는 여기에서 단지, 의식의 배후에 놓여 있으면서 의식에 **따라** 그의 경험을 주도하는 것이 언표(言表)되는(Ausgesprochen) 데에 있다."(Röttges 1981, 117ff.)

려질 뿐 의식에게는 알려지지 않는다. 왜냐하면 발생된 것은 과정으로서가 아니라 단지 구조로서만 의식에게 다가오기 때문이다. 의식은 항상 이미 생성 속에 있기 때문에 대상과의 직접적인 동일성, 즉 존재성에만 머물 뿐 이를 벗어난 관점, 즉 생성 또는 과정의 측면을 취하지 못한다.

이 맥락에서 의식의 이중 계기에 다시 눈을 돌릴 필요가 있다. 어떤 것에 대한 의식의 두 가지 지(知)의 계기, 즉 즉자존재와 향(向)의 식적인 즉자존재의 구별은 사후적(事後的)으로 볼 때 의식에 대해 행해지는 것이 아니라 우리가 추가한 결과이다. 의식이 대상에 직접적으로 결부되어 있는 한에서 의식 자체는 이 결합 밖에서 대상과의 다른 관계를 생각할 수가 없다. 그러나 헤겔에 따르면, 어떤 것에 대한 의식은 그 자신이 의식하고 있지는 못하지만 이미 분열되어 있다. 그런데 이 분열은 의식에 대해서가 아니라 우리에 대해서 존재한다. 의식 자체는 우리에 대해서 또는 즉자적으로 이미 부정적인 것이다. "비동등성은 부정적인 것으로, 참된 것 자체 안의 자기 자신으로서 직접적으로 현존한다."(Ph 41) 그렇다고 해서 물론 우리의 관점에서의 반성이 의식의 운동에 관여하는 것은 아니고, 의식은 다만 학적인 토대를 이미 현상하는 지(知)에 위임한다는 것이다.

어떤 것에 대한 의식이 분열되어 있다는 판단은 의식 자체가 아니라 우리의 사후적인 반성에서 기인한다. 그러나 실제로 의식은 분열되어 있다. 단지 의식은 자신이 분열되어 있다는 사실을 모를 뿐이다. 그런데 의식은 자기의 분열상에 대한 무지(無知)에도 불구하고 그것이 실제로는 분열되어 있다는 것을 우리는 어떻게 알 수 있는가? 의식의 분열에 대한 우리의 지(知)는 우리의 반성에 토대를 둔 임의의 표상에서 기인하지 않고 '의식이 실제로 현상하는 지(知)의 방식'을 우리가 관찰하는 데에서 기인한다. 우리의 '추가'는 그 근거를 의식의 표상에 두지 않고 의식의 경험에 대한 우리의 관찰에 둔다. 의식의 **실질적인 진행 과정**을 '우리'가 지켜볼 때 '우리'는 의식이 분열되어 있음을 알게 된다. 의식의 분열이 전제되어 있지 않다고 한다면 의식의 **운동**은 불가능하고 또 이에 대한 학적인 서술도 불가능하다. 의식이 분열되어 있다는 우리의 반성은 의식에 표상된 결과를 관찰하여 '우리'가 그 전 단계를 회고적으로 재구성하는 작업이다.

새로운 형태의 의식의 출현은 의식의 자기검사 그리고 분열의 지양을 통해 가능하다. 그러나 사태를 이렇게 고찰하는 것은 '우리의 사후적인 추가'이다. 다시 말해 의식은 자신이 스스로를 검사하고 지(知)와 대상의 차이를 지양하고 있다는 사실을 모르며 단지 관찰자로서의 '우리'가, 사태가 이미 발생하고 난 후에 의식이 자기를 검사하고 지양한다는 사실을 알 따름이다. 그래서 새로운 대상의 출현은 **의식에 대해서는 불연속적이지만 우리에게는 연속적이다.** 왜냐하면 의식은 운동의 **결과**하고만 마주할 뿐 자기 자신이 과정 안에 있으면서도 운동의 **과정**과 마주하지는 못하는 데 반해, '우리'는 이 과정을 사후적으로 관찰할 수 있기 때문이다. 그래서 운동의 과정은 의식에 대해서는 불연속적이나 우리에 대해서는 연속적이다.[28] 의식은 불연속적으로 운동한다. 헤겔은 이를, 변증법적 운동에서는 의식에게 새로운 대상이 'entspringen'한다고 표현한다(vgl. Ph 78/28-31). 이 사태를 'erscheinen'이나 'sich zeigen', 'vorkommen' 등이 아니라 'ent-

---

28) 하인릭스(J. Heinrichs)는 바로 이 측면을 간취하고 있다. "의식에 대해서 **불연속성**이 존속하는 데에서 우리는 한 과정의 연속성을 본다."(Heinrichs 1974, 34) 그러나 그가 말하는 '연속성'과 '불연속성'이 무엇을 뜻하는지가 불분명하다. 물론 그의 생각은 "의식 자신이 보지 못하는 '첫 번째 대상과 그의 새로운 즉자태 사이의 관계'"를 '우리'가 **본다**는 데에 근거한다. 그러나 하인릭스는 의식이 왜 그 관계를 볼 수 없는지를 묻지 않는다.

springen', 즉 '튀어 나오다, 또는 돌발적으로 나타나다'라고 표현한 것은 새로운 대상 출현이 의식에게는 예기치 않은 불연속적인 것임을 시사한다. 새로운 대상은 의식에게 **갑자기** 나타난다. 그의 출현은 의식에게는 하나의 **질적인 비약**이다. '우리'는 의식의 불연속성을 사후적으로 재구성하여 연속성이라는 좌표 안에 자리매김한다. 그리고 이러한 자리매김의 작업이 곧 학(學)의 할 일이다. 여기서 중요한 것은 의식의 운동의 **불연속성**은 본질적으로 매 단계에서 행해지는 대상에 대한 의식의 **자기동일화** 또는 대상에 따르는 의식의 **자기보존**에서 야기한다는 점이다. 의식은 항상 대상과의 직접적인 관계 안에서만 자기 자신을 존속시킬 수 있기 때문에 의식은 매 단계마다 범주적인 규정들의 **특정한** 상태에 머물러야 하고 따라서 각각의 이행 단계들 사이에는 어떠한 논리적인 연속성도 없다. 결국 **의식의 운동의 불연속성은 역설적이게도 바로 의식 자체의 지속적인 자기동일화 활동에 의존한다.**

이렇게 볼 때 『정신현상학』 서술의 방법론적인 특징 가운데 하나는 **의식의 불연속적인 운동에 대한 연속적인 학적 서술**이다. 이는 학문이, 불연속적인 의식을 연속적으로 서술한다는 것이 아니라 의식의 불연속적인 운동을 연속적으로 서술한다는 것을 뜻한다. 운동의 서술은 단지 우리에게만 열려 있을 뿐 의식에게는 닫혀 있다. 의식은 그것이 어떤 것에 대한 의식인 한에서 자기 자신을 오직 **동일적으로만** 알 뿐이다. 그러나 **실제로는** 의식은 비(非)동일적이다. 비동일성의 토대에서 정신의 현존재로서의 의식은 그것이 절대 지(知)에 이를 때까지 끊임없이 자기의 대상적인 동일성을 거부한다. 의식은 항상 경험의 과정 안에 있다. 그러나 의식은 이 과정을 알지 못한다. 의식의 지(知)와 존재 사이의 격차, 구체적으로 말해 의식의 **지식양상**(동일성)과 **존재양상**(비동일성)의 차이는 우리의 추가를 통해

동일 지평 위에서 서술된다. 의식의 지식양상은 불연속적이고 동일적이지만 존재양상은 연속적이고 비동일적이다. 의식은 알지 못하면서 행위하고 우리의 추가는 행위하지 않으면서 안다. 그렇지만 이두 계기는 다같이 의식의 경험에만 관련된 한에서 실제로는 동일한 것이다. 이는 곧, 의식 자체는 존재양상의 측면에서 볼 때 부정적인 계기를 자기 안에 지닌다는 점에서 시간적이고 역사적임을 뜻한다. 그러나 지식양상의 측면에서 볼 때 그것은 결코 시간적이거나 역사적이지 않다. 왜냐하면 그것은 매 단계에서 항상 대상에 얽매여 있기 때문이다. 우리의 '추가'는 따라서 **의식의 파악된 역사**를 서술하며 그럼으로써 의식의 경험은 역사성의 학문으로 고양된다.[29]

"**의식에 대해서는** 이렇게 발생된 것이 단지 대상으로 존재하지만, **우리에 대해서는** 운동이면서 동시에 생성이다."(Ph 80)에서 의식의 지(知)의 불연속성은 우리의 추가를 통해 확보되는 의식의 존재의 연속성과 구별된다. 여기에는 **의식의 본성**에 대한 헤겔의 깊은 통찰이 드러나 있다. 의식은 항상 **하나**의 동일한 대상에만 관계한다. 그러다가 **갑자기** 한 대상의식에서 다른 대상의식으로 이행한다. 그래서 의식은 이행 과정을 보지 못하는데, 이는 이행이 갑자기 진행되기 때문이 아니라 의식은 항상 대상과의 동일적인 관계 속에 얽매여 있기 때문이다. 그래서 새로 현상하는 내용은 의식에 대해서는 "단지 하나의 대상"일 뿐 운동이나 "생성"이 아니다(Ph 80). 각각의 계기에서 의식은 자기동일성을 띨 뿐이다. "각각의 계기는 그 자체로

---

29) 이 단락에서 서술된 헤겔의 통찰은 서양의 의식철학 역사에서 가히 혁명적이라 할 수 있다. 소위 참여자의 관점과 서술자의 관점으로 구분하여 항간에서 논의되는 헤겔 변증법의 방법론적인 특성은 엄밀한 의미에서 **지식양상과 존재양상의 차이**를 일컫는 것인데, 여기에서 중요한 것은 이 양자가 **동일한** 의식 또는 존재의 운동을 지시한다는 점에서 사실은 **통일**되어 있다는 사실이 자주 간과되고 있다.

하나의 개별적인 전체 형태이다."(Ph 33) 의식에 대해서는 하나의 동일성과 이행된 다른 동일성 사이에 아무런 연속성이 없다. 이 연속성은 관찰자인 우리에게만 드러난다.

옛것과 새것은 의식에 대해서는 양자가 측정될 수 있는 아무런 공동의 토대를 지니지 않는다. 새로운 의식과 옛 의식을 비교할 수 있는 척도가 없다는 말이다. 왜냐하면 헤겔이 말하듯이 척도 자체가 변하기 때문이다. 따라서 새로운 것이 어떻게 발생하느냐 하는 문제에 대해서는 어떠한 논리도 적용될 수 없다. 이에 따라 새로운 것을 발견하는 논리도 있을 수 없다. 이는 방법이나 이론의 무능력 때문이 아니라 사태 자체의 성격, 즉 의식의 불연속적인 운동에서 기인한다. 새로움의 발견의 논리가 불가능한 것은 이론의 문제가 아니라 의식의 문제이다. 헤겔은 철학사에서, **의식의 연속성과 불연속성을 하나의 지평에서 전개한** 최초의 인물이다.

『정신현상학』에서의 변증법은 지(知)와 대상의 **관계방식의 자기운동**이다. 새로운 대상의 발생은 첫 번째 대상의 비진리성을 드러낼 뿐만 아니라 지와 대상의 첫 번째 관계방식의 비진리성을 드러낸다. 척도 자체의 변화와 관련해 볼 때 지와 대상의 직접적인 관계방식을 규정한, 또는 이 관계방식에 자기동일성을 부여했던 첫 번째 척도는 더 이상 양자의 새로운 관계방식에 적합하지 않으며 따라서 이는 새로운 척도를 필요로 한다. 이를 우리는 쿤(T. Kuhn)의 의미에서 패러다임 전환이라고 부를 수도 있다. 즉자존재와 향(向)의식적인 즉자존재의 차이가 즉자의 향의식적인 존재에서 없어짐으로써 의식은 더 이상 이전의 대상을 돌아볼 필요가 없고 또 그럴 수도 없다. 이에 따라 옛 의식과 새 의식은 각자 나름의 개념적 위상을 지니게 된다. 즉자존재에서 즉자의 향의식적인 존재로의 변화는 의식의 전회를 통하여 가능한데, 이는 의식에 대해서가 아니라 우리에 대해서 이루어지며 이 과정에서 옛 의식은 그것과는 질적으로 다른 성격을 띤 새로운 의식으로 바뀐다(Ph 80/5-11).

이렇게 볼 때 결국『정신현상학』에서의 일련의 의식 형태들은 불연속적으로 현상하는 각각의 의식들의 집합체로 볼 수 있다. 의식은 항상 이미 특정한 맥락, 즉 자기 대상과의 **가상적인 동일성**에 놓여 있기 때문에 의식은 자신이 어디에 위치해 있는지를 모른다. 의식의 자기 자신에 대한 무지(無知) 또는 자기 자신에 대한 완전한 통찰의 결여는 이제 '우리의 추가'인 '의식의 전회'를 통하여 학(學)으로 고양되고 그럼으로써 그의 위상이 드러나게 되며, 여기에서 의식은 자신의 비(非)진리성에서 탈피하게 된다.30) 그래서 "의식이 자기를 넘어서(über sich) 행하는 경험은 그의 개념에서 볼 때 바로 의식의 전체 체계 또는 정신의 전체 진리를 자기 내적으로 파악할 수 있다." (Ph 80)

대상에 대한 의식이 자기 자신에 대한 의식으로 전환하는 것은 선행하는 대상의 비진리성을 지시하는데, 이는 대상의 즉자존재가 '우리'에 대해서 '단지 향(向)의식적인 즉자존재'로 통찰됨으로써 가능해진다. 우리에 의해 통찰된 대상은 이러저러한 대상이 아니라 헤겔이 현존재의 '누스'로 표현한 대상의 **개념**이다. 이는 곧 대상연관적인 의식이 개념(진리)연관적인 의식으로 전환하는 것을 뜻한다. 헤겔 자신은 탐구 과정에서 어떠한 척도도 가지고 들어가는 것을 허용하지 않지만, 의식의 경험에서 이 전환의 척도는 분명히 '진리'이다. 따라서 '추가'의 담지자인 철학자의 과제는 **가상**(假象), 즉 '매 단계마다 직접적으로 대상에 얽매여 있는 즉자적인 의식'을 **진리**, 즉 대자적인 의식으로 파악하는 일이다. "의식은 자신의 참된 실존으로 자

---

30) 이러한 의미에서 뢰트게스가 의식의 전환을 플라톤의 '동굴의 비유'와 동일시한 것은 일리가 있다(vgl. Röttges 1981, 113).

기를 추동시킴으로써 단지 의식에 대하여 그리고 하나의 타자로서 존재하는 이질적인 낯선 것에 사로잡혀 있는 자기의 가상에서 벗어나는 점에 도달하게 될 것이다."(Ph 80ff.) 의식은 그것이 '우리에 대해' 진리로 고양됨으로써, 즉 우리의 '추가'인 의식의 전회를 통하여 자기 자신의 타자, 즉 즉자적인 대상으로서 단지 '의식에 대해' 직접적으로 의식과 결부되어 타자의 가상으로부터 자유로워진다. 그러나 이는 물론 '우리'가 의식의 운동을 주도한다는 것이 아니라 '우리'가 의식의 운동에 **따라** 그것의 **개념적인 위상을 정해 준다**는 뜻이다. '우리의 추가'는 의식의 운동에 대한 우리의 **진술**일 따름이다. 그것은 의식의 운동에 아무런 실질적인 영향을 미치지 않는다. 그런 한에서만 의식의 **경험**의 서술은 정신의 **현상학**과 일치한다(vgl. Ph 81). 정신은 의식의 경험을 주도하는 것이 아니라 미네르바의 부엉이와 마찬가지로 이를 단지 따라갈 뿐이다. 정신 자신은 의식이 경험하기 이전에는 자신이 무엇인지 모른다. 의식이 경험을 하고 나서 비로소 정신은 자기의 정체를 알게 된다.31)

새로움의 출현 현상과 관련하여 이러한 생각은, 역사에서의 새로움은 미리 정해진 논리나 정식화된 변증법에 따라서 출현하는 것이 아니라 하이데거가 지적하듯이 변증법적인 것이 오히려 **경험의 본성**에서 기인한다는 점을 시사한다.32) '우리의 추가'는 새로움을 발견하기 위한 논리가 아니다. 헤겔이 비록 이 추가 행위에서 이성적인 것을 보고는 있지만 우리의 추가는 경험의 과정을 단지 지켜볼 따름이다.33) 대상에 따르는 의식의 경험이 없이는 결코 새로운 대상이 출

---

31) 『정신현상학』에서의 **경험**의 우선성은 『법철학』에서는 **현실**의 우선성으로, 그리고 『역사철학』에서는 **실제 역사**의 우선성으로 나타난다.

32) vgl. Heidegger 1957, 169ff.

33) 여기에서 물론, 헤겔은 의식의 경험을 서술한다고 하면서 암암리에 **이성**의

현할 수 없으며, "이에 따라 새로운 형태의 의식이 출현하는데, 이는 선행하는 형태와는 어떤 다른 본질을 지닌다."(Ph 80)

헤겔의 변증법에서 대상에 따른 의식의 경험의 서술은 결코 앞에서 주어진 낡은 지식에 대한 단순한 부정적인 기술이 아니라 의식의 개념에 따라 출현하는 새로운 의식의 본질을 파악하는 것이다. 그래서 "참되지 않은 의식의 비진리성을 서술하는 것은 단순히 **부정적인** 운동이 아니다."(Ph 73) 새로운 의식은 옛 의식에는 포함되지 않았던 어떤 다른 것을 포함한다. 그것은 옛 의식의 비진리를 지양한 결과, 헤겔의 표현을 빌리면 옛 의식을 넘어서 행해진 경험의 결과로서, 방법적으로 헤겔은 이를 **규정적 부정**(die bestimmte Negation)이라 특징짓는다.

5. 맺는 말

헤겔은 새로움의 출현 근거를 의식의 **자기분열성**에서 찾는다. 자기분열적인 의식은 언제나 '자기 아닌 것'으로 이행할 소지를 자기 안에 지닌 절대적인 부정성이다. 의식은 자기인 부분(知)과 자기에 반발하는 부분(眞理)으로 구성된 유동체(流動體)인데, 여기서 후자의 진리는 의식이 새로워질 수 있는 가능성을 이루어 전자의 지(知)를 부정하는 힘으로 작용한다. 여기서 지(知)에서 진리로 이행하는 과정을 헤겔은 경험이라 부른다. 그러므로 헤겔에게서 '새로운 것'은

변증법을 서술의 방법으로 삼고 있지 않은가 하는 물음이 제기될 수 있다. 그렇지만 이 물음은, 헤겔이 경험의 서술에서 **논리적인 이념**을 전제하고 있지 않은가 하는 또 다른 문제와 관련된다. 여기에서는 그러나 헤겔이 적어도 『정신형상학』에서는 의식의 경험을 논리적인 개념적 이해에 선행시키고 있음을 지적하는 것으로 충분하다고 본다. 이에 대해서는 Fulda 1973, 391-425 그리고 Hösle 1987, Bd. I, 58, 각주 78을 참조할 것.

참(眞)이다. 또한 의식 안에 내재된 새로워질 가능성은 대상의 변화에 맞추어 항상 새로운 의식으로 전환되는 것이 아니라 그 가능성이 참인 것(眞)과 상호 친화력을 지닐 때에만 새로움이라는 현실태로 드러난다. 그러니까 근대 경험론적인 시각과는 달리 의식에 대해 아무리 외부의 자극이 주어진다고 해도 그것이 참(眞)과 접속되지 않을 경우 이는 새로운 의식을 산출하지 않는다.

그런데 여기서, 의식은 자기의 지(대타존재)가 대상(즉자존재)과 일치하지 않는다는 것을 어떻게 확인할 수 있는가 하는 문제가 제기된다. '의식의 자기검사'라는 헤겔의 입장을 따를 때 이 확인 과정은 지(知)와 즉자의 비교가 아니라 지(知)와 '향(向)의식적인 즉자존재'의 비교로 귀착된다. 다시 말해, 즉자는 의식을 향해 있는 존재일 경우에만 종래의 지(知)에 대한 반증근거로 작용한다. 의식은 향의식적인 즉자존재에 따라 자기를 검사한다. 이 검사가 객관성을 띨 수 있는 것은, 의식이 자기 지(知)와 대상의 분열상을 자기의 내적인 분열상으로 이미 지니고 있기 때문에 가능하다. 이러한 내적인 분열을 지양하는 작업이 곧 의식의 경험 과정이고 또 의식의 자기쇄신 과정이다.

그런데 헤겔의 경험 개념과 관련하여 이 대목에서 항상 문제가 되는 점은 의식의 지(知)와 대상의 불일치를 의식이 확인하는 일이 경험의 대상에 포함된다고 파악하는 데 있다. 그러나 본론에서 설명했듯이, 양자의 불일치를 확인하는 일은 경험의 몫이 아니다. 왜냐하면 의식은 이미 항상 분열되어 있고, 그런 한에서 불일치도 이미 항상 전제되어 있는 것이기 때문이다. 많은 헤겔 해석자들이 이 점을 오해하여 불일치 확인 문제에서 헤겔 경험 개념의 아포리아를 보는데, 이는 불일치 문제를 경험의 소관으로 파악하는 데에서 기인한다. 새로운 의식의 출현은 불일치의 확인이 아니라 불일치의 지양을 통해 이루어진다. 그러나 불일치가 경험의 대상이 아니라고 해서 불일치가 발생하지 않는다는 것이 아니라, 불일치 확인은 의식의 입장에서 행해지는 것이 아니라 '우리에 대해서' 확인되는 사태라는 것이다. 불일치가 '실제로는' 발생하고 있으나 적어도 '의식'의 대상은 아니라는 말이다. 여기에서 헤겔 고유의 이중적인 서술구조를 이해할 필요가 있게 된다.

헤겔은 의식의 새로워짐을 서술하는 데 회고적인 재구성(die retrospektive Rekonstruktion)의 방법을 사용하고 있다. 그는 '의식에 대해(für es)'와 '우리에 대해(für uns)'를 구별함으로써 새로워짐이라는 사태가 '우리'에게는 열려 있으나 '의식'에게는 닫혀 있다고 말한다. ('의식'은 알지 못하고 행동하나 '우리'는 행동하지 않으면서 안다.) 즉 의식은 실제로는 새로워지고 있으면서도 매 순간 현재의 자기에 사로잡혀 있기 때문에 그 사실을 알지 못하고, 오직 관찰자(현상학자)인 '우리'만이 의식이 새로운 단계로 진행하고 있음을 알고 또 서술한다. 바로 여기에서 '새로움'을 경험의 현상'학'으로 다룰 수 있는 여지가 마련된다. 새로움에 대한 학적(學的)인 서술은 구체적인 삶의 실천 과정에 참여하여 감정이입을 통하여 새로운 의식을 이해하는 작업이 아니라, 의식이 이미 새로워지고 난 다음에 결과적으로 주어진 표현 형태를 바탕으로 그 과거를 회고적으로 재구성하는 작업이다. 사태 진행의 학적인 인식은 오직 사후적(事後的)인 재구성의 방법을 통해서만 가능하며, 그런 의미에서 미네르바의 부엉이는 어둠이 깔리는 무렵에야 날기 시작한다고 헤겔은 말한다. 새로움을 설명하는 학적인 정당성도 오직 의식의 회고적인 재구성을 통해서만 가능하다.

그래서 헤겔에 따르면 새로움을 발견하는 논리는 없다. 새로운 것은 옛것에서 돌발적으로 생겨나는 불연속적인 사태이기 때문이다.

140

새로움은 의식에게 항상 예기치 않게 나타날 뿐 미리 예견될 수 없다. 그런 한에서 새로움의 특성은 개념적이 아니라 미학적이다. 학적인 작업이란 '결과적으로 출현한 사태'를 사후적으로 재구성하여 해석하는 일이다. 그렇다고 해서 새로움에 대한 학적인 인식이 불가능하다고 말할 수는 없다. 새로움의 출현의 논리와 새로움의 인식의 논리는 서로 다르다. 전자는 불가능하나 후자는 가능하다. 전자는 미학적으로 행해지나 후자는 개념적으로 행해지기 때문이다. 헤겔에 따르면 의식이 알지 못하고 행하는 행위의 배후에는 의식이 이미 따르고 있는 규칙이 숨쉬고 있는데, 이 규칙은 개인이 만든 것이 아니라 객관적으로 앞서 주어져 있기 때문에 ― 이 객관적인 규칙이 곧 이성이다 ― 해석자는 자기 이성으로 그것을 파악할 수 있다. 그러므로 해석자는 사태의 재구성을 통하여 그 안에 내재된 규칙(이성)을 찾아냄으로써 새로움의 출현구조를 사후적으로 파악할 수 있게 된다. 학(學)은 항상 현실의 그림자를 따라다니지만, 그 그림자의 정체를 밝혀 현실을 움직이는 힘으로 작용한다. 재구성적인 해석을 통하여 의식은 자신이 '알지 못하고 행한' 결과의 정체를 알게 되고, 이는 다시 다음의 의식 행위가 반성적으로 사태를 접하게 만드는 밑거름이 되기 때문이다.

[참고문헌]

Claesges, Ulich(1981), *Darstellung des erscheinenden Wissens, systematische Einstellung in Hegels Phänomenologie des Geistes, Hegel-Studien Beiheft* 21, Bonn.

Fulda, H. Friedrich(1973), "Zur Logik der Phänomenologie von 1897", in: *Materialien zu Hegels <Phänomenologie des Geistes>*, hrg. v. H. F. Fulda u. D. Henrich, Frankfurt/M.

Heidegger, Martin(1957), "Hegels Begriff der Erfahrung", in: *Holzwege*, Frankfurt/M.

Heinrichs, Johannes(1974), *Die Logik der <Phänomenologie des Geistes>*, Bonn.

Hösle, Vittorio(1987), *Hegels System* Bd. I, Hamburg.

Oevermann, Ulich(1991), "Genetischer Strukturalismus und das sozialwissenschaftliche Problem der Erklärung des Neuen", in: *Jensites der Utopie*, hrg. v. Stefan Müller-Doohm, Frankfurt/M.

Puntel, L. Bruno(1973), *Darstellung, Methode und Struktur, Hegel-Studien Beiheft* 10, Bonn.

Röttges, Heinz(1981), *Der Begriff der Methode in der Philosophie Hegels*, Königstein/Ts.

이성의 지배와 역사 혁신의 가능성
헤겔의 '이성의 간지'와 관련하여

헤겔의 지적 작업은 근대의 계몽주의에 독일 낭만주의가 대항하던 시기에 이루어졌다. 낭만주의는 계몽주의의 이성중심주의, 객관적 합리성, 전체성 원리 그리고 미래지향적 혁명성에 제동을 걸면서 감성중심주의, 주관적 열정(비합리성), 개별성 원리 그리고 과거지향적 전통 복구를 기치로 내걸었다. 이러한 시대적 상황에서 헤겔은 양자의 화해를 목표로 역사철학적 사유를 전개한다. 헤겔 역사철학에 대한 평가는 따라서 그가 이 화해 작업을 얼마나 성공적으로 수행했는가 하는 데에서 찾아져야 할 것이다. 구체적으로 이는 헤겔이 그의 역사철학에서 세계정신의 이성을 개별적인 주체의 행위와 어떻게 매개시키고 있는가 하는 문제로 나타난다. 이 과제를 해명하는 과정에서, 이 글은 헤겔이 역사목적론을 주장하면서 어떻게 역사의 혁신을 말할 수 있는지를 그가 내세운 '이성의 간지'와 관련하여 살피고자 한다. 이러한 문제 상황은 근본적으로 헤겔이 "이성이 역사를 지배한다."고 하여, 지금까지 서로 평행선을 그었던 '역사'와 '이성'을 하나로 묶는 데에서 비롯한다(G(H) 28).

이성이 세계사를 지배한다는 말은 세계사가 이성에 대하여 닫혀 있다는 뜻이다. 여기서 세계를 닫고 있는 '이성'은 고대의 이성(nous)처럼 '의식을 결여한 이성(bewußtlose Vernunft)'이 아니라 '자기를 의식하는 이성(selbstbewußte Vernunft)'이라는 점에 우선 주목하자 (G(H) 37). 헤겔은 이성을 "완전히 자유롭게 자기 자신을 규정하는 사유"로 보고, 이를 "세계의 절대적이고 이성적인 최종목표"와 관련시킴으로써 이성의 자유의식을 역사 진행의 근본 동기로 파악한다 (G(H) 39). 하지만 헤겔이 이성의 자기의식을 세계사와 연결시키는 것을 이해하는 일이 쉽지 않은 것은, 그 사실이 곧 "이성이 (글자 그대로의 의미에서) 세계를 '지배'한다."는 인상을 준다는 데 있다. 요컨대 이성이 세계 위에 군림한다는 의구심을 일으킨다는 것이다. 헤겔의 경우 이성은 세계 '위'에 있지 않고 세계 '속'에 있다고 이해해도 상황은 크게 변하지 않는다. 왜냐하면 그렇다고 해도 세계사는 결국 이성의 원리에 종속되며, 역사의 혁신은 말만 근사할 뿐 실제로는 이성의 자기반추적 원리에 준거해서만 가능하기 때문이다. 그렇지만 이 문제에 대한 판단은 이성의 지배와 역사 혁신의 가능성의 관계를 자세히 규명할 때까지 일단 보류하기로 한다.

헤겔의 '이성의 지배'를 우리는 이성의 역사성보다는 역사의 이성성(Vernünftigkeit der Geschichte)으로 이해하는 것이 옳다. 전자와 달리 후자는 세계정신의 측면, 즉 총체성의 관점이 강조된다. 총체적 관점은 보편자의 운동 그 자체를 조망하게 한다는 특성을 지닌다. 보편자가 특수자를 통해서만 현실로 드러날 수 있다고 하지만 보편자는 특수자와의 관계 규정을 넘어서는 특정한 목적을 자기 안에 지니고 있으며 그 목적의 정당성은 세계사 자체의 노동을 통해서만 보장된다. 요컨대 그 정당성은 보편자와 특수자의 개별적인 관계로 환원될 수 없다는 말이다. 구체적으로 말하면, 세계정신의 실체적인 자기규정은 표면적으로는 민족정신의 주관적인 규정을 통하여 이루어지지만, 내적으로 볼 때 세계정신의 보편적인 규정은 그것의 시간적인 규정성에도 불구하고 다양한 형태의 민족정신이 아니라 자기 자신, 즉 그러한 특수성을 넘어서 진행되는 사유하는 이성의 자기의식화 과정을 통하여 정당화된다.[1] 여기서 헤겔의 역사발전 사관은 바로 세계 속에 있는 이성(nous)을 보편자로 전제하는 세계정신의 관점을 견지하고 있는 것이다. 그러니까 전제된 이성은 정신의 자기의식이다. 이 자기의식은 자기가 자기 자신과 관계한다는 특성 때문에 무한하고 참이다. 총체적인 관점에서 볼 때 민족정신은 자신의 정당성을 자기 밖에서 구하는 외적인 반성을 행하기 때문에 그것은 자기 내 반성적인 세계정신의 계기일 따름이다. 보편적인 이성의 주관성은 끊임없이 민족정신의 전개 과정 속으로 침투한다. 헤겔은 역사가 보편자와 특수자의 통일을 통해 전개된다고 매번 힘주어 말하지만 특수자에 비해 보편자에게 항상 우선권을 부여한다는 인상을 준다. "필연적인 단계를 밟아 가는 민족정신들의 제 원리는 그 자체로 단지 보편정신의 계기일 뿐이어서, 보편정신은 이들을 매개로 하여 역사 안에서 자기 자신을 스스로 파악하는 총체성으로 고양시켜 매듭짓는다."(G(H) 75)

하나의 민족정신에서 다른 민족정신으로 이행하는 것, 즉 새로운 세계사적 민족의 출현과 관련하여 우리의 관심은 이성의 주관적인 자기규정이 어떤 점에서 민족정신들의 제 원리에 대하여 우선권을 지니는지가 아니라 세계이성이 이 이행 과정에서 어떤 기능을 수행하는가 하는 점에 있다. 요컨대 이성의 주관성은 이 이행 과정에서 어떤 힘을 행사하는가? 중요한 것은 여기서 '이행'은 ― 보편정신이

---

1) "형성의 실체적인 내용의 다양성에도 불구하고 항상 동일하게 남아 있는 영역이 있다. 그러한 다양성은 사유하는 이성에 관계한다."(G(H) 175)

아닌 특수정신의 관점에서 볼 때— 민족정신의 영역이 아니라 세계사적 개인의 영역에서 발생하는 사태라는 점이다. 그래서 이제 이성과 개별적인 주체들의 관계가 관건이 된다.

이성의 지배란, 이성이 개별적인 주체들의 제 원리를 자신의 주관적인 목적을 수행하기 위한 계기로 삼는다는 뜻으로 일단 이해할 수 있다. 이때 착안할 점은 이성의 힘이 개별적인 주체들의 의지의 합으로 환산될 수 없으며 오히려 그 이상으로 작용한다는 점이다. 이성의 목적지향적 활동성은 이성의 주관적인 목적이 개별적인 주체의 의지 안에 포함된 것과는 다른 요소를 자기 안에 지닌 한에서 **역사혁신**의 문제와 관련된다.2) 이성의 주관적인 목적이 개별자 안에서 수행되는 방식을 헤겔은 '이성의 간지'라는 메타포를 통해 설명한다.

헤겔『논리학』의 '목적론' 장에 나오는 목적-수단 관계에 따르면, "목적은 객체와의 매개적인 관계에서 자기를 정립하고 자기와 객체 사이에 다른 것을 밀어 넣는데, 이는 이성의 간지라고 부를 수 있다."(L II 452) 여기서 "목적은 겉으로는 객체가 자기를 대신해서 일을 완수하도록 하면서 … 자신은 그 뒤에 숨어서 기계적인 힘에 대항하여 자기를 보존한다."(L II 453) 이성의 목적은 그러니까 "자기 자신을 진행 과정 밖에 유지시키면서도 그 안에서 자기를 보존하는 것"이다(E §209).『엔치클로패디』의 이 단락에 대한 보충설명에서 헤겔은 '이성의 간지'에 대한 자신의 생각을 명료하게 피력하고 있는데 이는 그의 역사철학적 사유와 직접적으로 연관된다. "이성은 간교할(listig) 뿐 아니라 힘이 세다(mächtig). 간지(List)는 자신의 고유한 본성에 따라 객체들을 서로 짜 맞추고 그들의 일을 서로 완수하도록 하면서도 자신은 이 과정에 직접 관여하지 않고 오직 그들의

---

2) 이러한 의미에서 이성은 **창조적이다**(G(H) 48 참조).

146

목적을 수행하도록 하는 매개 활동을 할 따름이다. 이러한 의미에서 우리는 세계와 그 과정의 저편에서 신의 섭리가 절대적인 간지를 가지고 관계한다고 말할 수 있다. 신은 인간들이 특수한 열정과 관심을 지니고 자신들이 하고 싶은 것을 행하게 함으로써 신의 의도가 완수되도록 하는데, 신의 의도는 신이 거기에서 도모하는 것에 따라 일단 행해졌던 것하고는 사뭇 다른 것이다."(E §209 Zusatz)

이성의 주관적인 목적이 객체와 매개되는 과정에서 그 목적의 내용은 "목적의 실현 과정에서도 **자기동일적으로 남는 것**"으로 나타난다(L II 454). 목적은 "**자기 자신을 통해 자기 자신과**" 동행하면서, 한편으로는 객체에 자기의 힘을 행사하면서 다른 한편으로는 항상 이 과정 밖에서 자기동일적으로 머문다. 목적은 자신을 유한화(대상화)하면서도 대자적인 동일성을 유지하는 무한자로 머문다. 목적이 객체에 힘을 행사한다는 것은 목적이 객체 속에 포함되어 있지 않은 어떤 **타자** 또는 수단을 과정 속에 밀어 넣는 것이다. 여기서 이 수단은 "목적에 의해 규정된 객체이며, 수단의 객관성과 목적론적인 규정 사이에는 새로운 수단이 끊임없이 개입될 수 있다."(L II 456) 어떤 타자 또는 새로운 것이 목적과 객체의 매개 과정에 밀어 넣어진다는 의미에서 헤겔은 개념의 "유한화"를 "자기가 자기와 관계하는 절대적인 부정성이 지닌 **창조적인 힘**"으로 파악한다(L II 279). 이러한 의미에서 "세계사는 창조적인 이성의 풍요로운 산물"이다(G(H) 48). 이성(또는 개념)의 자기관계는 결코 공허한 동어반복이 아니라 타자를 매개한다는 점에서 창조적이다.

목적과 객체 사이에 어떤 타자가 밀어 넣어지는 것은 순전히 이성의 창조적인 노동에 의존한다. 이성의 합목적적 활동은 자기가 자기와 관계한다는 틀에 갇혀 있는데, 역설적이게도 바로 그렇기 때문에 이성은 창조적이다. 이성의 자기의식 또는 자기 지(知)에서 타자가 출현한다는 사실은 그것이 세계정신과 개별적인 민족정신의 관계를 규정하는 데에서, 특히 어떤 민족이 새로운 원리를 획득하게 되는 근거를 논하는 데에서 중요한 의미를 지닌다. "각각의 개별적인 민족정신은 세계정신이 밀려오는 데에서 새로운 단계로 진입하며, 그럼으로써 자기의식과 자유를 획득한다."(G(H) 73)

세계이성의 관점에서 볼 때 새로운 민족정신의 출현이 세계정신의 의식에 의존적이라는 사실은 이중구조를 띤다. 세계이성은 민족정신들을 자신의 계기로 삼아 자신의 목적을 수행하도록 하면서도 자신은 이 과정의 바깥에 머물면서 이들에게 힘을 행사한다. 이것이 이성의 간지이다. "보편적인 이념은 대립과 투쟁에 휘말려 자기를 잃는 위험을 무릅쓰지 않는다. 그것은 공격받지 않고 피해 입지 않으면서 뒤에 물러앉아 열정을 지닌 특수자들을 싸움터에 보내 육탄전을 벌이게 한다."(G(H) 105) 세계정신의 보편적인 이념이 특수자의 열정을 통하여 자기목적을 실현시키기는 하지만 그 자신은 싸움에 끼어들지 않는다. 바로 여기에서 보편적인 이념과 인간적인 열정 사이에 존재론적인 차이가 발생한다. 보편이념의 이성적인 목적은 특수자의 주관적인 목적을 수단으로 하여 실현되지만 전자의 목적은 결코 후자의 목적 속에 완전히 소모되지 않는다. 다시 말해 양자 사이에는 항상 잉여가 남는다.

이성의 간지는 헤겔이 세계정신의 이성성과 개별적인 주체들의 열정 사이의 관계를 규정하는 데에서 끌어들이는 메타포이다. 구조적으로 볼 때, 전자는 정신 작용의 원환성에 근거하여 세계사의 진행이 궁극적으로 목적에 닫혀 있는 양상을 보이는 반면, 후자는 욕구의 직선성에 근거하여 개별적인 이행에서 수단이 목적 실현을 위해 열려 있는 모습을 보인다. 이성의 간지는 결국 세계사의 실체의 원환 운동과 주체의 직선 운동의 관계를 서술하기 위한 수단인 셈이다.

이 관계에서 그렇지만 실체 자체의 활동성은 행위하는 주체들에게는 알려지지 않는다. 주체들 자신은 이미 이성의 목적과 관계하면서 자신들의 욕구를 마음껏 충족시키지만 자신들이 지금 무엇을 하고 있는지를 알지 못한다. "무진장한 욕구와 관심과 활동이 세계정신의 목적을 완수하기 위해 그의 도구와 수단으로 동원된다. … 개인들과 민족들의 생명성은 그들이 자기 것을 찾고 충족시키면서도 더 높고 더 넓은 차원에 있는 것의 수단과 도구가 된다. 그런데도 그들은 그 것이 무엇인지 모르고 무의식적으로 추종할 따름이다."(G(H) 87)

보편정신이 어떤 목적을 지니고 행위하는지를 현재에 몰두하여 욕구하고 인식하고 행위하는 주체들은 모른다. "세계사 자체의 흐름에서 … 주관적인 측면, 즉 의식은 정신의 개념인 '역사의 순수한 최종목적'이 무엇인지 알지 못한다. 따라서 최종목적은 주관적인 의식의 욕구와 관심의 내용이 아니다. 그 의식은 그 목적에 대해 아무런 의식이 없는데도 보편자는 특수한 목적들 속에 있으면서 이들을 통해 자기를 실현시켜 나아간다. 개인들은 최종목적에 대한 의식을 결여하고 있으면서도 이성의 목적을 충족시킨다." 여기서 헤겔은 "세계사적인 개인들"을 "목적의 견인차"로 끌어들이는데 이들은 "무의식적인 내면성"을 의식의 표면으로 끌어올린다(G(H) 99). 내면적인 것을 의식의 표면으로 끌어올리는 일은 위대한 개인들의 목표로서 이는 "새로운 것을 세계로" 끌어들이는 일과 같다(G(H) 104). 오직 이러한 위인들에게만 보편자에 대한 지(知)가 허용된다. "이들의 과제는 이 보편적인 것, 즉 세계의 필연적이고 최상의 단계를 알면서 이 단계를 자기의 목적으로 삼아 자신들의 에너지를 그 안에 쏟아 붓는 일이다."(G(H) 98)

세계사적인 개인들의 목표는 인간들이 원하는 것을 산출하는 일이다. 그들의 목표는 동시에 보편자 안에 이미 즉자적으로 존재하는 새로운 세계관계를 언어로 규정하는 일이다. "새로운 세계관계는 …
세계사적 개인들이 산출한 것으로 그들의 관심이 배어 있는 그들의
작품이다. 그들은 통찰력을 지닌 자들이기 때문에 그들 입장에서는
나름대로 그러한 권리를 지닌다. 그들은 자신들이 속한 세계의 진리
와 시대가 무엇인지, 다음에 나타날 보편자, 즉 개념이 무엇인지를
알고 바야흐로 무엇이 출현할 것인지를 진술한다."(G(H) 98) 위대한
개인들이 세계정신의 실체, 즉 자유를 통찰하는 데 반하여 보통 사
람들은 그렇지 못하다. "개념을 매개로 규정되는 자유는 주관적인
의지와 자의가 아니라 보편적인 의지의 통찰을 원리로 삼는다."(G(H)
144) 보통 사람들의 욕구는 보편자에 대한 위대한 사람들의 지(知)
를 통하여 비로소 자유의 의식과 연결된다. 위대한 사람들은 보통
사람들이 의식하지 못한 채 하는 행동이 곧 이성의 목적을 실현하고
있는 것이라고 의식시킨다. 이러한 매개 과정을 거치면서 단순히 즉
자적으로 감추어져 있던 보편자의 정체가 드러나고 그럼으로써 인류
의 새로운 세계사적 의식이 출현하게 된다.

　"보편정신의 진행 과정에서 한 단계를 이루고 있는"(G(H) 99ff.)
이성의 목적이 실현된다는 점에서 볼 때 세계사적 개인들의 활동은
세계사의 흐름에 **연속성**을 보장하는 근거이다. 이에 반해 보통 사람
들의 의식이 계몽된다는 점에서 볼 때 세계사적 개인들의 활동은 옛
것과 새로운 것 간의 **불연속**을 야기한다. 세계사적인 개인들은 자신
들의 정당성을 "현존하는 상태가 아니라 … 현재에 감추어진 정신
속에서 [찾는데] 이 정신은 아직 현재의 현존재를 위해 무르익지 않
았다. … 이 정신에 대해 현재는 단지 껍질에 지나지 않으며 이 껍질
은 자신이 속한 것과는 다른 알맹이를 자기 안에 감싸고 있다. 하지
만 이제 기존하는 것과 어긋나는 모든 것은 현존하는 것과 구별되기
에 이른다."(G(H) 97) 세계사적인 개인들의 노동은 세계사의 연속적

인 진행을 비연속적으로 규정함으로써 미래의 새로운 것을 가능하게 한다.

그런데 중요한 사실은, 세계사적인 개인들이란 형태도 결국은 "보편적인 이념 안에 있는 계기"에 지나지 않는다는 점이다(G(H) 98). "그러한 개인들은 그들의 목적 속에 이념 일반의 의식을 지니지 않았으며 그들은 단지 실천적이고 정치적인 인간들일 따름이다."(G 46) 보편적인 이념을 개념적으로 파악하는 일은 그러한 개인들이 아니라 **철학**의 몫이다.[3] "세계사적인 개인들은 개념적인 이해에 미숙하다. 왜냐하면 그들에게 요구되는 것은 실천이기 때문이다."(G(H) 98) 이러한 설명에서 강조되어야 하는 것은 세계사적인 개인들을 포함한 모든 개인들의 행위는 결국 보편이념의 전개 과정의 계기라는 점이다. 그러니까 이성의 간지는 보통 사람들뿐만 아니라 세계사적인 개인들에게도 해당된다. 이들의 실천은 **정치적**이기는 해도 **역사적**이지는 않다. 따라서 이들의 실천적 행위는 역사의 이성과 견주어 유한하고 제한되어 있다. 이들이 정치적으로 행위하고 새로운 것을 산출하면서도 세계이성의 목적에 대한 지(知)를 결여한다는 사실은 합목적적이고 역사적으로 행위하는 세계이성과 단순히 정치적으로만 행위하는 개인들 사이의 근원적인 차이를 드러낸다. 이성의 목적을 파악하는 일 자체는 개인의 지적인 능력 밖에 있다.

그렇지만 개인들의 보편이념에 무지하다고 해서 그들이 역사를 만들지 않는다는 뜻은 아니다. 이 둘은 서로 다른 문제이다. 전자는 인식하는 주체와 이성의 관계를 다루고 후자는 실천하는 주체와 이성의 관계를 따진다. 이에 따라 이성의 간지와 관련하여 우리는 문제를 둘로 구별하게 된다. 개인들의 **실천**은 궁극적으로 이성의 이념에

---

3) 위대한 개인들의 노동은 개념이 아니라 **직관**에 기초한다. 그들은 그 시대에 생겨나고 있던 일을 직관했던 것이다(G(H) 90 참조).

종속되는가? 그리고 개인적인 주체들은 **의식적으로** 역사를 만들 수 없는가?

보편이념이 개인들의 지식의 대상이 아니라는 사실은 다음과 같이 이해할 수 있다. "역사의 진행은 이성을 의식적으로 실재로 구성하는 과정이 아니라 단지 즉자적으로만 존재하는 이성이 자기 자신을 명료하게 하기 위해 무의식적이고 무반성적으로 최고속도로 앞을 향해 밀어붙이는 것이며, 새로운 민족정신 안에서 스스로 명료해지자마자 이성은 다시 새로운 원리를 실현하고 파악하기 위해 무반성적인 노동으로 뛰어든다."4) 역사의 진행 과정이 맹목적이라는 사실은 역사를 의식적으로 변화시키는 일이 불가능하다는 것을 뜻한다. 역사의 혁신, 즉 새로운 원리의 출현은 특정 민족의 지(知)가 아니라 세계정신의 지(知)에 부여된 소관이다. 어떤 세계사적 민족이 몰락하고 다른 세계사적 민족이 출현하는 것은 세계사 고유의 사태이기 때문에 개별적인 민족정신들의 지(知)로 환원될 수 없다. 역사의 진행이 개별자의 지(知)로 환원되지 않는다는 것은 그렇지만 그 지(知)가 진리에 어긋난다는 뜻이 아니라 자신의 지(知)가 세계정신의 지(知)와 일치하는지 알지 못한다는 뜻이다. 이성이 간교한 것은 오직 세계이성만이 자신의 지(知)가 (세계사적) 개인들의 지(知)와 일치하는지를 알고 있기 때문이다. 보편적인 이념에 대해 알지 못한다고 해서 특수정신과 보편정신의 지(知)가 서로 일치하지 않는다고 말할 수는 없는 것이다. 두 계기가 일치하지 않을 때 그 이유는 양자 간에 상호적인 친화가 이루어지지 않는 데 있다. 그러니까 특정한 민족이 특정한 시기에 세계사적인 민족으로 부상하는 이유는 특정한 민족의 지(知)가 세계정신의 지(知)와 일치하기 때문이다. 그런데도 이 경우

---

4) V. Hösle, *Hegels System II*, 439.

민족정신은 그러한 일치를 알지 못한다. 그래서 이러한 일치는 특수자의 관점에서는 우연적이지만 보편자의 관점에서는 필연적이다. 그러한 일치를 아는 주체는 세계정신이지 개별자들이 아니기 때문이다. 세계정신의 새로운 원리가 발생하는 것을 아는 주체는 세계정신이다.

세계이성의 자기 지(知)는 개별적인 주체에게는 알려지지 않는다. 그것은 개별적인 주체들 속에 활동하고 있으면서도 그들의 주관적인 규정들 속에 포섭되지 않는다. 세계이성의 자기 지(知)는 그러한 주관적인 규정들 너머에 머물면서 이들의 한계를 보여준다. 어떤 민족정신이 다른 민족정신으로 이행하여 역사의 새로운 원리가 출현할 때 사람들은 그것이 어떤 의미에서 새로운 것인지 또 어떤 목적을 지향하고 있는지 알지 못하며 오직 세계이성만이 새로운 원리가 지닌 위상을 알고 있다. 이러한 지식의 차이에서 볼 때 새로운 것은 개별적인 주체에게는 전혀 뜻밖의 것이지만 세계이성에게는 예견된 것으로 나타난다.

이러한 사실은 **역사적인 이성**과 **실천적인 주체들**의 관계를 살펴볼 때 더 분명해진다. 앞서 언급한 지식의 차이는 이성의 간지에서 볼 때, 인간의 목적지향적 행위와 그 결과의 불일치라고 할 수 있다. "세계사에서는 인간이 의도하고 도달한 것 그리고 직접적으로 인식하고 욕구하는 것과는 다른 어떤 것이 인간의 행위를 통하여 나타난다. 인간은 그들의 이해관계에 따라 행동한다. 그렇지만 그 이상의 것이 현실로 나타난다. 그것은 그들 속에 놓여 있기는 하지만 그들의 의식과 의도에 있던 것은 아니었다."(G(H) 88) 역사는 따라서 인간의 욕구와 계획에 따라 전개되는 것이 아니라 행위자의 의지와 의식에는 낯선 다른 요소에 따라 전개된다. 인간이 자신의 지식과 욕구에 근거하여 행위하고 그에 상응하는 결과를 기대한다면 인간은 실망할 수밖에 없다. 왜냐하면 인간의 "직접적인 행위 속에는 행위자의 의지와 의식에 있는 것과는 사뭇 다른 그 이상의 것이 놓여 있기 때문이다(G(H) 89).

그런데 여기서 중요한 것은 행위 자체가 그 이상의 것을 자기 안에 이미 '포함'하고 있다는 점이다(G(H) 88/34). 초래된 결과가 행위자의 의식과 의지에서 비롯하지는 않지만 그것은 '행위 자체'에 포함되어 있다(G(H) 89/2). 따라서 행위 그 자체와 의도된 행위는 구별되어야 한다. 역사가 행위자의 의도에 따라 전개되지는 않지만 인간이 역사의 실천적인 주체라는 사실에는 변함이 없다. 왜냐하면 인간은 행위의 결과를 기대하지 않고도 행위할 수 있으며 이러한 맹목적인 행위가 곧 역사를 만들어가기 때문이다. 그러니까 인간이 행위의 결과를 염두에 두지 않는다고 해서 행위자의 의도에 들어 있지 않은 잉여분이 인간의 실천이 아니라 낯선 힘에서 나오는 것은 아니라는 말이다.

이제 역사이성은 개별적인 주체의 실천적인 행위에 어느 정도 영향을 미치는지 보기로 하자. 이성의 간지와 관련하여 마르크바르트 (O. Marquard)의 해석에 따라 이 문제에 두 가지로 접근할 수 있다.5) 전형적인 예로 뤼베(H. Lübbe)가 내세우는 행위 간섭(Handlungs-interferenz)의 테제와 하버마스가 말하는 위임(委任, Delegation)의 테제를 들 수 있다. 이성의 간지를 세계정신의 기능이라고 이해할 때 위의 두 입장은 의도적인 행위와 그 결과 사이의 상위(相違) 또는 공백에서 차지하는 세계정신의 의미를 서로 다르게 규정한다.

뤼베는 행위의 "의도되지 않은 부수효과"인 상위(相違)를 "행위

---

5) 주체의 행위와 그 결과 간의 상위(相違)가 지속되는 것에 대해 뤼베는 찬성하고 하버마스는 반대한다고 마르크바르트는 말한다(O. Marquard, *Schwie-rigkeiten mit der Geschichtsphilosophie*, 1982, 74).

간섭 효과"라고 해석한다.[6] 이는 이성의 간지라는 "예견할 수 없는 것의 개입"에서 비롯한다.[7] "실제에서 책임자들의 의도는 이러한 결과에 관련되어 있지 않았으며, 새로 주어졌던 목적이 나중에 적합했다고 판정될 때 그것은 헤겔이 이성의 간지라는 메타포로 말했던 일종의 운 좋은 행위 간섭에서 생긴 것이다."[8] 그리하여 뤼베는 "역사를 참여자의 행위 근거로 환원할 수 없는 것"[9]으로 파악하여 역사 개념을 행위 개념과 구별한다. 뤼베에 따르면 이성의 간지는 역사 진행의 지표인데 그것의 실상은 "전적으로 행위자 고유의 예견과 행위 능력 밖에" 있다.[10]

역사의 진행 과정에서 예측할 수 없는 것이 개입한다는 사실을 뤼베는 긍정적으로 평가한다. 역사는 바로 이러한 상위(어긋남) 때문에 가능하기 때문이다. "다른 것이 나타났다는 바로 이것이 역사를 이룬다."[11] 뤼베의 이러한 생각은 역사에서 혁신의 가능한 근거를 제시하는데 이는 그가 인용하고 있는 분트(W. Wundt)의 글에서 더 분명하게 확인된다. "정립된 목적과 결과의 관계를 살펴보면, 결과 안에는 선행하는 목적 관념에서 고려하지 않았던 부수적인 결과가 주어지는데 이 결과는 새로운 동기들과 연계되면서 지금까지의 목적들을 바꾸거나 아니면 새로운 것을 거기에 추가한다."[12] 이와 관련하여 뤼베는 분트가 말하는 '목적의 이질성'을 강조한다. 이 이질성은 역사와 행위의 대립양상을 첨예하게 드러내며 바로 여기에서 의도되

---

6) H. Lübbe, *Geschichtsbegriff und Geschichtsinteresse*, 1977, 56.
7) 같은 책, 58.
8) 같은 책, 38.
9) 같은 책, 60.
10) 같은 책, 38.
11) 같은 책, 56.
12) 같은 책, 56.

지 않은 부수효과가 정당화된다. "역사적인 개인들의 행위는 간섭을 통하여 어떤 결과를 낳으며 이 결과는 이 개인들이 목적한 것이 아니라 그보다 더 좋고 더 높은 것이다."13) 뤼베는 헤겔의 이성의 간지를 '준거주체(Referenzsubjekt)'라고 표현하는데 이는 실천적인 주체들의 의도 밖에 있으면서 이전의 상태를 혁신하는 근거가 된다.14)

"구조적으로 볼 때 역사에 속하는 것은 준거주체이지 행위주체가 아니다."15)라는 뤼베의 테제는 "세계사적인 진행은 행위주체의 몫이 아니다."16)라는 헤겔의 입장을 그대로 반영한다. 그렇다면 헤겔은 의도되지 않은 부수효과를 준거주체 또는 이성의 간지의 뜻으로만 돌렸는가? 실제로 발생한 것은 의도한 것과 어긋나거나 그보다 범위가 더 넓다고 해서 의도되지 않은 결과가 행위자의 주관성에 속하지 않는다고 말할 수는 없다. "주체의 의도에 들어 있지 않았던 것도 주체에게 속하는 것일 수 있다. 다시 말해 그것은 객관적인 준거체계로서 뿐만 아니라 실천적인 주체인 그에게 속할 수 있는 것이다."17) 헤겔에게서 세계사적인 개인들을 역사의 주체라고 할 때 그들은 "행위주체와 준거주체의 중간지대"에 있는 것이다.18) 그들의 실천은 보편적인 이성이나 개별자의 실천적인 행위로 환원되지 않는다. 그들은 지금 출현하고 있는 보편자의 새로운 원리를 직관하여 보통 사람들이 그에 따라 행위하도록 지시한다. 그런 한에서 새로운 것의 실현은 결국 세계사적인 개인들을 통해 이성의 이념과 실천적인 주체가 서로 매개됨으로써 완수된다. 그래서 세계사는 준거주체뿐만 아

13) 같은 책, 57.
14) 같은 책, 76ff.
15) 같은 책, 77.
16) 같은 책, 75.
17) E. Angehrn, *Geschichte und Identität*, 1985, 61.
18) 같은 책, 60.

니라 행위주체를 통하여 진행된다. 이성의 자기 지(知)가 역사 혁신의 계기로 주어져 여기에 맞추어 주체가 행위의 목표를 정하기는 하지만 이성의 자기 지(知) 자체가 역사 진행의 행위자는 아니다. 이성의 활동은 이성의 지(知)에 국한될 뿐 그것이 행위의 영역까지 확장될 수는 없다. 행위자가 자신의 지향점을 모른다든지 자신의 행위 결과를 예측하지 못한다고 해서 의도하지 않은 부수효과에 대해 책임을 면할 수는 없다. 실천적 주체와 계획(의도) 간의 거리는 행위자와 준거주체의 차이가 아니라 의도된 행위와 의도되지 않은 결과의 차이에서 비롯한다.

준거주체에 우선권을 부여한다는 사실은 오해의 소지를 안고 있다. 헤겔은 이성의 활동을 절대시하여 이성의 활동이 인간의 행위에 앞서 감으로써 그것을 제한한다는 것이다. 이러한 오해는 하버마스를 포함하여 헤겔좌파적 시각을 지닌 인물들에게서 주로 나타난다. 하버마스는 헤겔의 세계정신론을 비판하는 자리에서, 헤겔은 의식과 역사를 매개하는 행위주체의 힘을 고려하지 않은 채 추상적인 세계정신을 역사 혁신의 구체적인 담지자로 규정했다고 말한다. 그 대표적인 예를 우리는 그의 '위임(委任)' 테제, 즉 '주체가 없이 혁명을 대리로 수행함'에서 보게 된다.19) 하버마스의 이러한 생각은 그가, 종래의 자연법 사상이 프랑스 혁명을 추상법의 주관적-혁명적인 실현으로 파악해서는 안 된다는 헤겔의 주장에 맞서는 데에서 비롯한다. 헤겔은 혁명의 주체를 행위하는 개인들이 아니라 세계정신에 위임했다는 것이다. 헤겔은 세계정신을 주관적으로 혁명을 수행하는 자보다 더 높은 존재로 상정했다고 그는 비판한다.20) 이는 곧 "혁명

---

19) "헤겔은 현실을 혁명가 없이 혁명하려 한다."(J. Habermas, *Theorie und Praxis*, 144)

20) "세계정신에게는 … 의식구조의 반환이 요구된다. '객관적으로 혁명적인 사

자체를 빼고 현실을 혁명하는 것"[21]은 "보편자 속에서 개별자를 부정하는 것"[22]이라는 하버마스의 전형적인 헤겔 비판과 맞물린다.

하버마스의 헤겔 세계정신에 대한 해석에 따르면, 모든 것은 (실제로는 아무런 힘을 지니지 않은) 세계정신이 주도할 뿐 실천적으로 활동하는 주체들은 새로운 세계의 창출에 아무것도 공헌하지 않는 셈이다. 그들은 단지 역사의 구경꾼으로서 세계정신이 이미 수행한 역사의 결과물들을 차후적으로 의식할 따름이다. 하지만 헤겔은 그런 식으로 세계정신을 실체화하지 않았다. 헤겔은 세계정신이 개별적인 주체의 의지와 무관하게 독자적으로 세계를 변화시킨다고 말하지 않는다. "이성의 간지에게 이름을 부여하기 위하여 세계정신이 허위로 만들어진다."[23]는 하버마스의 말에서 우리는 그가 세계정신을 오직 보편적인 이성과 연관해서 일면적으로 이해하고 있다는 사실을 알게 된다. "세계정신은 세계의 정신이어서, 인간의 의식 속에 드러나며 인간과 세계정신의 관계는 개별자와 그의 실체인 전체의 관계와 같다."(G(H) 60) 세계정신은 "모든 개별자의 의식 안에 나타난다."(G(H) 60) 세계정신이 이성의 눈을 자기 안에 지니고 있기는 하지만, 다시 말해 이성의 시간적인 현존재로 존재하기는 하지만 그의 내면적인 것은 자기 자신뿐만 아니라 개별자의 실천을 통하여 밖으로 드러난다. 개별자의 실천이성과 통일됨으로써만 세계정신의 이념은 현실로 나타난다. 개인들은 "이념의 내적인 전개"를 "행동으로 옮기는 존재들"이고 "이념의 실현을 산출하는" 존재들이다(G(H)

건'은 세계정신이 '주관적으로 혁명적인 의식'에 의존하는 범주들에 개입함으로써 파악됨에 따라 '주관성을 띤 혁명 개념'은 설 땅을 잃게 된다. 그렇지만 이 범주들은 역사의 주체 전체에 유효해야 한다."(같은 책, 143)

21) 같은 책, 137.
22) 같은 책, 132.
23) 같은 책, 144.

96). 헤겔은 그래서 "특수자들이 싸우고 몰락하는 데에서 보편자가 출현한다."고 적기도 한다(G(H) 105).

세계정신은 단순히 초현실적인 로고스의 대리인이 아니다. 헤겔의 서술 속에 그러한 일면적인 해석의 소지가 있지만 세계정신은 자기의 목적 실현을 위해 행동대원을 필요로 하기 때문에 현실에서 행위하는 개별적인 주체들의 노동을 매개로 하지 않을 경우 자신의 추상성에서 탈피할 수 없다. "세계정신의 권능은 모든 특수자들의 권한을 넘어선다. 그것 스스로 이것들을 분배한다. 그렇지만 이들이 세계정신의 내용에 속하면서 동시에 특수성을 띠고 있는 한에서 그 권능은 조건적일 따름이다."(G(H) 109) 세계정신은 "세계사의 현란한 소음에서 벗어나" 있으면서도 인간의 활동을 통하여 조건지어진다. 세계정신은 이성의 보편적인 원리와 관계한다는 점에서 세계사의 구체적인 흐름에서 거리를 두고 있기는 하지만 이러한 사정을 마치 세계정신이 역사의 바깥에서 개별자들의 행위를 좌지우지하는 것으로 이해하면 곤란하다. 세계정신은 단지 보편이념을 실현하는 관념적인 수단일 따름이다. 세계정신은 개별자의 실천을 통해서만 실재적이 된다. 세계정신이 결여하고 있는 실천 능력은 개별자에 의해 보완된다. 세계정신은 단지 즉자적으로 존재하는 실재일 뿐 그의 대자성은 자기 자신이 아니라 실천적인 주체의 행위에 의해 획득된다. 세계정신의 이론이성은 개별자의 실천이성과 통일됨으로써만 참된 구체적 보편이 출현할 수 있다. 이것이 곧 목적과 수단과 참된 관계이다.

세계이성이 간교한(listig) 이유는, 그것이 숨어서 실천적인 주체들을 통제하고 관할하기 때문이 아니라 그것의 이론적인 목적지향성이 개별적인 주체들의 열정에 전이되고 있는데도 이러한 사실을 그들은 알지 못하고 이성만이 알고 있다는 데 있다. 이론이성의 실현은 인간의 실천이성에 부여된 과제이다. 세계사는 보편자와 특수자의 통일로서 이는 곧 신적인 로고스의 이론이성과 인간의 실천이성이 통일되는 것이기도 하다. "절대적인 로고스가 인간에게 폭력을 행사하지 못하는 것은 그것이 인간에 대립해 있으면서도 인간 안에서 편안함을 느끼기 때문이다."[24] 실천이성과 관계하지 않는 이론이성은 공허하다. 이성의 간지는 인간의 실천이성에 대한 외부의 강압적인 개입이 아니라 실천이성을 매개로 이론이성을 구체화하는 양상을 일컫는다.

세계의 변화 또는 역사의 혁신은 이론이성뿐만 아니라 실천이성의 몫이다. 그런데도 세계사의 진행은 이론이성의 전개처럼 보인다. 그 이유는 로고스가 실제에서 개별적인 주체들을 꼭두각시로 삼기 때문이 아니라 세계사가 일구어낸 것을 관찰자인 우리가 오직 **결과로서**만 되돌아보기 때문이다. 그러니까 실천적인 주체는 이성의 전제된 목적 속에 이미 있던 것만을 세계사에서 산출할 수 있기 때문에 결과로 드러난 것만 보면 세계정신의 이성성의 작용처럼 보인다. 하지만 과정의 측면에서 보면 역사의 혁신은 주체의 고난에 찬 노고의 결실이다. 개별적인 주체들은 변화된 세계의 결과들을 사후적(事後的)으로 따라가는 것이 아니다. 거꾸로 세계정신은 주체들이, 이념적으로는 이미 존재하는데도 현실에서 아직 실현되지 않은 그의 목적을 얼마나 성실하게 수행하는지 지켜볼 따름이다. 주체의 실천적인 노력은 아직 수행되지 않은 이성적/이론적인 이념을 실천을 통하여 현상하게 한다는 점에서 미래지향적이다.

그런데도 헤겔에게서 이론이성은 실천이성에 비하여 우선권을 지닌다. 주체의 실천 대상은 자의적이거나 우연적인 것이 아니라 자기로의 복귀를 시도하는 이성의 운동에 참여한다는 점에서 이념적이고

---

24) B. Liebrucks, "Zur Theorie des Weltgeistes in Theodor Litts Hegelbuch", in: *Kant-Studien*, 1954/55 Bd. 46, H. 3, 252.

필연적이다.25) 이론이성의 자기목적에 참여하지 못하는 개인과 민족은 참된 실천을 행한다고 볼 수 없다. 인간 자신이 역사 혁신의 실천적인 주체이기는 하지만 개별적인 활동의 진리성은 이론이성에 의해 확보된다. 왜냐하면 역사의 혁신을 판단하는 기준은 개별적인 주체가 아니라 이성 자신이기 때문이다. 이렇게 볼 때 헤겔에게서는 이론이 실천에 적합해야 하는 것이 아니라 실천이 이론의 뜻에 부응해야 한다.

헤겔의 역사철학에서 역사 혁신의 주체와 관련하여 지금까지의 논의를 다음 몇 가지로 요약할 수 있다. 헤겔은 역사에서 의도하지 않은 결과가 출현하는 것을 객관적인 준거체계, 즉 세계정신의 산물로 보지 않을 뿐만 아니라 역사 혁신의 주체를 표상된 세계정신으로 규정하지도 않는다. 그는 다만 이론이성을 실천이성보다 우위에 둠으로써 역사에서 출현하는 새로운 것이 결국은 이론이성의 원리에 갇힌다는 사실을 드러낸다. 역사에서 아무리 혁신적인 것이 출현한다고 해도 그것은 어디까지나 이성의 원리에 부합하는 한에서 새로운 것일 따름이다. 그런 한에서 헤겔은 전형적인 모더니즘의 역사관을

---

25) 헤겔이 세계사를 신학적이고 목적론적으로 파악하는 데에서는 주체의 의지가 무시되고 있는 것처럼 보인다. "세계사에서 파악할 때 주체의 의지 속에 있는 이성이 이념과 동등한 것이 아니라 오직 신의 권능만이 이념과 동등하다."(G(H) 78) 하지만 이 말을 신의 이념이 주관성의 자유의지를 주변으로 밀어낸다는 뜻으로 이해하면 곤란하다. 헤겔은 다만 세계사가 주관적으로 행위하는 자들의 상호소통, 즉 "인간들의 [자의적인] 인정"을 통하여 정당화되지 않는다고 말할 따름이다(G(H) 104). 자유의 이념은 행위자의 상호주관성이 아니라 이성의 보편적인 이념에 상응하는 "성숙한 인식"에 부응한다(G(H) 146). 그런 한에서만 인간은 나쁜 주관성에서 벗어날 수 있다. "여기서 제거되어야 하는 것은 오히려 … 특수한 개별성, 그러니까 인간의 나쁜 주관성이지 인간의 자유가 아니다."(B. Liebrucks, "Zur Theorie des Welt-geistes in Theodor Litts Hegelbuch", 258) 주체의 자유의지가 아니라 주체의 우연적인 의지를 헤겔은 거부하는 것이다.

지닌다. 다음으로 중요한 문제는, 역사의 행위자들 자신은 그들이 역사 혁신의 실질적인 주체이면서도 자신들의 활동 내용을 알지 못하는 반면, 이론이성은 그 내용을 안다는 점이다. 이러한 지(知)의 차이는 세계사적인 개인들의 노동을 통하여 어느 정도 극복되기는 하지만 그 거리는 마지막까지 좁혀지지 않는다. 이 거리는 인식론적인 거리여서, 실천적인 주체의 관점에서는 자신의 특수한 인간적인 열정이 보편자의 이념과 일치하는지를 결코 알 수가 없다. 이에 반해 세계정신의 눈에는 양자 간에 필연적인 일치가 보인다. 이렇게 볼 때, 세계정신의 관점에서 보면 역사의 혁신이란 세계정신의 **연속적인** 변화 과정의 한 계기로서 단순한 가상에 지나지 않게 된다.

이에 따라 헤겔의 역사철학에서 '새로운 것'이란 '옛것'을 넘어서는 것일 수 있는가 하는 문제가 제기된다. "헤겔 역사철학의 기본 명제인 '이성이 세계를 지배한다'는 혁신의 합리성 주장에서 적어도, 혁신이 바로 지금 올바른 것이나 적합한 것이 아니라 실질적인 의미에서 옛것을 넘어서는 새로운 것을 근거짓는다고 주장하는 한에서 견지될 수 있다."26) 헤겔 자신이 민족정신의 실질적인 규정의 변화에 대해서 말하고는 있지만 그 변화는 그 상위에 있는 보편자의 자기이해의 한 계기에 지나지 않는다(G(H) 72 참조). '혁신'이 만일 외재적이고 뜻밖이며 급작스럽고 불연속적으로 새로운 것이 출현하는 상태를 일컫는다면 적어도 세계이성의 관점에서는 혁신이 차지할 수 있는 자리는 없다.

쿤의 의미에서 패러다임의 본질적인 전환이 헤겔 역사철학에서 불가능하다고 할 때 그 이유는 사유의 원리인 이성의 원리가 역사전개의 토대로 전제되어 있기 때문이다. 이는 물론 이성의 원리가 보편

---

26) E. Angehrn, *Geschichte und Identität*, 1985, 336.

적인 원리의 단순한 전개가 아니라 그 원리가 인간의 실천이성을 통하여 실현된다는 점에서 고대 그리스의 실체론과는 구별되지만 큰 테두리에서 헤겔은 여전히 고대의 실체 토대론에 입각해 있다. 헤겔에게서 '이성적 사유의 원환적인 자기관계'는 관념론적 제1원칙으로, 이는 존재론적으로 실천적인 주체의 직선적인 욕구(열정)보다 위에 있다. 그런 한에서 사유의 원리는 욕구의 원리에 선행하며, 욕구의 원리가 욕구의 한계성에 입각해 있고 또 사유의 원리가 사유의 무제한성에 입각해 있는 한에서 욕구의 원리는 사유의 원리에 종속된다(G(H) 112 참조). 자기 자신과의 무한한 자기관계인 이성의 원리는 존재의 원리이면서 동시에 당위의 원리이다. 그런 한에서 세계의 변화는 이성에 따라 진행될 수 있고 또 진행되어야 한다. 개별적인 주체 또는 민족의 실천이 이성의 범주와 일치하지 않을 경우 그들은 이성에 맞게 실천하는 세계사적 민족에게 봉사하며 살든지 아니면 세계사의 무대에서 아무런 역할을 하지 못한 채 잊혀지거나 사라진다. 그런 한에서 역사의 혁신은 전적으로 세계이성의 원리에 참여하느냐 못하느냐에 달린 문제이다.

그렇지만 우리가 상기해야 할 점이 있다. 역사에서 출현하는 새로움은 실천적인 주체의 입장에서 보면, 다시 말해 이성의 목적이라는 척도에 적합하게 행위하는 것으로 판단되는 참여자들의 관점에서 보면 뜻밖에, 우연히, 불연속적으로 나타난다는 것이다. 이들은 보편적인 이념에 대해 무지하기 때문에, 다시 말해 역사 전체를 조망하지 못하고 주관적 행위에서 야기된 의도되지 않은 결과에 대해 예견하지 못하기 때문에 역설적이게도, 이들에 대해 세계사의 진행은 열려 있다. 이들은 자신들의 행위가 이성의 목적과 일치하는지 알지 못하기 때문에 이들에게 이론이성과 실천이성의 불일치는 우연적이다. 민족의 원리가 새로운 원리로 이행하는 것은 이들에게 필연적이거나 연속적이지 않고 단지 질적인 비약으로 보인다.

 연속성과 불연속성, 폐쇄성과 개방성 그리고 자기에 대한 지(知)와 자기 행위에 대한 무지(無知) 사이의 존재론적인 차이는 헤겔 역사 철학에서 화해되지 않은 채 남아 있다. 헤겔은 이성의 간지를 중개 자로 끌어들여 이 두 극단을 매개하려 시도했지만 이들을 개념적으로 매개하는 일에 실패했다. 이러한 사정 때문에 우리는 역사 혁신 이라는 주제를 관찰자와 참여자의 두 관점에서 살폈던 것이다. 헤겔 은 세계정신의 실체성과 개별자의 주체성이 상호관계 속에 있다고 보면서도 이들이 서로 화해할 수 있는 아무런 개념 장치도 마련하지 않은 채 암암리에 서로 구별되는 관점만을 정립해 놓은 셈이다. 세 계정신의 자기혁신은 좁은 의미에서 개별자의 주체적인 지(知)와 행 위로 매개되지 않는다. 개별자의 행위는 세계정신에게 열려 있지만 세계정신의 행위는 개별자에게 불투명하다. 이러한 일방통행적 사태 파악 때문에 우리는 헤겔이 역사 혁신을 보편자와 연계하지 않고 역 사 진행의 특성 그 자체 안에서 설명하지 않아, 역사 혁신을 그의 역 사적 사유 안에서 충분히 진지하게 고려하지 않았다고 결론 내리게 된다.

헤겔의 역사철학에 나타난
'세계사적 민족'의 출현구조
역사 진행의 연속과 불연속의 양면성

헤겔의 역사철학에 대한 이해에서 지금까지는 역사 진행의 '연속성'의 측면에 주로 초점을 맞추었다. 세계사를 세계정신의 자기전개 그리고 자유의식의 진보라는 측면에서 조명하는 헤겔의 입장에서 종래의 헤겔 연구자들은 정신(의식)의 연속성만을 보고자 했기 때문이다. 여기서 나는 세계사의 진행에 대한 헤겔의 입장을 좀더 세분화하여 역사 진행의 '불연속적' 측면을 새롭게 부각시킴으로써 헤겔의 역사 파악에 대한 양면적인 이해를 도모하고자 한다. 불연속성의 문제를 이 글에서는 헤겔이 말하는 '세계사적 민족(welthistorisches Volk)'의 출현 과정에 대한 서술에서 끌어내고자 한다.

헤겔의 역사 이해에 따르면 세계사에서는 한 시기를 다수의 민족들이 주도하지 않으며 한 민족은 오직 한 번만 세계사의 주인공 역할을 할 수 있을 뿐이다. 세계사의 한 시기를 이끄는 하나의 세계사적 민족이 있으며 이 민족의 정신을 통하여 또는 중심으로 하여 다른 민족들은 세계사의 진행에 참여한다. 이 글에서는 그러한 세계사적 민족이 어떻게 출현하며, 그 출현의 정당성은 어디에 있으며, 그 민족의 출현은 세계사적인 개인들의 노동 그리고 세계정신의 자기전개와 어떻게 관련되어 있는지를 살핀다. 이 과정에서 세계사의 진행에 담겨 있는 연속성과 불연속성의 문제를 논의의 중심에 놓을 것이다.

1. 세계정신의 자유이념이 지닌 역사성과 새로운 세계사적 민족의 출현

세계사적 민족은 "세계정신이 현재 전개되고 있는 단계를 담지하고 있는 민족"(R §347)이다. 세계사적 민족은 직접적으로 주어진 자신의 자연적인 상태에서 벗어나 "자기의식을 지니고 자기 자신을 전개하는 세계정신의 진행 과정"에 관여한다(R §347). 세계사적 민족이 세계정신의 이성적인 목적에 참여한다는 것은 그렇지만 세계사적 민족이 보편정신의 실체 논리에 의존적이라는 뜻은 아니다. 이 실체성은 오히려 민족정신의 주체적인 활동성을 통하여 비로소 자기를 드러낸다. 이는 보편정신의 자기인식이 민족정신의 원리들을 통하여 수행되기 때문이다. 그러면서도 세계사적 민족들은 보편정신 자체에 의해서 산출된다(G(H) 75 참조). 보편정신은 역사 안에서 자기를 분화(分化)함으로써 또는 절대적으로 자기를 구별함으로써 자신의 추상적인 직접성을 벗어버리고 자신의 현실성을 획득한다. 보편정신의 **즉자적인** 목적은 그러나 보편정신 자신이 아니라 보편정신의 특수한 형태인 세계사적 민족들을 통하여 밖으로 드러나게 된다. 세계사적 민족들은 비록 보편정신의 계기들이기는 하지만 이들이 없으면 보편정신은 자신의 직접성에서 자유로워질 수 없으며 또한 세계사에서 파악될 수도 없다. 세계사의 다양한 단계들은 바로 다양한 세계사적 민족들로 이루어져 있다. 그래서 세계사는 "특수한 민족정신들의 변증법"(E §548)인 것이다.

166

모든 민족은 자기 고유의 자연적인 현실을 지니고 있다. 그런데 한 민족이 자연성에만 머물 경우, 다시 말해 보편정신과 매개되지 않거나 신적인 의지를 현실로 끌어들이지 못할 경우 그 민족은 세계사의 주변인이나 하수인으로 살게 된다(E §550 참조). 한 민족이 보편정신에 감추어진 즉자적인 이념을 의식으로 드러낼 때에만 그 민족은 세계사적 민족이 된다. 민족정신은 자연성을 지닌 한에서 유한성을 띠고 있기는 하지만 민족정신은 "인륜성 안에서 **사유하는** 정신"이 됨으로써 자신의 유한성을 자기 안에서 지양하고 스스로를 "자신의 본질성을 띤 지(知)"로 고양시킨다. 여기에서 "주관정신과 보편정신의 분리"가 발생한다(G(H) 71). "세계사의 사유하는 정신은 … 특수한 민족정신들의 제한성과 자기 고유의 세속성을 떨쳐버림으로써 자신의 구체적인 보편성을 파악하고 스스로를 영원히 현실적인 진리인 **절대정신**의 지(知)로 고양시킨다."(E §552) 절대정신의 지(知)로 끌어올리는 일은 그렇지만 직접적인 당위(또는 도덕성)의 영역이 아니라 자기매개적인 존재(또는 인륜성)의 영역에 해당한다. 자신의 직접적인 자연성의 부정을 통하여 세계사적 민족은 민족정신의 **현실**과 세계정신의 **개념**을 매개한다.

세계사적 민족의 원리가 전개되는 과정은, 한편으로는 "**보편적인 역사**"로 진입하는 일이지만, 거기에서 "더 고차적인 원리"가 "그 고유의 원리의 부정태"로 등장할 경우 다른 한편으로는 "몰락과 파멸의 시기"를 겪게 된다(R §347 A). 이에 따라 지금까지 지배적이던 민족의 원리는 다른 민족의 새로운 원리로 이행하게 된다. 하나의 민족이 몰락한다는 것은 다른 세계사적 민족의 "존재를 사유로 파악하는 것"과 맥을 같이하는데, 이 파악 행위는 따라서 "어떤 새로운 형태의 근원지이며 탄생지"인 셈이다(G(H) 70). 여기서 기존의 민족정신은 더 이상 세계사적 민족이기를 그치고 새로운 민족정신이 예전의 자리를 넘겨받게 된다. 이제 민족정신의 첫 번째 보편자는 '두 번째 보편자'의 출현과 더불어 특수자로 전락하기에 이른다.

"어떤 정신적인 형태에서 다른 형태로 이행하는 것은 선행하는 보편자가 그 보편자의 사유를 통하여 특수자로 지양되는 것을 뜻한다. 나중에 출현한 더 고차적인 이것은, 말하자면 앞서 간 종(種)의 다음 번류(類)인데 이 고차적인 것은 내적으로 존재하기는 하지만 아직은 효력을 발휘하지 못하고 있다. 이것이 실재하는 현실을 흔들리고 허약하게 만든다."(G(H) 96)

보편정신을 사유로 파악하는 과제를 헤겔은 "위대한 세계사적 개인들"에게 떠맡긴다(G(H) 97). 세계사적 개인들은 바야흐로 무엇이 일어날 것인지를 앎(知)으로써, 즉 시대정신을 파악함으로써 더 고차적인 보편자의 정체를 밝히는데 이는 곧 기존의 것과의 단절을 의미하기도 한다.

"세계사적 개인들의 정당성은 현존하는 상태에 있지 않다. 그 정당성은 그들이 유래한 다른 근원에서 확보된다. 그것은 현재에 뿌리를 박고 있는 숨겨진 정신으로 이 정신은 아직 현재하는 현존재로 발전하지 못하고 그 상태에서 벗어나고자 하는데, 현재 드러나 있는 세계는 이 정신에 대해 단지 껍질에 지나지 않으며 이 껍질은 다른 알맹이를 자기 안에 지니고 있다. 그러나 이제 기존하는 것과 어긋나는 모든 것, 이를테면 의도, 목적, 의견 그리고 이념들은 같은 방식으로 기존의 것과 구별된다."(G(H) 97)

기존의 것과 새로운 것 사이의 불연속성 그리고 모든 세계사적 행위의 정당성의 근거인 **숨겨진** 정신의 의미가 여기서 밝혀져야 한다. 세계사적 개인들은 "실체적인 것을 현실화시키는 주체성들"이다. 그러나 "세계정신의 실체적인 행위"는 그들 자신에게도 "감추어져 있으며 따라서 지향의 대상이나 목적이 아니다."(R §348)

민족정신의 새로운 원리의 원천은 기존의 원리가 아니라 아직 의식되지 않은 세계정신의 이념이다. 위대한 개인들은 특정한/유한한 민족정신과 세계정신의 무한한 이념을 매개, 즉 서로 연결시킨다. 매개의 결과는 따라서 선행하는 민족정신의 단순한 부정태가 아니라 세계정신의 보편적인 이념을 규정하는 것이기도 하다. 위대한 개인들이 세계사적인 행위를 통하여 하나의 민족정신을 세계사적 민족으로 고양시킴에 따라 "기존의 관계들과는 어긋나는"(G(H) 97) 다른 표상들이 현실로 등장한다. 이에 따라 기존의 것과 질적으로 구별되는 새로운 세계질서가 형성된다. 여기서 주목할 점은, 위대한 개인들은 역사적으로 혁신적인 것을 창출해 내는 정당성의 근거를 이전 단계에 대한 반성, 다시 말해 이전 단계의 결핍을 의식하는 데에서 찾지 않고 보편정신의 이념과 매개하는 데에서 확보한다는 점이다. 그러므로 역사적으로 새로운 것은 그것이 무의식중에 보편정신의 이념을 좇고 있는 한에서, 엄밀히 말하면 그 이전 것과는 사실 아무런 상관이 없게 된다. 그러니까 양자 사이에는 내적으로 직접 통하는 길이 없는 셈이다. 왜냐하면 이전 것은 새로운 세계사적 민족의 출현을 의식하지/알지 못한 채 몰락하며 새로운 것은 이전 것과의 의식적인 동일화 과정이 없이 발생하기 때문이다. 새로운 민족정신의 원리가 발생하는 것은 기존의 것에 대한 단순한 부정이 아니라 새로운 보편정신을 매개적으로 수용함으로써 가능해지는데 이 보편정신은 과거의 정신과는 다른 근원을 지닌다. 따라서 **민족정신의 관점에서 볼 때** 새로 출현한 것과 기존의 것 사이에는 아무런 내적인 연관성이 없게 된다.

이러한 사실은 헤겔이 제시하고 있는 동양적 세계에서 그리스적 세계로의 이행에서 예증적으로 드러난다. 이 이행은 두 지역 간의 내적인 변증법이라는 틀 안에서 이해될 수 없다. 이 두 지역은 실제의 세계사에서 아무런 직접적인 접촉이 없었기 때문이다. 따라서 그리스적 세계로의 이행을 설명할 수 있는 척도는 두 지역에 대한 경험적인 비교 연구를 통하여 얻을 수 없고 관념적인 것, 즉 세계정신의 개념에 준거해 있는 관념적인 것에서만 찾을 수 있다. 헤겔이 세계사를 자유의식의 진보라고 일컬었을 때 이는 유한한 민족정신의 관점이 아니라 오직 세계정신의 관점에서만 그렇게 이해될 수 있다. 또한 그가 역사발전 단계를 자유의식의 진보 정도에 따라 구분했을 때, 여기서 세계정신은 하나의 연속체(Kontinuum)로서 이 안에서 특정 민족의 자유의식의 수준이 평가되었던 것이다. 그렇지만 각각의 세계사적 민족은 그들 고유의 인륜적인 총체성을 띠고 있어서 그들은 자신들의 실체를 의식적으로 파악하지 못하면서도 나름의 자유의식을 지니고 있다. 세계사적인 민족정신들은 그래서 세계정신의 전개 과정의 다양한 상(像)들 또는 계기들일 뿐 의식적으로 새로운 단계로의 이행을 주도할 힘을 지니지 못한다. "이 단계들을 실현하는 것은 세계정신의 무한한 추동력이며 거역할 수 없는 추진력이다. 왜냐하면 세계를 이렇게 단계적으로 나누어 자기를 실현하는 것은 세계정신의 개념이기 때문이다."(G(H) 75) 자유의 이념이 실현되는 것을 의식하는 주체, 즉 이행 그 자체를 알면서(wissend) 가능하게 하고 또 자기의 필연성을 정당화하는 주체는 민족정신이 아니라 보편정신으로서의 세계정신이다. "민족정신의 원리들은 필연적인 단계적 진행 안에서 하나의 보편적인 정신의 계기들일 뿐인데, 여기서 보편정신은 이 원리들을 통하여 역사 안에서 자기를 파악하는 총체성으로 스스로를 고양시키면서 종결짓는다."(G(H) 75) 세계사적 개인들은 결코 세계의 새로운 이념을 산출하는 창조적인 인간들이 아니다.

그들은 오히려 특정한 민족정신 속에 이미 현존하는 이념을 밖으로 밝혀내는 자(Aufklärer)들로서 동시대인들에게 아직 의식되지 않은 이념의 참된 내용을 보편적인 의식으로 전환시킬 따름이다. 하나의 세계사적 민족에서 다른 세계사적 민족으로의 이행은 내적인 이행이 아니며 또한 해당 민족정신의 의식적인 반성을 통하여 이루어지는 사태도 아니다. 새로운 원리가 현실성을 띠도록 하는 데 작용하는 사유는 특수한 정신으로서의 민족정신이 아니라 보편정신으로서의 세계정신이다.

새로운 원리의 출현은 민족정신의 자기반성에서 기인하지 않으며 모든 세계사적 민족은 세계사적인 개인의 지(知)를 매개로 보편정신에 관계한다. 민족정신들 사이에는 아무런 직접적인 연관성이 없다. 다시 말해 여기에는 상호적인 소통이 결여되어 있다. 그렇다면 이러한 전제에서 세계사가 자유의식의 **진보**라는 사실은 어떻게 이해될 수 있는가? 왜냐하면 진보라는 개념은 상대적으로 낮은 것과 상대적으로 높은 것을 전제하는데 여기에는 공동의 토대가 필요하기 때문이다. 앞에서 말했듯이 기본이 되는 척도는 개별적인 민족정신들이 아니라 이들을 포괄하는 보편정신에 있다. 보편정신은 사유하는 주체이며 새로운 원리의 판정관이다.

"사유를 통한 [유한한 존재의: 필자] 이러한 해소는 이제 필연적으로 새로운 원리의 산출이기도 하다. … 그런데 이러한 해소에는 실제로는 선행하는 원리가 포함되어 있기는 하지만 그것은 이제 더 이상 자신의 본래적인 규정성을 띠고 존재하지는 않는다. … 선행하는 원리는 보편성을 통하여 승화된 것이다. 또한 지금의 방식은 기존의 방식과 다른 것으로 간주된다. … 그렇지만 그것 역시 하나의 새로운 것, 즉 어떤 다른 세부적인 규정으로 존재한다. 정신은 이제 자기 내적으로 규정되면서 다른 더 폭넓은 관심과 목적을 지닌다. 원리의 형식을 변형하는 것은 내용을 달리 규정하고 구체화시키는 작업이기도 하다."
(G(H) 179)

보편정신은 자기를 시간 안에서 "특정한 방식"으로 서술한다
(G(H) 180). 보편정신의 무한성은 특정한 방식으로, 다시 말해 유한
하게 표상된 민족정신 안에 구현된다. 보편적인 것과 특수한 것의
화해는 한편으로는 한 민족의 선행하는 보편적인 원리의 지양이면서
다른 한편으로는 다른 민족의 새로운 원리를 정립하는 일이다. "이
렇게 어떤 민족정신 안에서 행해지는 더 구체적이고 더 고차적인 규
정은 기존에 존재하는 것의 부정 또는 몰락이지만, 그 규정의 긍정
적인 측면은 이제 새로운 민족으로 나타난다."(G(H) 180) 이러한 **규
정적 부정**의 과정 자체는— 이 부정은 일반적으로 즉자에서 대자로
의 이행이라고 일컬어진다 — 그렇지만 민족정신의 의식이 아니라
보편정신의 의식에 귀착된다. 헤겔 자신은 여기서 다음과 같이 물으
면서 말을 잇는다. "그런데 이 새로운 것은 어디에서 온다는 말인가?
자기 자신에 대한 더 고차적이고 더 보편적인 표상이 있어서 자신의
원리를 넘어서는 존재, 더 보편적인 원리를 추구한다고 할 수 있겠
다."(G(H) 180) 접속법으로 표현된 이 대답에서 자신의 원리를 넘어
서는 존재는 선행하는 민족정신이 아니라 **하나의 더 고차적인** 정신
이라는 사실을 알 수 있다. 만일 이 존재가 **자기 자신**의 앞서간 것을
규정적으로 부정한 것이라면 그 존재는 "세계사에서 두 번 한 시기
를 풍미"할 텐데, 실제로는 그렇게 진행되지 않는다는 것이다(G(H)
180).
　보편정신의 개념은 그 자체로는 무한하지 않다. 보편정신은 시간
안에서 특정한 민족정신의 유한성과 매개될 때에만 무한성을 띠게
된다. 보편정신은 어떤 다른 민족정신과 결합함으로써 세계사에서

새로운 시기를 구축한다. 이 새로운 것이 기존의 것과 단순히 구별되는 것이 아니라 하나의 진보인 이유는 목적지향적인 정신개념의 본성에 기인한다. 정신의 목적은 "자기 자신으로의 복귀"이다(G(H) 181). 자기 자신으로의 복귀는 그렇지만 플라톤의 상기와는 달리 잊혀진 과거에 대한 개념적인 기억이 아니다. 그 복귀는 오히려 분열된 자기의 부정, 다시 말해 자기의 실체적인 통일성을 마련하는 것으로 여기에서 정신은 절대적인 자유를 획득한다. 정신은 단순히 자기 뒤에 남겨둔 과거를 돌보지 않는다. 정신은 오직 현재에만 몰두한다. 정신은 오직 현재의 분열상을 어떻게 통일시킬 수 있을 것인가에만 관심을 갖는다. 정신은 뒤를 돌아보지 않는다, 아니 뒤를 돌아볼 수 없다. 자신의 절대적인 자유를 자기의 최종목적으로 인식하고 또 만들기 위해 정신은 끊임없이 앞을 향해야 한다. 바로 여기에 헤겔의 **진보**사상의 핵심이 있다. 새로운 원리로 진보하는 데에서 예전의 원리는 현재 안에 이미 지양되어 있다. 이 지양은 정신이 과거에 대하여 의지적으로 행하는 활동의 결과가 아니라 단순히 정신이 행하는 현재적인 활동의 결과일 따름이다.

정신은 자유의 개념에 따라 스스로를 전개한다. 그러나 이러한 자유의 전개는 미리 결정된 것이 아니라 시간 속에서 이루어진다. "자유란 연속적인 과정 안에서 실재와 균등화되는 본질 규정이 아니다. 자유의 개념적인 규정은 실재적인 과정 속에서 비로소 성장한다."[1] 한 민족정신의 해체와 새로운 민족정신의 발생은 자유의식의 확대를 의미한다. 보편정신과 자유이념 간의 변증법은 보편정신의 내적인 합목적적 활동성 자체에 속한다. 보편정신의 목적이 한 민족의 원리 안에 실현되자마자 보편정신은 새로운 원리를 찾아 나선다. 진보의

---

1) E. Angehrn, *Geschichtsphilosophie*, 1991, 95ff.

과정은 더 고차적이고 새로운 원리의 발생과 평행하게 이루어진다. 자유의 원리가 역사성을 띠는 것은 보편정신이 **시간 안에서** 특정한 민족정신과 결합하기 때문이다. 이러한 결합이 각 단계에서 이루어질 때 각각 새로운 시기를 형성한다. "역사의 전개는 시간에 귀착된다."(G(H) 153)는 사실에서 우리는 보편정신의 자유가 시간 속에 있는 유한한 정신과의 관계를 통해서만 가능하며 이러한 화해 안에서만 자유의 새로운 원리는 현실성을 띠게 된다는 것을 읽을 수 있다.

그러므로 보편정신의 이념은 미리 결정된 기본 명제가 아니다. 그 이념이 역사 안에서 전개되는 것은 세계정신의 전제된 이념이 개별적인 민족정신들 안에 현상하는 것이 아니다. 그렇지 않을 경우 역사에서의 새로움이란 자연에서와 마찬가지로 이미 즉자적으로 존재하는 논리적 명제가 단지 전개되는 것에 지나지 않게 될 것이다. 철학사에서와는 달리 "**변화의 범주**"(G(H) 34)는 보편자가 지닌 시원의 즉자적인 원리의 전개가 아니다.[2] 세계정신의 자유이념은 확정되고 이상적인 원리가 아니다. 그 이념의 역사성은 세계정신이 다양한 민족정신들과 관계하는 데에서 산출되는 시간연관성이다. 그런 한에서만 정신은 항상 새로운 원리로 자기를 고양시킬 수 있다.

---

2) 풀다는 역사철학과 철학사의 차이를 다음과 같이 근거짓는다. "세계정신은 시간에 지배받는다. 이에 반해 절대정신, 특히 철학적인 사유는 시간에 지배 당하지 않고 오히려 시간 안에 현상하면서 시간의 주인으로 행세한다."(H. F. Fulda, *Das Problem einer Einleitung in Hegels Wissenschaft der Logik*, 1975, 206) 그에 따르면 세계정신의 시간연관성은 세계사의 단계적인 진행과 시대구분을 지시하는데 이러한 사태는 철학사에서는 생각할 수 없다. 왜냐하면 세계사의 변화에서는 "본질 자체가 시간의 진행 안에서 자기에 해당되는 재혁신(Wiederneuwerden)을 표현"하는 데 반해 철학사의 진행은 "최초의 것을 구체화하고 자기규정하는 특성"을 지니기 때문이다(같은 책, 208). 따라서 "세계사는 새로운 것을 산출하지만 철학사에서는 엄밀한 의미에서 새로운 것이 들어설 자리가 없다."(같은 책, 207)

2. 새로운 세계사적 민족의 출현에 따른 역사 진행의 연속성과 불연속성

자유의 의식이 역사의 시간을 통하여·규정된다는 사실은 새로운 것에 대한 물음을 역사철학적으로 고찰할 수 있는 가능성을 열어놓는다. 역사에서 새로운 것의 출현은 자유이념의 역사성과 직접적으로 관련되어 있다. 왜냐하면 어떤 민족의 새로운 원리의 출현은 헤겔에 따르면 그 민족의 자유에 대한 새로운 의식에서 비롯하기 때문이다. 그러나 이러한 자유의식은 앞서간 민족정신의 규정적 부정이 아니라 보편정신과의 관계에서 생겨난다. 자유의 이념은 그러니까 한편으로는 시간적이고 세계사적으로 조건지어지지만 다른 한편으로는 초시간적이고 무(無)역사적으로 현상한다. 바로 여기에서 사태 이해의 어려움이 따른다. 즉 자유의 개념은 헤겔의 역사철학 안에서 **원리**이면서 동시에 **과정**이고 **주어**이면서 동시에 **술어**라는 사실이다. 이러한 이중성을 토대로 기존의 것에서 새로운 것으로의 이행 과정에서 양자의 연속성과 불연속성에 대한 물음이 중요해진다.

이 물음과 관련하여 우선 기존의 것과 새로운 것 사이의 동일성과 차이성에 주목할 필요가 있다. 이미 보았듯이 하나의 세계사적 민족에서 다른 세계사적 민족으로의 이행은 민족정신 자체 안에서 발생하는 내적인 변증법이 아니라 민족정신이 보편정신과 매개됨으로써 가능해지는데, 이는 보편정신의 이념이 민족정신의 시간 구속성 안에서 그 모습을 모두 드러내지 않기 때문이다. 여기에서 두 가지 중요한 사실이 나온다. (1) 기존의 것에서 새로운 것으로의 이행은 연역 또는 인과성에 의해 설명되지 않는다. (2) 정신의 시간적인 경험이라는 관점에서 볼 때 기존의 것과 새로운 것 사이에는 아무런 공동의 토대가 없다.

새로운 세계사적 민족의 발생은 앞서간 세계사적 민족을 단순히 규정적으로 부정한 결과가 아니다. 새롭게 발생하는 세계사적 민족은 단순히 기존의 원리로 환원될 수 없는 독자성을 지니고 있다. 이러한 의미에서 헤겔에 따르면 민족정신의 구체적인 형태인 헌법의 변화는 보편적인 토대나 연역적인 방식에서 이루어지지 않는다.

"세계사적 민족들이 만개된 결과인 헌법은 그 민족들에게 고유한 것일 뿐 보편적인 토대가 아니기 때문에 헌법들의 차이는 구성과 발전의 방식에서만 존재할 따름이어서 그 차이는 원리들의 차이에 근거한다. 그렇기 때문에 우리는 현재의 헌법의 형태에 보탬이 되는 어느 것도 역사에서 배울 수 없다. 헌법의 마지막 원리인 우리 시대의 원리는 그 기존의 세계사적 민족들의 헌법에는 포함되어 있지 않다. 헌법의 관점에서 볼 때 예전 것과 새로운 것은 본질적인 원리를 공유하지 않는다." (G(H) 143ff.)

'보편적인 토대를 지니지 않는다'든지 '원리들이 다양하다'는 표현에서 이미 기존의 것과 새로운 것 사이의 불연속성을 읽을 수 있다. 그렇다면 무엇이 불연속적이고 이 불연속성은 어떠한 특성을 지니는가?

헤겔이 말하는 객관정신의 개념에서 볼 때 **변화**의 범주는 국가(또는 헌법)의 원리와 관련되어 있다. 하나의 원리에서 새로운 원리로의 이행은 민족정신들 사이의 내적인 변증법을 통해서가 아니라 각 민족이 독자적으로 보편정신인 세계정신과 관계를 맺음으로써 이루어진다. "모든 개별적인 새로운 민족정신은 세계정신이 주도적인 힘을 가지고 출현할 때 자신의 의식과 자신의 자유를 획득하는 데 따른 새로운 단계이다."(G(H) 73) 보편정신은 매 단계마다 특정한 민족정신과 통일될 때 비로소 보편정신의 이성성은 구체적인 이념의 형태

176

를 갖추게 된다. 바로 여기에 다양한 경험내용의 원리들 간에 불연속이 발생하는데 이 원리들 안에서 각각의 세계사적 민족은 자기 입장에서 보편정신에 스스로를 적응시킨다. 그래서 이 민족들 간에는 어떠한 인과적인 연결관계도 존재하지 않는다.

이렇게 볼 때 불연속적인 것은 각 민족의 **경험내용**이다. 헤겔의 **경험**이 이성적인 대상에 대한 지(知)라고 이해되는 한에서 세계사 안에서의 경험내용의 차이는 바로 인지하는 의식이 시간 안에서 행하는 **다양한 이성경험**에서 비롯한다. 달리 말해서 역사적인 시기의 불연속성은 당위적인 **이성**과 존재적인 **현실**의 **차별적인 종합**과 다를 바가 없다. 경험내용은 다른 시기와는 구별되는 특정 시기의 자기동일성을 지시한다. 시간을 정신의 관념적인 원리로 끌어들임으로써 보편정신의 지배적인 원리는 특수성을 띠게 된다. 정신의 시간연관성을 바탕으로 세계정신의 즉자적인 원리는 현재화될 수 있으며 또한 민족정신의 특수한 원리도 현실화될 수 있게 된다. 이러한 두 계기의 통일에서 세계사적 민족의 새로운 원리가 출현한다.

이렇게 파악할 때 과거에 경험적으로 정립된 내용은 현재 출현하는 새로운 것에 아무런 영향을 미치지 못한다는 말이 된다. 왜냐하면 새로운 원리의 출현은 각 단계들의 인과적인 관계가 순전히 역사적으로 전개된 결과가 아니기 때문이다. 하나의 세계사적 민족은 그 새로운 원리의 정당성의 근거를 기존 원리의 단순한 부정이 아니라 "예전에는 존재하지 않았던 원천에서"(G(H) 98) 확보한다.[3] 세계사의 즉자적인 이성은 민족정신의 지(知)를 통하여 현재화되는데 그 이성은 과거의 현존재가 아니라 현재 숨어서 활동하면서 아직 민족의 의식으로 화하지 않은 세계정신 안에 포함되어 있다(G(H) 97 참

---

3) 이 점에서 풀다가 세계사의 변증법은 "그 자체로 논리적인 변증법이 아니"라고 파악한 것은 옳다(같은 책, 208).

조). 세계사에서 시대의 단절이 출현하는 것은 세계정신의 즉자적인 이념이 매 단계마다 민족정신의 시간성에 관여하기 때문이다. 이러한 관여의 방식은 따라서 민족정신의 특수성에 따라 달라지게 된다. 이러한 의미에서 헤겔은 민족정신의 원리들은 아무런 공동의 토대를 지니지 않는다고 말하는 것이다.

국가 형태의 불연속성은 본질적으로 헤겔의 다원주의적인 사유에 근거한다. 즉 세계사적 민족의 모든 국가 형태는 자기 나름의 독자성(총체성)을 지닌다는 것이다. 이러한 특성이 자유의 추상적인 이념을 구체적인 이념으로 전환시킨다. 정신의 활동의 변화는 "질적인 변화로 표상되고 인식되어야 한다."(G(H) 150)는 사실은 그 변화가 각각의 단계에서 종교-문화적으로 상이한 민족정신과 새로운 관계를 맺는다는 사실로 뒷받침된다. 기존의 것과 새로운 것 사이의 질적인 차이는 민족정신과 세계정신이 매 단계에서 맺는 관계방식의 차이에 근거한다.

세계사의 변화가 민족정신과 세계정신의 관계에 의존한다고 할 때 이제 기존의 민족정신은 새로운 민족정신과 어떠한 관계를 맺는가 하는 물음이 제기된다. 두 민족정신은 상호 무관한 것인가, 아니면 나중 것은 불연속에도 불구하고 기존 것과 어떠한 개념적인 연관 속에 있는가? 물론 헤겔에 따르면 양자 사이에는 특정한 연관이 있으며 그렇지 않을 경우 헤겔이 말하는 역사진보의 개념은 설 땅이 없게 된다.

새로운 것은 기존의 것과는 **다른** 층에서 발생한다는 사실은 앞에서 이미 지적했다. 여기에서 '다른 층'은 기존에 존재하지 않았던 불연속성의 원천이다. 이때 우리는 이 존재하는 것의 실재적인 형태에 눈을 돌릴 필요가 있다. 실재적인 형태란 헤겔에게서 대자화된 정신의 현존재를 뜻하는데 이 현존재는 곧 역사적인 사실로 이미 알려진 민족정신의 인륜성이다. 이 인륜성은 그렇지만 새로운 원리를 구성하는 데 아무런 영향을 미치지 않는다. 그것은 단지 상이성을 띤 것으로 새로운 것에 대립할 따름이다. 여기에서 주목할 점은 기존 것이 **이중적**으로 구조화되어 있다는 사실이다. 기존 것은 이미 현실화된 것이면서도 또한 아직 현실화되지 않은 것을 포함하는데, 여기서 '아직 현실화되지 않은 것'이란 기존 것의 원리가 규정되는 과정에서 **배제**되었던 것이다. 새로운 것이 관련되어 있는 존재는 특정한 국가 형태로 이미 존재했던 것이 아니라 '존재했던 것에서 배제된 것'으로서 그 당시에 현실성을 띠지는 못했지만 **가능성**으로 아직도 작용하고 있는 것이다. 헤겔에 따르면 이렇게 배제된 것은 다시 수용할 수 있는 가능성으로서 이미 옛것의 현실성 안에 숨어 있다. 과거의 진리는 그러므로 현재의 정신이 과거의 경험을 단순히 기억하는 데에 있지 않고 과거의 경험적 질료에서 배제된 것을 **반성적으로** 기억하는 데 있다.4)

---

4) 이 점은 소위 '역사 법학파'에 대한 헤겔의 비판과 관련되어 있다. 헤겔은 휴고와 사비그니에 반대하여 그들이 과거의 경험적인 법, 이를테면 로마법을 다시 끌어들이는 태도에 못마땅해 한다(R §3 A, §211 A; P II 296). 이를 통하여 헤겔은 법이론의 발전은 경험적인 사실에 대한 **역사적인** 설명을 바탕으로 이해될 수 없으며 — 만일 그럴 경우 오직 과거만이 항상 반복해서 인과적인 숙명으로 작용한다 — 오직 **철학적인** 인식을 통해서만 적절하게 서술될 수 있다는 사실을 보이고자 한다. 철학적인 서술은 경험적인 질료의 토대를 반성하여 그 안에서 배제된 측면을 새롭게 조명할 수 있다는 장점을 지닌다. 현재하는 정신의 과거연관은 따라서 경험적인 것, 즉 시간적으로 지나간 것에 대한 기억이 아니며 과거 안에서 아직 실현되지 않은 보편적인 것에 대한 반성이다. 역사 법학파의 이해방식을 우리가 따를 경우 새로운 인륜성의 출현을 설명할 수가 없다. "법의 정당성에 대한 순수 역사적인 설명은 그 정당성에 대한 이성적인 근거지음의 필연성을 제시하지 못한다고 할 수 있다. 왜냐하면 죽어 없어진 삶을 다시 끌어들이는 것은 인륜적인 것의 생명성을 대리할 수 없기 때문이다."(R. Bubner, *Geschichtsprozesse und Handlungsnormen*, 1984, 196)

물론 이러한 사정이 헤겔의 역사철학에서 명료하게 서술되어 있지는 않다. 그렇지만 이와 같은 해석의 정당성은 여러 군데에서 입증될 수 있다. 이를 우리는 특히 헤겔이 도덕성 개념의 역사적인 전개과정을 서술하는 데에서 알 수 있다. 도덕성 개념은 인륜성 개념과는 달리 근대를 특징짓는 중요한 징표이다. 그러나 도덕성 개념은 소크라테스 시대에 이미 있었으면서도 아직 의식화되지 못했던 것이다. 헤겔이 그리스 정신의 아름다운 인륜성을—그리스 정신에서 인륜적인 개별성은 직접적으로 그리고 그 자체로 그의 보편자와 합치한다—그의 초기 작품에서 다시 살리려고는 하지만 거기에서도 개별자의 도덕성을 구제하지는 못한다. "그것은 순수한 인륜성일 뿐 아직 도덕성은 아니다. 주체의 개별적인 의지는 매개되지 않은 습속과 법적인 관습에 지배되고 있다."(G 137ff.)

"이렇게 그리스인들은 … 자신들의 명랑한 인륜성 속에서 보편적인 자유의 개념을 지니지 못했다. 거기에는 도덕성도 없었고 양심도 없었다. 도덕성, 즉 정신의 자기 내 복귀, 반성, 정신이 자기 안으로 도피하는 것은 그리스인들에게 없었다. 이런 것들은 비로소 소크라테스에게서 시작된다. 반성이 들어서고 개인이 자기 안으로 되돌아와 자신을 습속과 분리시켜 자기 안에 머물면서 자기 고유의 규정에 따라 살게 되자 거기에서 부패와 모순이 발생하게 되었다. 그 대립 안에는 그러나 정신이 머물 수 없다. 정신은 통일을 추구하고 그 통일 속에 더 고차원적인 논리가 놓여 있다. 정신이 자기 자신, 즉 자기의 개념이 전개되도록 스스로 도모하는 것이 곧 역사이다."(G(H) 71ff.)

그리스 정신 안에는 도덕성의 원리가 있었음에도 불구하고 그 원리는 부패의 원리로 치부되었다. "그것은 부패의 원리였다. 왜냐하면 그리스 정신, 헌법, 법률은 정당하지 않았으며 이것들 안에서 이 원리가 나타나는 것이 정당화될 수 없었기 때문이다."(P II 114) "플라톤의 이념에 근거하는" 그리스 세계에서 도덕성의 원칙은 새로운 것으로 취급되어 "배제"됨에 따라 개인의 주체성은 자기 안으로 되돌아가게 된다(P II 114).

개인이 자기 안으로 복귀하고 그로 인해 인륜성과 분리되면서 주관적인 도덕성과 객관적인 인륜성 사이에 대립이 발생한다. 그렇지만 이 대립의 통일은 그리스 세계에서는 이루어지지 않는다.5) 그리스 정신 안에서 주관성과 인륜성이 직접적으로 통일되어 있는 데에서 헤겔은 인륜성의 진리를 인정하지 않는데, 이 진리는 헤겔에 따르면 기독교의 도덕이론에서 비로소 가능하게 된다. 안티고네의 인륜적인 행위와 소크라테스의 도덕의식은 결국 숙명적인 아름다움으로 종결되지만 이는 도덕성과 인륜성의 첨예한 대립적 양상을 드러낼 뿐 "현실적인 도덕성"(Ph 446)을 보여주지는 못한다.

도덕성에 대한 규범적인 요구는 소크라테스 이후 이미 항상 있어왔지만 그것이 수용되어 실현되기까지는 오랜 시간이 걸렸다. 수용되지 않아 억제된 도덕성에 대한 요구는 기독교의 주체성 원리에서 비로소 개념적으로 전개되어 세계사 안에서 구체적으로 통용되기에 이른다.6) 여기에서 주목할 점은, 정신의 즉자적인 이성성은 현재하는 정신의 보편성뿐만 아니라 (이것이 비록 주제화되지 않고 배제되어 부정적인 형태로 존재하기는 하지만) 과거의 정신 속에도 포함되어 있다는 사실이다. 그리스 시대정신의 의식은 개별적인 도덕성을

---

5) 이 역사를 헤겔은 그리스의 비극을 안티고네와 소크라테스의 죽음으로 고찰하는 데에서 비유적으로 인식하고 있다.

6) 양자 간의 선택적 친화력은 "도덕성과 자연의 조화"(Ph 445)에 근거하는데 헤겔은 이 조화를 그리스의 비극과 기독교의 희극에 담긴 자연적인 인간 사랑에 공통적으로 구현되어 있다고 본다. 거기에서 개별자의 자연적이고 감각적인 의지와 순수한 사유의 이성적인 의지는 하나의 의식일 따름이다.

정신의 보편성으로 고양시켜 인간의 최상의 덕목으로 의식할 만큼 발전하지는 않았다. 헤겔에 따르면 이는 그 국가의 지리적인 여건과 종교적인 시대정신의 한계와 관련이 있다. "도덕성의 원리 또는 소크라테스의 내면성의 원리는 그 시대에 불가피하게 산출되었지만 그것이 보편적인 자기의식으로 화하는 것은 시대의 소관이다."(R §274 Z) 시대정신의 한계는 타자의 부정, 즉 시대정신이 스스로에게 독자적인 실재성(총체성)을 부여하는 것이면서, 다른 한편으로는 시대정신이 자신의 한계를 극복할 수 있는 새로운 지평을 서술하는 것을 뜻한다. 현존재의 이행의 논리에서 우리는 정립된 어떤 것이 아니라 부정된/배제된 타자에 주목할 필요가 있다. 어떤 것(Etwas)에 의하여 부정된 타자는 정립 안에서 완전히 지양되거나 소멸되지 않으며 현존재와의 관계 안에 보존되기 때문에 부정적인 것은 현존재에 적합한 시대정신 안에서 다시 긍정적인 것으로 등장한다. 그리스 인륜성의 비극은 그리스 세계가 단순히 몰락하는 것으로 끝나지 않고 거기에서 배제된 부정적인 것을 새로운 시대의 토대로 만든다. "그러나 이행의 시기에 발생하는 불행은 새로운 도야를 강화하는 것이 지나간 사실에 의해 말끔하게 순화되지 않기 때문인데 그 불행 안에는 또한 긍정적인 것이 들어 있다."(NR 528ff.)

그리스 세계에서 배제된 주관적인 도덕성은 나중에 기독교적-게르만적 세계에서 재발견되고 근대의 시대정신이 지닌 인륜성과 통일됨으로써 근대국가의 규범적인 원칙이 생겨난다. 근대의 시대정신이 과거를 기억하는 것은 따라서 이미 확정된 인륜적인 법칙을 다시 산출하는 것이 아니라 타자로 부정된 도덕성을 반성하는 것으로, 이 도덕성은 이제야 비로소 온당하게 평가되기에 이른다. 나아가서 배제된 것을 기억하거나 다시 수용하는 것은 부정적으로 뒤에 남겨진 것을 단순히 상기하는 것이 아니라 현재 안에 아직도 살아 숨쉬는 과거를 세계사적인 민족의 **미래** 형태와 결합시키는 것이다. 달리 말하면 지나간 과거를 되짚는 것은 과거 안에서 배제된 것과 세계정신의 미래지향적인 이념을 **창조적**으로 종합하는 일인데 이 작업은 세계사적인 개인들의 몫이다.

새로운 것은 기존의 것의 몰락을 대가로 생겨난다. 새로운 것의 발생은 기존의 것과의 단절이면서 동시에 기존의 것에서 배제된 존재에 대한 기억이다. 따라서 기존의 것에서 새로운 것으로의 이행은 이미 실현된 기존의 것과 지금 정립된 새로운 것의 관계의 측면에서 볼 때에는 **불연속적**이지만 과거에 가능태로서 존재했던 기존의 것과 지금 정립되는 새로운 것의 관계의 측면에서 보면 **연속적**이다. 여기에서 형식적으로는 정립된 총체성 간의 불연속에 주목할 필요가 있지만, 이미 정립된 것 안에서 배제된 가능성과 이 가능성을 자기 안에 수용하는 현실성 사이에 내용상 연속성이 있다는 점이 간과되어서는 안 된다. 그렇지만 지금 새로운 것 안에 수용된 이전 것은 이미 정립된 기존의 것 안에 있던 것과는 다른 의미연관 속에 있게 된다. 그러니까 이전 것은 시대의 단절을 경험하면서 새롭게 평가되고 또 새로운 맥락 안에서 다른 위치를 얻게 된다. 과거에 대한 정신의 상기는 단순히 과거를 되살리는 것이 아니라 새로운 세계를 탄생시키는 **생산적인 망각**이다. "이렇게 이 지(知)[정신의 자기실체에 대한 지: 필자]는 자기 안으로 들어가는 것(Insichgehen)인데 여기에서 정신은 자기의 현존재를 떠나 자기의 형태를 기억에게 넘긴다. 자기 안으로 들어가는 데에서 정신은 자기의식의 밤으로 침몰하지만 정신의 사라진 현존재는 그 안에 보존된다. 이렇게 지향된 현존재는 새로운 현존재, 새로운 세계 그리고 새로운 정신 형태이다."(Ph 590) 현재 안에서 지나간 현존재를 새롭게 탄생시키는 것은 바로 "시간에 외화된 정신"(Ph 590)인데 이 정신은 시대에 맞게 자신의 지나간 경험들을 새롭게 파악한다.

정신의 자기동일성은 지나간 것과 내용적인 연속성을 유지하지 않으며 현재 안에서 새로워지고 젊어진다. 현재의 정신은 지나간 것을 자기 안에 지양하여 그것을 지금의 시대 의식에 맞추어 새롭게 파악한다.

> "현재의 정신은 자기실존의 껍질을 벗어버린다. 그렇다고 해서 그 정신은 다른 껍질로 넘어가는 것이 아니라 자기의 기존의 형태의 잿더미에서 순수한 정신으로 출현한다. … 정신이 젊어지는 것은 동일한 형태로 단순히 복귀하는 것이 아니라 자기 자신을 구체적으로 설명하고 다듬는 것이다. 자기의 과제를 해결하면서 정신은 새로운 과제를 자신에게 부여함으로써 자신의 노동의 재료를 다양하게 만든다."(G(H) 35)

여기서 '연속성'은 글자 그대로의 의미를 상실한다. 역사 안에서의 정신의 **동일성**이란 헤겔에게서 정신의 **연속성**을 의미하지 않는다. 정신의 연속성은 오히려 **정신 자신의 자기반성**을 뜻하는데 이 자기반성은 세계사의 매 단계에서 정신 고유의 이성성과 결부되어 있으며 따라서 그 시대에 합당한 동일성을 확인한다.

정신은 매 단계에서 이미 정립된 기존 것과 결별하지만 다른 한편으로는 기존의 것에 의해 불가피하게 배제된 가능성을 기억하여 현재의 시대정신에 스스로를 적응시킴으로써 **현실적인** 자기동일성에 이르게 되며 이 동일성을 통하여 특수하고 새로운 형태를 띤 세계정신이 역사의 진행에 출현하게 된다. 이렇게 볼 때 세계사는 불연속성을 띤 민족정신들의 결합체로 이루어진다고 말할 수 있다.[7]

---

7) 귄터(G. Günther)는 「역사적인 범주로서의 새로움」(in: *Hegel Jahrbuch*, 1970) 에서 아리스토텔레스와 헤겔의 부정논리를 비교하면서 헤겔은 아리스토텔레

3. 맺는 말

헤겔의 '역사'는 연속적이면서 불연속적이다. 그런데 이러한 이중적인 사태파악은 관점의 차이에서 비롯한다. 세계정신의 관점에서 볼 때 세계사의 진행은 자기의 전개 과정이다. 그런 한에서 연속적이고 필연적이다. 그러나 민족정신의 관점에서 볼 때 세계사는 불연속과 우연의 연속이다. 세계사의 진행방향과 목적에 대해 민족정신은 눈이 닫혀 있기 때문이다. 세계정신은 민족정신들의 노동을 매개로 하여 자기목적을 실현하면서 스스로를 새롭게 한다. 그런 점에서 세계사는 세계정신에 대해서는 원환적인 '자기반성적' 운동이다. 그러면서 자기를 안다(知). 그렇지만 민족정신은 세계정신의 운동에 참여하여 그 이념을 실현함으로 스스로를 새롭게 한다. 그런 점에서 민족정신의 운동은 직선적인 '이행'의 과정이다. 세계사적인 민족들은 서로 소통할 수 있는 공동의 토대를 알지/의식하지 못한다. 그들은 오직 '앞'만 보고 나아갈 따름이다. 역사의 변화, 즉 역사가 새로워진다는 사실에는 그래서 이러한 두 가지 관점이 서로 얽혀 있다.[8] 그래서 전자에는 진보(Fortschritt)라는 용어가 어울리는 데 반해 후

스와는 달리 '맥락 안에서의' 부정, 달리 말해 부분 부정뿐만 아니라 맥락포괄적인 부정, 즉 전체 부정을 발전시켰다고 주장한다. 그에 따르면 헤겔은 '비맥락성(Diskontexturalitaet)'의 사유를 처음으로 철학사에 도입했는데, (헤겔이 이를 역사철학과 직접적으로 관련시키지는 않았지만) 이러한 사유를 바탕으로 헤겔은 새로움의 범주를 역사에서 적절하게 설명할 수 있었다는 것이다. 이와는 다른 맥락에서 루카스(H.-C. Lucas)는 「연속성, 통일성 그리고 새로움」(in: *Logik und Geschichte in Hegels System*, hrg. v. H.-C. Lucas und G. Planty-Bonjour, 1989)에서 불연속성과 새로움이라는 현상을 주제로 하여 헤겔과 쿤(T. Kuhn)의 만남의 가능성을 타진하고 있다.

8) 여기서 우리는 헤겔의 논리학을 근거로 하여, 민족정신의 불연속적인 이행이 '존재논리'에 근거한다면 세계정신의 자기실현이 '본질논리'에 근거한다고 말할 수 있다.

자에는 전개(Entwicklung)라는 용어가 합당하다. '전개'는 자기 안에 포함되어 있던 것이 밖으로 드러난다는 뜻을 지니는 데 반해 '진보'에는 앞으로 나아간다는 뜻이 강하게 배어 있다. 세계사의 진행은 하나의 사태로 나타나지만 세계정신의 관점에서는 자기를 실현하는 자기전개의 과정이고 민족정신의 관점에서는 자기의 과거를 잊은 채 앞을 향해서만 나아가는 진보의 과정이다. 이렇게 사태파악의 서로 다른 관점에 따라 연속과 불연속의 양면성이 나타난다는 것이 세계 사에 대한 헤겔의 철학적 이해의 특징이다.

'새로움'에 대한 역사철학적 이해의 고비들

　뉴밀레니엄을 필두로 하여 지금 세계사회에서 가장 빈번하게 사용되고 있는 형용사 가운데 하나는 '새로운'이다. '새로운'이라는 꼬리표를 달고 나오면 일단은 주위의 이목을 끌게 된다. 새롭다고 해서 모두 인정/수용되는 것은 아니지만 새롭지 않고 21세기로 진입하기는 어려운 실정이다. 그렇다면 '새롭다'는 도대체 무슨 뜻인가? 철학은 새로움이라는 일상적인 현상에 대하여 어떤 정당성을 부여할 수 있는가? 철학은 '새로움'에게 어떠한 존재론적 그리고 인식론적인 자리를 마련해 줄 수 있는가? 새로움을 설명하는 철학은 어떤 조건을 갖추어야 하는가? 새로운 것의 출현을 어떻게 설명할 수 있는가? 이 문제들에 답하기 위해 이 글은 새로움이라는 현상을 중심에 놓고 종래의 철학적 시각에서 이 문제에 어떻게 접근할 수 있는지를 해당 철학사상의 흐름에 맞추어 살펴보고자 한다.

　'새로운'이란 그리스어의 어원에서 볼 때 'neos'와 'kainos'의 두 가지로 풀이된다. 'neos'는 '시간적으로 새로운' 그래서 '참신한' 또는 '낡지 않은'을 뜻하고, 'kainos'는 '성질에서 새로운' 그래서 '색다른' 또는 '신종(新種)의'를 가리킨다. 그렇지만 이들은 모두 '처음 듣는', '예기치 못한', '지금까지 몰랐던', '뜻밖의'라는 뜻을 지닌다.[1] 새로움의 어원을 따져볼 때, 새로움이라는 현상은 철학의 초창기에는 주목거리가 되지 않았다는 사실을 바로 알 수 있다. 플라톤의 'idea'와 아리스토텔레스의 'ousia'에서는 '본질의 변화', 즉 새로운 것의 출현을 설명할 수 있는 근거가 마련되어 있지 않기 때문이다.[2]

'새로움'이란 어원적으로 '불연속적인 것'과 '예기치 않은 것'을 뜻하는 한에서 글자 그대로 '뜻밖의 것'이다. '뜻밖'이란 어떤 사태가 기존의 틀 또는 뜻으로 설명/환원되지 않는 상황을 일컫는다. 따라서 아리스토텔레스류의 존재론이나 형이상학에서는 새로움이 설명될 수 있는 근거가 없다고 할 때, 거기에서는 어떠한 새로운 것이 출현해도 그것에는 이미 주어진 뜻/틀(형식), 즉 'eidos'가 작용하기 때문에, 다시 말해 'eidos' 자체는 무시간적으로 'hyle'의 특성을 좌

1) *Historisches Wöterbuch der Philosophie*, 'Neu, das Neue' 항목 참조.
2) 아리스토텔레스가 가변적인 존재자(on gignomenon)를 플라톤과 달리 비존재자(me on)로 보지 않고 가변적인 존재자 '안'에서 어떤 불변적인 것을 봄으로써 가변적인 개별자를 운행질서의 영원한 존재계로 끌어올렸을 때, 개별자의 존재론적인 위상을 높이고 존재자의 '내재적인' 변화 가능성을 정초하여 새로움에 대한 역사철학적 접근의 가능성을 열기는 했지만 그의 실체철학은 플라톤과 마찬가지로 여전히 새로움을 독자적인 영역으로 인정하지 않았다/못했다. 그래서 문제사적인 맥락에서 볼 때, 'ousia'의 자기동일성과 영원성에 따라 개별자의 성격이 규정될 경우, 본질의 변화는 발생할 수 없으며 따라서 "진짜 새로운 것, 즉 이전에 없었던 것은 있을 수 없게 된다. … 'ousia'의 그러한 기본 특성은 새로운 것의 출현을 설명해야 하는 자리에서 커다란 난관에 봉착한다. 그것은 역사성과 시대성을 띤 모든 사유를 모순에 빠뜨린다. 또한 그것은 자연과학의 특정한 결과물, 이를테면 새로운 종의 출현이나 돌연변이의 발견을 설명하지 못하게 하고, 전적으로 새로운 것을 만들어내는 예술작품의 비밀에 철학이 접근할 수 있는 길을 언제나 차단하였다."(W. Marx, *Einführung in Aristoteles' Theorie vom Seienden*, Verlag Rombach, Freiburg, 1972, 48, 각주 35)

우하기 때문에, 'eidos' 자체는 항상 불변적인 것으로 무정형의 질료인 'hyle'의 구조를 결정짓기 때문에 새로 출현하는 모든 것은 겉으로는 새롭게 보일지라도 본질에서는 결국 'eidos'의 특성과 구조로 환원되기 때문이다. 아리스토텔레스가 "가장 먼저 생긴 모든 기본법은 어떻게 보존될 수 있는가?"(『정치학』, 131a, 23-24)에 관심을 가질 때 거기에는 정치적인 것의 자연적인 몰락에 대항하여 그것이 지속되어야 한다는 의지 못지않게, 가치 있는 것의 원형을 보존하여 그것의 순환을 이상으로 여김으로써 원시 고대적인 세계 인식의 전형을 반복한다.

아리스토텔레스류의 실체 형이상학을 따를 경우, 엄밀한 의미에서 '새로움'이란 존재하지 않으며, 존재한다 해도 그것은 궁극적으로 'eidos'의 작용에 힘입은 실체의 자기운동의 결과물에 지나지 않는다. 그런데 만일 그렇게 규정된 새로움은 새로움이 아니며 진짜 새로움은 어떠한 고정된 실체로도 환원되지 않아야 한다고 할 경우 새로움에 대한 설명은 그러한 실체 형이상학과는 다른 방식으로 다루어야 할 필요가 있다. 그러니까 기존의 준거점으로 환원될 수 없는 낯선 것이 출현할 수 있는 근거가 존재론적으로 확보될 때에만 '새롭다'는 규정은 진정한 의미를 갖게 된다. 그런 한에서 '새로운 것'이 철학에서 제대로 대접받는 데에는 많은 시간이 요구되었다.

아우구스티누스가 그리스적 사유의 순환적인 시간을 거부하고 유대교-기독교의 직선적인 시간을 역사 이해에 끌어들인 것은 새로움에 대한 역사철학적 접근에서 혁신적인 진일보라고 평가하지 않을 수 없다. 순환적 사유가 끊임없이 원점으로 복귀하여 원형보존을 이상으로 삼는 데 반하여 아우구스티누스의 역사시간(geschichtliche Zeit)은 원점에서 이탈할 것을 요구한다.3) 후기 유대교와 기독교의 종말론에 근거하여 '전혀 새로운 세상'이 지구에 실현될 것이라는 구약성서의 예언에 따라 역사의 연속이 아니라 단절이 이제 테마로 등장한다. 역사의 불연속은 무엇보다도 이전 것에 대한 기억의 단절이다. 더 이상 '뒤'를 돌아볼 필요가 없고 돌아보아서도 안 된다. "너희는 이전 일을 기억하지 말며 옛적 일을 생각하지 말라. 보라 내가 새 일을 행하리니 이제 나타낼 것이라."(「이사야」, 43:18-19) 과거의 기억은 미래에 대한 해결책이 아니다.[4] 미래는 과거로 환원될 수 없다. 영원한 것이 시간의 창조 속으로 들어옴으로써 적어도 인간에게는 반복성이 아니라 일회성, 필연성이 아니라 우연성, 예측 가능성이 아니라 예측 불가능성이 역사 진행의 본질로 인식되면서 '새로운 나라'와 '새로운 인간'이 출현할 수 있는 역사신학적 근거가 마련된다. 그래서 이제 새로운 것은 단순히 낯선 것, 이질적인 것이 아니라 '역사에서 본질적인 것'으로 나타난다. 이러한 사정이 물론 기독교의 구원사적인 역사 인식이 지닌 독창성이기는 하지만 이를 그 테두리에 묶지 않고도 '정신이 새로 태어날 가능성'을 시사했다는 점에서 아우구스티누스는 새로움에 대한 역사철학적 이해에 획기적인 지평을 열었다고 할 수 있다.

아우구스티누스는 성서의 내용을 바탕으로 역사의 불연속성을 말하여 역사에서 새로움이 출현할 가능 근거를 마련하기는 했지만 역

---

3) 헤로도토스와 투키디데스의 역사시간은 기본적으로 기억을 통한 칭송에 의거한다(앙게른, 『역사철학』, 유헌식 옮김, 29 이하 참조).

4) 아우구스티누스가 『신국론』 16권 15절에서 하나님이 아브라함에게 "너의 땅, 너의 친구, 너의 아버지에게서 떠나라."(「창세기」, 12:1)를, "그가 이미 떠난 땅에서 신체적으로 떠나라는 뜻이 아니라 정신적으로 떠나라는 뜻"으로 해석하면서 "그의 마음이 돌아가야겠다는 소망을 품고 향수에 사로잡혀 있는 한에서 그것은 아직 정신이 자유로워지지 않은 것이기 때문에 … 이러한 소망을 끊어버려야 했다."고 적고 있다. 자신의 과거에 집착하는 일은 신체의 생리를 따르는 것이며 그러한 생리와의 단절, 즉 하나님과의 정신적인 유대를 통해서만 새로운 미래를 기약할 수 있게 된다.

사 '신학'의 맥락에서 역사목적론의 형이상학을 벗어나지 못하고 있을 뿐만 아니라, 무엇보다도 소위 '기억철학'에서 맴돌고 있다는 점에서 새로움의 문제를 다루는 데 한계를 보인다. 그가 '기억의 문제'에 몰두하여 자기의 정체성뿐만 아니라 사유 자체도 전적으로 상기를 통한 기억에 의존하는 사태로 파악하여, 결국 하나님도 자신의 기억 안에서만 발견될 수 있었다고 고백하는 장면에서 그가 플라톤의 상기설을 충실히 따르고 있음을 보게 된다(『고백록』, 16장, 25장). 그래서 어떤 이가 '새로운 것'이라고 말한다면 그것은 단지 그가 상기를 게을리 한 데에서 비롯한 착각으로, 그가 모르는 사이에 그 새로운 것은 그의 기억 깊숙한 곳에 이미 자리 잡고 있었던 것이다(『고백록』, 11장). 이렇듯 아우구스티누스의 **역사철학**에서는 새로움이 인정되면서도 그의 **인식론**에서는 본래적인 의미의 새로움이 들어설 자리가 없다. 그 이후 중세 스콜라철학에서 새로움에 대한 논의가 진행되기는 했지만 이는 어디까지나 신의 섭리와 인간의 유한한 인식 능력 사이의 차이에서 비롯하는 지적 호기심(curiositas)의 결과물로 간주될 따름이었다.5)

역사적으로 르네상스를 거치면서 그 이전과 비교할 수 없는 새로운 지식과 발견이 이루어지면서 '새로운 것 자체'가 가치 있는 것으로 평가되기 시작하였다. 근대에 이르러서 "새로운 것을 관찰하고

---

5) 블루멘베르크는 특히 쿠자누스의 '무지의 지(docta ignorantia)'를 거론하면서 새로운 것에 대한 인간의 호기심이 왜 생기는지를 설명한다. "신이 존재한다는 사실은 … 모든 사물의 본질은 그 본질이 인식될 수 있는 대로 인식되지는 않는 이유이기도 하다." 새로운 것을 향한 욕구, 즉 호기심(Neugierde)은 '차이'를 극복하려는 심리 작용이라고 할 때 이 차이는 관념과 실재 간의 차이가 아니라 "인식하는 정신의 요구와 매번 도달하는 인식 결과 사이"의 차이이다(H. Blumenberg, *Der Prozeß der theoretischen Neugierde*, 162ff.).

또 산출하는 것은 중세의 'curiositas'의 의미에서의 충동적인 '호기심'이 아니라 형이상학적인 욕구가 되었다."[6] 또한 신대륙 발견은 인류에게 공간에 대한 새로운 상을 심어 주었다. 근대의 여명기인 16세기 후반에 이르러서는 새로운 것을 찾아 나서는 일이 시대의 흐름이 되어 의학에서 천문학에 이르기까지 당시에 등장한 책이름에는 '새로운'이라는 수식어가 자주 등장하게 된다. 갈릴레이가 『새로운 두 학문에 대한 수학적 논의와 서술』을 펴내고 데카르트의 『방법서설』과 베이컨의 『신기관』이 새로운 학문방법을 주창하는가 하면, 역사철학에서는 18세기 초에 비코의 『여러 민족의 공통적 특성에 대한 새로운 학문의 원리』가 출간된다.

근대의 합리론에서 직관과 연역이, 그리고 근대 경험론에서 관찰과 실험이 학문방법에 도입되어 학문방법의 혁신을 이루는 계기는 만들었지만, '새로움'이라는 현상을 학문의 내용으로 삼는 단계에 미치지는 못했다. 그러니까, 학문방법이 새로워졌다고 해서 새로운 것을 설명하는 힘이 커진 것은 아니었다. 근대 합리론의 흐름 속에는 전체적으로 볼 때 새로움에 대한 성찰이 전적으로 결여되어 있다. 실체 형이상학이 논의의 중심을 차지하면서 새로움이라는 우발적이고 예외적인 사건을 철학의 테두리에서 배제했기 때문이다. 철학의 과제를 세계가 궁극적으로 갇혀 있는 마지막 선을 긋는 일이라고 생

---

6) H. Blumenberg, "Nachahmung der Natur", in: *Wirklichkeiten in denen wir leben*, Stuttgart, 1996, 57. 여기서 '형이상학적'이라는 표현은, 블루멘베르크가 니체의 『비극의 탄생』에서 따온 말로 니체는 예술을 "삶의 형이상학적인 활동"이라고 서술하는데, 이는 중세에서와는 달리 근대에 들어 "사실적인 것의 유한성에 대해 가능한 것의 무한성(Unendlichkeit des Möglichen)"(같은 책, 56)이 발견되면서 존재하는 것뿐만 아니라 존재하지 않는 것도 예술활동의 대상이 되어 작품으로 나타날 수 있고 예술작품이 인간 세계에서 불가결한 존재의 일부가 되었다는 점을 가리킨다.

각하는 합리론자들에게 새로움이라는 현상은 결과적으로 실체의 자기반성에서 비롯하는 '가상'에 지나지 않았다. 합리론의 최종 주자 라이프니츠의 변신론의 입장에서 볼 때 새로움이란 결국 신이라는 실체는 이미 알고 있는, 또는 피조물인 인간의 눈에만 그렇게 보이는 가상물에 지나지 않는다. 근대 경험론의 경우는 물론 상황이 다르다. 경험론은 지식의 경험 의존성에 준거하여 인식의 확장 가능성을 열었다. 더구나 흄에 이르러 인식 주체의 자기동일성이 부정되면서 새로움이 출현할 수 있는 확실한 인식론적 토대가 마련된다. 그렇지만 경험론적 인식론에 따를 경우 새로운 지식이 이미 주어진 인상들의 결합에서 생겨난다고 할 때, 그 새로움이 주관성을 벗어나 어떻게 객관적으로 인정될 수 있는지는 그 틀 안에서 설명될 수 없다. 플라톤류의 기억철학이 지닌 힘이 여전히 작용하고 있고 근대의 인식론이 감각과 상상력에만 의존하는 한에서 새로움을 새로움 그 자체로 다루면서도 객관적인 자리를 부여할 수 있는 길은 쉽사리 열리지 않는다.

여기서 우리는 '새로움'이 철저하게 '역사적' 현상이라는 점에 주목할 필요가 있다. 합리론의 실체 형이상학에서 역사의 진행은 궁극적으로 필연의 구조 안에 갇혀 있기 때문에 여기에서는 역사 진행의 독립성이 인정되지 않아 새로움이라는 현상은 애초부터 논외일 수밖에 없다. 역사적인 것의 독자성이 보장되지 않는다는 것은 곧 미래가 열려 있지 않다는 뜻이다. 그러나 미래가 열려 있다고 해서 자동적으로 새로움의 출현에 대한 설명이 가능해지는 것은 아니다. 여기에는 새로운 것으로 새롭다고 인정/인식할 수 있는 객관적인 근거가 마련되어야 한다. 경험론은 이 점을 충족시키지 못하고 있다.

근대에서 새로움에 대한 관심은 철학이 아니라 근대라는 **시대**의 성격에서 비롯한다. 코젤렉(R. Kosellek)에 따르면, "근대에는 경험과 기대의 차이가 점점 더 벌어져, 기대가 그때까지 행한 모든 경험에서 점점 더 멀어진다는 점에서 근대는 새로운 시대로 파악될 수 있다."[7] 그리하여 "과거의 경험 공간에서 미래에 대한 진단을 도출"하던 시대는 지나갔다고 말한다.[8] "항상 관건은 더 이상 지금까지의 경험에서 도출될 수 없는 경험을 소화해 내는 일이었고, 따라서 그때까지 제기되지 않았던 기대를 구성하는 일이었다."[9] 이러한 발상은 코젤렉이 역사의 시간(geschichtliche Zeit)에 대해 새로운 시각을 제시한 데 바탕을 둔다. 그는 "그때그때의 현재 안에서 과거와 미래의 시간은 어떻게 연관되었나?"[10] 하는 물음을 제기하는데, 이 물음이 중요한 이유는 역사철학의 전통적인 시각에서 볼 때 '현재'는 과거의 집적물 이상이 아니거나, 미래를 현재 안에서 고려할 때 그 미래는 막연한 심리적 기대 이상이 아닌 데 반하여, 다시 말해 현재에 대한 객관적인 이해는 과거를 분석하는 일에 국한되었을 뿐 미래가 현재 안에서 어떻게 기획되어 있었는지는 탐구에서 제외된 데 반하여, 코젤렉은 현재 안에서 기획된 미래를 파악하여 이를 현재 이해의 다른 준거점으로 삼기 때문이다. 이미 지나간 사태가 아니라 아직 다가오지 않았지만 새로운 것을 기대하는 태도가 현재의 그들에게 구체적으로 작용하고 있는 것이다. 지나간 매번의 현재는 그 자체로 미래에 대한 기획을 안고 있으며 이를 변수로 고려하지 않는 것은 현재를 제대로 이해할 수 없을 뿐만 아니라 역사의 시간을 이해하는 데에서도 성공할 수 없다는 것이다. 현재가 과거로 환원되지 않을 뿐만 아니라 미래와 연관된다고 할 때 '새로움'이란 현재 속에

---

7) R. Kosellek, *Vergangene Zukunft*, 359.
8) 같은 책, 364.
9) 같은 책, 366ff.
10) 같은 책, 11.

이미 잠재되어 있고, 따라서 여건만 조성되면 언제라도 현실성을 띠고 출현할 수 있게 된다. "비동시적인 것의 동시성에는 다양한 시간 범위들이 포함되어 있다. 이들은 역사적 시간의 미래 진단적인 구조를 띠고 있는데, 모든 미래 진단에 선취되어 있는 사건들은 현재 안에 이미 잠재되어 있으면서도 아직은 현실로 나타나지 않고 있기 때문이다."[11] 코젤렉이 말하는 경험 공간과 기대 지평의 공존은 현재적 과거와 현재적 미래의 교차를 일컫는데 역사의 시간은 바로 이 양자 간의 차이에서 비롯하며 이는 역사에서 새로움이 출현할 수 있는 의미론적 공간이기도 하다.[12]

---

11) Kosellek, *Geschichte, Geschichten und formale Zeitstruktur*, 213.
12) 코젤렉의 이러한 생각은 후설의 '시간의식'과 견줄 수 있다. 후설은 시간의식과 관련하여 기억과 기대의 차이를 다음과 같이 설명한다. "기대직관은 거꾸로 된 기억직관이다. 왜냐하면 기억직관의 경우 '지금'지향들은 그 과정에 앞서서 나아가는 것이 아니라 오히려 그것을 좇아가기 때문이다. 이러한 직관들은 공허한 주변지향들로서 서로 대립된 방향에 놓여 있다."(후설, 『시간의식』, 이종훈 옮김, 한길사, 1996, 130) 기억은 이미 경험의 과정을 따라가는 반면 기대는 이 과정을 앞에서 끌고 나아간다. 그렇지만 후설의 경우 이 '끌고 나아감'은 '이미 결정된 것'을 통하여 '아직 결정되지 않은 것'을 예측하는 "예언가적 의식"(같은 책, 131)이라는 점에서 기억과 기대의 형식에서는 차이가 있을지언정 내용에서는 근본적인 차이가 없다. 왜냐하면 이미 경험된 내용을 바탕으로 하지 않고 독자적으로 새로운 심상을 형성하는 길이 기대직관에게는 열려 있지 않기 때문이다. 기대에 포함되어 있는 '결정되지 않은 어떤 것을 남겨둠'이라는 사태는 그 자체로는 열려 있지만 결국은 지금의 경험에 의해 닫혀 있는 것이다. 후설에 따르면 기억은 과거의 경험내용을 재생산하는 데에서 충족되지만, "기대는 지각 속에서 충족을 발견한다. 그것이 지각될 것이라는 사실은 기대된 것의 본질에 속한다. 이 경우 어떤 기대된 것이 나타난다면, 즉 현재의 것으로 된다면 기대 상황 자체가 지나가 버린다는 사실은 분명하다."(같은 책, 132) 여기서 후설은 코젤렉의 '기대 지평(Erwartungshorizont)'과 유사한 '기대 상황(Erwartungszustand)'이라는 표현을 쓰고 있는데 이들은 서로 다르다. 후설의 기대 상황에서는 이미 형성된 또는 지금 진행되고 있는 경험내용과 다른 또는 대립하는 어떤 것이 출현할 수 있는 가능성이 없는 데 반해 코젤렉의 기대 지평에서는 지금까지 있었던

코젤렉의 역사 이해에 누구보다도 상응하는 인물은 칸트이다. 칸트는 우선 미래가 "예전에 있었던 그대로 지속될 것"이라는 전통적인 역사 인식을 거부한다.[13] 그의 역사 이해에서 두드러진 점은 과거의 사건이나 순환적인 진행을 해석하는 일이 아니라 미래를 파악할 수 있다는 확신에 있다. 미래는 과거로 환원되지 않다는 점에서는 열려 있지만 미래의 진행은 이성의 능력이 확장되는 방향으로 나아갈 것이라고 칸트는 예견한다. 역사의 미래연관성을 근거로 그는 현재 속에 남은 사건의 흔적 속에서 미래에 대한 객관적인 인식의 가능성을 본다. 그의 유명한 역사표시(Geschichtszeichen)론은 그것이 비록 인류의 보편적인 도덕적 성향을 염두에 둔 발상이기는 하지만, 현재 안에 미래의 경향성을 예견할 수 있는 객관적인 흔적이 남아 있다는 사실을 인정하는 한에서 이는 새로움에 대한 역사해석학의 가능성을 여는 실마리를 제공한다.[14]

고전적인 역사철학의 정점으로 평가받는 헤겔의 역사철학에서 새로움에 대한 이해는 새로운 국면을 맞이한다. 헤겔이 "자연에서는 태양 아래 새로운 것이 없다. … 오직 정신의 대지에서 진행되는 변화 속에서만 새로운 것이 출현한다."고 했을 때 그의 정신철학은 새로움의 철학을 예비한다고 보인다.[15] 항간의 헤겔 비판과는 달리, 그가 비록 동일성 체계의 위력에 의존하여 새로움의 근거인 차이성을 결과적으로 하나의 자기동일자로 수렴시키기는 했지만, 정신적 실체

것과 질적으로 다른 것이 생겨날 수 있는, 글자 그대로의 의미에서 '열려 있는' 지평이다. 후설의 경우 '지각을 통하여 볼 때 기대되는 것' 이외의 다른 것이 등장할 수 있는 의식의 차원은 인정되지 않고 있기 때문이다.

13) I. Kant, *Idee zu einer allgemeinen Geschichte in weltbürgerlicher Absicht*, 7절, 43.

14) I. Kant, *Der Streit der philosophischen Fakultät*, 357 참조.

15) G. W. F. Hegel, *Geschichtsphilosophie*, Suhrkamp, 74.

를 주체로 파악하여 정신이 스스로 새로워지는 과정을 서술하고 또 총체적인 관찰자의 관점이 아닌 개별적인 참여자의 관점에서 그는 분명히 새로움의 출현 과정을 그 이전의 누구보다도 명료하게 서술하였다.16) 그러나 헤겔은 정신적 실체의 새로워짐의 과정을 결국은 목적론적인 기억의 원칙에 귀속시켜 미래의 열린 지평을 제시하지 않음으로써 새로움의 문제에 관한 한 칸트보다 오히려 후퇴하는 모습을 보인다. 그렇지만 헤겔에 이르러 정신은 초월적인 실체성을 상실하고 지상의 주체가 됨으로써, 다시 말해 플라톤류의 기억철학이 이제 역사철학으로 탈바꿈함으로써 새로움의 현상을 피안이 아닌 차안의 문제로 다룰 수 있는 길이 열리게 되었다. 새로움이란 역사 밖에서 침투하는 사태가 아니라 역사 안에서 인간이 만들어가는 하나의 사건이라는 사실이 헤겔에 이르러 명백해진 것이다. 그로 인해 아우구스티누스 이후 '새로움'을 기독교적 종말론에 입각하여 설명하려는 시도는 빛을 잃게 된다.

새로움에 대한 헤겔의 이러한 생각에 부합하는 인물은 부르크하르트(J. Burckhardt)이다. 그는 물론 헤겔의 변증법적 체계 구상을 거부할 뿐만 아니라 역사철학 일반을 비판하지만 총론이 아닌 각론에서는 적어도 헤겔의 시각을 견지한다. 전쟁을 "생(生)의 참된 혁신"으로 떠받든다든지,17) 역사란 모든 세대에게 새로이 "젊어질 특권(privilegium juventutis)"을 부여하고 "고통에 대한 기억"에서 벗어나 총체적인 "시효소멸의 법(Gesetz der Verjährung)"이 효력을 지니도록 하는 것으로 파악할 때18) 거기에는 헤겔이 말하는 역사 불연속

---

16) Heon-Sik Yoo, *Das Problem des Neuen im Geschichtsdenken Hegels*, Perter Lang, 1995, 117ff. 참조.

17) J. Burckhardt, *Weltgeschichtliche Betrachtungen*, 164.

18) 같은 책, 187.

의 측면이 강하게 배어 있다. 또한 헤겔이 세계사적인 개인들의 행위를 새로운 세계사적 민족의 출현과 관련하여 설명하듯이 부르크하르트도 역사 혁신의 힘을 훌륭한 인물들에게 부여한다. 그들은 자기 시대와 세계의 대표적인 표현일 뿐만 아니라 다가올 미래를 예견하여 이를 구체화시킨다는 점에서 새로운 역사의 견인차이다. 그렇지만 헤겔이 세계사적인 개인들을 정치의 영역에만 국한한 데 반하여 부르크하르트는 그들이 학문과 예술에서도 출현한다고 보아 '문화'의 영역이 역사의 혁신에서 차지하는 비중을 부각시킨다. 부르크하르트는 구체적인 사실만을 그의 역사해석에서 제시할 뿐 이를 역사철학적인 전제를 바탕으로 '설명'하지 않는다. 위대한 창조 행위도 그것이 새롭다고 해서 더 높은 단계로의 진행이라고 간주하지 않는다. 그렇지만 '새로운 것'은 '다른 것(타자)'과 구별된다. 새로운 것은 역사 진행의 긍정적인 내용을 이루며, 다른 요소들과 긴밀하게 연관되어 있다. 그에게서 새로운 것의 기준은 위대성이다. "위대한 것 = 새로운 것(das Große = Neue)."[19] 따라서 역사철학적인 중심 이념이 퇴색했다고 해서 그것이 곧 모든 가치부여 행위의 정지를 뜻하지는 않는다. (니체에게서 다시 나타나는) 위대한 것과 새로운 것의 본래적인 결합은 계몽주의 이후 헤겔에 이르기까지 지탱되어 오던 진보와 역사이성의 이념을 해체하는 데 중심 역할을 하게 된다.

현재는 단순히 과거의 연속이 아니며 또한 과거로 환원될 수 없다는 사실이 인정될 때에만 '새로움'은 홀로 설 수 있다. 이는 곧 새로움에 대한 철학이 기억철학에 의존하지 않고 어떻게 자신의 입지를 마련할 수 있는가 하는 과제로 전환할 수 있다. 지금 다루게 될 니체의 역사 이해는 이러한 문제의식에 근접한다. 그는 '망각의 힘'을 말

---

19) 같은 책, 247.

한다. 그는 인간이 기억할 수밖에 없는 존재라는 점을 부인한다. "동물이 그렇듯이 거의 기억하지 않고 산다는 것, 그것도 행복하게 산다는 것은 가능하다. 그렇지만 도대체가 잊지 않고 산다는 것은 전혀 불가능하다."[20] 니체에게서 기억은 불가피한 것이 아니다. 인간은 '망각할 수 있는 존재'이다. 여기서 망각은 부정적인 것이 아니라 오히려 생산적이다. 망각할 수 있음으로써 인간은 인간다워지고 역사의 연속선에서 벗어날 수 있다. 다시 말해 인간은 잊음으로써 새로워질 수 있다. 잊음은 새로워짐의 필요조건이다. 과거의 역사를 기술하는 것만으로는 삶을 이해하고 진작시키지 못한다. 그래서 니체는 반문한다. "삶은 대체 어느 정도나 역사기술의 봉사를 필요로 하는가?"[21] 여기서 역사적인 것 피안의 비(非)역사적인 것이 삶의 세계에 들어설 자리가 마련된다. "지난 일을 삶에 이롭게 사용하고 이미 발생한 일에서 다시 역사를 만드는 힘을 통하여 비로소 인간은 인간이 된다. 그런데 역사기술의 위압에 눌릴 경우 인간은 다시 인간이기를 그친다. 비(非)역사적인 것의 보호막이 없을 경우 인간은 (역사를) 시작할 수 없었을 것이고 감히 시작을 꿈꾸지도 못했을 것이다."[22] 니체는 역사적인 것을 무시하지는 않지만 '비역사적인 것의 힘'을 개입/부각시킴으로써 무엇이 인간의 삶을 지탱하는가에 답한다. "철저하게 비역사적이고 반역사적인 이러한 상태는 부당한 행위뿐만 아니라 정당한 행위의 탄생지이다. 그러한 비역사적인 상태를 이전에 욕구하고 추구하지 않았던들 예술가는 작품을 생산하지 못할 것이며 장군은 승리를 쟁취하지 못할 것이고 민족은 자유를 획

---

20) F. Nietzsche, *Vom Nutzen und Nachteil der Historie für das Leben*, de Gruyter, 250.
21) 같은 책, 257.
22) 같은 책, 253.

득하지 못할 것이다."[23] 니체는 여기서 헤겔과 마찬가지로, 역사적
으로 행위하는 자는 자신의 행위에 아무런 도덕적 의식을 수반하지
않은 채 오직 '숨쉬는 현재'에 충실할 따름이라는 사실을 지적함으
로써 역사에서 출현하는 새로움은 순전히 '현재가 어떻게 진행되어
야 하는가'에 대한 통찰에 따라 결정된다고 생각한다. "행위하는 자
는 알지 못한다. 그는 한 가지만을 하기 위해 대부분의 것을 잊는다.
그는 자기 뒤에 있는 것에는 눈길을 주지 않고 오직 지금 무엇이 이
루어져야 하는가 하는 정당성만을 알고 있다."[24] 행위하는 자에게
과거는 중요하지 않다. 오직 현재만이 관건이다. 활동하는 현재의 삶
은 새로움이 과거와의 불연속에서 출현할 수 있는 근거를 제공한다.
"역사의 지식은 봉인되지 않은 출처에서 항상 새롭게 흘러나오고 또
그리로 흘러들어 간다. 낯선 것과 무(無)연관적인 것이 밀어닥치고
기억은 모든 문을 열어놓으면서도 충분히 활짝 열지는 않는다. 자연
은 이 낯선 손님들을 받아들여 질서 짓고 존중하는 데 최선을 다해
노력한다."[25] 이 '봉인되지 않은 출처'는 나중에 포스트모더니즘의
존재론, 특히 데리다의 '차연(différance)'과 연결될 수 있다.

역사에서 출현하는 새로움의 문제를 고전적인 철학사의 중심축인
동일성 개념의 한계와 관련하여 본격적으로 다루기 시작한 인물은
아도르노(Th. Adorno)이다. 그는 헤겔을 비롯한 동일성 철학이 비동
일적인 것을 동일성의 원리에 귀속시킴으로써 새로운 것이 출현할
수 있는 공간을 마련하지 않았다고 비판한다. 새로움에 대한 그의
논의는 존재론과 사회/역사철학의 측면으로 나눌 수 있다. 우선 존재
론의 측면부터 보자. "더욱이 그들[전통철학들: 필자]은 이질적인 것

---

23) 같은 책, 253ff.
24) 같은 책, 254.
25) 같은 책, 272.

을 자기 자신, 즉 정신으로 해석함으로써 이질적인 것은 그들에게 또다시 똑같은 것, 동일적인 것이 되어 버렸다. 이 안에서 그들은 거대한 분석판단에 휩싸여 질적으로 새로운 것에 대해 아무런 공간을 제공하지 못한 채 반복될 따름이었다. 그러한 동일성의 구조가 없으면 철학이 불가능할 뿐만 아니라 확인된 결과들이 뜻 없이 열거되어 흩어지기라도 할 것처럼 생각하는 습관이 은연중에 지배해 온 것이다. 철학적 사유를 동일성 대신에 비동일적인 것으로 향하게 하는 것은 불합리하며, 그것은 비동일적인 것을 선험적으로 그의 개념으로 환원시켜 그것의 정체를 파악한다고 잘못 생각하는 것이다."[26] 아도르노가 동일성의 체계나 원리로 환원되지 않는 비동일적인 것의 고유성과 독자성을 내세움으로써 동일성 논리의 폭력에 맞서는 태도에는 비동일적인 것이 무미건조한 동어반복의 논리에 희생되는 사태를 막아야 한다는 타자성의 논리에 대한 그의 충정과 더불어, 비동일성이 존재론적으로 동일성에 선행한다는 인식이 자리 잡고 있다. 칸트의 비판적 인식론에 입각한 그의 타자성 이론은 그리하여 물신성에 기초한 산업사회에서 새로움의 출현이 원천적으로 봉쇄되고 있는 반(反)문화적 사태를 비판하는 방향으로 이어진다.[27]

이 맥락에서 아도르노가 고대 그리스 신화를 대하는 태도를 역사철학의 측면에서 조명하는 일은 의미 있다. 그는 과거 신화의 일회적인 사건을 현재의 동어반복적인 동일성 논리 속에 몰아넣는 태도에 반대한다. "어떤 실제적인 사건을 역사 이전의 설화적인 이야기든 수학적인 형식주의든 간에 그 밑에 종속시켜 현재를 의식(儀式)에서의 신화적인 사건이나 학문에서의 추상적인 범주와 상징적으로

---

26) Th. Adorno, *Negative Dialektik*, 158.
27) M. Horkheimer/Th. Adorno, "Kulturindustrie", in: *Dialektik der Aufklärung*, 108ff. 참조.

관련시키는 태도는 새로운 것을 미리 규정된 것(Vorbestimmtes)으로 나타나게 하는데 이것은 실제로는 새로운 것이 아니라 옛것이다."[28] 현재의 사태를 그 자체로 인정/규정하지 않고 옛것에 귀속시킨다든지 죽어 있는 추상적 형식에 맞추려고 할 경우, 현재는 현재로서 숨쉬지 못할 뿐만 아니라 현재의 새로운 면은 드러날 수 없게 된다. "태양 아래 새로운 것을 인정하지 않는 삭막한 지혜, 의미 없는 놀이에서 장기말은 모두 놓였고 위대한 사상은 이미 모두 생각되었으며 가능한 발견은 미리 구상될 수 있고 인간은 적응을 통한 자기보존에 매달려 있다는 이 삭막한 지혜는 자신이 비난하는 환상적인 지혜를 단지 재생산할 따름이다. 이는 이미 있었던 것을 보복을 통해 끊임없이 재생산하는 운명의 제재이다. 달리 될 수도 있었던 것이 똑같은 것으로 규정된다."[29] "만나는 모든 것을 이미 거기 있었던 것으로 동화시키고 또 전환시키는" 태도에 그는 항거한다.[30]

아도르노의 입장을 따르면, 새로운 것의 출현을 보장하지 못하는 철학은 엄밀한 의미에서 철학이 아니고 반(反)철학이다. 사태에 대한 매끈한 설명을 위해 사태 자체가 지닌 굴곡성과 타자성을 무시한 채 철학이 자기체면 유지의 환상에 사로잡혀 구별적인 사태들을 동일성이라는 용광로에 집어넣고 동일한 틀에 따라 한꺼번에 주조해 내는 것은 엄연히 사태에게서 자연적 생명을 앗아가는 폭력이고, 그런 한에서 이는 철학이 지양해야 할 길이다. 이렇게 볼 때, 아도르노에게서 비동일적인 것의 존재론적인 우위는 개별 사태의 타자성을 인정하는 일이고 이는 다시 역사에서 새로운 것이 출현할 수 있는 길을 열어놓는 일이기도 하다. 그에게서 개별성과 타자성은 새로운 것의

---

28) 같은 책, 28.
29) 같은 책, 15.
30) Th. Adorno, *Minima Moralia*, 316ff.

출현 근거이다.

　여기서 잠시 숨을 돌려, '새로운 것'을 둘러싸고 진행되는 문제 상황을 좀더 명료하게 할 필요가 있다. '새로운 것'은 단순히 '비동일적인 것', '다른 것', '낯선 것' 등과 같지 않다. 그러니까 이를테면 칸트의 주장대로 미래가 미지수로 열려 있다고 해서 새로운 것의 존재론적인 근거가 확보되는 것은 아니며 또한 아도르노의 주장대로 비동일적인 것이 동일적인 것에 논리적 그리고 존재론적으로 선행한다고 해서 거기에서 자동적으로 새로운 것의 설명 근거가 마련되는 것도 아니다. 거기에는 그러한 설명 이외에 다른 변수가 개입되어야 한다. '비동일적인 것', '다른 것', '낯선 것'은 단지 '~이 아니다'라는 부정어의 명사화에 지나지 않지만 '새로운 것'은 '어떤 긍정'을 내포하기 때문이다. 그러니까 '새롭다'는 단순히 '다르다'와 구별되어 '예전에는 못 보던/없던 어떤 것이 추가되어 있다'를 함축한다는 말이다. '새로운 것'이 어떤 긍정적인 규정을 포함하는 한에서 우리는 여기서 단계적으로 세 가지 물음 앞에 서게 된다. (1) 그것은 어떤 점에서 새로운가, (2) 새로 추가된 요소는 어디에서 생겨나는가, (3) 새롭다고 말하는 것을 어떻게 설명/규정할 것인가 하는 문제이다. 하지만 첫 번째 물음은 서로 관련된 뒤의 두 물음에 대한 해명을 통해서만 답변될 수 있기 때문에 사실 첫 물음은 뒤의 두 물음으로 압축할 수 있다. 그리고 가장 어려운 문제는 마지막 세 번째 물음이다. 그 이유는 앞으로 밝혀질 것이다.

　'새로운 것'은 상대적인 용어이다. 그것은 항상 '이전 것'과 비교하는 데에서만 의미를 지니기 때문에 필수적으로 시간적 계기를 함의한다. 새로운 것은 일반적으로 예전에 전혀 없던 어떤 것이라는 뜻과 예전 것과는 다른 어떤 것이라는 이중적인 의미를 지닌다. 전자는 예전 것과의 철저한 불연속을 뜻하는 반면 후자는 어느 정도의 연속을 인정한다. 이 차이는 중요하다.[31] 그렇지만 더 근원적인 것은 예전 것으로 환원될 수 없는 어떤 것이 지금 나타났다는 사실이다. 새로운 것이 어디에서 어떻게 출현했으며 새로운 것을 어떻게 이해할 것인가가 관건이다.

새로움의 출처와 관련하여 우리는 누구보다도 카스토리아디스(C. Castoriadis)의 말을 경청할 필요가 있다. 그에 따르면 새로운 것은 '상상적인 것(das Imaginäre)'에서 출현한다. 상상적인 것은 보통의 '이미지'와는 달리 거울에 비친 상이 아니라 무에서 유를 창조하는 '거울 자체'로서 그것을 통해 존재자는 존재성을 획득한다.[32] 사회적인 것과 역사적인 것은 상상적인 것의 창조 행위에서 비롯하는데, 사회적인 것은 그 자체가 상상적인 것을 포함하고 진행하기 때문에 반드시 시간적인 경과를 내포하고 있어, 이 점을 고려할 경우 사회적인 것을 역사적인 것과 떼어서 생각할 수 없다. 따라서 공시적인 것과 통시적인 것의 구분은 무의미하다. 사회 속에서 상상력이 지속적으로 외화되는 형국을 카스토리아디스는 화산의 **마그마**에 비유한다. 상상력의 끊임없는 분출은 마그마의 존재방식과 흡사하기 때문이다. 마그마의 성질을 지닌 상상적인 것은 정형도 없고 논리도 없어서 동일성의 논리로 포착할 수도 없고 그것으로 환원되지도 않는다.[33] 새로움을 자아내는 상상력은 그래서 사회적인 것 자체가, 이미 존재하던 것에서 탈피하여 스스로 탈바꿈하는 창조적인 힘이다. 카스토리아디스는 다양한 구별을 통하여 역사에서 새로움이 출현하게 되는 근거와 과정을 설명한다. 그는 특히 언어의 형성 과정과 무의

---

31) 쿤의 패러다임 이론과 포퍼의 비판적 합리주의는 과학사의 진행을 불연속적으로 볼 것인가, 아니면 연속적으로 볼 것인가를 둘러싼 논쟁이었다.

32) C. Castoriadis, *Gesellschaft als imaginäre Institution*, Suhrkamp, 12.

33) 같은 책, 467 참조.

식 세계의 분출 과정을 서술함으로써 이미 구성된 사회와 구성되고 있는 사회 사이에 불가피하게 차이가 있을 수밖에 없다고 말한다.[34]

사람은 특정한 사회에서 특정한 방식으로 살기 때문에 특정한 표현 행위를 필요로 한다. 여기서 카스토리아디스는 'legein'과 'teukein'이라는 용어를 끌어들인다. 'legein'은 '말하다/구별하다/가려내다/맞추다/세다'의 뜻이고 'teukein'은 '만들다/설치하다/산출하다/설립하다'의 뜻이다. 그렇지만 언어 행위와 제작 행위 모두 '어떤 상을 짓다'를 의미한다는 점에서는 차이가 없다. 그런데 사회가 성립하는 데에는 항상 반드시 'legein'과 'teukein'이 따라야 한다.[35] 그렇지 않을 경우 사회는 어떤 '형태'를 지닐 수가 없다. 여기서 동일성의 논리가 출현한다. 동일성 논리는 사회가 자신의 정체를 확립하고 보장하는 데 소용되기 때문이다. 그런데 사회의 상상적인 것은 '무제한적으로 규정될 수 있는 마그마'로서 그러한 동일성 논리에 포섭되지 않는 잉여를 항상 남긴다.[36] 그래서 언어는 그것이 의미의 마그마에 관계하는 한에서 처음에는 'langue'이며, 그것이 동일성 논리에 따라 조직되는 한에서, 다시 말해 'legein'인 한에서 'code'가 된다.[37] 'code'로서의 언어가 궁극적으로 무정형의 마그마에 준거하는 한에서 사회에서의 언어적인 상호소통은 근원적인 언어적 의미체의 부분에 지나지 않으며, 따라서 통용되는 언어체계는 가변성을 전제하고, 나아가 언제라도 새로운 상상력의 힘에 의해 재구성되거나 해체

---

34) 여기서 그는 존재와 존재자 간의 근원적인 차이를 말하는 하이데거에 근접한다. 그는 하이데거와 같은 맥락에서 지난 2,500년간의 서양철학은 존재성을 규정성으로 환원시켜, 존재를 특정한 존재자(einai ti)로, 말(言)을 특정한 어떤 말(ti legein)로 대치시키는 오류를 범했다고 지적한다(같은 책, 372).

35) 같은 책, 383.

36) 같은 책, 564.

37) 같은 책, 400.

될 수 있게 된다.

카스토리아디스는 상상적인 것의 무규정성과 역사성에 준거하여 이제 시간 개념에 주목한다. 시간이 공간으로 환원될 경우 새로운 것은 출현할 수 없다. "시간이 그 본질에서 공간성으로 환원되지 않고 단순히 방향만 제시하는 것이 아니라면 그러한 시간은 오직 급진적인 타자성, 즉 절대적인 창조가 출현할 때에만 가능하다. 그러한 시간은 지금 출현하는 것이 존재자 안에 이미 현존하지 않을 때에만 존재할 수 있다. 그러한 시간은 새로운 것이 미리 규정된 잠세태의 단순한 현실태가 아닐 때 가능하다. … 그러한 시간은 시간이 단순히 무규정성이 아니라 규정태의 발현, 아니 **새로운** 형식/형태의 발현일 때 가능하다."[38] 카스토리아디스의 시간 이해는 역사적 시간의 의미를 명료히 함으로써 역사에서 새로움의 출현할 수 있는 존재론적 그리고 미학적인 토대를 제공한다.

카스토리아디스의 발상은 족히 포스트모던적이라고 할 수 있다. 그의 '상상적인 것'은 무정형의 창조적 주체로서, 포스트모더니스트들이 말하는 존재론적 차이를 유발하는 미학적 또는 문학적 사태이기 때문이다. 이러한 상상적인 것의 힘을 바탕으로 역사에서는 끊임없이 새로운 것이 출현할 수밖에 없다. 그렇지만 문제는 남는다. 새로움의 출처와 관련해서 그가 말하는 '의미의 마그마'는 지나치게 신비스러우며, 더 중요한 것은 새로움에 대해 어떻게 설명할 것인가 하는 문제에 대해 그는 충분히 답변하지 않고 있기 때문이다. 그러니까 '새로운 것'을 '새롭다'고 언어화할 때 그것이 예전의 언어와 어떠한 관계 속에 있는지를 그는 말하지 않고 있다.

앞서 언급했듯이 '새로운 것'은 단순히 '비동일적인 것' 또는 '타

---

38) 같은 책, 323.

자'가 아니다. '역사적으로 새로운 것'은 어떤 식으로든 '긍정적인 규정'을 포함해야 한다. 그러므로 미래의 개방성, 과거와 미래의 불연속성, 타자의 출현 가능성 등의 말만으로는 새로움에 대해 충분히 설명한다고 볼 수 없다. 아무리 새로운 것이 출현한다고 해도 그 새로움은 '이미 통용되고 있는 언어'로 설명될 수 있어야 할 뿐만 아니라 다른 사람에게 설명하거나 또는 이해시킬 수 있는 구조를 띠고 있어야 한다. 여기에 새로움의 문제를 둘러싼 어려움이 발생한다. 이미 통용되고 있는 언어에 대해 서로 합의된 약속(convention)이 없으면 새로운 것이 출현해도 이해/설명할 길이 없다. 따라서 겉으로 보기에, 새로움에 대한 서술 문제는 새로운 것을 옛것을 통해 설명한다는 아포리아를 벗어날 수 없는 것 같고, 그럴 경우 새로운 것은 결국 옛것으로 환원되는 것이 아닌가 하는 의문이 일어난다.

이러한 문제의식과 맥을 같이하여, 슐리크(M. Schlick)는 "새로운 사실을 — 실제로는 모든 사실을 — 이미 사용되고 있는 몇몇의 기호로 표현한다는 것이 어떻게 가능한가?" 하고 묻는다.[39] 그에 따르면 "표현이 새로운 사실을 '이미 통용되고 있는 기호(Zeichen)'로 알리는 것이야말로 표현의 본질적인 면"이며, "이렇게 새롭게 알리는 것만을 우리는 표시(Bezeichnen)와 구별하여 표현(Ausdruck)이라고 부른다."[40] 새로운 사실을 설명하는 데에는 기존의 기호가 동원되지만 이 기호들을 새롭게 조합하고 배열함으로써 새로운 의미체를 만들어 낸다. 그런데 기존의 기호들이 새로운 결합을 통하여 새로운 사실을 드러낸다고 할 때 거기에는 특정한 규칙 또는 구조가 있어야 한다. "새로운 것은 우리가 머릿속으로 따라 그릴 수 있는 어떤 구조를 지

---

39) M. Schlick, *Das Problem der Philosophie in ihrem Zusammenhang*, Suhr-kamp, 82.
40) 같은 책, 84.

닐 때에만 다른 사람에게 알릴 수 있다. 새로운 것을 기존의 기호로 알리는 것, 바로 그것이 언어 또는 표현의 기능이다."[41] 그러한 규칙이나 구조는 주관적이 아니라 객관적인 것으로, 선험적 또는 경험적으로 주어진다.

새로움이란 일종의 '언어적 규정'이다. 그것은 원칙적으로 사태 자체에서 생기는 것이 아니라 사람이 비교를 통하여 판단하거나 상상한 결과물이다. 그러니까 새로움이란 '새롭다'고 의미를 부여하는 판단 행위에서 성립한다. 여기서 새로움이 어떻게 생겨나는가 하는 물음 못지않게, 어떤 새로운 것이 생겨났을 때 그것을 어떻게 '설명'할 것인가 하는 문제가 제기된다. 이 문제가 중요한 이유는, 새로움에 대한 학적인 인식의 차원에서 볼 때, 결국 관건이 되는 것은 새로움에 대한 '접근방법'이기 때문이다. 다시 말해 새로움에 대한 절차적인 인식에서는 지금까지 서술한 메타 수준의 형식적인 영역이 아니라 구체적인 '질료'의 영역이 탐구의 대상이라고 할 때, 새로움의 발생 문제는 결국 '새로움의 출현을 **어떻게** 설명할 것인가?' 하는 탐구 **방법**의 문제이기 때문이다. 그래서 새로움의 출현에 대한 설명방법과 관련하여 이제 외버만(U. Oevermann)의 객관적 해석학(objektive Hermeneutik)에 주목하게 된다.

외버만은 "옛것에서 새로운 것이 출현하는 것을 어떻게 설명할 수 있는가?" 하고 묻는다.[42] 그러면서 "어떻게 열린 미래가 지금까지 존재하지 않았던 것을 통하여 매번 채워지며, 또한 계속되는 혁신의 물결이 구조화된 운동을 띠고 어떻게 일반화할 수 있는 형태를 갖추

---

41) 같은 책, 91.

42) U. Oevermann, "Genetischer Strukturalismus und das sozialwissenschaft-
    liche Problem der Erklärung der Entstehung des Neuen" in: *Jenseits der
    Utopie*, Suhrkamp, 1991, 268.

게 되는가?"를 따진다.[43] 그의 문제 제기는 종래의 물음, 즉 지금까지 없었던 것이 옛것에서 출현하는 것이 어떻게 가능한가 하는 물음과는 다르다. 그는 새로운 것의 존재론적인 출처를 묻지 않고 이미 주어져 있으나 그것이 새로운 것인지 아직 모르는 그러한 어떤 것을 어떻게 설명할 수 있는가 하는 '방법적인' 물음을 던진다. 그러면서 그는, 새로운 것의 출현을 설명한다고 할 때 거기에는 특정한 구조가 깔려 있으며 — 슐리크의 말대로 구조가 없을 경우 관찰자는 이해할 수 없고 또 전달할 수 없기 때문에 — 이 구조를 밝혀내는 일이 곧 새로운 것의 출현을 설명하는 길이라고 말한다. 요컨대 객관적 해석학은 새로움의 출현 과정에 감추어진 객관적인 의미구조(latente objektive Sinnstruktur)를 해석하는 일을 과제로 삼는다.

"모든 새로운 것은 연계성과 텍스트 형태성이라는 조건으로 인해 객관적인 의미구조로 재구성될 수 있고 따라서 과거에 이미 동기유발된 것으로 규정할 수 있다. 그러므로 이는 새로운 것과 기지(旣知)의 것의 변증법적인 매개라고 표현할 수 있다. 어떤 절대적으로 새로운 것이란 — 새로운 것이 우연의 산물일 경우를 포함하여 — 이해할 수 없는 신비에 지나지 않는다. 말하자면, 새로운 것은 항상 동기유발된 것이다. 보충하자면, 기지(旣知)의 것은 실천성을 띤 삶의 근본적인 자율성 때문에 원칙적으로 새로운 것을 산출하는 힘을 지니고 있다."[44] 외버만에 따르면 새로움의 탐구는 "차후적인 재구성(nachträgliche Rekonstruktion)" 작업을 벗어날 수 없다.[45] 새로움에 대한 학적인 인식은 헤겔이 비유한 미네르바의 올빼미처럼 사태가 발생하고 나서 그것을 뒤돌아보는 회고적인 관점을 취하지 않을 수

---

43) 같은 글, 267.
44) 같은 글, 304.
45) 같은 글, 305.

없다. 학적인 인식은 새로운 사실을 만드는 작업이 아니라 새로운 사실을 밝혀내는 일이다. 포퍼의 말대로, 새로운 것을 발견하는 논리는 없다. 관찰자인 우리에게는 이미 발생한 것을 새로운 것으로 설명/해석하는 과제만이 주어져 있다. 해석학의 시각에서 볼 때 새로운 것은 항상 사후(事後) 탐구의 논리를 벗어날 수 없다. 다시 말해 사태가 발생하고 난 후에 관찰자는 거기에서 새로운 것을 찾아내는 길 밖에는 없다. 새로운 사실은 아무렇게나 우연히 생겨나지 않고 그 배후에는 특정한 규칙이 작용한다고 외버만은 본다. 그러니까 새로운 것은 옛것과의 완전한 단절 속에서 생겨나지 않으며 어떤 규칙성을 띤 동기에 의해 유발되기 때문에, 연구자는 주어진 표현 형태(Ausdrucksgestalt)를 재구성하여 그 속에 감추어진 의미구조를 드러냄으로써 새로운 사실을 읽어낼 수 있다는 것이다. 아주 엉뚱한 것이 출현한다고 해도 그것은 어떤 규칙을 따라 출현하는 것이지 아무런 맥락 없이 불현듯 나타나는 것은 아니기 때문에 연구자가 그 규칙을 찾아내기만 하면 새로움의 정체를 파악할 수 있다는 것이다. 그 규칙은 그렇지만 겉으로 드러나 있지 않고 표현된 결과물 속에 감추어져 있어서 연구자는 그러한 표현이 왜 나타났는지를 면밀히 검토해야 한다.46) 여기서는 그래서 행위자가 주관적 또는 자율적으로 어떤 새로운 것을 표현할 때, 거기에는 행위자가 의식하든 의식하지 못하든 어떤 객관적인 규칙/구조가 작용하고 있으며, 연구자는 바로 이러한 객관적인 규칙을 찾아내는 일에 몰두해야 한다.

---

46) 이 검토 작업은 퍼스가 말하는 가추법(假推法, abduction)의 방식을 원용하여 진행된다. 가추법에서는 우선 귀납적인 방식을 통해 사태를 일반화하고 이를 토대로 가설을 세워 주어진 표현 형태에 대한 다양한 해석 가능성 가운데 가장 합당한 경우를 추론하여 그러한 표현 형태의 성격을 규명한다. 퍼스는 이를 종래의 연역논리나 귀납논리와 구별하여 '새로운 사실을 밝히는 논리'라고 말한다.

행위자에게 현재는 항상 열려 있다. 그러나 행위자의 결정/결단에 의해 상황은 닫힌다. 열린 지평은 새로운 것이 출현할 수 있는 조건 이지 새로운 것 자체는 아니다. 새로운 것은 행위자의 결정에서 생기는 것이며 이 결정에는 행위자가 의식적 또는 무의식적으로 부여하는 의미가 관여한다. 행위자의 자율적인 공간이 확보되어 있기는 하지만 행위자의 결정에는 단순히 주관적인 것이 아니라 이미 통용되고 있는 일정한 규칙이 작용하고 있기 때문에 해석자가 행위자의 행위를 유발한 배후의 동기를 밝히기 위해서는 이 규칙을 찾아내야 한다. 이를 위해 해석자는 행위자에 의해 주어진 표현 형태를 하나의 텍스트로 간주하여 그 텍스트를 구성하고 있는 다양한 요소들을 순차적으로 분석(연계분석, Sequenzanalyse)하는 과정에서 그러한 표현 형태를 출현시킬 수 있는 모든 가능성들을 차례로 검토하여 설명력이 가장 우수한 경우를 최종적으로 선택하게 된다. 이때 무엇보다도 텍스트의 자율성을 존중하여 텍스트 외적인 컨텍스트의 개입을 최대한 배제하고 — 그렇지 않을 경우 텍스트는 컨텍스트로 환원되어 텍스트의 고유성과 자율성이 깨짐으로써 비동일적인 것들을 동일적인 것으로 획일화하는 오류를 범하게 된다 — 주어진 표현 형태를 해석하는 데 요구되는 모든 수단, 이를테면 경험적인 지식, 추상적인 이론 등을 동원해야 한다. 이를 통하여 해석자는 표현 형태 속에 감추어져 있어서 아직 의식되지 않고 있는 사실(이것이 곧 새로운 사실이다)을 겉으로 드러낼 수 있게 된다. 여기서 객관적 해석학은 기존의 지식이나 이론이 아니라 텍스트 성격을 띤 표현 형태를 연구의 중심에 놓고 지식이나 이론은 표현 형태를 해석하는 도구로 사용한다. 그리하여 사태 자체(die Sache selbst)의 생명력이 보존되어 있는 표현 형태를 해석하는 일은 곧 사태 속에서 새로운 것을 읽어낼 수 있는 유일한 길이 된다. 그렇지 않을 경우 사태는 기존의 지식과 이론의 덮어씌우기에 희생되어 사멸하고 말며, 그 안에서 어떠한 새로운 것도 찾아낼 수 없게 된다. 그래서 객관적 해석학에 따르면 새로움의 문제는 결국 새로운 것의 출현에 대한 설명의 문제이며, 이 설명은 이미 발생한 사태(표현 형태)를 차후적으로 재구성하여 그 안에 감추어진 의미구조를 해석하는 문제로 압축된다.[47)]

　지금까지 우리는 새로움이라는 현상을 둘러싸고 진행된 논의를 어느 정도는 철학사의 흐름에 맞추어 살펴보았다. 19세기 말에 이르기까지 '새로움'은 철학적 담론의 중심 모티브가 아니었다. 새로움은 오히려 존재의 해명이나 지식의 성립 과정을 설명하는 자리에서 추가적으로, 그것도 부정적으로 언급되는 정도였다. 철학이 전통적으로, 이 세계가 궁극적으로 닫혀 있는 필연의 구조를 찾는 일에 종사했다고 할 때 그 안에서 새로움이라는 역사적 현상을 자리매김하기는 어렵다. 그래서 플라톤과 아리스토텔레스류의 형이상학적 사유 안에서 '새로움'을 논의하는 일은 항상 한계를 지닌다. 그렇다고 역사성을 철학적 사유의 변수로 고려한다고 해서 새로움의 문제가 자연스럽게 답변되는 것도 아니다. 아우구스티누스의 종말론적 역사신학이나 헤겔의 변신론적 역사철학은 새로움 또는 혁신의 가능성을 자체적으로 포함하고 있으면서도 여전히 기억철학의 테두리를 벗어나지 못하고 있어서 새로움을 그 자체로 다루지는 못하고 있다. '기억철학'을 어떻게 극복할 것인가를 화두로 삼는다고 할 때 아도르노식의 해결책을 생각할 수 있는데 그의 비동일성 철학은 미학적인 것의 개입을 근거로 — 포스트모더니즘도 마찬가지 — 새로움이 지닌

---

47) 발생적 구조주의라고 이름 붙일 수 있는 객관적 해석학의 관점에서 탈구조주의를 표방하는 포스트모더니즘의 '새로움'에 대한 이해가 지닌 문제점을 지적하는 일은 다음의 과제로 미룬다.

타자성, 돌발성, 우연성, 의외성, 불가역성 등 이전 것과 새로운 것 사이의 불연속의 근거를 마련하기는 했지만 그 미학적인 사태가 구체적으로 어떻게 새로움을 창출하는지는 말하지 않고 있다. 이에 반해 카스토리아디스는 언어와 전(前)언어 그리고 의식과 무의식의 관계를 해명하면서 미학적인 상상력의 힘이 어떻게 새로운 것을 창출하는지를 보여준다. 그리하여 그는 기존의 사회적인 것이 불가피하게 새로운 사회적인 것으로 탈바꿈하기 때문에 사회적인 것은 곧 역사적인 것이며 역사적인 것은 곧 새로운 것이라고 정식화한다. 카스토리아디스는 상상적인 것의 무정형성과 자기구성력을 바탕으로 언어와 의식이 스스로 새로운 코드를 만들어가는 모습을 설명한다. 그렇지만 이러한 발상에는 아직도 새로운 것을 어떻게 설명할 것인가 하는 '방법적인' 반성이 결여되어 있다. 슐리크가 기존 언어들의 새로운 배열과 조합을 통하여 새로운 언어가 출현하며 새로운 언어를 이해하고 공유할 수 있는 것은 그것이 특정한 구조를 띠고 있기 때문이라는 지적에서 우리는 새로운 것을 객관적 사실로 인식하고 설명할 수 있는 근거를 갖게 된다. 여기서 외버만은 한 발 더 나아가 새로운 것을 설명하는 구체적인 방법을 제시한다. 그에게서 '새로운 것의 출현 가능성'은 곧 '새로운 것의 설명 가능성'을 뜻한다. 그러니까 새로운 것에 대한 논의는 출처나 발견의 문제가 아니라 설명과 해석의 문제이다. 그런데 설명과 해석을 위해서는 이미 어떤 사태가 주어져 있어야 한다. 주어진 사태는 어떤 식으로든 표현된 것이며 이 '표현 형태' 속에는 특정한 규칙/구조가 감추어져 있는데, 여기서 표현 형태를 하나의 텍스트로 간주하고 그 자율성을 인정하면서 그 안에 감추어진 의미구조를 밖으로 드러내는 작업이 곧 새로움을 설명하는 일이다. 지금까지 진행된 새로움에 대한 사변적인 이해에 덧붙여, 객관적 해석학을 통하여 우리는 삶의 현장 속에 있는 구체적인 사태(표현 형태)를 탐구의 중심에 놓고 그 의미구조를 해석함으로써 아직 알려지지 않은 새로운 사실을 밝혀낼 수 있다. 이러한 시각은 새로움의 출현을 설명하는 데 요구되는 방법적인 틀을 제공하며, 그리하여 넓은 의미에서 새로움에 대한 문화해석학의 가능성을 제시한다.

3 장

정신의 자각적 운동구조

'새로운 것'의 출현을 설명하기 위한 방법론 연구
헤겔의 객관적 관념론과 외버만의 객관적 해석학의 비교

자아의 자각을 통한 한계보유적 행위
반쪽 헤겔주의자 최인훈

정신의 자기복귀와 자기혁명
함석헌 역사정신의 한 연구

'새로운 것'의 출현을 설명하기 위한 방법론 연구
헤겔의 객관적 관념론과 외버만의 객관적 해석학의 비교

1. 문제사적인 상황

철학의 이론은 어떻게 '새로움'이라는 현상에 접근할 수 있는가? 플라톤과 아리스토텔레스 이후 서양의 전통적인 철학에서 '새로움'이 차지할 수 있는 자리는 없었다. 이들은 소위 변화의 문제를 다루는 데에서 새로움이라는 현상에 초점을 맞추기보다는 발생론적인 시각에서 이 현상을 근본적으로 형이상학적 변화론의 아류에 귀속시켰다. 그리하여 플라톤의 'idea'와 아리스토텔레스의 'ousia'에서는 '본질의 변화', 즉 새로운 것의 출현을 설명할 수 있는 근거를 마련할 수 없었다.[1] 이들을 잇는 후대 철학자들은 새로움의 문제를 철학의

---

[1] 아리스토텔레스가 가변적인 존재자(on gignomenon)를 플라톤과 달리 비존재자(me on)로 보지 않고 가변적인 존재자 '안'에서 어떤 불변적인 것을 봄으로써 가변적인 개별자를 운행질서의 영원한 존재계로 '끌어올렸을' 때, 개별자의 존재론적인 위상을 높이고 존재자의 '내재적인' 변화 가능성을 정초하여 새로움에 대한 역사철학적 접근의 가능성을 열기는 했지만 그의 실체철학은 플라톤과 마찬가지로 여전히 새로움을 독자적인 영역으로 인정하지

전통적인 문제 영역에서 배제하여 철학의 잉여 지대로 밀어 넣었다. '존재'는 한결같이 자기동일적으로 머물러야 하기 때문에 변하는 존재는 더 이상 존재가 아니며 이러한 불변적인 존재를 탐구하는 일을 제1학으로서의 철학의 과제로 규정하는 형이상학적 태도는 칸트에게까지 이어진다. 이렇게 초시간적, 초역사적으로 타당한 사태를 추구해야 한다는 입장을 철학이 고집할 경우 거기에는 불연속성, 타자성, 혁신성, 우연성, 반(反)체계성, 진정성 그리고 무엇보다도 미래지향성 등을 외적인 특징으로 하는 '새로움'의 현상은 자연히 철학의 저편에 머물 수밖에 없었다. 따라서 새로움의 문제에 착안한다는 사실 자체가 이미 전통적인 철학 개념에 대한 비판을 내포한다.

그런데 여기서 주목해야 할 점은 전통적인 서양 형이상학의 중심에 서 있는 '존재의 문제'가 인간학의 측면에서 볼 때 결국은 '새로움의 문제'에서 출발하고 있다는 사실이다. 존재와 만나는 데에서 인간이 부딪치는 소외감 또는 경외감, 그리고 거기에서 필연적으로 발생하는 낯선 것에 대한 극복의 시도는 단순히 나와 다른 것, 즉 타자(das Andere)의 출현에 따른 이질감의 극복 또는 타자의 **자기화**(das Sich-Aneignen des Anderen)에 그치지 않는다. 낯선 것을 자기 것으로 만드는 행위에는 관찰자(철학자)의 관점에서 볼 때 근본적으로 세계에 대해 자신이 지녔던 낡은 상(像)에서 벗어나 새로운 상을 정

않았다/못했다. 그래서 문제사적인 맥락에서 볼 때, 'ousia'의 자기동일성과 영원성에 따라 개별자의 성격이 규정될 경우, 본질의 변화는 발생할 수 없으며 따라서 "진짜 새로운 것, 즉 이전에 없었던 것은 있을 수 없게 된다. … 'ousia'의 그러한 기본 특성은 새로운 것의 출현을 설명해야 하는 자리에서 커다란 난관에 봉착한다. 그것은 역사성과 시대성을 띤 모든 사유를 모순에 빠뜨린다. 또한 그것은 자연과학의 특정한 결과물, 이를테면 새로운 종의 출현이나 돌연변이의 발견을 설명하지 못하게 하고, 전적으로 새로운 것을 만들어내는 예술작품의 비밀에 철학이 접근할 수 있는 길을 언제나 차단하였다."(Marx 1972, 48, 각주 35)

립하겠다는 실존적인 의지가 이미 포함되어 있다. 다시 말해 **타자의 문제의 바탕에는 새로움의 문제가 이미 전제되고 있다.** 자기가 새로워지지 않을 경우 타자에 대한 어떠한 경험도 존재론적이고 인간학적인 의미를 상실한다. 관찰자의 관점뿐만 아니라 참여자의 관점에서도 사정은 마찬가지다. 모든 존재는 단순히 타자가 되려고 하거나 타자를 자기 것으로 만들고자 하거나 소외(낯섦)를 유발하는 대상을 단순히 극복하는 데에서 그치려 하지 않고 이를 통하여 궁극적으로는 자기가 **새로워지려** 한다. 새로움에 대한 욕구는 자기극복의 욕구에 실존적으로 선행한다. 새로워짐이 이렇게 존재의 **궁극적인 관심**으로 등장하는 이유는 바로 새로워짐으로써 존재는 자기 자신이 되고 또 그것이 곧 자기의 **진리성**을 드러낸다고 보기 때문이다. 철학적 사유는 이렇게 새로워짐의 진리성에 의존하고 있으면서도, 다시 말해 **존재로 향하는** 철학적 사유가 이미 종래의 낡은 자기에서 벗어나 그와는 다른 것으로 **새로워지려는 욕구**에 근거하고 있으면서도 철학은 이러한 자기 자신의 내적이고 원초적인 욕구 자체에 오랫동안 눈을 뜨지 못했다.

서구 인문학의 경우 플라톤과 아리스토텔레스를 바탕으로 하는 관념론이나 실체철학은 말할 나위 없고 비판철학/비판이론이나 경험론조차도 엄밀한 의미에서 '새로움'을 새로움으로 다룰 수 있는 방법론적인 토대를 마련하지 못했다. '새로운 것의 출현'을 어떻게 설명할 것인가에 대해 본격적으로 관심을 보인 것은 20세기 중반의 일이다.[2] '새로운 것'은 어원적으로 '예기치 않은 것' 또는 '불연속적인 것'이라는 의미에서 '뜻-밖의 것'으로 이해됨으로써, 새로운 것을 '뜻-안'으로 끌어들이려는 일반화와 연속성의 원리에 밀려 항상 주변에

---

2) 서양의 (역사)철학이 '새로움'에 대해 어떤 태도를 보여왔는지에 대해서는 유헌식 2001, 37 이하 참조.

만 머물러야 했다. 특히 새로움이 지닌 시간성과 타자성 그리고 이에 따른 불연속성을 어떻게 개념적인 장치와 연결시킬 것인가 하는 문제는 아직도 어려운 과제로 남아 있다.

현재 이 문제를 정면으로 부각시켜 다루고 있는 인물은 독일 프랑크푸르트 대학 사회과학부의 외버만 교수이다. 그는 자신이 고안한 소위 '객관적 해석학(die objektive Hermeneutik)'을 바탕으로 이 문제에 접근한다. 그의 문제의식이 이 글을 쓰게 된 직접적인 동기가 되었지만,[3) '새로움'에 접근하는 그의 방법론은 기본 입장에서, 오랫동안 나의 연구 중점이었던 헤겔의 객관적 관념론과 크게 다르지 않다고 생각하여 외버만의 입장을 중심으로 삼으면서 이와 비견되는 헤겔의 관점을 서술하여 헤겔 변증법의 강점을 다시 부각시키고, 나아가서 새로움에 대한 인문사회과학적 설명의 한 방향을 제시하고자 한다.

'새로운 것'에 대해 철학이 관심을 보였다고 한다면 이는 어디까지나 새로운 것의 출현 근거를 찾는 일에 국한되었다. 멀게는 아우구스티누스의 역사신학을 필두로 하여 아도르노의 비동일성 철학, 그리고 블로흐의 유물론적 유토피아론을 거쳐 최근에 카스토리아디스의 상상적 구성론을 비롯한 해체론자들의 차이성 이론은 새로움에 대한 존재론적이고 형이상학적인 근거를 마련하려는 시도일 뿐, 새로운 것이 어떠한 구체적인 메커니즘을 통하여 출현하며 새로운 것이 출현한다고 할 때 그것을 어떻게 설명할 것인가 하는 **방법적인 반성**은 이루어지지 않았다. 그런 한에서 외버만이 "옛것에서 새로운

---

3) "객관적 해석학은 새롭게 출현하는 것을 확인하는 산파이다."(U. Oevermann, "Genetischer Strukturalismus und das sozialwissenschaftliche Problem der Erklärung der Entstehung des Neuen", in: *Jenseits der Utopie*, hrg. S. Müller-Doohm(이하 GS로 줄여 본문에 표시함), 330)

것이 출현하는 것을 어떻게 설명할 것인가?"(GS 268) 하는 물음을 제기한 것은 새로움에 대한 학적인 인식의 문제와 관련하여 대단히 중요한 논의의 실마리를 제공한다. 그는 새로움에 접근하는 데에서 질문의 방식을 바꾼다. 그에게서 관건은 새로운 것이 어디에서 출현하는가, 그리고 새로운 것이 어떻게 출현하는가 하는 존재론적인 설명이 아니라, 이미 출현하고 있는 새로운 것을 어떻게 설명할 것인가 하는 방법론적인 문제이다. 존재의 문제를 인식방법의 문제로 전환시킨 근대적 사고의 특징에 따라 외버만은 새로움에 대한 이해를 방법론의 문제로 전환시킴으로써 그는 새로움에 대해 더 이상 형이 상학적으로 접근하지 않는다.

새로운 것의 출현을 **설명**하는 데에서 두 가지 사항을 우선 검토해야 한다. 먼저, 새로운 것의 설명에 따른 새로운 것의 위상 문제이다. 새로운 것은 본성상 예측 불가능한 것이어야 하는데 그것이 설명의 틀 안에 들어오는 순간 그것은 예측 가능한 것이 되어 더 이상 새로운 것이 아니지 않은가? 이 아포리아를 벗어나는 길은 크게 두 방향으로 나누어 생각할 수 있다. 하나는 새로움 자체를 거부하는 환원주의적 사유이다. 우리가 어떤 것을 새롭다고 하지만 그 씨앗은 이미 있었던 것이고 그 잠세태가 현실태로 드러날 때 우리는 그것을 지각하여 새롭다고 이름 붙일 따름이다. 따라서 새로운 것은 그 뿌리를 분석/이해하면 언제나 설명할 수 있게 된다. 여기서는 필연, 보편, 연속, 결정론, 폐쇄성 등의 용어가 중심어로 등장한다. 다른 경우는 새로움을 그 자체로 인정하는 비환원주의적 태도이다. 새로운 것은 어떤 개념적 틀에도 갇히지 않는 독자적인 것이다. 따라서 그것의 뿌리나 배경을 살핀다고 해서 새로운 것의 정체를 파악할 수는 없다. 우연, 특수, 불연속, 자율성, 개방성 등이 여기서 중심 역할을 한다. 새로움에 대한 이해방식이 이 두 경우로 국한될 수 없다고 한다면, 전자는 불합리하고 후자는 무책임하다.

그런데 외버만의 문제 제기에서는 '옛것에서 새로운 것이 출현한다'는 사실이 전제되고 있다. 물론 모든 새로운 것은 부정적이든 긍정적이든 옛것과의 관계 속에서 출현한다. 새로운 것이란 옛것에 대한 상대적인 용어이다. 문제는 새로운 것을 옛것을 통해 **설명**할 경우 이를 새로운 것으로 부를 수 있는가 하는 것이다. 그렇다고 이전에 없던 것이 출현했다고 해서 이를 이전의 언어에 의존하지 않고 설명할 수도 없는 노릇이다. 그럴 경우 전달이 불가능할 뿐만 아니라 새로운 것을 새롭다고 인식할 수도 없게 된다. 이 아포리아에서 어떻게 벗어날 수 있는가? 옛것을 통해 설명하면서도 거기에서 어떻게 새로운 것을 설명해 낼 수 있는가? 새로운 것은 옛것과의 단절인데 그것이 옛것을 통하여 설명될 경우 그것은 더 이상 새로운 것일수 없지 않은가? 이 문제에 대한 해명이 인문사회과학에서 없었던 것은 아니다. 특히 인지발달론과 사회발전론을 설명하는 데에서 이미 제기되었다. 피아제의 경우 어떻게 새롭고 더 복잡한 인지구조의 출현을 설명할 것인가 하는 문제와 씨름했으며, 사회발전이론에서 역사/사회의 연속적인 혁신 과정을 어떻게 구조화된 일반화의 원칙속으로 끌어들일 것인가 하는 문제가 다루어졌다. 그런데 새로운 것을 예측할 수 없고 혁신적인 것으로 이해할 때, 여기서 문제는 새로운 것의 축적이 이미 제도화된 정보를 통하여 설명될 경우 그것은 새로운 것에게 올바른 위상을 부여할 수 없게 된다는 점이다.[4]

---

4) 특히 현대의 과학철학에서 포퍼가 '시도와 오류'의 반복을 바탕으로 한 반증이론을 통하여 새로운 사실이 출현할 수 있는 지식론적인 토대를 마련하고, 쿤이 패러다임 간의 통약 불가능성을 통하여 새로운 것의 불연속성을 밝히기는 했지만 이들은 새로움의 현상에 대해 소극적인 의미에서 그 위상만을 드러냈을 뿐 새로움에 대한 적극적인 설명방식을 개발하지는 않았다. 이들은 '우리는 어떻게 새로움을 만나게 되는가?'에만 답변할 뿐, '우리는 어떻게

인문학의 경우 '의미'의 영역에 눈을 돌리면서 자연현상과는 구별되는 역사/문화 현상의 연구에 고유한 방법론의 개발이 이루어지기는 했지만 이 결과는 새로움의 현상을 설명하는 데 아무런 공헌을 하지 못했다. 빈델반트는 '법칙정립적 방법'과 '개성기술적 방법'을 구별하고, 이를 변형하여 리케르트는 '일반화하는 방법'과 '개별화하는 방법'을 구별함으로써 법칙적 설명과 개별적 묘사라는 이분법적 대립을 정식화하였다. 이 양자를 동시적으로 충족시키지 못하는 한 우리는 새로움의 출현에 대한 **학적인 설명**에 성공할 수 없다. 왜냐하면 여기에서는 "새로운 것의 계기가 법칙정립적-연역적 설명 가능성을 유지하는 데 희생되거나, 거꾸로 '정말 새로운 것'의 비반복성과 고유성을 묘사적으로 재생산함으로써 새로운 것을 일반화하여 설명할 수 있는 길이 차단되기" 때문이다(GS 268). **사태의 독자성과 합법칙성이 동시적으로 충족되지 않는 한 우리는 새로운 것에 대한 설명에서 성공할 수 없다.** 새로움의 출현에 대한 학적이고 적극적인 설명은 그것을 일반 법칙 속에 귀속시키거나 특수한 것으로 개별화하는 방식이 아니라 양자를 조화시킬 때에만 가능하다. 실증주의나 행태주의의 방법이 전자에 치중하고, 현상학과 해석학의 방법 그리고 이를 원용한 민속방법론이 후자에 중점을 두는 한에서 이들 모두 새로움에 대한 설명 모델로 적합하다고 볼 수 없다. 양자를 서로 배타적인 것으로 구별함으로써 인문사회과학은 지금까지 구조사와 발생사를 나누고 양적인 방법과 질적인 방법을 구별하는 등의 비(非)변증법적 사유에 머물러, 새로운 것의 출현이 현상적으로는 옛것의 재생산과 다르다고 보면서도 동시에 본질적으로는 고유한 법칙 밑에서 진행된다고 주장하는 모순을 안고 있었다.

새로움을 찾을 수 있는가?'에 대해서는 아무 말도 하지 않았다/할 수 없었다.

이러한 문제 상황에서 나는 다음의 물음을 진지하게 생각한다. (1) 어떤 조건에서 새로운 것의 출현을 설명할 수 있는가? (2) 새로운 것에 대한 설명은 어떻게 가능한가? 앞의 물음은 설명이 가능할 수 있는 조건에 대한 것이고 뒤의 물음은 설명의 구체적인 방법에 대한 것이다. 새로운 것을 단지 지금까지와는 다른 것으로 규정하여 그 차이에만 주목할 경우 우리는 새로운 것을 **설명**한다고 할 수 없다. 따라서 새로운 것을 설명하는 이론은 새로운 것을 새로운 것으로 설명하기 위해 특정한 조건을 필요로 한다. 뒤의 물음은 앞의 조건이 충족된 가운데 방법적으로 어떻게 새로운 것을 설명해 낼 수 있는가에 관련된다. 이 물음에 대한 답변이 어려운 것은, 우리가 특히 삶의 자율성을 고려할 경우, 그 안에서 새로운 것의 출현을 객관적으로 설명하는 일이 불가능한 것으로 보이기 때문이다.

2. 새로운 것의 출현에 대한 설명의 조건

1) 외버만의 구조와 헤겔의 개념

'새로운 것을 설명한다'는 그 자체가 이미 자기모순적으로 보인다. 설명되는 것은 새로운 것이 아니며 새로운 것은 설명의 틀을 벗어나는 것으로 생각될 수 있기 때문이다. 설명의 틀은 보편성을 전제하고 새로운 것은 특수성을 드러내는 것으로만 이해할 경우 우리는 이러한 아포리아에서 헤어날 수 없다. 그러나 이렇게 보편과 특수를 구별할 경우 우리는 결코 '어떤 것에 대한 **학적인 인식**'에 도달할 수 없다. 여기서 우리는 앞서 언급한 문제 상황을 상기할 필요가 있다. 학문이 사태에 대한 개별적인 묘사에 그친다거나 특수성을 무시하고 보편적인 원리에만 치중한다면 그것은 더 이상 학문이 아니다. 그렇지만 새로운 것에 대한 학적인 설명이 가능하기 위해 보편과 특수를 하나로 이해해야 한다는 주장은 선결문제요구의 오류를 범하게 된다. 다시 말해 사태 자체가 보편과 특수의 통일체이어야지 사태의 설명을 위하여 이러한 동일성을 요구하는 것은 객관성을 결하기 때문이다.

새로운 것의 출현을 설명하기 위해 외버만은 발생론적 구조주의의 시각에서 무엇보다도 '구조(Struktur)' 개념에 대한 새로운 이해를 시도한다. 구조에 대한 새로운 이해는 법칙성과 개별성/특수성을 종합적으로 이해하여 새로운 것을 설명할 수 있는 학적 토대를 마련한다는 점에서 중요하다. 요컨대, 그는 구조를 보편과 특수 그리고 추상과 구체의 종합태로 파악한다. 모든 사태는 특정한 구조를 띠고 있으며 이는 그 자체로 특수하기만 하거나 보편적이기만 할 수 없으며 반드시 특수하면서 동시에 보편적이라는 것이다. 구조에 대한 이러한 역동적인 이해의 배후에는 다음과 같은 이유가 자리 잡고 있다.

외버만은 구조를 정태적인 것(Statik)으로 파악하지 않는다. "구조는 역사적인 형성 과정의 산물로서 일정한 사회적 상(像)을 지닌다."[5] "구조 개념을 추상적으로 사용하는 것, 다시 말해 역사적으로 구체적인 대상과 연관시키지 않은 채 구조 개념을 사용하는 것은 아무 의미가 없다."[6] 그러니까 구조적인 것은 곧 보편적인 것과 특수한 것이 한데 어울린 것이다. 구조 속에는 특수와 보편이 함몰되어 있고, 사태는 오직 구조성을 띤 것밖에 없기 때문에 보편자나 특수자가 홀로 존재하는 것은 불가능하다. 보편과 특수는 구조라는 동전의 양면을 띠고 하나의 사태를 구성한다. 인문학 일반이 '사태 자체로 (Zur Sachen selbst)'라는 모토를 지향한다고 할 때 이는 곧 구체적

---

5) Oevermann 1983, 270.

6) 같은 책, 271.

이고 역사적인 대상 속에서 '구조'를 파악하는 일이다.

　이러한 사정을 헤겔에 비추어 보자. 헤겔은 외버만처럼 '구조'라는 용어를 사용하지는 않는다. 하지만 헤겔 체계의 핵을 이루는 '개념 (Begriff)' 개념은 곧바로 '구조'에 상응한다. "개념은 보편과 특수의 통일이다."(P 124ff.) 헤겔의 '개념'은 참된 것의 핵심요소이고 이를 바탕으로 그의 체계가 구성된다. "참된 것의 요소는 개념이며 개념의 참된 형태가 곧 학문의 체계이다."(Ph 14) 헤겔의 변증법은 개념의 변증법이다. 변증법적 운동은 곧 개념의 운동이다. 헤겔에게서 개념은 보편자, 특수자 그리고 개별자의 세 계기를 지니지만 이들은 개념을 구성하는 요소들일 뿐이어서 사태의 알맹이인 개념의 서로 다른 모습에 지나지 않는다. 그러니까 헤겔의 개념은 일반적으로 이해되듯이 추상적이거나 형식적이거나 보편적이기만 한 것이 아니라 구체성과 내용성과 특수성을 동시에 아우르는 종합태이다. 그러나 이러한 종합적 형태는 애초부터 주어져 있는 것이 아니다. 외버만의 '구조' 개념과 마찬가지로 '개념'은 이러한 형태를 구체적이고 역사적인 과정을 거치면서 획득한다. 그러니까 개념이 개념이기 위해서는 역사성과 시간성이라는 과정을 수반해야 한다. 헤겔이 의식의 경험학인 '정신현상학'의 서술을 바탕으로 개념의 학인 '논리학'으로 이행하는 사정은 바로 여기에 있다. 그러니까 개념은 형성되는 것이지 미리 만들어져 있는 것이 아니다. 그런 점에서 개념은 근대 합리론자들이 말하는 선천적인 관념이 아니며 칸트의 의미에서 오성의 범주적 형식이 아니다. '개념'이 '구조'와 마찬가지로 보편과 특수의 통일체라는 사실을 헤겔은 법철학을 비롯하여 철학사와 미학을 서술하는 데에서도 특징적으로 드러낸다.

　중요한 것은 여기서 개념이 지닌 운동성 또는 과정성이다. 헤겔에게서 개념의 운동 또는 과정은 개념이 자신의 추상적인 보편성을 벗어나 특수화되고, 특수화된 자기가 다시 최초의 자기로 복귀하는 원운동을 가리킨다. 여기서 구체적인 내용을 지니지 않은 개념이나 특수한 규정을 내포하지 않는 개념은 참된 개념으로 인정되지 않는다. 헤겔의 이중 부정론은 바로 내용 없는 개념이 내용 있는 개념으로 전환하는 과정을 묘사한 것이다. 헤겔은 특히 칸트의 형식주의에 반대하여 '질료'를 지닌 개념만이 생명력을 지니고 또 그런 한에서만 사태(Sache)의 본래적인 모습을 형상화할 수 있다고 본다. 요컨대 헤겔은 개념의 운동을 보편과 특수의 합일체로 파악하는 일을 자기 철학의 과제로 삼았던 것이다.

이렇게 보편과 특수를 하나의 구조 또는 개념으로 파악하는 한에서 우리는 '새로움'이라는 현상을 학적으로 설명할 수 있는 첫 번째 근거를 마련할 수 있다. 만일 보편과 특수를 분리하여 특수자를 보편의 원리에 귀속시킬 경우 새로움에 대한 설명은 애초부터 불가능할 것이며 그렇지 않고 특수자를 특수자로만 파악할 경우 우리는 새로운 것에 대해 아무런 **학적인** 인식에 도달하지 못할 것이다.

2) 헤겔의 기억과 외버만의 재구성

이제 우리는 '새로움의 출현'을 설명하기 위한 조건의 두 번째 단계로 넘어간다. 이는 외버만이 '구조'를, 헤겔이 '개념'을 '파악하는 방법'과 관련된다. 이들이 택한 방법은 '재구성의 방법'이다. 하지만 헤겔은 구조주의에서 사용하는 '재구성(Rekonstruktion)'이라는 용어 대신에 '기억(Erinnerung)'이라는 표현을 사용한다. 구조 또는 개념이 역사적인 과정에서 형성된 산물이라고 할 때 이 형성물은 회고적인 방법을 통하여 재구성할 때에만 우리는 구조와 개념의 정체를 파악할 수 있다. 왜냐하면 모든 사태는 이미 항상 지나가는 것이어서

'지금 여기'에서 발생하는 사태는 그 자체로는 학적인 인식의 대상일 수 없기 때문이다. 헤겔의 표현에 따르면, 매개되지 않은 직접적인 것에서 학문의 인식활동은 출발하나 그것에 직접적으로 접근할 수는 없다. 그런 의미에서 "존재는 전적으로 매개되어 있다."(Ph 39) 그러니까 학적인 대상으로서의 사태는 반드시 매개를 요구한다. 오직 개념적으로 매개된 것만이 사태로서 자격이 주어진다. 사태를 재구성하는 일 또는 사태를 돌이켜 파악하는 일이 학적인 인식에서 절대적으로 중요한 이유가 바로 여기에 있다. 사태가 직접적으로 주어져 있다고 해도 이는 이미 진행된 사태와의 관계 속에서만 탐구될 수 있다. 따라서 지나간 과거의 흔적 속에서 우리는 구조와 개념을 파악해야 한다. 그렇다면 이러한 재구성과 기억은 방법적인 차원에서 어떻게 진행되는가?

헤겔의 학문 연구방법은 기본적으로 재구성의 방법에 입각해 있다. 헤겔 『법철학』의 유명한 구절 "미네르바의 올빼미는 황혼이 깃들 무렵에야 날기 시작한다." 그리고 "철학은 세계의 **사유**(Gedanke)로서 현실이 그의 형성 과정을 완성하여 마무리하고 난 후에야 나타난다."(R 28)는 이 사실을 단적으로 드러낸다. 철학의 권리는 과거 즉, 이미 이루어진 사실에 대한 기억에 제한된다. **현실보다 늦게 오는 자**로서 철학은 사태가 이미 진행되고 난 후에 사후적인 반성을 통하여 그 사태의 정체를 밝힌다. 그래서 상기의 원칙(Prinzip der Erinnerung)은 학문방법의 유일한 통로이다. 철학의 정신은 "자기 안으로 들어감(Insichgehen)"(Ph 590)으로써 — 일반적으로 '상기'로 번역되는 'Erinnerung'을 헤겔은 'er'와 'innerung'을 구분하여 'Er-innerung'이라고 표기함으로써 상기와 내면화를 동일시한다 — "새로운 세계와 새로운 형태의 정신"(Ph 591)을 낳는다. 철학의 **실재성**은 말하자면 내면화의 원칙에 따르는 사상의 **관념성**에 있다. 과거에 일어난 사건은 철학이 현재를 새롭게 규정할 수 있는 토대이다. 철학의 사후성은 그러니까 시간적으로 지난 일을 기억하여 묘사하는 일이 아니라 그것을 관념적으로 재구성하는 일이다.

'자기 안으로 들어감'은 '자기로 되(뒤)돌아감'이라는 점에서 '직접적으로 현상하는 것 배후에 감추어진 알맹이를 찾아가는 일'이다. 이 알맹이를 헤겔은 **사유** 또는 **개념**이라고 일컫는다. 사유는 감각적인 것 그리고 표상과 대비되는 것으로, 표상이 개별적인 감각자료들을 나의 것으로 규정한 것이라면 사유는 표상이 다시 보편자의 형식으로 규정된 것이다(E §20 참조). 기억이란 여기서 바로 현재 표상된 것에 개념적인 보편성을 부여하는 일, 즉 사유하는 일이다. 헤겔 철학의 방법론적인 특징은 이렇게 현상적으로 드러난 결과, 즉 표상을 근거로 그 배후를 따져 그 표상이 차지하는 보편적인 위상을 정립해 주는 데 있다. 그래서 "철학이 하는 일은 바로 표상을 사유로 전환하는 일이다."(E §20) 헤겔 변증법의 중심 논리인 자기관계적 부정(die sich auf sich beziehende Negation)도 결국은 현재의 자기를 부정하여 ─ 물론 이때의 부정은 형식논리적인 의미의 부정이 아니라 내용을 함의하는 규정적 부정이다 ─ 자기 본래의 알맹이 즉 개념을 찾아가는 과정이다. 이러한 자기복귀의 방식은 구체적인 자기를 찾아 (논리적으로는) **되돌아**가는 것이지만 (시간적으로는) **뒤돌아**가는 것, 즉 기억 또는 회고이다.

헤겔이 기억을 통한 재구성의 방식을 철학함의 방법으로 제시하는 이유는 재구성을 통해서만 **실질적이고 실재적인 것을** ─ 결국에는 **이성적인 것을** ─ 파악할 수 있다고 보기 때문이다. 그에 따르면 재구성을 통해서만 우리는 **사태 자체로** 진입할 수 있다. "그의 목적은 발견된 것, 경험된 사실을 사유를 통하여 사유의 서술과 재구성으로 변형시키는 것이다."[7] 헤겔 철학을 형이상학이 아니라 해석학으로 파악하는 하르트만의 시도는 헤겔을 **객관적 해석학적으로** 이해할 수 있는 가능성을 연다. 하르트만은 헤겔 변증법의 방법을 "합리성의 해석학",8) "범주의 해석학"9)이라고 규정하면서, 그 해석학이 주어진 범주적 사실들을 재구성한 결과로서 "선적인 진행(progression)은 연역일 수 없으며 오직 재구성에 지나지 않으며",10) 따라서 "변증법은 주어진 일련의 범주들을 재구성함으로써 그 고유의 유형을 만들어낸 결과일 따름이다."라고 하였다.11) 하르트만은 여기서 '경험된 사실'과 '범주'를 혼용하고 있지만 전자가 정신현상학의 서술방식을 지시하고 후자가 논리학의 서술방식을 가리킨다고 생각하면 이해에 무리가 없다. 다만 중요한 것은 재구성의 방법이 헤겔 체계의 구성에 결정적인 역할을 한다는 점이고 이 사실에 근거하여 우리는 새로운 사실/대상 그리고 새로운 범주의 출현을 설명할 수 있다는 점이다.

헤겔이 '재구성의 방법'을 사용하고 있는 구체적인 대목은 『정신현상학』서론에 나온다. 여기에서 헤겔은 사후적/회고적인 재구성의 작업이 새로운 대상의 출현에 어떤 역할을 하는지를 단적으로 보여주고 있다. 이와 관련된 대목을 우선 인용해 보자. "새로운 대상은 그것이 어떻게 발생하는지 의식 자신이 알지 못하게 의식에게 주어지며 그의 출현은 우리에 대하여, 말하자면 의식의 배후에서 진행된다. 이에 따라 **즉자존재** 또는 **우리에 대한 존재**의 계기가 의식의 운동 안으로 들어오는데 이 계기는 경험 자체에서 파악된 의식에 대해서 서술되지는 않는다. 그렇지만 우리에게 나타나는 것의 내용은 **의**

---

7) Hartmann 1972, 103.
8) 같은 글, 107.
9) 같은 글, 124.
10) 같은 글, 105.
11) 같은 글, 110.

식에 대해 있으며 우리는 단지 내용의 형식적인 것 또는 내용의 순수한 발생만을 파악할 따름이다. 이 발생은 그러니까 **의식에 대해서는** 대상으로만 있지만 **우리에 대해서는** 동시에 운동과 생성으로 있다."(Ph 80) 여기에서 우선 헤겔이 '우리에 대해서(für uns)'와 '의식에 대해서(für es)'를 방법적으로 구별한 점에 주목해야 한다. '의식에 대해서'는 '경험에 참여하고 있는 의식의 입장에서 볼 때'라는 뜻이며 '우리에 대해서'는 '의식이 행하는 경험을 관찰하면서 이를 서술해 가는 우리의 입장에서 볼 때'라는 뜻이다. 이와 관련하여 위 인용문에서 우리는 세 가지 사실에 주목해야 한다. (1) 새로운 대상은 '우리에 대해서' 알려질 뿐 '의식에 대해서' 알려지지는 않는다. (2) '우리'는 내용이 아니라 형식을 파악할 따름이다. (3) 새롭게 발생하는 대상은 정지가 아니라 운동으로 파악된다. 이 사실들은 우리가 헤겔의 객관적 관념론을 객관적 해석학적으로 읽을 수 있는 단서를 제공한다.

'의식'과 달리 '우리'는 의식이 행한 경험을 재구성한다. '우리'가 행하는 재구성의 작업에서 '우리'는 의식이 이미 행한 결과를 단지 지켜보면서 서술하는 데 그치지 않고 더 나아가 **새로운 사실을 추가**한다. 이 사항과 관련하여 헤겔은 새로운 대상의 출현이 "의식 자체의 전회를 통하여" 이루어진다고 하면서, "사태를 이렇게 관찰하는 것은 우리가 추가하는 것이고 이 추가를 통하여 의식이 행하는 일련의 경험은 학적(學的)인 과정으로 고양되는데, 그렇지만 이 추가는 우리가 관찰하는 의식에 대해서 이루어지지는 않는다."(Ph 79)고 말한다. 앞뒤 맥락을 생략한 채 이 대목만 가지고 설명하기에는 무리가 따르지만,[12] 의식이 경험한 내용을 관찰자인 '우리'가 사후적으로

---

12) 자세한 논의는 유헌식 1999, 121-172 참조.

재구성하는 과정에서 우리의 추가를 통하여 어떻게 새로운 대상이 출현하는지를 헤겔은 지금 서술하고 있다. 그의 설명을 더 들어보자. "새로운 대상은 그것이 어떻게 발생하는지 의식 자신이 알지 못하게 의식에게 주어지며 그의 **출현**은 우리에 대해, 말하자면 의식의 배후에서 진행된다. 이를 통하여 **즉자존재** 또는 **우리에 대한 존재**의 계기가 의식의 운동 안으로 들어오는데, 이 계기는 경험 자체에서 파악되는 의식에 대해서 서술되지는 않는다."(Ph 80) 여기서 우리는 다음의 사실들을 읽어내야 한다. (1) 새로운 대상은 의식이 아니라 관찰자인 우리의 재구성 작업을 통해서만 새롭게 알려진다. (2) 재구성의 작업에는 우리의 '추가'가 개입하는데 이 추가활동이 없이는 의식의 경험 과정은 **학적인** 성격을 띨 수 없다. (3) 의식이 이미 경험한 내용을 '우리'는 사후적으로 서술하지만 이 서술은 의식의 경험 배후에 감추어진 객관적인 구조를 밝혀낸다는 점에서 새로운 사실을 드러낸다.

헤겔은 의식의 새로워짐을 서술하는 데 회고적인 재구성의 방법을 사용한다. 그는 '의식에 대해'와 '우리에 대해'를 구별함으로써 새로워짐이라는 사태가 '우리'에게는 열려 있으나 '의식'에게는 닫혀 있다고 말한다. 의식은 알지 못하고 행동하고 우리는 행동하지 않으면서 안다. 의식은 실제로는 새로워지고 있으면서도 매 순간 현재의 자기에 사로잡혀 있어서 그 사실을 알지 못하고 오직 관찰자(현상학자)인 우리만이 의식이 새로운 단계로 진행하고 있음을 알고 또 서술한다. 바로 여기에서 '새로움'을 경험의 현상학으로 다룰 수 있는 여지가 마련된다. '새로움'을 '학적으로' 다룬다는 말은 새로움의 내용이 아니라 형식을 파악하는 일로서, 이는 "이미 있었던 종합(형식)을 회고적으로(retroaktiv) 찾아내는 일"[13]이다. 그렇지만 새로움에 대한 학적인 서술은 구체적인 삶의 실천 과정에 참여하여 감정이입을 통하여 새로운 의식을 이해하는 작업이 아니라 의식이 자신도 모르는 사이에 이미 새로워지고 난 다음에 결과적으로 주어진 표현 형태를 바탕으로 그 과거를 회고적으로 재구성하는 작업이다. 새로움의 출현에 대한 학적인 인식은 오직 사후적인 재구성의 방법을 통해서만 가능하며, 그런 의미에서 미네르바의 올빼미는 황혼녘에야 날기 시작한다.

헤겔은 재구성의 방법을 통하여 이미 드러난 현상 배후에 감추어진 객관적인 구조, 즉 사유 또는 개념을 구성함으로써 우발적으로 보이는 현재의 진행 속에서 필연의 관념을 드러내고자 한다. 여기서 관념이란 곧 현실성을 띤 이성성으로서, 헤겔의 객관적 관념론은 바로 이미 발생한 사태 속에서 **객관적인 의미연관**(den objektiven Sinnzusammenhang)을 부여하는 활동이다. 역사철학에서도 헤겔은 '이성의 간지'라는 메타포를 통하여 역사의 진행에는 개별적인 행위의 결과 속에 행위자가 의식하지 못하는 사이에 이성이 활동하고 있다고 밝히는데 이것도 이와 같은 맥락이다.[14] 철학의 정신은 상기 또는 내면화를 통하여 '드러난 현실' 속에 감추어진 이성적인 것을 파악하고, 그럼으로써 특수자를 보편자와 관계시킨다. 상기는 기억 속의 내용을 묘사하는 것이 아니라 그 속에 담긴 이성의 이념을 밝혀내는 활동이다. 보편자에 대한 정신의 의식은 현실에서 한 번도 **의식된 적이 없는** 이성성에 대한 사유의 자기반조(自己返照)이다. 보편자는 현실 속에 이미 들어와 있는데도 관찰자가 이를 아직 모르

---

13) Zizek 1992, 37.

14) 『역사철학』에서 헤겔은 이성이 "세계사적인 개인들"을 견인차로 하여 민족정신이 지닌 "무의식적인 내면성"을 의식의 표면으로 끌어올린다고 말하면서, 내면적인 것을 의식의 표면으로 끌어올리는 일은 곧 "새로운 것을 세계로" 끌어들이는 일이라고 한다(*Vorlesungen über die Geschichtsphilosophie*, 99/104).

고 있다가 재구성의 작업을 통하여 이제야 대자화(對自化)된다. 이를 통해 철학의 정신은 이전과 다른 **새로운** 모습으로 다시 태어난다. 철학의 정신은 이렇게 차안의 **현재** 안에서 숨겨진 **자기**를 찾는다. 현재 안에서 자기를 찾는 일은 현재의 진행을 재구성하여 시간의 경과 안에 존재하는 이성적인 것을 파악하는 일이고, 그런 한에서 철학은 시간 속에서 **시간적인 것을 지양**한다. 헤겔이 철학의 방법으로 삼고 있는 상기의 원칙은 주어진 현재를 재구성하여 그 안에 감추어진 이성의 운동구조를 포착하기 위해 설정된 것이라고 할 때, 이 작업은 '이미 알려져(schon bekannt)' 있지만 '아직 인식되지 않은(noch nicht erkannt)' 이성적인 것을 파악하는 일이다.15) 이러한 설명은 외버만의 객관적 해석학의 경우 삶이 산출한 표현 형태 또는 텍스트 속에 담긴 발생적인 의미구조를 찾는 일과 방법적으로 차이가 없다.

이제 외버만의 재구성 방법을 살펴보자. 이를 위해 우리는 먼저 그가 고안해 낸 몇몇 용어들을 이해할 필요가 있다. 우선 그는 삶을 '삶의 실행(Lebenspraxis)'이라고 표현한다. 삶의 실천성을 통하여 삶의 실상 또는 정체성이 확보된다고 보기 때문이다. 삶이 실제로 행한 결과물을 바탕으로 해서만 우리는 삶이 무엇인지를 파악할 수 있다. 이러한 삶의 실행이 만들어낸 결과물을 그는 표현 형태(Aus-drucksgestalt) 또는 텍스트(Texte)라고 부른다.16) 객관적 해석학은

---

15) "철학에서 관건이 되는 것은 알려진 것으로 전제된 것이 인식되는 것이다." (P II 352) '알려진 것'과 '인식되는 것' 간의 차이에 대해 헤겔은 『정신현상학』에서도 언급하고 있다(Ph 35 참조).

16) '표현 형태'는 "방법적으로 접근이 가능하고 또 인간의 의미구조화된 실행이 그의 모든 특징적인 측면에서 탐구될 수 있는 자료 전체"이며, '텍스트'는 "의미가 수반된 표현 형태"이고, 이러한 "표현 자료가 지속적으로 객관화될 때" 이를 '프로토콜'이라고 부른다("Konzeptualisierung von Anwendungs-möglichkeiten und praktischen Arbeitsfeldern der objektiven Hermeneutik – Manifest der objektiv hermeneutischen Sozialforschung"(미발표논문, 이하

일차적으로 삶의 실행에 의해 이렇게 직접적으로 주어진 표현 형태를 분석의 대상으로 삼는다. 그런데 모든 종류의 표현 형태는 삶의 실행이 그때마다 판단하여 결정한 결과물이다. 삶이란 자연적인 시간으로는 연속적으로 진행되지만 사회-문화적인 시간에서 이 연속은 매번의 선택과 결정의 결과물이다. 한 개인은 따라서 매번의 선택 상황에서 바로 앞과 바로 뒤를 연결시키는 위치에 있게 되는데 이를 외버만은 연계위치(Sequenzstelle)라고 부른다. 이 연계위치에서 행위자는 자신이 처한 경우(Fall)를 열면서 또한 닫는데 이렇게 열고 (eröffnen) 닫는(beschließen) 행위 속에는 특정한 구조 또는 경우구조(Fallstruktur)가 있으며 이 구조를 찾아내는 일을 외버만은 연계분석(Sequenzanalyse)이라고 부른다. 여기서 "경우구조는 연계분석을 통하여 각각의 경우에 가시화된다."(GS 281)

연계분석은 객관적 해석학이 행하는 작업의 성격을 가장 분명하게 드러낸다. 연계분석에서 주목해야 할 점은, 각각의 경우(경우구조)는 이미 주어진 어떤 틀로 일반화할 수 없는 고유한 특성을 띠고 있다는 점이다. 그렇지만 경우구조의 특수성은 단순히 지금 여기에서만 출현하는 전적으로 특수한 것이 아니라― 외버만이 "경우특수적인 법칙성(fallspezifische Gesetzlichkeit)을 보편과 특수의 통일체"(GS 271)라고 규정한 데에서도 드러나듯이 ― 이전에 출현했던 어떤 구조 또는 규칙을 단순-재생산하거나 변형-재생산하는 양상을 보인다는 점에서 보편적인 법칙의 특성을 띤 특수성이다. 그런 의미에서 '경우구조의 재생산(Reproduktion der Fallstruktur)'이 가능한데, 그렇다고 해서 경우를 초월하여 보편적으로 적용될 수 있는 재생산의 법칙이 있는 것이 아니라 오직 '경우특수적인 재생산의 법칙성(fall-

---

Manifest로 줄여 본문에 표시함), 2).

spezifische Reproduktionsgesetzlichkeit)'이 있을 따름이다. 이렇게 각각의 경우가 지닌 특수한 재생산의 법칙을 파악하기 위해서는 '경우재구성(Fallrekonstruktion)' 또는 '경우구조의 재구성(Rekonstruktion der Fallstruktur)'이 요구된다. 객관적 해석학의 '재구성의 방법'은 각각의 경우가 지닌 특수한 구조를 사후적으로 재구성하는 작업이다. "오직 사후적으로만 우리는 삶의 실행이 한 발짝 더 진행되는 이유와 의미를 해명할 수 있다."(GS 305)

현재 주어진 표현 형태, 텍스트 그리고 프로토콜을 재구성하는 일은 표현 형태 속에 감추어진 '과거 속의 현재'를 되살리는 일이다. 재구성의 작업이 필수적인 이유는, 어떠한 사태도 사태가 발생할 당시의 원형 그대로 보존할 수 없을 뿐만 아니라 이를 우리가 추체험할 수도 없기 때문이다. 모든 사태는 그 자체로 일회적이다. 똑같은 모습으로 반복되는 사태란 없으며 똑같이 재생할 수 있는 사태도 없다. 그런 한에서 우리에게 주어지는 것은 현재 눈앞에 직접적으로 주어져 있는 흔적(표현 형태)뿐이다. 우리는 텍스트 형태를 한 표현 형태를 통해서밖에는 실제로 발생하는 사태를 접할 수 없다. 그런 뜻에서 "오직 프로토콜을 거쳐서만 우리는 방법적으로 사회적 현실에 접근할 수 있으며"(GS 302), 또한 객관적 해석학이 '표현 형태에 감추어진 의미구조'를 파악하는 일을 과제로 삼는다고 할 때 해석자는 이 구조를 "행위 당사자의 행위 또는 표현이 아니라 이들이 남긴 흔적 도는 프로토콜에서 뽑아낸다."[17] 표현 형태는 직접적으로 드러나 있지만 그 안에는 시간성과 공간성이 텍스트 형태로 담겨 있다. 이를 외버만은 "실행-시간/공간성(Praxis-Raum-Zeitlichkeit)"(Manifest 6)이라고 표현한다. 재구성이란 이렇게 '직접적으로' 주어진 일차 자

---

17) Oevermann 1993, 113.

료를 '매개'하는 일이다. 여기서 이러한 매개 작업을 외버만은 "구체적인 삶의 실행에 대한 최초의 프로토콜을 경우구조 법칙성에 따라 연계분석적으로 재구성"(Manifest 13)하는 일로 규정한다.

연계분석을 통한 재구성은 특정 사태 또는 경우의 역사성을 존중하면서 경우구조 안에 있는 실행의 시공간성을 파악하고자 한다. 그런 의미에서 "구조분석의 관점에서 볼 때 정적인 것과 동적인 것을 구별하거나 구조와 과정을 구별하는 것은 무의미하다. … 구조는 구조성(Strukturiertheit)이라는 점에서 재생산의 과정이기도 하며 그러한 과정으로만 구조는 파악될 수 있다."(GS 271) 여기서 우리는 앞서 언급한 외버만의 '구조' 개념을 구체적으로 파악할 수 있게 된다. 구조는 곧 경우구조이고 경우구조는 구조적 특성을 지닌다는 점에서 재생산의 과정이며, 그런 한에서만 경우구조의 법칙이 파악될 수 있다. 구조는 "자기 내적이고 역사적으로 구성"(GS 273)되며 "구체적인 상(像) 또는 상들의 전형이 지닌 경우구조성(die Fallstrukturiertheit eines konkreten Gebildes oder einer Typik von Gebilden)이다."(GS 274)[18] 이러한 구조는 "삶의 실행을 드러내는 그때마다의 구체적인 상들의 관점에서 볼 때, 여러 가지 가능성 가운데 재인식될 수 있는 전형적인 선택들을 재구성할 때 비로소 모사될 수 있는 합법칙성이다."(Manifest 10) 요컨대 객관적 해석학의 재구성 방법은 삶의 실행이 남긴 텍스트나 프로토콜을 바탕으로 그 안에서 재생산되고 있는 경우특수적인 구조를 밝혀내는 일이다. 이 작업을 외버만은 연계분석이라고도 하는데 이는 각각의 경우가 엶과 닫음이 반복

---

18) 객관적 해석학에서 상(Bild)이란 '직접적인 표현 형태'로서의 텍스트와 프로토콜을 말한다. 외버만은 철저한 텍스트주의자이다. 학적인 인식은 결국 어떤 식으로든 인간이 의미부여 행위를 통해 표현한 결과물을 바탕으로 진행되며, 이 표현 형태는 일차 자료의 성격을 띤 텍스트나 프로토콜로 주어진다.

적으로 행해지는 연속과 불연속의 위치에 놓여 있다고 할 때 그 연계위치에서 행해지는 선택 행위에 감추어진 법칙을 분석해 내는 일을 한다.

이렇게 경우재구성을 통한 연계분석은 '새로운 사실'을 밝혀내는 데 대단히 발견적이다. 여기서 주의할 점은 재구성의 작업이 주관적 또는 자의적으로 행해지지 않는다는 점이다. 외버만이 자신의 방법론을 '객관적' 해석학이라고 이름 붙일 때 이는 재구성과 연계분석의 결과가 **사태 자체**의 운동을 드러내는 객관적인 것이라고 여기기 때문이다. 그러니까 새롭게 밝혀진 사실은 텍스트 또는 프로토콜 자체에 감추어진 객관적인 사실이 밖으로 드러난 결과이다. 헤겔이 정신현상학에서 의식의 경험이 진행될 때 이 과정에 아무것도 추가하지 않고 단지 사태의 흐름을 지켜보면서 서술하듯이 해석자는 텍스트나 프로토콜에 드러난 표현 형태 스스로 자신의 구조를 드러내도록 해야 한다. 이렇게 할 때에만 해석자는 자신이 미리 기대하지 않았던 새로운 사실과 만날 수 있게 된다. 이러한 방법적 태도는 해석자가 미리 정해 놓은 이론이나 가설에 맞추기 위해 사태를 자의적으로 해석하는 경우와 질적으로 다르다.

외버만은 여기서 특히 미드(G. H. Mead)의 사회심리학을 원용하여 새로운 것의 출현이 원칙적으로 매개를 근간으로 하는데 이 매개는 주관적인 반성이 아니라 객관적으로 주어진 텍스트의 표현 형태 자체가 행하는 반성에서 비롯한다고 본다. "텍스트의 표현 형태인 상(像)/이미지는 물론 직접적인 경험에서 매개, 즉 근본적으로 언어로 구성된 의미 기능의 매개로 넘어서는 것을 뜻한다. 그럴 경우 직접적인 경험이 파괴되는가? 그렇지 않다. 왜냐하면 이 넘어섬(Übertritt)은 우선 주관 자체의 반성에서 이루어지는 것이 아니라 객관적으로 주어진 텍스트들의 표현 형태가 행하는 반성에서 이루어지기 때문이다. 매개성은 재구성을 통해 주관적으로 실현되기 전에 이 표현 형태들 안에 이미 놓여 있다. 텍스트의 표현 형태들은 결정이 강요되는 위기에 처한 삶의 실행이 지닌 자발적인 운동의 프로토콜로서 이는 심리적인 지표인 'I'와 자기가 사회화된 지표인 'me' 사이에서 객관적이고 객관화하는 이미지로 나타난다. 이렇게 고유한 표현 형태들은 주관의 심리 바깥에 있는 대상으로, 이 대상에 따라 위기를 극복하는 재구성이 이루어질 수 있다. 이러한 생각은 다음의 사실을 통하여 분명해진다. 모든 행위는 규칙수반적인(regelgegleitetes) 것으로서 그 자체로 묘사되며 따라서 자동적으로 스스로 프로토콜한다. 달리 말해, 위기에 대한 자발적인 반응을 포함한 모든 행위는 심리적인 것 바깥에 객관화된 흔적을 남긴다."(GS 328ff.) 객관적 해석학의 재구성 작업은 사태 자체의 운동 과정을 재현하는 일이다. 재구성을 통하여 사태가 변형되는 것이 아니라 오히려 사태 자체를 파악할 수 있는 것은 재구성을 통한 연계분석이 개별적인 경우를 현상적으로 모사하는 것이 아니라 그 현상 뒤에서 작용하고 있는 역동적인 구조를 발견해 일반화하는 일이며 이 일반화는 사태 자체에 내재해 있는 내적인 법칙성이기 기 때문이다. "각각의 개별적인 경우재구성은 그 자체로 이미 하나의 구조 일반화이다. 왜냐하면 재구성되는 각각의 구체적인 사태는 … 하나의 구체적인 경우를 그의 내적인 법칙성에 따라 모사하기 때문이다."(Manifest 8)

구체적인 경우를 그의 내적인 법칙성에 따라 모사하는 일은 따라서 이미 알려진 사실을 반복해서 재생산하는 일이 아니라 현상으로는 알려져 있지만 그 내적인 정체가 아직 인식되지 않은 사태에 감추어진 의미구조를 드러낸다는 점에서 새로운 사실을 설명하는 일이다. 더구나 재구성을 통한 연계분석은 분석자가 아무것에도 사로잡히지 않고(unvoreingenommen) 분석에 참여하여 사태 스스로 표현하고 있는 형태를 따라가기 때문에 분석자 자신이 분석의 결과를 미리 예측할 수 없다.[19] 표현 형태 속에 감추어진 경우특수적인 법칙성을 발견하는 일은 그래서 지금까지 유지되어 오던 판단의 기준을 재검토하여 새로운 판단의 기준을 세울 것을 요구할 수 있고, 그런 한에서 이 작업은 과거의 재구성을 통한 열린 미래의 전망을 동시적으로 함의한다. "각각의 경우재구성은, 지금까지 알려지지 않았고 또 실제로도 지금까지 실행에서 나타나지 않았던 경우구조 법칙성들을 잠정적으로 드러낼 수 있기 때문에 여기서 그 법칙성들은 실행 자체에서 나타나는 쇄신(Erneuerung)이나 어떤 사회변화의 결과로 간주되어야 한다. 그러한 혁신이나 변화는 인류역사에서 잠정적으로 어떤 결과를 예기하는 변화이며 그것은 처음에는 전체적으로 나타나지 않고 개별적으로 나타나지만 그 이후에 그것이 참이라고 확증되면서 점차 확산된다. 경우재구성이 ― 목표로 했든 추측했든 아니면 전혀 예상

---

19) '새로움'에 대한 탐구는 '아무것에도 사로잡히지 않는' 태도를 견지할 때에만 가능하다고 말한다. 그는 특히 아도르노와 호르크하이머 그리고 하버마스의 비판이론을 표적으로 삼아 그들은 이론과 실천을 한데 묶음으로써 새로운 것을 발견하는 데 요구되는 방법상의 오류를 범했다고 비판한다. 비판이론이 가치를 전제하고 기존의 사회적 관계가 변화되어야 한다는 가정에 서 있는 한에서 여기에는 사회'과학'이 지녀야 하는 선입견 없는 시각을 결여함으로써 연구활동 이전에 이미 연구결과가 나와 있게 된다. "무엇이 올바르게 도출되어야 하는지를 연구자는 처음부터 이미 알고 있어서, 아무것에도 사로잡히지 않고 방법의 비판을 통해 독자적으로 진행되어야 할 연구를 단지 자기주장을 뒷받침하기 위한 전거를 제시하는 일로 전락시킨다."(Oevermann 1993, 110) 그런 한에서 여기에서는 '새로운 사실의 발견'이라는 '연구'의 의미는 애초부터 설 자리가 없다. 참된 의미에서 '비판'은 연구 과정을 통해서 드러나야지 연구 이전의 사변을 통해서 미리 선취될 수는 없다. 사태를 어떻게 볼 것인가가 이미 선취된 관점이나 가치에 따라 결정될 경우 연구 이전에 이미 연구결과가 나와 있는 꼴이 된다. 그런 한에서 '비판이론'의 '비판'은 수식어로 적합하지 않다. '비판'이란 엄밀한 의미에서 지금까지 밝혀지지 않은 새로운 사실을 드러낼 수 있을 때에만 가능한 사태이기 때문이다.

밖이든 간에 — 잠정적으로 미래의 모델을 그려내는 그러한 쇄신에 관여할 경우 그것은 단순히 경우특수적인 구조 일반화에 머물지 않고 나아가 미래의 진행과 관련하여 하나의 일반화를 시도하는데 이러한 일반화는 통계적인 가설검증이나 경험적인 일반화를 토대로 하여 이루어지는 한정된 미래 진단과는 질적으로 다른 것이다. 여기서 말하는 일반화는 말하자면 이성성을 드러내는 위기 해소책이라는 요청을 띠고 나타나며 이 위기 해소책은 실행의 모델이라는 점에서 지금까지의 합리성의 기준을 자체적으로 능가해 버린다."(Manifest 9)

새로운 것이 출현한 과정의 객관적인 의미구조를 재구성하고 동시에 새로운 것의 동기화와 결정을 통찰하고 난 이후에야 우리는 혁신적으로 행위하는 주체조차도 그 혁신적인 행위가 출현하는 현재에는 이 행위가 어디에서 객관적으로 동기화되었는지 알 수 없었다는 사실을 알게 된다. 행위자는 알지 못하고 행위하고, 재구성자는 행위하지 않지만 안다. 행위와 지식의 이러한 역(逆)관계는 바로 헤겔의 경우 경험의 주체인 의식은 자신이 무엇을 행하는지 알지 못하고 매번의 현재에 충실할 따름이며, 관찰자인 우리만이 그 의식이 무엇을 향해 어떤 일을 하고 있는지 규정하는 양상과 동일하다. 이는 헤겔의 역사철학에서도 마찬가지다. 사후적인 재구성의 방법은 이렇게 삶의 진행에서 새로운 것이 출현하는 양상을 설명할 수 있는 유일한 길이다.

3. 새로운 것의 출현에 대한 설명의 방법

헤겔의 '개념'과 외버만의 '구조'는 모두 보편과 특수 또는 추상과 구체의 통일체이다. 그런 의미에서 개념과 구조는 역동적인 과정이 아닐 수 없다. 역동적인 과정으로서 이들은 끊임없이 자신을 새롭게 하는 특성을 지닌다. 그렇지만 이 새로워짐은 사태의 개별적인 특성이 불연속적으로 출현하는 것이 아니라 사태의 보편적인 특성이 연속성을 띠고 항상 동행한다. 이러한 사태의 실상을 밝혀내기 위해서 헤겔과 외버만은 회고적인 '재구성'의 방법을 제시한다. 재구성의 방법은 이미 발생한 사태를 탐구대상으로 삼는다는 점에서 언뜻 보기에는 새로운 사실의 설명에 오히려 부적절하다고 생각할 수 있다. 그러나 지금 우리의 주제는 '새로운 것을 어떻게 찾아낼 것인가?' 하는 발견의 문제가 아니라 '새로운 것을 어떻게 설명해 낼 것인가?' 하는 설명의 문제라는 점에 주의해야 하며, 또 앞의 문제는 궁극적으로 뒤의 문제에 의존한다는 사실을 인식할 때 재구성의 방법이야말로 새로운 것을 학적으로 다룰 수 있는 길이라는 사실이 드러난다. 어떠한 사태도 생경한 모습 그 자체로 연구자에게 주어지지 않으며 연구자가 사태를 '파악'하려는 순간 사태는 이미 항상 '과거의 것'이 되어 버리기 때문에, 연구의 중점은 '매 순간 출현하는 새로운 것을 얼마나 재빠르게 포착해 낼 것인가?'가 아니라 '이미 발생한 사태를 어떻게 재구성하여 거기에서 지금까지와는 다른 새로운 사실을 밝혀낼 것인가?'에 맞추어져야 한다. 종래의 연구방법들이 새로운 사실을 파악하는 데에서 실패한 이유는 그들이 새로운 것을 파악하는 직관력이 부족해서가 아니라 재구성의 과정에서 보편과 특수를 분리시켜 이들을 하나로 인식하는 데 실패했을 뿐만 아니라 나아가 재구성의 과정에서 각각의 경우의 특수성을 고려하지 않은 채 보편적인 틀을 전제하고 이 틀에 개별적인 사태의 특성을 끼어 맞추는 환원주의적인 태도를 보이거나 사태의 개별적인 특성만을 고려하여 이를 기술하는 일에만 전념하여 사태 속에 감추어진 각각의 경우에 특수한 법칙성을 간과했기 때문이다. 재구성의 방법은, 보편과 특수 또는 형식과 내용이 분리되지 않고 한데 어울려 서로에게 영향을 주고받는다는 사실에 바탕을 두어 사태의 자율적인 움직임을 존중하면서 그 사태가 표현된 결과물을 회고적으로 되돌아보는 일이다. 재구성의 과정은 그렇지만 일괄적으로 이루어지지 않고 각각의 경우에 맞추어 특수하게 진행되는데 이러한 과정이 헤겔에게는 사태에 대한 변증법적 이해이고 외버만에게는 연계분석이다. 이러한 방법적 특성 때문에 재구성적인 해석의 작업은 정지가 아니고 변화를, 획일성이 아니라 개별성을, 경우묘사가 아니라 경우구성을, 알고 있는 것이 아니라 새로운 것을 밝히는 활동이다.

여기서 이제 구체적으로 어떻게 새로운 사실을 밝혀낼 것인가 하는 방법적인 문제가 남는다. 재구성을 통한 연계분석 또는 변증법적 이해는 어떤 과정을 거쳐 새로운 사실을 밝혀낼 수 있는가? 우선 이 문제에 대해 비교적 명확한 입장을 지닌 외버만의 경우를 살펴보기로 한다.

외버만의 해석학이 '객관적'인 이유는 사태 자체의 '객관적인' 특성을 파악한다는 점에서뿐만 아니라 사태의 진행이 '주관적인 의도'를 넘어 또는 주관적인 의도와 독립하여 사태 자체의 흐름 속에 '객관적인 규칙'이 감추어져 있다는 구조주의의 입장을 표명하고 있기 때문이다. 이를 외버만은 모든 행위가 '규칙수반적(regelgeleitet)'이라는 사실로 뒷받침한다. 행위의 규칙수반성은 동시에 각각의 경우에 내재된 의미구조성(Sinnstrukturiertheit)을 뜻한다.[20] 객관적 해석학은 연계분석을 통하여 각각의 연계위치에서 발생하는 감추어진 이러한 의미구조를 찾는 일을 과제로 삼는다.

삶의 실행이 빚어낸 표현 형태들은 의식적이든 무의식적이든 그것이 실행되는 순간에는 순전히 자율적이고 우연적인 것으로 나타난

---

20) Oevermann 1994, 286 참조.

다. 다시 말해 당사자는 자신이 무엇에 따라 행위하는지, 무엇에 근거하여 판단하는지 알지 못하고 행동한다. 재구성의 방법은 이렇게 글자 그대로 맹목적으로 진행되는 사태에 눈을 달아준다. 그 행위가 무엇을 지향했으며 또한 어떤 규칙에 준거하여 행해졌는지를 밝혀준다. 그런데 이러한 사태 규정은 겉으로 드러나 있지 않고 속에 감추어져 있기 때문에 연구자는 그 감추어진 의미구조(die latente Sinn-struktur)를 드러내는 일에 몰두해야 한다. 그러니까 회고적인 재구성은 단순히 이미 발생한 사실들을 나열하거나 표면적인 결과들을 인과적으로 연결시키는 일이 아니라 겉으로 표현된 사실, 즉 텍스트나 프로토콜 속에서 작용하고 있는 특정한 규칙을 찾아야 한다. 따라서 연구자는 '왜 그렇게 행위/표현했는가?'가 아니라 '그렇게 행위/표현하는 데 어떤 규칙이 배후에서 작용했는가?'를 분석해야 한다.

그런데 객관적 해석학은 삶의 특성을 어떻게 파악하기에 삶이 표현한 결과물 속에서 객관적이면서도 새로운 것을 설명해 낼 수 있다는 것인가? 이제 우리는 지금까지 충분히 설명하지 않았던 '삶의 실행(Lebenspraxis)'이라는 용어를 좀더 구체적으로 알아보아야 한다. 외버만은 이 용어를 "결정의 강요와 근거 제시의 의무 간의 모순적인 통일(die widersprüchliche Einheit von Entscheidungszwang und Begründungsverpflichtung)"(GS 297)이라고 정의한다. 여기서 "근거 제시의 의무란, 모든 구체적인 행위는 정당화되고 근거지어진 것으로 요구되어야 한다는 것, 달리 말해 실행적인 삶의 객관성을 보장하는 합리성의 요구를 일컫는다. 결정의 강요란, 의미를 유발하는 규칙들에 의해 열리는― 형식적으로는 의미 있는 행위연관과 각각의 구체적이고 실재적인 제한을 지닌― 다양한 조건 아래서 열린 선택지 가운데 어떤 특정한 선택이 내려져야 한다는 것을 일컫는다."(GS 297) 보통의 경우 이 결정은 특정한 경우구조를 자기 것으로 삼거나 경우특수적인 일상적이고 경험적인 습관을 통하여 미리 주어진 규범에 따라 내려진다. 그러나 위기 상황의 경우 미리 주어진 기준은 더 이상 쓸모가 없다. 다시 말해 근거 제시는 이미 이루어진 확신의 맥락에서 끝나지 않고 열린 가능성으로 진입하여 이후의 근거 제시 가능성에 대해 반신반의하면서 결정을 내려야 한다. 위기 상황은 구조적으로는 보통의 경우로서 규범과 일상을 구성하는 배후 역할을 하는데 이 위기 상황 안에서 역사와 도야의 과정이 실질적으로 일어난다. 근거 제시의 의무와 결정의 강요가 서로 모순을 일으키는 이유는, 열린 상태로 나타나는 결정의 경우 이미 주어진 합리성의 기준에 의거하는 길이 차단되기 때문에, 다시 말해 가능한 새로운 종류의 행동방식의 관점에서 볼 때 이미 주어진 합리성의 기준으로 되돌아가는 것은 비합리적으로 생각되기 때문이다. 이때 경쟁력 있는 확신 또는 상황 극복적인 새로운 확신이 그 자리에 아직 모습을 드러내지 않고 가능성으로만 존재하는데, 이는 사후적인 재구성을 통해서 비로소 새로운 확신으로 확정될 수 있다.

삶의 실행은 삶의 자율성을 통해 이루어진다. '자율성'은 여기서 행위자가 매 순간 어떻게 실행할 것인지를 결정한다는 뜻인데, 바로 이러한 자율적인 결정은 앞의 상황을 닫으면서 새로운 상황을 열고 이렇게 열린 상황을 다시 닫는다. 삶의 실행은 이렇게 연계성(Sequenzialität)을 띠고 이루어진다. 연계성 속에서 삶의 실행은 "앞서 열린 가능성을 닫으면서 동시에 열린 미래로의 새로운 선택을 연다." (GS 297) "각각의 실행적인 삶은 개인적이든 집단적이든 연계적으로, 다시 말해 원칙적으로 열린 미래를 향해 이루어진다. 이를 위해서는 엶이라는 분명한 과정이 항상 필요하며 여기에는 동시에 닫음이라는 과정이 수반된다. 엶과 닫음은 실행-공간성과 실행-시간성 및 사회적 공간성과 사회적 시간성을 띠는 어떤 것을 산출한다."21) 그러니까 인간의 삶은 그 자체가 구조성을 지니는데 이 구조는 이미 결정되어 있지 않고 매 경우마다 상황을 닫으면서 동시에 여는 과정 속에 있으며 이 열고 닫는 행위에는 특정한 규칙이 수반되며 (Regelgeleitetheit des Handelns) 이 규칙성이 곧 구조이다. 이를 외 버만은 달리 "경우특수적인 재생산 법칙성(die fallspezifische Repro-duktionsgesetzlichkeit)"(GS 280)이라고 표현한다. 삶의 행위의 구조 성은 그것에 불가피하게 수반되는 규칙성인데 이 규칙성은 일률적이 지 않고 매번의 경우에 특수하게 등장한다는 점에서 항상 '새로운 것'을 낳는다. 그런 한에서 삶의 실행은 자율성과 더불어 규칙수반성 을 띤다.[22]

경우재구성에 따른 연계분석을 통하여 삶의 실행이 행하는 자율적 인 결정의 구조적인 특성이 파악될 수 있다. 여기서 결정은 위기 상

---

21) U. Oevermann, "Strukturale Soziologie und Rekonstruktionsmethodologie" (미발표논문), 19.

22) 객관적 해석학은 기존의 인문학이 삶의 실행의 자율성(Autonomie der Le-benspraxis)을 충분히 고려하지 못했다고 비판하면서 이와 관련하여 올바른 인문학의 방향을 다음과 같이 설명한다. "인문과학적인 구조분석은 그렇지 만 이러한 사소한 개별성이나 개별화를 넘어서 개별적인 형성 과정(indivi-duierender Bildungsprozeß)의 결과로 간주되어야 하는 바로 그것을 파악할 수 있어야 한다. 왜냐하면 삶의 실행자 그리고 '주관성을 띤 구체적인 행위 주도자'는 각각 역사적-구체적인 상(像)들이기 때문이다. 이 상들은 … 각각 의 개별적인 형성 과정 안에서 생겨나 하나의 자기동일성을 형성했으면서도 구조변형을 통하여 아직도 열린 미래를 향해 계속해서 형성되어 나갈 수 있 다. 이 형성 과정에서 경우구조들은 그때마다의 고유한 경우구조 법칙성과 짝을 이루는데, 이 법칙성 안에서는 분명하게 전개된 각각의 삶의 실행이 지 닌 자율성에 숨겨진 근본적인 잠재력이 외적인 규정성 또는 타자 규정성에 서 벗어나는 것으로서 구체적으로 규정된다. 이 자율성을 보편자 개념 안에 서 학적으로 파악하지 못하는 인문과학은 그 연구대상을 애초부터 잘못 파 악하고 있는 것이다. 왜냐하면 이러한 인문과학은 인간의 삶에서 자율성이 얼마나 결정적인 의미를 지니는지를 경시하고 있기 때문이다."(Manifest 11)

황에서 이루어진다. 위기 상황은 각각의 연계위치에서 주관적-실천적으로 발생한다. 그런데 결정의 상황은 왜 항상 위기인가? 왜냐하면 결정의 준거점으로 활용되는 일상들, 예를 들어 확신, 습관, 확증된 문제 해결책 등이 열린 문제의 해결에 더 이상 소용되지 못할 때 '결정'이라는 행위가 의미를 지니기 때문이다. 기존의 준거틀로 더 이상 답변되지 않는 상황이 출현한다는 점에서 결정의 상황은 위기를 동반한다.[23] 우리는 일상에서 매번 결정의 상황을 맞이하지만 대개의 경우 사실은 결정의 방향이 이미 정해져 있어서 결정이 이미 내려진 것이나 다름이 없다. 예를 들어 결혼을 할 것인가, 말 것인가 하는 사항이나, 아이를 가질 것인가, 말 것인가 하는 문제들은 어떤 결정이 옳고 그른지를 판단할 수 있는 근본적인 기준은 없다. 만일 그런 기준이 있다고 한다면 그때는 결정이 이미 내려진 것이다. 따라서 이 경우는 엄밀한 의미에서 결정의 상황이라고 할 수 없다. 소위 결정론의 시각에서 볼 때 이러한 경우 역사는 원칙적으로 이미 종말을 고하여 미래는 철저하게 닫혀 있게 된다. 이러한 경우는 사이비 결정 상황이다. 진짜 결정 상황은 객관적으로 뿐만 아니라 당사자 자신이 어떤 결정이 합리적이고 옳은지를 파악하지 못하여 결정이 강요되는 상황과 결정의 근거를 제시해야 하는 상황이 만나 이

---

23) 객관적 해석학에서 '위기'는 '특수 경우(Grenzfall)'가 아니라 '보통 경우(Normalfall)', 즉 '일상'으로 파악된다. "일상은 열린 위기 상황의 닫음이며 거꾸로 위기는 닫힌 일상화의 엶이다. 따라서 위기가 일상에서 도출되지 않고 일상이 위기에서 도출된다."(Manifest 9) '일상'이란 과거의 위기 상황의 극복대안으로 제시된 것이 지금까지 작용하고 있는 것에 지나지 않기 때문에 사회연구에서 초점이 맞추어져야 할 것은 일상이 어떻게 유지되고 있는가 하는 정태적인 분석이 아니라 일상을 거부하고 새로운 일상의 준거점이 형성되는 위기 상황에 대한 동태적인 분석이다. 이렇게 위기를 일상으로 파악함으로써 객관적 해석학은 '새로운 것'의 출현을 설명하는 방법적 토대를 마련한다.

루는 상황이다. 그래서 외버만은 삶의 실행을 결정의 강요와 근거 제시의 의무 사이의 모순적인 통일이라고 규정했던 것이다. 엶과 닮음이라는 구조적인 특성을 지닌 삶의 실행은 위기의 극복/해소가 강요되는 상황에서 그때까지 확증된 합리성의 기준이 합리적이지 않아 문제 해결에 부적합하기 때문에 앞으로 확증되어야 할 새로운 합리성을 모색하게 된다. 이에 따라 선행하던 합리성은 비합리적인 것이 되어 새로운 합리성으로 지양되기에 이른다. 그렇지만 선행하던 합리성은 그 결정의 순간에 합리적이지 않다(nicht-rational)고 해서 반드시 비합리적(irrational)이라고 할 수는 없다. 그 합리성은 지금 참된 것으로 확증되지 않았을 뿐 언젠가는 다시 합리적인 것으로 선택될 수 있다.[24)]

위기 상황에서 위기에 대처하는 자발적인 행위는 심리적인 것 이상의 '객관적인' 흔적을 남긴다. 이 객관적인 흔적은 새롭게 출현하는 것의 경우에도 예외가 아니다. 자율적인 삶의 실행이 낳은 새로운 것은 객관적인 형태를 띠고 흔적 속에 남아 있다. 새로운 것은 이전 것과 불연속적으로 나타나지 않으며 어떤 방식으로든 이전 것과 관계 속에서 출현한다. 더구나 새로운 것은 형태가 없는 어떤 것으

---

24) '합리적이지 않은(nicht-rational)'과 '비합리적(irrational)'을 구별한 것은 '합리적'과 '비합리적'이라는 이분법만으로 합리성 개념을 충분히 다룰 수 없기 때문이다. 합리적인 계산에 의거하지 않은 행위를 우리는 비합리적이라고 하지 않는다고 할 때 합리성 개념의 사용범위는 더 포괄적이다. 합리성이란 구체적인 삶의 실행적인 관점에서 나타나는 하나의 기능으로서, 오직 그러한 관점에서만 사용될 수 있다. 따라서 구체적인 삶의 실행 자체가 어떻게 구성되고 작동되는가가 문제시되는 대목에서는 합리성 개념은 아무 쓸모가 없다. 합리성 개념은 위기 상황에서 예전의 합리성이 잠정적으로 새로운 합리성으로 이행하는 변증법적 과정의 저변에 깔려 있을 따름이다. 요컨대 삶의 실행에서 이루어지는 결정은 합리성을 지향하지만 그 합리성이 결과적으로 항상 합리적이지는 않으며, 따라서 앞서 부정된 합리성이 새로운 결정의 상황에서 새롭게 합리적인 것으로 부상할 수 있다.

로 주어지지 않고 텍스트성을 띠고 나타나기 때문에 이를 객관적으로 재구성할 수 있다. "모든 새로운 것은 연계성과 텍스트성 때문에 객관적인 의미구조 안에서 재구성될 수 있고 따라서 과거 안에 실제로 동기화된 것으로 규정될 수 있다."(GS 304) 이를 우리는 새로운 것과 알려진 것(das Bekannte)의 매개라고 부를 수 있다. 만일 어떤 절대적으로 새로운 것(ein absolut Neues)이 출현한다면 이는 우연의 산물로서 정체를 파악할 수 없는 신비에 지나지 않는다. "요컨대 새로운 것은 항상 동기유발되어 있다(Das Neue ist immer motiviert)." (GS 304) 새로운 것은 우발적으로 그리고 과거와 철저하게 단절되어 출현하지 않는다. 이미 알려진 것은 삶의 실행의 근본적인 자율성 때문에 원칙적으로 새로운 것을 동기유발시킬 수 있다. 여기서는 규칙의식과 규칙구성의 배후에 있는 전제가 기본적인 조건으로 작용한다. 새로운 것의 동기화는— 우리가 표현 형태의 객관적인 의미구조를 재구성하고 난 다음에— 새로운 것을 이러한 의미구조에 상응하는 성향에 따라 해명하고 다시금 의미구조의 동기화를 변형되기 전 단계에서 재구성함으로써 나타나게 된다. 그러니까 새로운 것을 설명하는 일은 그것이 발생하기 전의 역사를 다시 쓰는 일과 직접적으로 관련된다. 결정된 것을 파악하는 일은 재구성에 필수적인 사후성이 전제될 때에만 가능하다. 오직 사후적으로만 우리는 하나의 삶의 실행이 어떤 의미에서 그리고 왜 한 발 더 나아갔는지를 해명할 수 있다.

그런데 여기서 다음과 같은 의문이 생길 수 있다. 행위에서 생기는 어떤 새로운 것이 행위주체의 의도와 계획의 산물인 경우와 새로운 것이 행위주체도 예상하지 못했던 놀라운 것으로 나타나는 경우는 구별해야 하지 않는가 하는 물음이다. 첫 번째 경우 관찰하는 제3자의 입장에서 보면 놀라운 것으로 보이겠지만 행위하는 삶의 실행

자에게 새로운 것은 이미 알려진 것으로 기대되고 있다. 하지만 이 두 경우에 공통점이 있다. 계획된 혁신적인 행위의 경우에도 새로운 것의 구성은— 이 구성이 가능성으로서 이미 오래 전부터 고려대상이 되어 왔다는 사실은 별도로 하고— 지금까지 여러 가지 이유에서 이루어지지 않았기 때문에 이 경우의 혁신에서 관건이 되는 것은 새로운 구성이나 새로운 발견이 아니라 새로운 가치평가이다. 새로운 것의 예측 가능성은 새롭게 출현하는 행위의 특성과 양립할 수 없다고 할 수 있다. 행위가 삶의 실행에 대해 예측 가능할 경우 행위의 신선함은 이미 사라질 것이다. 하지만 새로운 것을 예측할 수 없는 것은 거기에 우연이 작용하기 때문이라고 오해해서는 안 된다. 그렇지만 예측 불가능한 결정이나 새로운 종류의 결정에 대해 말할 수는 있다. 이와 관련하여 두 가지 물음이 중요하다. (1) 어떤 출발조건에서 극단적으로 새로운 것이 출현하는가? (2) 이러한 출발조건이 주어질 경우 무엇이 새로운 것의 내용을 앞서 규정하는가? 여기서 우리는 다시 '재구성의 사후성(事後性)'에 눈을 돌려 두 가지 사실을 구별해야 한다. 재구성의 작업에서 선취된 사후적인 검증, 즉 하나의 결정이 얼마나 이성적으로, 다시 말해 결정에 의해 시간화되어 출현하는 행위의 객관적인 의미구조에 맞게 내려졌는지를 사후적으로 검토하는 일, 그리고 '여기'와 '지금' 안에서 행해지는 실질적인 결정이 기대하는 근거 제시를 구별해야 한다. 여기와 지금의 입장에서는, 사후적인 관점에서 진짜 새로운 것이 산출되었다고 할 때에야 하나의 근거 제시는 바로 실질적인 정당화로 간주될 수 있다. 그렇지만 무엇이 예측 불가능한 새로운 것을 산출하면서도 그 새로운 것이 — 이전에 일어난 사건에 사후적으로 통합된다는 의미는 아니더라도 — 방향성을 띠고 구조화되어 있어서 적어도 우연적이지 않도록 만드는가? 여기서 우리는 '출현과 결정의 동시성(Gleichzeitlichkeit von

Emergenz und Determination)'이라는 테제를 강하게 밀고 나가야 한다.

출현과 결정의 변증법을 통하여 새로운 것에 대한 법칙과학적인 설명 가능성과 현실과학적인 모방/재생의 잘못된 이분법을 극복할 수 있다. "왜냐하면 새로운 것이란 행위의 시간성의 계기들의 관계 안에 있는가, 또는 비매개적인 현재와 매개된 표현 형태의 관계 안에 있는가에 따라 출현한 것(das Emergente)이면서 또한 결정된 것 (das Determinierte)이라는 점에서 특수자와 보편자의 동시성은 구체적이고 혁신적인 행위 사건에 따라 체계적으로 파악될 수 있다."(GS 299) 오직 변증법적인 것으로서만 출현과 결정의 이러한 관계는 적절하게 파악될 수 있다. 출현한 것은 새로운 것의 특성을 지녀야 하면서도 그 반대인 결정된 것으로 이행해야 하기 때문이다. 이 이행에서 새로운 것은 새로운 것으로 기억되어 확정되고 지양된다. 이러한 출현과 결정의 변증법에는 통시성과 공시성, 불연속과 연속 그리고 변형과 재생산의 변증법이 맞물려 있다.

새로운 것과 관련하여 이러한 변증법이 작용한다고 이해할 경우 거기에서는 아무런 새로운 것이 발생하지 않으며, 어떤 경우구조의 법칙성이 일상적으로 재생산될 따름이라는 사실이 드러난다. 그래서 "새로운 것의 출현은 극적인 예외가 아니라 가능적인 규칙경우(potentieller Regelfall)에 의존하며, 이 규칙경우는 구조적인 일상성 자체로서 재상산을 지속적으로 유지시키는 데 토대가 된다."(GS 299) 이론적으로는 모든 연계위치에서 새로운 것이 출현할 수 있다. 이렇게 볼 경우 재생산을 지속적으로 유지시키는 것은 새로운 것을 예외적인 경우로 배제하는 것이 아니라 잠재된 새로운 것을 규칙경우와 연결시키거나 또는 규칙경우로 흡수하는 것이다. 이러한 사실은 새로운 것의 출현이 비일상적인 사태로서 내용상으로 예외에 해당한다는 사실과 배치되지 않는다. 그러니까 새로운 것이 출현한다고 해도 그것은 어디까지나 규칙경우에 부합하는 한에서만 새롭다고 규정될 수 있는 것이다. 이러한 가능성을 외버만은 연계성(Sequentialität)과 텍스트 형태성(Textförmigkeit)을 통해 설명한다. "프로토콜된 진행의 연계성 안에서 ··· 출현한 것은 출현한 것으로 재구성되며 출현한 것의 표현 형태가 지닌 텍스트 형태성 안에서 그것은 동시에 시간을 벗어나 재구성될 수 있다."(GS 300) 그러니까 하나의 사태가 진행되는 과정이 연계적으로 프로토콜되는 데에는 새로운 것이 출현하지만 그것이 특정한 텍스트의 형태를 띠고 등장하는 한에서 우리는 그것을 시간을 넘어 재구성할 수 있게 된다. 여기서 출현과 결정의 변증법은 현재를 축으로 과거와 미래를 통일적으로 떠받치는 핵심 작용이다.

새로움의 출현을 설명하는 방법과 관련하여 외버만의 발상을 헤겔과 연결시키는 일은 쉽지 않다. 헤겔은 이 주제를 외버만처럼 방법적인 차원에서 충분히 명료하게 서술하고 있지 않기 때문이다. 그렇지만 앞서 서술한 재구성의 방법을 통하여 헤겔 역시 새로운 대상의 출현 과정을 이전의 누구보다도 진지하게 서술하였다. 그 자신은 이 주제를 정면으로 부각시키지 않았지만 그의 '변증법'은 바로 '새로운 것'의 출현방식을 정식화한 것으로 볼 수 있다. 그가 의식의 변증법적 운동을 설명하면서 **"새롭고 참된 대상의 출현"**(Ph 78)을 의식의 경험이라고 부른다든지, 변증법의 논리적인 특성을 단적으로 드러내는 규정적 부정(bestimmte Negation)을 설명하면서 "결과로 드러나는 것은 ··· 규정적 부정이기 때문에 이 부정은 특정한 내용을 지닌다. 그것은 **새로운** 개념으로서, 선행하는 개념보다 더 높고 풍부한 개념"(L I 49)이라고 할 때, 그는 분명히 '새로워짐'이라는 현상을 변증법의 핵심으로 파악했다고 볼 수 있다.

252

앞에서 나는 외버만의 '구조'를 헤겔의 '개념'과 상응시켰는데 이 점을 상기하면서 새로움에 대한 헤겔의 설명방식을 이해해야 한다. "학문은 오직 개념의 고유한 생(生)을 바탕으로 해서만 조직될 수 있다."(Ph 51) 그러니까 의식의 경험 과정에도 그 중심에는 개념의 운동이 자리 잡고 있고, 그런 한에서만 우리는 의식에 대한 **학적인 인식**을 할 수 있다. 모든 사태의 움직임에는 '개념의 생(生)'이 바탕을 이루며 개념의 생은 자기를 끊임없이 새롭게 하는 데에서만 보장된다. 그렇다면 자기쇄신적인 개념의 생은 어떻게 파악될 수 있는가? 이 물음에 답하기 위해 우리는 편의상 외버만의 분석태도에 맞추어 헤겔의 입장을 살펴보고자 한다.

우선 헤겔은 외버만과 마찬가지로 생(生)의 자율적인 진행을 이미 설정된 보편적-형식적인 틀에 맞추어 규정하는 태도를 비판한다. 헤겔의 칸트 비판과 밀접하게 관련되어 있는 이 대목을 들어보자. "지적 활동의 주체가 어떤 부동의 형식에 의존하여 이를 현존하는 모든 것에 접근시키면서 그 어떤 소재이든 간에 이를 바깥으로부터 부동의 일자적 요소로 침잠시킨다면 이는 내용을 무시하는 자의적인 발상에 지나지 않아 진정으로 요구되는 지적 체계를 충족시킬 수 없다. 다시 말해 그러한 주체는 자기에게서 창출되는 풍부한 내용뿐만 아니라 스스로를 규정하는 다양한 형태의 구별들을 충족시킬 수 없다. 그것은 다만 소재를 구별하는 단조로운 형식주의에 그치는데 이럴 경우 그러한 구별은 종전에 이미 이루어져 알려져 왔던 것을 반복하는 것에 지나지 않는다."(Ph 21) 내용의 특수성을 감안하지 않고 형식적인 틀로 사태를 덮어씌울 때 사태의 자율성은 사라지고 오직 생명 없는 형식만 남게 된다. 이럴 경우 아무리 새로운 것이 출현한다고 해도 이는 건조한 형식의 반복에 갇혀 새로운 것으로 인식될 수 없게 된다. 헤겔은 '내용과 형식의 통일'을 철학적 사유의 진리로 여기며, 나아가 형식은 오히려 내용의 특성에 맞게 다시 짜여져야 한다는 질료 논리를 주장한다. 외버만이 삶의 실행의 자율성을 존중하여 각각의 경우에 특수한 구조 법칙성을 찾는다면 헤겔은 정신적 생(生)의 자유 지향성을 강조하여 사태의 진행을 일자적인 형식으로 포괄하는 태도를 거부하고 각각의 단계에서 발생하는 사태의 특성을 고려하여 그 안에서 객관적인 법칙을 찾고자 한다. 그런 의미에서 헤겔의 변증법은 소위 정-반-합 또는 정립-반정립-종합이라는 공식으로 단순화시킬 수 없으며 질료의 성격에 따라 새로운 원리와 판단기준이 정립되어야 한다.25)

다음으로 헤겔은 외버만과 마찬가지로 직접적으로 출현한 것을 매개하는 과정에서 새로운 것을 개념적으로 포착하려 한다. 그는 새로운 것을 오랜 기간의 점진적인 형성 과정을 거쳐 불현듯 태어난 아기에 비유하면서 이렇게 갑작스럽고 직접적으로 주어지는 새로운 현상에 대해 다음과 같이 말한다. "한편으로 새로운 세계는 처음에는 단지 단순성으로 가려진 전체이거나 그 전체의 일반적인 근거를 드러내는 양상을 띠는 반면에 의식의 경우에는 앞서간 현존재의 풍부한 내용이 기억 속에 역력히 남아 있다. 의식은 그래서 지금 새롭게 출현하는 형태를 접하면서 내용이 아직 확장되고 특수하게 전개되지 않은 점을 아쉽게 생각한다. 구체적으로 말해 의식은 내용이 아직 형식을 갖추지 못하여 구별이 명확하게 행해지지 않고 구별태들이 확실한 관계 속에서 정리되지 못하고 있는 점을 아쉬워한다. 그런데 내용이 이렇게 형식을 갖추지 못할 경우 학문은 그 어떤 일반적인

25) 그런 의미에서 헤겔은 "자기 자신이 검사의 척도가 되어야 할 것이 검사에서 부적합하다고 판정될 경우 검사의 척도가 바뀐다. 즉 검사는 지(知)에 대한 검사일 뿐만 아니라 검사의 척도에 대한 검사이기도 하다."(Ph 78)라고 말한다. 대상에 부적합한 척도의 변화에 대해서는 유헌식 1999, 130 이하 참조할 것.

설명력도 지니지 못할 뿐더러 그것은 가상, 즉 몇몇 개별자의 비교적(秘敎的)인 소유물에 지나지 않게 된다. 그것이 비교적인 소유에 그치게 되는 이유는 학문이란 모름지기 그의 개념 또는 내적인 것 안에서만 확보되기 때문이다. 또한 몇몇 개별자의 소유물이 되는 이유는 학문이 전개되지 않고 나타날 경우 학문은 현존재를 개별자의 수준에서만 다루게 되기 때문이다. 형식적으로 완전하게 규정된 것이야말로 공교적(公敎的)이어서 개념적으로 파악할 수 있어 학습이 가능하고 또 만인의 소유물이 될 수 있다."(Ph 19ff.) 이렇게 볼 때 '새로움'이란 헤겔에게서 직접적으로 출현하는 것 자체가 아니며 단순히 내용만을 지닌 다양한 구별태가 아니라 형식을 매개로 그 정체가 드러나야 하는 어떤 것이다. 새롭게 출현한 것은 개인들의 자의적이고 비밀스러운 사적인 소유물이 아니기 때문에 개념화 작용을 통하여 모든 사람에게 인정될 수 있는 객관성을 띠어야 한다. 외버만이 사태에 대한 주관적인 이해를 탈피하여 사태 속에 감추어진 객관적인 의미구조를 파악하는 일에 역점을 두었듯이 헤겔도 사태 자체에 감추어진 개념, 즉 사태의 객관적인 구조를 드러내 상호주관적으로 인정할 수 있어야 한다고 생각한다.

사태의 객관적인 구조 또는 개념을 구성하는 과정에서 항상 문제로 제기되는 사항은 '우연의 개입'을 어떻게 설명할 것인가 하는 문제이다. '새로운 것'은 예전 것과는 다른 것이라든지, 예전 것을 통해 설명할 수 없는 불연속적인 것, 예기치 않은 것이라고 이해할 때 '우연'은 새로운 것에 대한 '개념적인' 이해의 가장 큰 걸림돌이 되기 때문이다. 그러나 객관적 해석학에서 "우연은 의미구조화된 세계에 속하지 않는다."[26]든지, "사회의 의미구조화된 실행에는 연구자가

---

26) Oevermann 1994, 287.

아직 모르는, 숨어서 작용하는 규칙이 있을 수는 있어도 우연이란 없다."[27]고 말할 때 이는 헤겔에게도 해당된다. 외버만은 아주 단호하게 우연의 실재를 거부하지만 헤겔은 좀더 세련된 방식으로 우연의 특성을 설명한다. "우연성이란 가능성과 현실성의 통일이다. 우연적인 것은 가능적으로만 규정되는 현실적인 것이다. … 따라서 이 현실적인 것은 단순한 존재나 실존에 지나지 않는다. … 우연적인 것은 두 측면을 가지는데, 하나는 우연적인 것이 가능성을 **직접적으로** 자신에게 지니거나 가능성이 우연적인 것 안에 지양되어 있는 한에서 우연적인 것은 아직 **정립된 것으로 매개되지 않은 직접적인 현실성**에 불과할 따름이다. 다시 말해 그것은 **아무런 근거를 지니지 않는다.** 둘째로 우연적인 것은 단지 가능태 또는 정립태로서만 존재하는 현실적인 것이다. 가능적인 것 역시 형식적인 즉자존재라는 점에서 정립된 존재이다. 따라서 우연적인 것과 가능적인 것은 그 자체로 존립하지 못하고 자신의 참된 내적인 반성을 타자 안에 지니며 그런 한에서 이들은 어떤 **근거를** 자기 밖에 **지닌다.**"(L II 205ff.) 이렇게 볼 때 우연은 매개되지 않은 직접성의 영역에 포함되는 것으로 오직 가능태로서만 존재하며 그것의 정체성은 개념적인 매개를 통하여 구체적인 현실로 드러나기 때문에 이는 필연성의 즉자적인 계기에 지나지 않는다. 그래서 헤겔은 우연성을 "즉자적인 **실재적 필연성**(die reale Notwendigkeit an sich)"(L II 212)이라고 규정한다. 가능성으로만 머물러 있는 우연성은 실현의 근거를 자기 밖에 두고 있기 때문에 그 근거에 따라 자신을 구체적인 현실성으로 전환시켜야 하는데 이 근거가 필연성에 있다고 할 때 결과적으로 우연적인 것은 필연적인 것을 통하여 자기를 실현할 수밖에 없다. 따라서 우연은

---

27) 같은 책, 286.

겉으로 보기에는 맥락 없이 출현하는 규정 불가능한 것 같지만 그 실질에서 우연은 개념의 필연적인 운동에 참여하고 있는 것이다. 따라서 우연이란 아직 개념적인 인식에 이르지 못하고 즉자 상태에 머물러 있는 필연이며, 그런 한에서 우연히 나타나는 것처럼 보이는 새로운 것은 필연적인 개념의 활동에 의해 설명을 기다리는 잠정적인 것일 따름이다. 그래서 헤겔의 경우 외버만과 마찬가지로 엄밀한 의미에서 우연이란 없으며 새로운 것은 항상 필연적으로 동기유발된 것이고, 따라서 새로운 것은 개념을 통해 이해될 수 있게 재구성될 수 있는 것이다. 그렇지만 헤겔의 '개념'은 출현하는 것의 내용 또는 성질에 무관하게 무차별적으로 적용되지 않고 대상의 특성에 맞게 그때마다 새롭게 구성되는 성질의 것이다.

우연적인 것처럼 보이는 새로운 것은 자기 바깥에 '근거'를 필요로 한다는 헤겔의 설명은 외버만이 각각의 연계위치에서 행위자는 '상위의 실천적 틀'에 의존한다는 설명과 맥을 같이한다. 이 주제를 중심으로 이제 새로운 것의 출현과 관련한 일반적인 설명방식에 눈을 돌리기로 한다. 먼저 외버만의 설명을 들어보자. "여는 연계위치(eröffnende Sequenzstelle)는 자신의 미래에 내적인 것의 관점에서 … 그뿐만 아니라 반드시 상위의 실천의 틀의 관점에서도 상황을 닫는 기능을 수행하는데, 연계분석은 이 상위의 실천의 틀 속으로 열린 실천을 그때마다 질서 있게 귀속시키고 또 그 틀의 진행에 열린 실천을 연관시킨다. 연계위치는 열기만 하는 것이 아니라 이를 통하여 항상 상위의 이미 열린 실천의 연속을 전진적으로 진행시키면서 또한 선행하는 부분 실천의 닫음을 이 진행 안에서 후진적으로 자리매김한다."(GS 282) 그러니까 개인의 실천은 아무런 근거 없이 무작정 미래를 향해 나아가는 것이 아니라 반드시 상위의 준거점을 지니며 이를 바탕으로 실천은 열린 미래를 열면서 동시에 그 여는 행위가 무엇을 의미하는지 후진적으로 근거짓는다. 이러한 사정은 헤겔의 경우에도 거의 동일하게 나타난다. 헤겔은 이를 후진적인 근거지음과 전진적인 세부 규정으로 설명한다. "무규정적인 시원에서 멀어지면서 세부적인 규정에 이르는 매번의 전진적인 진행은 동시에 시원을 향해 후진적으로 접근하는 것이기도 하기 때문에 결국 처음에는 서로 다른 것으로 보였던 두 측면, 즉 시원의 **후진적인 근거지음**과 시원의 **전진적인 세부 규정**(das rückwärtsgehende Begründung des Anfangs und das vorwärtsgehende Weiterbestimmen desselben)은 서로 합치되어 하나라는 사실이 밝혀진다."(L II 570) 사태의 변증법적인 진행은 이렇게 후진과 전진의 이중성을 보이지만 이는 분석적으로 볼 때 그럴 뿐, 실제는 추상적으로 감추어져 있는 개념의 뜻을 끊임없이 구체화시켜 나아가는 하나의 활동에 지나지 않는다. 새로운 것이 출현할 때 이는 과거와 단절하면서 열린 미래를 향하여 전진한 것 같지만 다른 한편으로 그것은 과거의 뿌리와 연계성을 지니면서 근거를 찾는다.

여기서 미래를 향한 전진적인 세부 규정과 과거를 향한 후진적인 근거 찾기의 중심은 '개념'의 활동성에 의해 뒷받침되는데 개념의 활동성에서 새로운 개념의 창출을 설명하는 단적인 표현을 우리는 '규정적 부정'에서 찾을 수 있다. "부정적인 것은 긍정적이기도 하며 자기모순적인 것은 영(零), 즉 추상적인 무(無)로 해소되지 않고 본질적으로 모순적인 것의 특정한 내용의 부정이다. 다시 말해 그러한 부정은 전체 부정이 아니라 … 특정한 사태의 부정, 따라서 규정적 부정이다. 부정의 결과 안에는 그 결과를 낳은 출처가 포함되어 있다. 이는 그러니까 동어반복인 셈인데, 그렇지 않을 경우 결과는 직접적인 것일 뿐 결과가 아니게 될 것이기 때문이다. 결과로 드러나는 것은 … 규정적 부정이기 때문에 이 부정은 특정한 내용을 지닌

258

다. 그것은 새로운 개념으로서, 선행하는 개념보다 더 높고 풍부한 개념이다. 왜냐하면 그것은 **선행하는 개념의 부정 또는 대립만큼 풍요로워졌기** 때문에, 다시 말해 선행하는 개념을 포함하면서도 그 이상이기 … 때문이다. 이 과정에서 개념들의 체계 일반이 형성될 수 있으며 또한 밖으로부터 아무것도 끌어들이지 않는 순수하고 끊임없는 흐름 속에서 완성될 수 있다."(L I 49, 강조는 필자) 규정적 부정이란 부정이 특정한 내용을 산출한다는 데에서 붙여진 이름이다. 이 용어는 헤겔 변증법의 '지양' 개념을 개념적으로 풀어놓은 것과 다름이 없다. 그런 의미에서 규정적 부정은 앞의 개념을 없애고 전혀 새로운 어떤 것을 산출하는 작용이 아니라 앞의 개념을 포괄하면서 새로운 개념을 산출하는 양상을 띤다. 여기서 새로운 개념은 앞의 개념에는 포함되지 않은 어떤 것을 포함한다는 점에서 새로운 것이다. 그래서 부정의 규정성에서는 무엇보다도 '부정 또는 대립만큼 풍요로워졌다'는 사실이 중요하다. 대립이나 모순이 무(無)로 해소되지 않고 새로운 어떤 것을 추가하여 예전에는 없던 새로운 종합을 만들어낸다는 것이다. 모순의 해소나 대립의 지양은 종합이라는 단계로 나아감으로써 무내용적인 직접성이 내용을 띠게 되면서 새로운 개념으로 출현한다. 변증논리의 '사변적' 특성은 바로 모순과 대립의 결과물이 지닌 생산성에 있다. 헤겔 변증논리의 기본 형태로 일컬어지는 즉자-대자-즉자대자의 공식에는 대타성(對他性)이 드러나지 않아 새로운 것의 출현을 설명하는 데 충분하지는 않지만 그래도 직접적인 것이 매개를 거쳐 개념으로 이행하는 사변논리의 단면을 보여주고 있어 새로운 것에 대한 개념적인 이해의 가능성을 방법적으로 시사한다.

4. 맺는 말

외버만의 객관적 해석학을 헤겔의 객관적 관념론과 비교하는 일은 쉽지 않다. 사회과학과 철학이라는 영역의 차이는 접어둔다 해도 이들은 서로 소통하기 어려운 용어들을 사용하고 있기 때문이다. 그렇지만 인문학 일반이 '새로운 것의 출현을 어떻게 설명할 것인가?' 하는 문제에 관심을 보인다면 이들의 비교는 이 문제에 대한 답변에 중요한 실마리를 제공할 수 있다고 나는 생각한다.

앞에서 살펴보았듯이 외버만의 '구조'와 헤겔의 '개념'은 일상적인 이해와는 달리 서로 맥이 통한다. 양자는 모두 보편과 특수의 통일체라는 특성을 지니기 때문이다. 보편과 특수를 하나의 사태가 지닌 양면으로 이해하지 않을 경우 우리는 일상생활에서 뿐만 아니라 역사에서 출현하는 '새로움'이라는 현상에 대해 학적으로 접근할 수 없다. 그렇다고 해서 '새로움'을 학적으로 접근하기 위해 보편과 특수가 통일성을 띠어야 한다고 주장할 수는 없다. 양자의 통일성은 오히려 새로움이라는 현상이 출현하는 특성에서 찾아져야 한다. 외버만과 헤겔에 따르면 '새로운 것'은 그 자체로 구조적 또는 개념적 형태를 띠고 등장하기 때문이다. 그러니까 우리가 '새롭다'고 인식하는 것은 처음에는 아주 낯선 것, 예기치 않은 것, 불연속적인 것, 직접적인 것, 우연적인 것 등으로 보여도 이는 겉으로만 그렇게 보일 뿐 막상 그 속을 들여다보면 거기에는 일련의 규칙이 작용하고 있다는 것이다. 그렇기 때문에 특수는 보편에 근거하지 않고 독자적으로 활동할 수 없게 된다.

이렇게 감추어진 규칙을 찾아내기 위해 외버만은 재구성의 방법을 사용하고 헤겔은 기억의 작용에 의존한다. 이러한 회고적인 재구성은 그렇지만 이미 일어난 사태를 자의적으로 변형시키거나 해석하는 것이 아니라 주어진 흔적 또는 표현 형태를 바탕으로 그 안에 내재해 있는 객관적인 구조 또는 개념을 발굴해 내는 작업이다. 이때 주의할 점은 해석자의 주관적인 판단을 괄호에 묶고 오직 사태가 표현하고 있는 내용에만 초점을 맞추어 사태의 자율성을 최대로 보장해야 한다. 해석자는 주어진 사태가 표현하고 있는 것 이외에는 어떤 것도 밖에서 임의로 개입시켜서는 안 된다. 그런 의미에서 해석자는 기존의 이론으로 주어진 사태를 덮어 씌워서는 안 된다. 그럴 경우 사태의 자율성이 손상될 뿐더러 새로운 사실을 밝혀내는 데 성공할 수 없다. 왜냐하면 그 경우에 이론의 특성에 따라 사태를 어떻게 볼 것인지가 이미 결정되어 있기 때문이다.

외버만의 재구성 작업은 '결정의 강요와 근거 제시의 의무 간의 모순적인 통일'이라는 삶의 특성에 근거하여 행위자가 결정의 순간에 다양한 가능성 가운데에서 하나의 경우를 선택하여 상황을 열고 닫을 때 거기에는 특정한 규칙이 작용한다는 점에 착안한다. 그래서 행위의 자율적인 결정이 이루어지는 상황에서도 경우마다 특수한 법칙이 있으며 이를 재구성에 바탕을 둔 연계분석을 통하여 발굴하는 일이 객관적 해석학의 임무이고 그럼으로써 지금까지 알려지지 않은 새로운 사실을 밝힐 수 있다는 것이다. 여기서 연계분석이란 일련의 행위가 진행되는 과정에는 결정의 위치가 있기 마련인데 이 위치들을 연계적인 것으로 파악하면서 그 안에서 반복적으로 재생산되는 규칙 또는 법칙을 순차적으로 분석해 가는 일이다. 그렇기 때문에 앞의 연계위치에서 해석한 규칙을 다음의 연계위치에서 적용해 보아 마찬가지로 설명이 되면 그 규칙이 잠정적으로 타당한 것으로 인정하지만 만일 다음의 연계위치에서 그 규칙이 맞지 않을 경우에는 새로운 규칙을 가설적으로 추론(假推, abduct)해야 한다. 그러니까 경우특수적인 법칙성은 일단은 각각의 경우가 재구성되는 해당 연계위치에서만 일단은 타당하지만, 객관적 해석학의 현미경 관찰 같은 면밀한 분석방식에 따르면 — 나의 경험에 비추어볼 때 — 최초의 첫 번째와 두 번째의 연계위치에서 밝혀진 경우특수적인 법칙을 전체 텍스트의 합법칙성으로 확대 해석해도 거의 무리가 따르지 않는다. 그렇지만 이는 어디까지나 잠정적인 성격을 띠고 있을 뿐 차후에 해석의 오류가 발견될 경우 대체 또는 수정이 행해질 수 있다.

헤겔의 재구성 방법은 외버만만큼 구체적이지는 않다. 하지만 그의 변증법은 기본적으로 이미 일어난 사태를 재구성한 데에서 비롯하며 재구성 작업을 통하여 헤겔은 지금까지 밝혀지지 않은 새로운 사실을 드러내고자 한다. 직접성과 매개의 변증법적 관계에 기초하여 그는 사태 속에 감추어져 있는 '개념' 또는 '사유 규정(Gedanken-bestimmung)'을 발굴하기 때문이다. 이 과정에서 헤겔은 방법적으로 규정적 부정의 생산성을 통하여, 비록 외형상으로는 다양하게 전개되는 듯하는 삶의 진행 밑바닥에서 작용하고 있는 개념의 이성적인 원리를 포착해 낸다. 이 점에서 그의 객관적 관념론은 외버만의 객관적 해석학과 손을 맞잡고 있다.

[참고문헌]

Oevermann, U.(1983), *Zur Sache*, in: *Adorno-Konfernz*, Frankfurt/M.

___(1991), "Genetischer Strukturalismus und das sozialwissenschaftliche Problem der Erklärung der Entstehung des Neuen", in: *Jenseits der Utopie*, hrg. S. Müller-Doohm, Frankfurt/M.

___(1993), "Die objektive Hermeneutik als unverzichtbare methodologische Grundlage für die Analyse von Subjektivität", in: *Wirklichkeit im Deutungsprozeß*, Suhrkamp.

___(1994), *Die Welt als Text*, hrg. D. Garz, Suhrkamp, Frankfurt/M.

___, "Konzeptualisierung von Anwendungsmöglichkeiten und praktischen Arbeitsfeldern der objektiven Hermeneutik — Manifest der objektiv hermeneutischen Sozialforschung", 미발표논문.

___, "Strukturale Soziologie und Rekonstruktionsmethodologie", 미발표논문.

Hartmann, K.(1972), "A Non-Metaphysical View", in: *Hegel*, A. MacIntyre (ed.), London.

Marx, W.(1972), *Einführung in Aristoteles' Theorie vom Seienden*, Verlag Rombach, Freiburg.

Zizek, S.(1992), *Der erhabenste aller Hysteriker*, Turia & Kant, Wien-Berlin.

유헌식(1999), 「새로운 의식의 출현 과정과 그 서술의 문제」, 『헤겔 연구』 8집.

___(2001), 「'새로움'에 대한 역사철학 이해의 고비들」, 송병옥 외, 『진리를 찾아서』, 철학과현실사.

자아의 자각을 통한 한계보유적 행위

반쪽 헤겔주의자 최인훈

1. 에고의 난파

최인훈의 작품 『회색인』의 회자되는 대목을 인용하면서 논의를
시작하자.

> 학은 문득 생각난 듯이 말했다.
> "그렇다면 행동해야 될 것이 아닌가?"
> "그렇기 때문에 나는 행동하지 않으려는 거야."
> "논리가 맞지 않는데?"
> "알라딘의 램프는 어디에도 없어. 우리 앞에 홀연히 나타날 궁전은
> 기대할 수 없어."
> "그렇다면?"
> "사랑과 시간이야."
> "비겁한 도피다!"
> "용감한 패배도 마찬가지지."
> "패배를 거쳐서 사람은 자란다."

"무책임한 소리 말어. 자기 자신이 받는 피해는 둘째치고라도 남에게 끼친 피해는 무얼로 보상하나?"

"앉아서 죽자는 식이군."

"극단적인 비유는 오류를 저지르기 쉽지. 내 뜻은 한국의 상황에서는 혁명도 불가능하다는 말이야. 개인적인 용기의 유무보다 훨씬 복잡해."(『회색인』, 19)

이 대목 바로 앞에서 독고준은 한국을 서양과 비교하면서 말이 아니라 역사-행동만이 생산성을 지닌다고 역설한다. 이에 대해 친구 김학이 '행동'으로 대응하자 독고준이 '행동해야 하기 때문에 행동하지 않는다'고 응수하면서, '용감한 패배' 대신 '시간과 사랑'을 제시한다. 그의 반(反)행동주의는 뛰지 말고 앉아서 생각하기라는 소극적인 가치를 지향한다. 한국의 비극은 지금까지 서양의 뒤꽁무니만 서둘러 따라다닌 데에서 비롯한다. "한없이 계속될 이 아킬레스와 거북이의 경주를 단번에 역전시킬 궁리를 하자. 그러니까 거북이는 기를 쓰고 따라갈 것이 아니라 먼저 주저앉아라. 어떤 거북이는 따라가게 내버려두자. … 어떤 거북이는 주저앉아서 궁리를 하게 하라. … 그러니까 나는 누워 있다. 나는 뛰지 않는다."(『회색인』, 274) 여기서 독고준이 행동을 거부하는 이유가 드러난다. 그런데 그는 앉아서 무엇을 하려 하는가? 예술가(지식인)들은 "노동하지 않는 대신에 에고의 난파를 막을 책임"(『회색인』, 258)이 있다는 것이 그의 대답이다. 그렇다면 에고의 난파를 어떻게 막을 것인가? 이 문제에 답하는 것이 최인훈의 과제이고 이 글의 주제이다.

최인훈의 '앉아서 생각하기'는 평자들 사이에 많은 논란을 일으켰다. 뒤에서 다시 언급하겠지만 그의 반(反)행동과 비(非)참여는 그의 작가의식의 한계로 지적되기도 하였다. 하지만 이러한 반론을 작가 자신이 이미 예견하고 있고 또 이 사항을 자기 글의 본령에서 다루고 있다는 사실을 간과할 수 없다. 물론 평자들이 이 점을 간과한 것은 아니다. '그럼에도 불구하고' 결국 그는 행위하고 참여해야 할 책임에서 면죄될 수 없다는 것이다. 그는 자기 자신이 피하고자 하는 '머뭇거림'에 스스로 사로잡히는 자가당착을 범하고 있는 것인가?1) 그는 무엇 때문에 망설이는가? 그 망설임의 끝에는 무엇이 자리 잡고 있는가?

그는 현실을 '방황'으로 포착한다. 그 방황의 정체를 그는 "정립(定立)이 없는 반정립(反定立)"(『회색인』, 227)으로 요약한다. "우리는 지금 민족 전체가 유학하고 있는 셈"(『회색인』, 225)이며, "우리는 다른 사람들의 룰을 따라서 경기하는 운동선수"(『회색인』, 227) 같다. 우리는 "서양 친구들이 밀어 놓은 바윗돌을 밀어 올리는 작업에 동원된 일꾼"(『회색인』, 233)이며 "남의 다리 긁는 것. 시지프의 엉덩이 밀기"(『회색인』, 234)에 바쁠 따름이다. 나의 '나'는 남이 만든 나이다. 나의 나는 국적불명/행방불명이다. 특히 표류하는 언어를

---

1) 그는 한국인의 행동논리에 밴 '우유부단함'을 신랄하게 비판한다. 행동은 항상 '결단'을 요구하는데 우리는 결정적인 순간에도 결단을 내리지 못하고 이럴까 저럴까 망설인다. 우리말의 '글쎄'라는 표현에서 "한국인의 한없이 아름다운 중용(中庸)의 논리"를 본다고 그는 역설적으로 말한다. "글쎄, 얼마나 좋은 말인가. 이것이냐 저것이냐, 극적인 정점에 이르렀을 때 한 마디 '글쎄', 이래서 드라마는 맥이 빠지고 위기는 자연해소가 돼."(『회색인』, 86) '글쎄'는 한편으로는 회의의 정신을 드러내지만, 이것도 저것도 아니면서 이것이기도 하고 저것이기도 한, 태도불명의 기회주의 정신을 드러낸다. 명확한 결단을 토대로 이것이냐 저것이냐를 선택하지 못하고(않고) 머뭇거릴 때 '세월'은 흘러간다. 그들은 그래서 " '역사'가 아니라 '세월'을 사는 사람들"(『화두』 II, 54)이고, "너도 나쁘지 않고 나도 나쁘지 않은, 그래서 모두가 나쁜 이 시대"(『회색인』, 37)에 사는 사람들이다. 그걸 경우 이들이 역사'를' 살지 않고 역사'가' 이들을 사는 것이 된다. 그리하여 그들은 "스스로 있는 자연처럼 혼자 흘러가는 역사의 타성에 노예가 된 사람"들이다(『화두』 II, 253). 이러한 태도불명의 머뭇거림 속에 최인훈 자신이 빠져 있는 것은 아닌가?

그는 슬프게 직시한다. "럭키 치약이나 해태 캐러멜은 외래품이 아니라는 사람이 있다면 그는 좀 둔하다."(『회색인』, 121) 언어가 땅에 발을 딛고 서 있지 못한 현실이다. 우리의 에고와 언어는 방황한다. 우리의 에고는 난파하여 말의 갈피를 잡지 못하고 방황한다.

최인훈의 주인공들은 말수가 적다. 이명준이고 독고준이고 이준구고 독고민이고 모두 그렇다. 그들은 누군가가 말을 시키지 않으면 자진해서 말을 꺼내는 법이 거의 없다. 그들은 할 말이 있는데도 하지 않는 것이 아니다. 말을 가지고 있어도 말들 사이의 관계 또는 맥락을 찾지 못한다. 말들의 행로를 정하지 못한다. 그런 의미에서 그들은 문장 구성력을 결한 실어증(失語症) 환자들이다. 원래의 자기 말이 있었는데 그것을 잊은/잃은 것이다. 중요한 것은 그런데 실어증이 자기에서 비롯한 것이 아니라는 점이다. 자기 주변의 말들이 그들로 하여금 말을 못하게 만든 것이다. 주위사람들의 말의 내용이나 방향이 자기의 말과 어긋난다는 사실을 깨닫고는 더 이상 자기의 말을 진행시킬 수 없었던 것이다.

실어 증후군은 실존적인 위기에서 비롯한다. 북의 독고준을 둘러싼 혁명의 분위기는 그에게서 "보류라는 선택지"(『서유기』, 246)를 문항에서 없애버린다. 생각은 망설임이 가능하지만 현실은 망설임을 단지 과도기로서만, 순간적으로만 용납한다. 현실은 어떤 식으로든 어떤 방향으로든 선택되기 마련이다. 이렇게 숙명적인 현실의 논리가 그에게 버겁게 다가온다. 그런데도 그는 선택할 수 없었다. 그에게 현실은 마지막까지 '이것이냐 저것이냐'는 선택의 사항이 아니라 '이것도 저것도 아닌' 보류의 사항이었기 때문이다. 그래서 그는 "불가능한 선택을 포기한 희생자"가 된다. 그는 왜 선택을 포기했나? 선택이란 "세계에 대한, 남에 대한 예측인데 세계와 남은 그가 소유할 수 없는 것"이며 따라서 섣부르고 근거 없는 선택은 미래의 진행을 어떤 식으로든 보장할 수 없기 때문이다. '이성(理性) 병원'에서는 독고준(과학자)을 혁명가와 대비시키면서 결국 그를 선택불능의 환자로 규정하여 수소문한다. 그 환자의 증상을 이성 병원은 "자신이 비인(非人)이 됨으로써 인간적 문제에 대한 질문이 되고자 한 것"이라고 변호한다(『서유기』, 247). '답변을 망설이는 그'는 질문 속에만 있다. 그는 질문'이다'.

이러한 최인훈의 주인공들에 대해 곱지 않은 시선을 보내는 평자들이 여럿이다. 유종호의 평을 들어보자. 『회색인』의 독고준이나 김학은 "구체적인 프로그램이나 행동강령을 가지고 있지 않"다. "이유야 어쨌건 『회색인』과 『광장』을 통틀어서 학생이나 지식인이 아닌 일하면서 사는 사람들의 세계가 거의 비치어진 적이 없다."[2] 유종호는 독고준의 삶에 대해 '방관자' 또는 '관찰자'로서의 '보기만 하는 생활'로 묘사하고 이러한 삶의 입장을 급기야는 '자유주의자의 눈'으로 묘사하고 있다. 행위하지 않고 밀실에 갇혀 비현실적인 관념에만 몰두하는 '회색빛 인간'의 창안자에 대해 노골적으로 비판하는 평자도 있다. 그는 "리얼리즘의 수법을 방법적으로 부정"한다. "그의 기법은 그 자체가 주인공의 고독한 정신행로에 대응을 이루는데, 그것은 이 작가의 체험세계의 협소성을 반영한다." "현실적인 패배가 관념적 승리로 위장", "현실 소외와 생활 상실은 … 자아내면 탐구를 부득이하게", "그의 주인공은 그런 사회악과 구조적 모순의 제거에 뛰어들지 않고, 그것들을 못마땅하게 여기면서도 끝내 자기유지와 자아탐색에 몰두한다. 그것이 '잃어버린 옛날로의 순례'인 것이다. '잃어버린 옛날'이란 개인주의적 도피의 신기루적 목적지의 이름에 다름 아니다."[3]

2) 유종호, 「소설의 정치적 함축: 『廣場』과 『灰色人』의 경우」, 이태동 편, 『최인훈』, 서강대 출판부, 1999, 118 이하.

그런데 이러한 비판적 시각을 최인훈은 이미 예고하고 있다. 그의 자기비판을 들어보자. "그는 … 인민의 적인가 벗인가를 명확히 하기를 거부하였습니다. … 그는 역사에 있어서는 어느 한쪽을 반드시 선택해야 한다는 것을 기피하고 있습니다. … 그는 역사에 참여하려 하지 않고 역사더러 참아달라고 사정을 하고 있습니다. … 그는 가장 악질적인 '헤겔'주의적 스파이인 것입니다. 그는 잿빛 감도는 땅거미 지는 무렵에만 행동하겠다는 것입니다. 역사의 대차대조가 모두 끝나고 땅 짚고 헤엄칠 때에만 움직이겠다는 것입니다."(『서유기』, 281) 자신에 대해 행동하지 않는 회색분자 또는 뒷북치는 관념론자라는 비판을 작가 스스로 인정하는 대목이다. 자신에 대한 이러한 불미스러운 평가에 대해 그는 어떻게 대항할 수 있겠는가/있었는가? 그는 인간에 대한 치명적인 평가인 위선자, 기회주의자, 비겁한(漢), 헤겔주의적 스파이 등의 명칭을 스스로 부여하면서도 어떻게 자기의 길을 당당하게(?) 갈 수 있었는가? 스스로 '회피한다'고 말하면서도 왜 부끄러워하지 않는가? 그의 회색빛은 무엇을 꿈꾸고 있으며 그의 망설임은 무엇을 위한 준비단계인가?

2. 기억

『회색인』에서 분열된, 난파된 자아는 『서유기』에서 "무엇 때문에? … 무엇 때문에 나는 … 나는"(『서유기』, 11)이라는 주체적인 물음으로 전환한다. '무엇 때문에'는 '어떤 이유에서' 또는 '어떤 원인에서'이다. 여기서는 '어떤'이 아니라 '이유' 또는 '원인'이 중요하다. '무엇 때문에 나는'은 '무엇이 나를'을 포함한다. 그래서 '나의 물음'

---

3) 염무웅, 「상황과 자아」, 이태동 편, 『최인훈』, 79.

은 주체적이면서 객체적인 성격을 띠게 된다. 『회색인』의 독고준과 동일인물인 『서유기』의 주인공은 정체를 알 수 없는 그 무엇에 홀리듯이 끌려 과거로의 긴 여행을 시작한다. '나'와 '그 무엇'을 찾아 나선다. 그 무엇에 따라가면서 잃어버린 나를 찾아간다. 분열된 자아의 원상회복은 작가 자신의 정체성의 정립이면서 동시에 한민족의 정신적인 실지(失地)의 탈환이며 명예의 보전을 뜻한다.4) 남이 만든 자기에서 탈피하기 위해 자기가 자기를 만들기로 한다.5) 그러기 위해 사태를 다시 관찰하면서 새롭게 언어를 구성해야 하는데 이는 다시 자기와 주변세계가 형성되어 온 과정을 되짚는 수고를 요구한다. 그래서 그의 '에고 찾기'는 자신의 개인적인 체험을 뒤돌아보는 일이면서 동시에 한반도의 근현대사를 되돌아보는 일과 맥을 같이한다. 이 점에서 그의 서술방식은 헤겔의 『정신현상학』을 닮아 있다.6) 이 작업은 삼중의 층위로 구성되어 있다. 개인적 수준에서 자신의 과거를 돌이키는 일, 역사적 수준에서 자신을 둘러싼 타인들의 삶의 방식을 되돌아보는 일, 그리고 존재론의 측면에서 인간존재의 보편적

---

4) "조국의 재획득 - 이것이 오늘 우리가 치러야 할 국민적 목표다. 조국이란 우리가 만들면 있고, 만들지 않으면 없고, 저절로는 절대로 없는 인공적(人工的) 종(種)이기 때문이다."(「社會的 遺傳因子」, 『歷史와 想像力』, 민음사, 183)

5) "나의 밖에 권위 있어 보이는 것들로 마음의 평화와 삶의 지침을 발견해 오지 못한 나는, 그러한 것들을 자기 손으로 만들 수밖에 없다는 것, 그리고 인생은 그래서는 안 될 만큼 권위 있는 어떤 것도 아니라는 쪽으로 기울어지고 있었다."(『화두』 I, 119)

6) 『서유기』와 『화두』는 모두 헤겔의 『정신현상학』과 마찬가지로 회고적인 서사형식을 띠면서 의식과 역사가 맞물려 진행하는 과정을 그리고 있는데, 『화두』에는 여기에 다큐멘터리적인 기행(紀行)이 첨가되어 있다. 하지만 이러한 회고성은 문학 일반의 특성이기도 해서 최인훈 문학의 특징이라고 규정할 수는 없다. 다만 최인훈과 헤겔의 연결고리에서 착안할 사항은 이들이 회고 또는 기억을 '나'의 정체성 확립과 동일시한다는 점이다.

인 의미를 되물어보는 일이다. 이들은 헤겔의 관점에서 볼 때 각각 주관정신, 객관정신, 절대정신에 해당한다. 이들이 맞물려 돌아가는 양상을 최인훈은 '기억'이라는 장치를 통하여 풀어낸다.

최인훈의 '기억'은 단순한 회상(回想)이 아니다. 기억, 즉 뒤돌아 봄은 그에게 인간의 본질 이해와 관련된다. 그는 자전적 소설 『화두 (話頭)』에서 신화와 전설에 나타나는 '뒤돌아보지 말라'는 경고에 맞선다. "'기억'에 대한 부정"(『화두』 II, 526)으로 인해 인간은 오랫동안 현재의 노예로 살아왔다. 짐승과 달리 인간은 뒤돌아보는 능력 때문에 현재의 노예상태에서 벗어날 수 있다. '뒤돌아봄'은 그래서 인간 '이성의 존재방식'으로, 인간이 유일하게 의지할 수 있는 힘의 원천이다. "'앞'에 무엇이 있다는 약속도 사라지고, 법칙이나 예언의 신빙성도 떨어진 시대에 인간은 어디에 의지해야 하는가. 오직 '뒤' 밖에 더 무엇이 있겠는가. '뒤돌아보는 것'만이 이 암흑에서 그가 의지할 수 있는 힘의 근원이다. 그 뒤돌아봄이 그의 이성의 방식이다." (『화두』 II, 530) 뒤돌아봄은 이성적인 힘의 원천으로 인간은 그것을 통하여 삶을 재충전하고, 뒤돌아봄으로써 자기가 가야 할 길을 찾고 (알고) 또 자신을 새롭게 변화시킬 수 있게 된다. 뒤돌아보기를 통하여 과거의 나는 현재의 나에 의해서 되살아날 뿐만 아니라 과거의 나는 현재의 나를 새롭게 변화시킨다.

과거의 기억을 통한 현재의 새로운 탄생은 무엇보다도 '기억하는 나'가 '기억되는 나'와 분리되지 않는다는 사실로 뒷받침된다. 기억을 철저하게 되살릴수록 "자기라는 것은 그 기억 말고는 없음"을 깨닫게 되기 때문에 "나와 나의 기억이 별개의 것이 아니다. 내가 기억이다."(『화두』 I, 311) 그래서 과거의 나는 기억을 매개로 하여 현재의 나와 하나가 된다. '나'는 시간의 흐름 속에서 끊임없이 '나'를 과거에 남겨놓게 되는데, 이에 따라 "자신이 남겨놓고 간 '나'가 저 혼자 견뎌야 할 시간"(『화두』 I, 197)이 생기게 되고, 과거 속에서 견디고 있는 '나'가 기억을 통해 발굴되어 현재의 나와 통일됨으로써 나 자체를 이끌게 된다.

그런데 나와 기억의 동일성에서 '나'는 단순히 기억된 파편들의 묶음이 아니다. '나'는 그 안에 감추어진 의미맥락을 지닌 생명체이다. 이 의미맥락을 찾아 기억들 사이에 서로 피가 통하게 될 때 비로소 기억으로서의 나는 참된 나가 된다. "기억의 밀림 속에 옳은 맥락을 찾아내어 그 맥락이 기억들 사이에 옳은 연대를 만들어내게 함으로써만 나는 나 자신의 주인이 될 수 있겠다. 그 맥락, 그것이 '나'다. 주인이 된 나다."(『화두』 II, 542-543) 무질서하게 뒤엉킨 기억의 밀림 속에서 그 밀림에 감추어진 길(맥락)을 찾아 자기가 들어온 그 밀림에서 다시 밖으로 나갈 수 있을 때 나는 곧 그 길이 되고, 그래서 또 나는 나의 주인이 된다.

최인훈에 따르면, 인간은 기억을 '할 수 있는' 존재이지 기억을 '할 수밖에 없는' 존재가 아니다.[7] "기억은 우리가 진지하게 회상할 때에만 비로소 자신들의 모습을 나타낸다."(『화두』 I, 310) 기억을 '할 수밖에 없다'면 '기억하라'는 요구는 무의미하다. 말을 바꾸면, 기억은 가능성이지 필연성이 아니다. 또한 이 가능성은 자동적으로 밖으로 드러나는 것이 아니라 능동적으로 개발해야 할 성질의 것이다. 기억은 '인위적인' 노력의 문제이다. 과거의 것들은 "잊지 않으면 있고 잊으면 없어진다. 잊는 것이 자연의 법칙에 가깝고 잊지 않기는 부자연스런 인공의 노력으로만 유지된다."(『화두』 I, 284-285)

---

7) 이러한 발상 자체는 기억에 대한 니체의 이해방식과 그 구조상 차이가 없는 것처럼 보인다. 그러나 니체는 '기억할 수 있다'라는 '기억 가능성'을 '잊을 수도 있다'라는 '망각 가능성'으로 파악함으로써 생(生)철학적인 입장을 드러낸다.

기억은 "관리"하지 않으면 안 된다(『화두』 I, 311). 현재의 삶은 실제로는 이미 항상 과거와 손을 잡고 있는데도 우리는 그 연속성을 깨닫지 못하고 있다.[8] '기억하라'는 그래서, 사태를 그냥 방치하면 잊혀지기 때문에, 잊지 않을 수 있는 가능성을 지닌 인간에게 잊지 않도록 회상(回想)시켜 자기의 과거가 자기의 현재와 연속적으로 서로 통하게 하라는 요구이다. "기억의 부활"(『화두』 I, 311)은 나아가 최인훈의 예술관을 이룬다. "예술이란, … 먼 데 것을 불러내는 것. … 기억의 바다에 가라앉은 추억의 배를 끌어내는 것. … 그렇게 캔버스 위에 기억의 잔해 찌꺼기들을 그러모으는 일"이다(『하늘의 다리』, 74).

그런데 왜 기억해야 하는가? 최인훈이 인식한 현실은 자기분열적이다.[9] 분열된 현실은 기억하지 않을 경우 그 상태가 지속되다가 파멸한다. 예를 들어, 소련의 붕괴를 보면서 그는 "자기 국가의 성립과 존속 과정의 역사적 맥락에 대한 상기력을 완전히 상실했기 때문"이라고 진단한다(『화두』 II, 341). 상기력(想起力)의 상실, 즉 기억상실은 파국에 이르는 병이다. 또한 "현대 한국인이 방황하고 자신이 없는 것은 어떤 연속(連續)의 체계 속에 자신을 정위(定位)하지 못하고 있으며 또 사실상 불가능하기 때문이다."(『회색인』, 118) " '자아확립'의 기반 없이 표류"하는 "오늘날 우리 생활자는 나면서부터 자신을 분열증 환자로 등록해야 한다."(『화두』 II, 359-360) 한국문학의

---

8) 이러한 사정을 필자는 헤겔의 의식운동에 대한 분석을 통하여 '의식의 존재 양상의 연속성과 지식양상의 불연속성'이라고 정식화한 바 있다. Yoo, H.-S., *Das Problem des Neuen im Geschichtsdenken Hegels*, Peter Lang, 1995, 67ff. 참조.

9) 시대를 '분열'로 인식하고 이성적인 '기억'을 - 헤겔의 경우 'Er-innerung', 즉 기억은 '안으로 들어감'을 뜻하지만 - 통하여 '분열의 극복'을 시도한다는 점에서 최인훈의 문제인식과 그 대안은 헤겔을 닮아 있다.

정체불명도 "시공(時空)의 좌표가 부재"(『회색인』, 13)하는 데에서 기인한다. 그리고 무엇보다도 주목할 점은, '기억은 곧 자기'라는 사실이다. 뒤를 돌아보면 볼수록 "자기라는 것은 기억 말고는 없음"(『화두』 I, 311)을 확인하는 최인훈에게 기억은 자기를 인식하는 준거점에 그치지 않고 자기를 구성하는 '존재근거'로 파악된다. 이렇게 볼때, 기억은 불연속이 아니라 연속을, 분열이 아니라 통일을, 타율이아니라 자율을, 자기해체가 아니라 자기정립을 위해서 요구된다.

그런데 기억해야 하는 이유는 좀더 실존적인 사정을 담고 있다. 과거의 그림자가 '현재의 나'의 삶 속으로 끊임없이 개입할 때 이 그림자의 정체를 밝혀야 할 의무가 생긴다. 이미 잊었는데도 잊어서는안 되는 상황이 나에게 예기치 않게 출현한다. 나는 잊고 있는데 나를 끊임없이 뒤로 끌어당기는 과거의 힘이 현재의 나에게 작용하여나의 운명을 지배하려 한다. 그리하여 잊고 있던 과거가 나의 삶 속에 되살아난다. 여기서 '잊음과 잃음의 부정적인 상관관계'가 생겨난다. 다시 말해, 잊는다고 해서 반드시 잃어버리는 것이 아니며 잃는다고 해서 꼭 잊어버리는 것도 아니다. 잊었지만 잃지 않을 수 있고잃었지만 잊지 않을 수 있다. '나'는 잊고 있는데 '그것'은 나를 따라다니고 있을 수 있다. 역사는 '잊을 수'는 있어도 '잃을 수'는 없다. '잃음'은 자기 의지대로 벌어지는 사태가 아니다. 잊었는데도 어느날 갑자기 운명처럼 다시 기억해야만 하는 사태가 곧 역사이다. 『광장』의 이명준의 운명이 이를 단적으로 입증한다.[10]

---

10) 이명준은 북으로 간 아버지를 잊고 있었다. '아버지'는 그에게 잊혀진, 그래서 상실된(없는) 존재였다. 그래서 "아버지가 그의 '나'의 내용일 수 없었다."(『광장』, 63) 그런데 "그의 삶에서 떨어져 있던" 아버지가 어느 날 갑자기 명준의 현실 속으로 나타나 그의 "코피"를 터트린다(『광장』, 62/71). 월북이후 행방을 알 수 없었고 또 잊었던 아버지가 (남한의 정보계 형사 손을 빌려) 남한에 사는 아들의 덜미를 잡으며 자신의 현존을 주장하고 나선다. 나

역사를 잊음으로써 자기를 잃었다면 이제는 기억해야 한다, 상기해야 한다. 그런데 어떻게 상기할 것인가? 잊어버린 것을 어떻게 다시 현재 안으로 끌어들일 것인가? 이 작업은 최인훈에게 주관정신의 측면에서는 자기 개인의 정체성을 수립하는 일, 객관정신의 측면에서는 과거 역사의 공과(功過)를 관념화하는 일 그리고 절대정신의 측면에서는 과거 작가의 예술정신을 계승하는 일로 나타난다. 그의 주요 작품에 단골로 등장하는 'W(원산)시'에서의 비행기 폭격과 굉음, 지도원 동무 앞에서 행해진 자아비판, 국어시간의 조명희 글에 대한 기억 등은 그의 생애를 관통하여 잠재의식을 지배한다. 특히 그의 자기 찾기는 그가 북(北)에서 체험한 '자아비판'이 화두가 되어 "무급심(無級審)"의 "상시 계류 중인 재판"(『화두』 II, 77)같이 항시 그를 따라다닌다. 자아비판은 월남 이후에도 그의 문학활동의 중심 테마로 등장하였을 뿐만 아니라 작가로서의 개인적인 삶에도 깊숙이 침투하였다. 여기서 그 '재판'은 상징적인 의미에서 그의 '자아'를 끊임없이 '비판'의 무대에 세워 놓았고, 이는 그에게 자기반성(자기를 돌이켜 생각함)을 유도했으며, 나아가 '역사 안에서 자기 찾기'라는 과제를 글쓰기의 핵심으로 삼게 만든다. 최인훈의 초·중기 작품에서 '자기'는 작가 자신의 자아와 한반도인의 자아에 국한되다가 후기의 『화두』에 이르러서 이는 인류의 자아로까지 확대된다. 이 세 가지 자아는 헤겔의 주관정신/민족정신/세계정신과 마찬가지로 서로가 꼬리를 물고 있는 원환을 이룬다. 뒤돌아보기 → 맥락 찾기 → 자기 찾기의 연결고리에서 에고는 즉자성(卽自性)에서 탈피하여 대자성(對自性)을 확보하게 된다.

에게는 희미해진 그의 존재가 지금 '있음'을 명준은 몸으로 느낀다. 자기 기억 안에 부재하는 자가 현존으로 따라다닌다. 아버지를 명준은 잊고 있었을 뿐, 잃고 있었던 것은 아니었다.

3. 자각의 고리

삶의 요소들의 공시적인 파편성과 통시적인 단절성을 마감하기 위해 요소들 사이에 자리 잡고 있는 불확정의 영역을 갈무리하고, 원래는 맺어져 있었으나 지금은 서로 헤어져 있는 것들을 불러 모아 새로운 생명체를 구성해야 한다. 서로 피를 소통하게 하여 연속의 상을 부여해야 한다. 『화두』라는 제목도 "동아시아 문명의 우리가 속한 지난 2천 년쯤의 기간에 우리 선배 지식인들의 정신생활의 소식을 가장 내면적으로 전달할 수 있는 개념이 '화두'라는 용어"(『화두』II, 21)라는 데에서 비롯한다. 김만중의 『구운몽(九雲夢)』을 비롯하여 『열하일기(熱河日記)』, 『춘향뎐』, 『옹고집뎐』 등 고대소설 제목을 그대로 자기 작품 제목으로 택한다든지, 박태원의 『구보씨(丘甫氏)의 일일(一日)』을 『소설가 구보씨의 일일(一日)』로 변형하는 것들은 최인훈이 과거와의 맥 잇기에 얼마나 골몰하고 있는지를 단적으로 보여준다. "나는 우리 문학의 연속성의 단절에 항의하고, '민족의 연속성'을 지킨다는 역사의식을, 문학사 의식의 문맥에서 실천하고 싶었다."(『화두』II, 51)

그의 '맥 잇기'는 문학정신의 계승이라는 단계에 머물지 않고 역사적인 인물들의 의식을 작품 안으로 끌어들여 이를 발전시키는 방향으로도 나아간다. 이를테면 그가 작품 주인공 이름을 짓는 데에서, 『광장』의 이명준(李明俊)은 이준 열사의 이름 중간에— 이준 열사의 '준'은 '俊'이 아니라 '儁'이지만 이들은 똑같이 '준걸 준'으로 '뛰어나다'는 뜻이다— 명(明) 자를 덧붙인 것이라든지, 『하늘의 다리』의 김준구(金俊九)는 김구 선생의 이름 중간에 준(俊) 자를 더한 것이라든지 하는 데에서, 최인훈의 주인공 이름 짓기 과정에는 '민족정신의 정통 계승'이라는 원칙이 배어 있다고 보인다. 이러한 작명 원칙을 통하여 최인훈은 작품 속의 인물들에게 민족혼의 고리를 만들어주는데, 이 연결고리는 『화두』에 이르러 이제는 자기, 즉 '최인훈'이 민족적 작가혼의 계승자로 구체화된다.

"내가 곧 이상이며, 박태원이며, 이태준이며 그리고 조명희이기까지 하다는 느낌이 주는 이 법열(法悅)을 어떻게 부인할 수 있겠는가."(『화두』 II, 207) 선배 작가들의 정신을 수용하는 일은 최인훈에게 그들에 대한 "육체적인 '빙의(憑依)'의 감각"에 따라 이루어진 것이지 그들의 "기술적인 양식을 차용"하여 착상된 것이 아니다(『화두』 II, 206). 여기서 중심어 '빙의'는 "1920, 30년대의 식민지 지식인들이 인생을 던져 풀려고 그렇게 몸부림쳤던, 그 몸부림 자체가 나의 몸으로 알아진 상태라기보다는 나 자신이 그 몸부림이 되는 실감이 있어 온다는 사정"을 뜻한다(『화두』 II, 206). 과거 그들의 실존적 고뇌와 방황은 이제 최인훈의 그것으로 육화(肉化)된다. 그들의 의식은 최인훈에게 더 이상 객관적인 앎의 영역에 속하거나 지나간 시대의 본보기에 그치지 않고, 최인훈'으로' 환생(還生)한다. 그리하여 " '자기'를 확립하는 방법이 선행의 어떤 세대의 환생으로서 자기를 인식하는 데서 찾아(진)다."(『화두』 II, 207) 그럼으로써 최인훈은 그들의 지적(知的) 호흡을 자기의 호흡으로 삼아 그들이 남긴 과제를 떠맡음으로써, 그들이 현재 살아 있다면 '이 현실'에 대해 무슨 말을 했을 것인가를 '자기'의 입을 빌려 말하고자 한다.11) 그럼으로써 과거

---

11) 이러한 생각은 상당히 벤야민에 가깝다. 그러나 최인훈이 헤겔과 마찬가지로 '이미 갔던 길'에서 이성의 맥락을 찾았다면, 벤야민은 '갈 수 있었는데도 가지 않았던 길'에 주의를 돌린다. 그러니까 벤야민의 경우, 과거에 대한 기억은 갔던 길이 아니라 갔어야 했는데 가지 못했던 길을 돌이켜 이를 현실화한다. 과거의 그들에 의해 배제되었던 길을 현재의 우리 안으로 끌어들인다. 그러므로 과거는 이미 지나간 것이 아니라 과거 자체가 그들의 관점에서 갈림길의 의미를 지닌다. 그들은 갈림길의 기로에서 선택했던 길로 인하여 그

와 현재의 자연발생적인 연결고리를 만드는 작업에 나선다. 그가 '빙의'라는 표현을 고안하면서 느낀 기쁨은 " '역사의식'이라는 번역 용어"의 미진함을 대신하는 용어법을 찾아냈다는 데보다는, 이전의 최인훈이 " '자기'를 확립한다는 것은 남에게 없는 어떤 새 경지를 자기 것으로 만드는 방향에 있을 것"이라는 잘못된 믿음에서 탈피했다는 데 있다(『화두』II, 207). 자기의 정립은 남에게 없는 것을 만들어낸다는 타인과의 단절의식이 아니라 오직 타인의식과의 연계 속에서만 가능하다는 점을 자각할 때에만 한 작가의 글쓰기는 뿌리 있는 생명체가 되며, 이러한 자각 속에서만 삶과 글쓰기와 역사 읽기는 하나가 된다.

그런데 최인훈이 찾고자 하는 맥은 어떤 성질의 것인가? 그가 짚고 있는 맥은 종국적으로는 '이성적인' 맥이다. 그러니까 당시의 잘못된 현실에 저항했던 과거 선인(先人)들의 이성적인 의식을 발굴하여, 역사를 이성적으로 살다 간 사람들의 의식을 '현재의 나'의 의식 안으로 끌어들임으로써 그들의 이성적인 판단과 행위를 자기 것으로 삼는다. 따라서 최인훈에게 '이성'은 헤겔에서와 마찬가지로 과거 역사의 밑바닥에 감추어진 '사실'이면서 동시에 미래를 진행시키는 데 요구되는 '당위'이다.[12] 그런 한에서 한반도 역사의 비(非)자율성, 파행성 등에도 불구하고 최인훈은 그 역사 밑바닥에 드물지만 자율

이후 빚어진 역사적인 비극을 반성하면서 그들이 가지 않았던 다른 길을 테마로 떠올린다. 그들이 그 길이 아니라 '다른 길을 선택했더라면 역사는 달리 진행되었을 텐데'라는 가정법은 비현실적 화법이 아니라 이제 '현실'의 화법으로 끌어올려진다. 배제되었던 다른 선택지는 탈락된 죽은 과거로 처리되는 것이 아니라 이제야 현실을 추동하는 산 과거로 되살아난다. 실제로 최인훈은 『서유기』에서 논개, 이순신, 이광수 등 죽은 자를 등장시켜 그들이 당시에 왜 그렇게 했나, 그리고 다른 가능성은 어떠했나를 타진한다.

12) "인간이 다른 사람에 대해서 … 모든 관계에서 마지막 뿌리가 되어야 할 '이성'의 빛"(『화두』 I, 29)

적인 이성의 맥을 찾아 이를 잇고자 한다.

그러나 이성의 맥을 찾기 위해서는 비(非)이성적인 사태를 들추어 벗겨내는 작업이 선행해야 했고, 이 작업은 무엇보다도 '정치적인 것'의 탈을 벗기는 일과 직접적으로 관련된다. 그는 지금까지 정치가 역사를 (잘못) 움직여 왔다고 본다. 그래서 그의 주요 작품은 한결같이 정치, 구체적으로 말해 정치 이데올로기에 휘말려 자기의 삶을 소모하는 인물들로 채워져 있으며, 정치 역사의 소용돌이 속에서 쇠망(衰亡)하는 개인의 운명을 다룬 작품들이 많다. 그러나 정치가 역사의 주체세력이라는 말은 어디까지나 사실의 영역에서 그렇다는 것이지 당위의 영역에까지 해당되지는 않는다. 정치란 "가장 본질적인 것이면서도 가장 피상적인 것"(『회색인』, 246)이다. 정치가 역사에서 언제나 '문젯거리'로 등장한 한에서 정치를 주제화하지 않은 작품은 ― 현실을 등한시한다는 점에서 ― 작품으로서의 생명력이 없다고 그는 생각한다. 그가 흠모하는 조명희를 인용하여 "예술의 근본적 심미적 기준은 정치적 자각의 유무"에 있다(『화두』 II, 256)고 한다든지, "정치, 그것이 얼마나 장미꽃과 바람과 구름과 애인의 가슴을 변화시키는가를 우리는 알기 때문에 우리는 외면할 수도 없다."(『회색인』, 248)는 대목에서 그의 작품세계가 왜 끊임없이 정치를 중심으로 원운동하고 있는지를 알게 된다. 정치를 외면할 수 없는 이유는 개인의 아주 사소한 행불행(幸不幸)까지도 정치에 결정적인 영향을 받기 때문이다. 그렇지만 정치가 개인이 추구해야 할 지고(至高)의 선(善)은 아니다. "국가나 부족이나 정치나 역사에 에고의 사랑을 바칠 수 있다는 거짓말을 나는 믿지 않는다. 하나의 에고는 다만 하나의 에고만을 사랑할 수 있다."(『회색인』, 276) 그래서 다른 선배 작가들이 그랬듯이 최인훈도 정치를 자기 작품의 중심에 놓기는 하지만 그것은 어디까지나 현실고발, 즉 반(反)이성적인 정치의 비판을 통하여 정치의 변화를 꾀함으로써 그 안에서 자아(에고)의 활동이 자유로운 삶을 염원하기 때문이다. '에고'는 지켜야 할 마지막 보루이다.

이성적인 에고들의 고리를 잇는 일이야말로 표류하는 개인과 민족과 인류를 구원할 수 있는 유일한 길이며 이 작업을 최인훈의 문학정신은 과거로의 끊임없는 회귀와 그 안에 잠재해 있는 나/우리/인간을 깨우는 데 몰두한다. 여기서 '자각(自覺)'이 화두로 등장한다. 그는 마르크스의 노동 개념에 자각의 노동을 추가한다. 이데올로기는 노동의 매개를 거쳐서만 역사의 힘이 될 수 있는데 그 노동 속에는 자각이라는 '실존의 노동'이 포함되어야 하고 그 자각은 항상 자유롭게 선택되어야 하며, 여기서 노동 개념은 동물적 기계적 차원에 한정하지 말고 노동의 가장 인간적인 부분인 '사고(思考)'를 가장 중요한 노동 형태로 인정해야 한다는 것이다(『서유기』, 284 참조). 결과적으로 볼 때 자각은 인간존재의 목표이고 이 목표를 달성하기 위한 과정으로 사고는 필수적이다. 만일 이데올로기의 좌우 대립이 에고의 자각 행위에 위배될 경우 이는 어떤 경우라도 용납될 수 없는 망동이다. 에고의 난파를 막기 위해 에고의 자각은 필수적이다. 자각의 고리를 그는 자기와 한민족과 인류의 과거를 기억함으로써 찾아나간다. 이러한 자각의 고리를 잊은/잃은 언어의 질서를 회복함으로써 찾아간다.

말의 질서를 탐색하라! 최인훈에게 부여된 지상명령이다. 그의 언어에는 고통의 흔적이 서려 있다. 그는 분명히 언어의 노동을 한다. 언어 노동 행위의 열매는 빛나고 탐스럽다. 그 자신 비록 시인은 아니지만 시인의 정신으로 언어 속에 감추어진 맥을 탐사한다. 그는 말과 말 사이에 질서, 즉 언맥(言脈)이 있다는 사실을 일찌감치 깨닫는다. '말'은 그에게 존재의 집이다. 로고스와 코스모스는 그에게 동의어이다. 그의 형이상학적 세계 인식을 단면으로 드러내는 이른바 '내외공간론(內外空間論)'에서 언어가 차지하는 비중을 보자. "안팎 공간은 이 에텔에 잠겨 있다. 아니 이 에텔의 요철(凹凸) 상태다. 이 에텔을 '언어'라 부른다. 물체가 공간의 요철이고 공간은 에텔이며 에텔이 언어라고 한다면 이 세 개의 등식 결론은 언어가 실재한다는 데에 귀착한다. '언어만이 존재한다', 이것이 진리다. 우리는 꽃이라는 말로서 실은 그 밖에 아무것도 가정하는 것은 아니다. 꽃이라는 말로서 다만 꽃을 소유할 뿐이다. 이렇게 하여 안팎 세계는 언어의 다른 이름이다. … 말이라고 할 때 돌쇠의 말이나 조오지의 말이나 피에르의 말을 연상하지 말라. 그것들은 '말'의 불완전한 번역물이다. 내가 말하는 '말'은 존재로서의 말, 안팎 공간의 요철의 체계인 원어(原語)를 뜻한다. 행위란 이 말을 하나하나 드러내고 외는 일종의 어학공부다. … 말의 조화된 다이내믹한 파도를 타고 존재의 굳센 망막(網膜)인 저 탄력점에 부딪쳐 가는 일, 그것이 행위다."(『서유기』, 208) 행위는 감추어진 언어를 드러내는 일이다. 태초에 말씀이 있었느니라! 그리고 행위가 있었느니라. 이 선후관계를 괴테처럼 바꿀 수는 없다.

언어의 맥을 짚는 과정 자체가 그의 작품 속에 명시되어 있지는 않다. 하지만 결국은 언어가 관건이라는 점을 그는 깨달았고 그 언어를 갈고 닦는 일에 혼신의 힘을 다하고 있다는 사실을 독자는 몸으로 느낀다. 생명이 남아 있는 언어를 되살려내고 생명의 가치가 없는 언어는 버리는 작업을 그는 계속한다. 그러면서 기존의 언어도 새로운 각도에서 조명하여 새 옷을 입힌다. 맨 앞의 인용문에서도 '행위'라는 말을 김학과 독고준이 다르게 사용하고 있다는 사실을 알 수 있다. 김학의 신체적 행위와는 달리 독고준의 행위는 정신의 노동이다. 그는 언어에 대해 새로운 의미의 지평을 열고자 한다. 언어가 이데올로기의 틈바구니에서 빛을 잃거나 왜곡되는 사태를 막아야 한다. '말'이 문제이다. 말에게 올바른 자리를 매겨야 한다. '총독'이 아니라 총독의 '소리'가 문제이다. 그가 사람보다는 사람의 말에 관심을 기울이는 이유가 여기에 있다. 그를 "사람과 사람 사이의 어울림보다도 관념과 사고의 전개에 흥취를 가지고 있는 작가"[13]라고 지적하는 것은 예리하고 옳다. 이제는 그렇지만 그가 왜 그랬는가를 이해해야 할 차례이다. 그는 관념 또는 말이 실제로 현실을 지배한다는 사실을 직시한 것이다. 말을 잃고 나를 찾을 수 없으며 말이 어긋나면서 정치를 안정시킬 수 없고 말을 세우지 않고 역사가 바로 설 수 없으며 말을 비껴가면서 문학의 바른 길을 걸을 수 없다는 사실을 뼈저리게 실감한다. 올바른 언어의 길을 찾아 그것에 육신(肉身)을 부여하여 '나'로 환생시키는 일, 그것이 곧 빙의(憑依)이다. 언로(言路)는 생로(生路)이다. 그의 책제목이 '화두'인 것도 그 용어가 "지난 2천 년쯤의 기간에 우리 선배 지식인들의 정신생활의 소식을 가장 내면적으로 전달할 수 있는 개념"(『화두』 II, 21)이기 때문이다. 그는 말에 감추어진 역사를 찾아 고리를 잇고자 한다. 이 고리는 의미의 연결고리이고 자각의 연결고리이다.

4. '눈': 제3의 공간

자각의 고리 연결은 과거 사실에 대한 상기를 넘어서 그 이상으로 나아갈 때에만 가능하다. 자각의 고리를 찾아 연결하는 데에서 '연결의 이유 자체'는 역사적인 것에서 나오지 않는다. 달리 말해, 자각은 단순히 역사적 사실을 상기한다고 해서 자동적으로 획득되는 것이

---

13) 유종호, 「소설의 정치적 함축: 『廣場』과 『灰色人』의 경우」, 이태동 편, 『최인훈』, 118.

아니다. 자각을 위해서는 형이상학적인 변수가 — 사실은 상수(常數)
이다 — 개입해야 한다. 그 변수를 최인훈은 '탄력점'이라 이름 붙인
다. 탄력점이란 튕겨 나오는 점을 말한다. (이쪽에서 볼 때는 튕겨
나오는 점이지만 그쪽에서 보면 튕겨 내는 점이다.) "이 탄력점은 그
러면 무엇인가. 이 이른바 '눈'은 신(神)인가? 그것은 내외공간과 차
원을 달리하는 제3의 공간의 틈, 좁은 해진(破) 자리다. 그러므로 그
공간의 질은 앞의 두 공간과 다르며, 그 탄력이란 자기보존을 위한
표면장력이 시키는 노릇이다. … 그것은 제3국에서 출장 나온, 안팎
세계의 국경에 설치된 감시대다. … 주체성, 의지, 데몬, 무의식, 일
자, 물자체, 절대정신, 가치, 이데아, 로고스, 길(道) 따위, 철학에서
실제로 주장된 것들은 각기 뉘앙스와 파악의 깊고 옅음, 우열은 있
지만 모두 이 탄력점의 별명이다."(『서유기』, 209)

탄력점은 이(內) 공간도 저(外) 공간도 아닌 '그 공간', 제3의 공간
이다. 그것은 내외공간을 지켜보는 '눈'이다. 이 눈의 존재를 통해서
만, 또는 이 눈의 허가를 받는 한에서만 두 공간의 나는 '나'일 수
있다는 데 '눈'의 중요성이 있다. " '나'가 있다는 것은 저 '눈'이 나
의 움직임을 보고 있다는 말이다. 그 탄력점이 '나'를 통일시키는 것
이다."(『서유기』, 219) 탄력점은 두 공간의 존재이유이다. " '나'는
저 '눈'이 보아주는 동안만 통일을 유지한다."(『서유기』, 220) '눈'은
'나'를 보아주는 동안만 나는 살 수 있다. 그 눈이 나에게 눈을 떼는
순간 나는 삶에서 떠난다. 눈은 나의 생명의 원천이다. 눈이 보아주
면 삶이고 보아주지 않으면 죽음이다. 나의 '나'는 철저하게 그 눈에
의존적이다. 나의 근거인 그 눈에서 나는 한 치도 벗어날 수 없다.
자기의 의식이라는 것도 그 눈에 의해 보장되는 한에서 그러하다.
"안팎 세계의 어느 만한 부분을 그 눈은 보아준다. 그러면 그 시야
속에 든 두 세계의 부분은 서로 친근감을 가지고 각기 자기 몸, 자기

마음이라는 결합의식을 가지게 된다. 이것이 자기의식이다."(『서유기』, 219) 또한 '나'는 어떤 구조나 사물이 아니라 이 눈을 향해 운동하는 과정일 따름이다. " '나'란 그 극한점으로의 방향이지 어떤 '물건'이 아니다."(『서유기』, 207) 나는 그 눈을 '향하고' 있는 한에서만 존재일 수 있으며 그런 한에서 나는 운동이고 방향이다.

이 맥락과 연관하여 잠시 처음의 인용문으로 눈을 돌릴 필요가 있다. 최인훈은 "한국의 상황에서는 혁명도 불가능하다."고 말하면서 '사랑과 시간'을 내세운다. 왜 그랬을까? 이제 답할 수 있다. 혁명을 겨냥한다고 해서 혁명이 성공적으로 수행되는 것은 아니기 때문이다. 왜 그런가? 그의 삼공간론(三空間論)에 따라 "인간의 행위란 이 보는 눈과 내적 공간상과 외적 공간상의 트리오"(『서유기』, 207)라고 할 때, 혁명이란 내공간과 외공간의 상호 작용이 그 '눈'에 의해 보장받을 때 성공할 수 있게 된다. 만일 그 눈이 이를 허용하지 않을 경우 또는 그 눈의 뜻에 어긋날 경우 아무리 애를 써도 혁명은 성사될 수 없게 된다. 여기서 사랑과 시간은 그 눈이 보아주는 방식과 시기를 뜻하게 된다. 사랑이 없으면 혁명도 성공할 수 없으며 사랑으로 혁명이 이루어지기 위해서는 시간을 두고 기다려야 한다.[14] 그 '눈'이 보아주는 방식에 맞추기 위해서는 시간이 필요한 것이다.

여기서 우리는 최인훈에게서 '자각(自覺)'은 이중의 타자와 관계하고 있다는 사실을 알게 된다. 하나의 타자는 타인(他人)의 뜻, 즉

---

14) 이러한 사정은 독고준이 북의 소년당원 시절 지도원이 자기를 무서워한 이유를 묻자, "당신이 나를 사랑하지 않았습니다."라고 답한 데에서도 드러난다(『서유기』, 276). '사랑'은 이데올로기에 선행한다는 사실은 비단 북에 대해서 뿐만 아니라 남에 대해서도 해당된다. 양편의 정치논리에는 사랑이 빠져 있고, 그런 한에서 그 '눈'은 어느 쪽에도 정당성을 줄 수 없었으며, 그런 한에서 독고준은 어느 쪽도 편들 수 없었다. 시간이 더 요구되는 상황이었던 것이다.

과거 선배 지식인들의 화두이고, 다른 하나의 타자는 타재(他在), 즉 탄력점이다. 자각과 관련해서 볼 때, 전자는 자각의 재료이고 후자는 자각의 근거이다.

탄력점을 둘러싼 최인훈의 설명은 그의 세계관을 비교적 소상하게 알게 한다. 그는 세계를 안(정신)과 밖(자연)으로 구별하면서 안과 밖의 변증법적인 관계를 말한다. 이 관계를 매개하는 자가 곧 탄력점이다. 동양사상의 도(道)와 서양철학의 신(神)에 비교하여 ─ 그의 표현은 구체적으로는 아리스토텔레스의 '부동(不動)의 동자(動者)'와 헤겔의 '이성의 간지'를 연상시키지만 ─ '탄력점'은 그것에서 '튕겨 나온다'는 사실에 강조를 둔 것이다. 그러니까 '탄력'에는 탄력 작용이 생기도록 자극하는 자와 실제로 탄력 작용을 행하는 자의 상호 작용 속에서 의미를 지니는데, 이것(내공간)과 저것(외공간)의 상호 관계가 결국은 그것(제3공간)을 지향할 때 그것에서 튕겨 나오는 상황을 지시한다. 제3공간에 도달하려는 내외공간의 고심에 찬 노력과 그것을 거부하는 제3공간의 튕김을 탄력은 동시적으로 함축한다. 이쪽의 열정과 저쪽의 부정이다. 나의 애정과 타자의 거부이다. 이러한 비극적 사랑관계를 그는 자각과 연결시킨다.

"안팎 세계와 그것을 보는 혹은 튕겨내는 탄력점으로서의 눈과 이 세 단위의 존재는 설명될 수 있다. 안팎의 두 단위로써도 움직임은 이루어지지만 움직임 자체를 자각하지는 못한다. 움직임 속에 있으면서 자기를 움직이지 않고 그저 보기만 하는 이 눈이 있고야 비로소 자각이 이루어지는 것이다. 자각이란 안팎 세계가 서로 호응하여 이 탄력점에 육박하여 거기서 다시 삶으로 되쫓겨날 때의 분함, 슬픔, 차인 남자의 쓸쓸함, 억울함이다. 자기를 아는 것이다. 분수를 아는 것이다. 실연이 자각을 가져오는 것은 이 까닭이다. 자각이란 한계의식이지 충족의식이 아니다."(『서유기』, 208) 여기서 분명해지는 사실은 자각(自覺)이란 도(道)를 통(通)함이나 극점과의 합일이 아니다. 자각은 오히려 자기의 한계인식이다. 나는 탄력점을 향해 부단히 운동해 가지만 결국은 이르지 못하고 되물려서 돌아서고 함몰하는 자기의 운명을 아는 것이 자각이다.

여기서 그 '눈'은 인간에게 막힌 '벽'으로 다가온다. 그것은 꿰뚫고 들어갈 수가 없다. "밀쳐도 때려도 '나'를 받아들이지 않는 물체의 불가투입성(不可透入性)"이다. "아무리 발버둥쳐도 모양 있는 세계, 형(形)의 세계, 부피의 세계를 떠날 수는 없다. … 우리는 춤춘다. 까닭을 모르고 춤춘다. 까닭은 알려질 수 없는 것. 무도회란, 추는 자(外空間)와 취지는 자(內空間)와 보는 자(彈力點)가 어울린 슬픈 놀이이다."(『서유기』, 217) 나의 행위는 보는 자의 힘에 따라 향방이 결정된다. 저쪽의 뜻을 도저히 알지 못한 채 이쪽의 생각에 따라― 이쪽의 생각이 저쪽의 생각에 맞을 것으로 추측하면서 또는 맞을 것을 기대하면서 ― 나는 " '나'의 방향으로 존재가 움직이고 있는 것으로 정해버리는"(『서유기』, 214) 슬픈 존재이다. 나의 주인은 내가 아니다. 나는 나를 바라보는 주인인 저 눈의 집에 세 들어 사는 존재이다. " '나'는 전외계와 전내계에서 각기 작은 부분을 세 들어 살고 있는 셋방살이꾼이다."(『서유기』, 220)

이러한 형이상학적 인식의 태도는 최인훈의 역사 이해에 결정적인 영향을 미친다. 그는 역사가 인간의 의지대로 움직이지 않는다고 말한다. 그가 역사의 '원(原)우연'이라고 일컫는 이러한 사태는 『회색인』과 『서유기』 그리고 『화두』에 이르기까지 반복해서 나타난다. "추상적으로 따지면 반드시 그렇게 됐어야 할 일이 사실은 그렇게 되지 않았을 때, 그것은 우연이라고 할 수밖에 없지 않은가? 나는 이걸 원(原)우연이라고 부르고 싶어."(『회색인』, 195) 역사의 사실을 따지다 보면, 왜 그것이 그렇게 되었고 달리 되지 않았는지를 설명할 길이 막연한 경우가 비일비재한데, 그것은 단지 "그렇게 됐기 때문에 그렇게 된 것이다."라는 "순환논법"에서 결코 벗어나지 못한다는 것이다(『회색인』, 195). 인간이 정확히 조준한다고 해서 쏜 화살도 뜻대로 과녁에 맞아주지 않는다. "쏘는 솜씨가 부족해서, 몹쓸 바람이 때마침 불어서? 왜 솜씨가 부족했나? 왜 바람은 불었는가? 그것을 설명하자면 … 역사의 온갖 근육운동과 기후조건을 한없이 설명할 수밖에 없어. 결국 안 맞았으니 안 맞은 것이요, 이 또한 역사의 원(原)우연이랄 수밖에 없지 않은가."(『회색인』, 197) 역사 진행을 인과적으로 설명하는 데에서 부딪치는 어려움은 곧 인간이 역사를 '만들어'가는 데서 만나는 어려움과 통한다. 역사는 정직하기 때문에 콩 심은 데 콩 나고 팥 심은 데 팥이 나지만, 콩을 심는다고 심었는데 사실은 팥을 심었을 경우, 콩 심은 데 당연히 팥이 나게 된다. 이렇게 '의도한 것'과 '실제 결과' 사이의 차이는, 인간이 아무리 과거의 경험을 토대로 현재의 행위방침을 정한다고 해도 불가피하게 발생하는 사태이다. 이는 실제 결과에 영향을 미칠 수 있는 변수를 인간이 빠짐없이 계산에 넣을 수 없기 때문이다. 제3의 공간의 거부 행위에 인간의 행위가 걸려들 수밖에 없기 때문이다. 그래서 역사에서는 콩 심은 데 팥이 나기도 하는 것이다. 인간은 자신이 의도한 것과는 달리 나타난 역사적 행위의 결과에 대해 설득력 있는 답변을 제시할 수 없다. 결과가 그렇게 나타난 데에는 필연적인 이유가 있을 것이나 그 이유를 인간은 알지 못하고 단지 '우연히'라고 생각할 따름이다. 그래서 "필연은, 낱낱의 우연에 의해 표현된다."(『화두』 II, 32) 역사는 그 자체로는 필연이나 인간의 눈에는 우연투성이로 보이기 때문이다.

역사의 원(原)우연을 최인훈은 한 개의 주사위의 움직임을 예로 들어 설명한다. 이 주사위는 각 면이 각각 살아 있어서 쉴 새 없이 자유운동을 한다고 가정하자. 그런데 여기에 어떤 거인이 있어 이 주사위를 집어던지면서 어떤 놀이를 한다고 상상해 보자. 주사위의 각 면을 민족이라 하고 거인의 손을 역사법칙이라고 하면, "어느 면이 나오는가는 이 주사위 스스로 움직이는 미시적(微視的) 자유운동과 거인의 손에 의한 거시적(巨視的) 자유운동의 합이 만들어내는 우연이 아니겠는가."(『화두』 II, 197) 이 원(原)우연을 최인훈은 "공(空), 운명, 신(神)"이라고 부른다(『화두』 II, 198).[15] 인간은 이 정체를 알 수 없는 외부의 힘 때문에 '자기 힘'만으로 역사를 만들어갈 수 없게 된다.

5. 문화의 혁신

최인훈은 역사의 변화를 꾀하고자 한다. 그러나 그 변화는 정치경제 구조의 변화가 아니라 정신문화의 변화이다. 정신의 결(紋)은 말이며 말의 결은 문화이다. 정신과 말과 문화의 결을 찾는 작업은 역사에 대한 기억과 상기에 맡겨진다. 이 탐색의 결과는 그에게 실망으로 나타난다. 그래서 말의 결을 새로이 만드는— 사실은 탄력점의 뜻에 부응한다고 추측되는 언어를 찾는 — 작업을 착수한다. 이 작업은 말의 전환이면서 동시에 생각의 전환을 시도하는 일이다. 생각의 전환은 세계를 바라보는 눈의 변화를 뜻한다. 보는 눈의 변화, 사고방식의 변화를 통해서만 사태의 핵심에 접근할 수 있다. 그래서 "생각하는 방식의 변화는 어떻게 돼서 일어나는가를 밝히는 것이 본인의 비원(悲願)"이라고 말한다. 이 작업이 골 빠지게 어려운 일이지만 "이 일을 해내지 않고서는 사람이 창피스러워 못 살" 지경으로 중대

---

15) 이 대목의 원(原)우연은 헤겔이 말하는 '이성의 꾀스러움(List der Vernunft)'과 아주 흡사하다.

한 사안이다. 생각의 변화는 문화의 변화이고 문화를 변화시키면 삶의 방식을 변화시킬 것으로 기대하기 때문이다. 그러기 위해서는 먼저 문화라는 것이 변하는 것이라는 사실을 인식해야 하고, 다음에는 지향할 만한 문화가 무엇인지를 알아보아야 한다. 그래서 그는 묻는다. "문화가 왜 변하는가? 어느 것이 가장 바람직한 형(型)인가?"(『서유기』, 125)

정신문화의 혁신은 최인훈이 택한 혁명의 길이라고 나는 본다. 정신문화가 바뀌어야 현실이 바뀐다. 현실 속의 눈 또는 언어가 변화해야 현실이 변화한다. 정치가 바뀌려면 정치의 언어가 바뀌어야 한다. 그런데 이 언어는 정치가 아니라 문화의 소관이다. 정치의 언어에 사랑과 이성이 들어가야 한다. 이성과 사랑의 '언어'는 단순한 관념이 아니라 그것 자체도 질량이 있는 물리적 공간이어서 구체적인 힘을 행사할 수 있다. 언어는 단순한 부호가 아니라 실체를 대변한다. 그런 한에서 언어의 변화는 곧 사실적 관계의 변화이다. 언어가 안과 밖의 소통에 둔감하거나 탄력점을 지향하지 않고 소외된 지대에서 배회할 때 그 언어는 죽은 언어이다. 생명 있는 언어는 안과 밖을 소통하게 하고 탄력점을 향해 부단히 운동하는 언어이며 거기에서 참다운 문화가 싹튼다. 그가 제시한 삼공간론(三空間論)에서 안과 밖의 공간은 언어라는 에텔로 채워져 있는데, " '안'이 '안'에 머물고 '밖'이 '밖'에 머물 때에는 운동이 없다. 다만 '안'과 '밖'이 서로 부를 때 비로소 눈뜸(自覺)이 있고, 움직임이 생기고, 시간이 창조되고 무의식은 자아가 되며 문화가 이루어지는 것이다."(『서유기』, 203) 내공간과 외공간 그리고 광장과 밀실이 소통할 수 있는 언어를 발굴해야 한다. 이 발굴 작업이 곧 자각의 행위이다. "행동이란 자각에의 운동이다."(『서유기』, 208) 한국의 현실이 핍박한 것은 자각의 운동을 결여하고 있기 때문이다. 자각운동의 결핍은 내공간(밀실)과

외공간(광장)을 서로 호응하게 하는 일에 소홀한 것을 뜻한다. 양자를 따로 독립시킬 경우 현실에는 생명이 자랄 수 없다. "광장은 대중의 밀실이며 밀실은 개인의 광장이다. 인간을 이 두 가지 공간의 어느 한쪽에 가두어 버릴 때, 그는 살 수 없다."(『광장』, 1961년판 서문)

언어는 이론에서는 기호이다. 그러나 실천에서는 실재(實在)이다. 그러므로 언어의 행위를 통하여 기존 언어의 공간을 수정하고 자각해 간다. "우리는 행위에 의하여 말의 공간을 허물어 간다. 혹은 자각해 간다. 혹은 깨우쳐 간다. 깨운다."(『서유기』, 213) 말의 공간의 변화를 기획해야 한다. "행위란 각기 저마다의 방향에서 삶의 공간에 요철을 만들어가는 일, 곧 이미지를 만들어가는 일"(『서유기』, 215)이라고 할 때, 이 '이미지 만들기'는 아무렇게나 진행되어서는 안 되고, 안과 밖의 공간을 서로 연결시키면서 탄력점을 지향해야 한다. 광장이 대중의 광장이기만 하고 밀실이 개인의 밀실이기만 한 전도된 현실을 지양해야 한다.

그렇다면 최인훈은 양자를 지양했는가? 그는 내공간과 외공간을 소통시켜 새로운 제3의 항을 만들어/발굴해 냈는가? 이에 대한 대답은 쉽지 않다. 이 물음과 관련하여 그에 대해 노골적으로 색깔 고백을 요구하는 평론가 김현의 변을 들어보자. ('사랑과 시간'이라는 내공간적 관념과 '혁명'이라는 외공간적 실천을 염두에 두고 들어보자.) "사랑과 시간에서 구원을 찾는 것은 도피가 아닐까? 독고준은 그렇다고 대답한다. '나는 회피하는 것인가? 그렇다. 회피하는 것이다.' … 그러나 사랑은 도피이고 혁명은 좌절이다. 이러한 도식은 정신사적이고 문화사적인 것이다. 이 도식은 근본적으로 헤겔적이다. 이 도식은 헤겔의 정(正)·반(反)·합(合)에서 유도된 것이기 때문이다. … 의식-현실-의식의 … 3중주는 그의 모든 소설의 기본 패턴이다. 그 리듬 속에서 그는 충일한 삶을 위한 두 가지의 해결방안을 발견한다. 혁명과 사랑이 그것이다. 한 철학자는 이것을 '좌파의 윤리와 우파의 인식론'이라는 명제로 표현한다. 이 두 명제는 헤겔의 변증법을 좌우에서 다르게 번안한 것에 지나지 않는다. 한국의 현실에서는 이북은 좌파의 윤리를 즉 혁명을, 이남은 우파의 인식론을 즉 사랑과 시간을 표상한다. 한국 현대의 비극은 헤겔의 분열을 그것과는 다른 이념의 풍토에서 체험해야 하는 데 있다. … 그렇다면 원(原) 헤겔로 되돌아가 좌파의 윤리와 우파의 인식론을 지양할 수는 없는 것일까? 이러한 의문이 남는다. 이 의문은 최인훈이 숨기고 있는 마지막 패이다. … 그가 가설로서 조심스럽게 내세우는 것은 불교적 이념을 통한 좌우의 지양인데, 그것 역시 뚜렷한 것은 아니다. … 불교적 이념은 '새로운 인연을 만들기 위해서 낡은 인연의 끈을 푼다'는 선에서 그치고 있다. 불교에서 이 정도의 정치학밖에 이끌어내지 못하는 것은 그가 본질적으로 변증법에 심취해 있는 헤겔주의자이기 때문이 아닌가? 그는 좌파인가, 우파인가?"[16] 이런 식의 잣대로 최인훈을 잴 경우 그는 분명히 우파이다. 독고준을 피고석에 앉힌 판결에서 그는 북측 검찰관의 가혹한 논고와 구형에 강력히 맞서는 남측 변호사의 변론 덕택에 결국 무죄를 선고받고 풀려난다(『서유기』, 275-292 참조). 여기서 그의 석방을 어떻게 이해해야 할까? 북의 사회주의에 대한 남의 자유주의의 승리를 의미하는가? 표면적으로는 그렇다. 그러나 내용에서는 그렇지 않다. 그는 근본적으로 현실적 질곡에서의 해방이 당대 정치 이데올로기의 우열에서 판가름난다고 보지 않기 때문이다. '사랑'은 이데올로기의 대립을 넘어서 작용하며 사랑을 발굴하는 데에는 '시간'이 소요된다는 것이다. 앞서

---

16) 김현, 「헤겔主義者의 告白」, 이태동 편, 『최인훈』, 97.

언급했듯이 '사랑의 언어'가 빠진 이데올로기는 더 이상 지탱할 만한 것이 아니다.

그러면 불교적 자각이든 기도교적 사랑이든, 그것이 문화혁신의 마지막 카드일 수 있는가? 그의 삼공간론(三空間論)을 바탕으로 볼 때 자각이니 사랑이니 하는 것도 결과적으로는 제3의 공간, 즉 인간에게는 철저히 닫혀 있는 그 '눈'을 향한다고 우리가 믿거나 추측하는 것일 뿐 그것이 실제로 그 공간을 지향하는지 하는 것은 아무도 알 수 없다. 아무도 보장하지 못한다. "좌충우돌하고 신나게 돌아다니다가 문득 보니 제 그림자와 싸웠더니라. 이것이 모든 사고(思考)의 참모습(眞相)이다."(『서유기』, 212) 이 낭패는 허무하다. 모두가 '나'의 흐름으로 방향의 주류를 가늠하지만 그것은 얼마나 헛된 짓인가! "나는 방향이기 때문에 방향은 제가 흐름의 주류라고 알기 쉽다. '나'의 방향으로 존재가 움직이고 있는 것이라고 정해 버리는 것이다."(『서유기』, 214) 이 망상은 공허하다. 최인훈은 이제 고백해야 한다. 나에게는 남은 카드가 없다고. 그리고 사실 나는 처음부터 아무런 카드를 가지고 있지 않았다고. 나는 단지 구경꾼이었을 따름이라고.

6. 한계보유적 행위의 한계: 반쪽 헤겔주의자

그는 이제 이 정도를 말할 수 있겠다. 살아라! 피나게 살아라! 그것이 진짜 삶인지는 아무도 보장하지 못하지만 자신에게만큼은 진짜 삶이라고 믿고 살아라! 그는 말한다. "우리는 낙관하는 것이 허락되지 않음과 같이 절망함도 또한 허락되지 않는다. 어느 쪽에 기울어지든 결국 삶을 얕보는 간사스러움이다."(『서유기』, 215) 그러나 이것은 말뿐이다. 실제의 형편을 보면 절망하지 않을 근거가 없다. "불완전하지만 우리는 스스로의 어쩔 수 없음과 삶을 사랑하고 싶은 마음으로 어색하게 이 가없는 공간에서 자기의 방향을 달려가는 길밖에 없다. 그리고 몇 번씩이나, 아니 죽음이 오는 그때까지 저 허무의, 그저 보기만 하는 탄력점으로 피투성이의 부딪침을 계속할 뿐이다." (『서유기』, 215) 이러한 사정을 나는 '한계보유적(限界保有的) 행위'라고 정의한다. 자신의 행위가 한계를 지닌다는 자각, 자신의 행위가 절대적인 한계 안에서 진행되고 있다는 자각 속에서의 행위이다. 그런데 그의 한계보유적 행위에서는 어떤 긍정의 요소를 발견할 수 있는가? '원(原)우연'에 맡겨진 자신의 삶의 행위에 대해 어떤 희망의 빛을 던질 수 있는가? 예정된 패배 앞에서 누가 힘을 내려 하겠는가? 애초부터 승리가 확정된 상대와 누가 맞붙으려 하겠는가? 패배주의와 회의주의에서 벗어날 수 있는 길이 여기에 있는가? 탄력점에 이르지 못한다는 자각 또는 한계의식이 곧 긍정이라는 말은 허울 좋은 궤변에 지나지 않은가? 나의 행위가 어떤 식으로든 탄력점과 연결되어 있다는 사실이 지적되지 않고는 절망에서 벗어나는 길이 없을진대, 이러한 사실을 단지 우연에 맡길 경우 어디에 희망의 자리를 마련할 수 있겠는가?

여기에서 나는 아주 흥미로운 사실을 발견한다. 그의 사유의 귀결점은 철학자 박동환과 아주 흡사하다는 점이다. 이들은 한반도의 특수성을 반영하면서 사색한다는 점에서 공통적이면서 그 결과도 서로 맞물린다는 것이다. 이들은 비록 문학과 철학이라는 서로 다른 영역에서 활동하고 있고 서로 만날 일도 없이 거의 밀실에 붙박여 지내는데도 — 박동환의 "서양의 바람을 어떻게 잡을 것인가?"[17]라는 문제의식 자체는 최인훈의 탈(脫)서양 또는 서양극복이라는 근본적인

---

17) 박동환, 『서양의 논리 동양의 마음』, 까치, 1987, 231.

문제의식과 맞닿아 있는 정도이다— 그 사색의 결론이 엇비슷하게 나오는 것을 단순히 우연으로 넘겨버리기는 어렵다. 지금 논의하고 있는 최인훈의 한계보유적 행위는 박동환이 언젠가 밝힌 '한계보유적 해탈'에 비견될 수 있다.

최인훈과 박동환의 해후(邂逅: 우연한 만남)에서 나는 다음과 같은 핵심사항을 본다.

(1) 머뭇거림과 질문 : 최인훈의 주인공들은 난파된 에고 속에서 갈팡질팡하는 회색빛 존재들이다. 그들은 답변을 망설이면서 질문 속에 산다. 이러한 모습은 박동환에게서도 확인된다. "갈림길에 서서 엉거주춤 머물러 있는 자의 모습이 있다. 진리는 초월과 내재의 갈림길에서, 관념과 실재의 갈림길에서, 구원과 해탈의 갈림길에서 머뭇거리고 있는 것이 아닐까? 진리의 신(神)은 싸우는 생각들 가운데에서 어느 편을 들 것인가."[18] "사람의 역사는 문제의 해결보다 문제의 터짐으로 이어지지 않는가?"[19]

(2) 기억 : 최인훈이 기억을 통하여 원점(原點)으로 회귀하듯이 박동환도 인류의 원시 고대로 회귀한다. "옛날에 떠나 잊어버렸으나 아직도 남아 있는 그의 흔적, 그것을 거슬러 올라가야 한다."[20]

(3) 개념보다 마음 : 박동환의 서양의 개념 논리를 극복하는 대안이 '마음'에 있듯이 최인훈도 개념에서 벗어나 마음에 주목한다. '화두'란 "마음이 벗어놓은 허물들, 마음이 머물다 간 거푸집, 이미 틀지어진 기성의 개념들을 벗어나서 마음의 생성과 변화를 거슬러 가보려는 결의가 내비치는 말이다."(『화두』 II, 22)

---

18) 같은 책, 0977.
19) 같은 책, 0101.
20) 같은 책, 0154.

(4) 절대 타자(他者) : 최인훈의 '탄력점'은 지향점은 되지만 접근되지 않으며 그것을 통해 자기를 긍정할 수 있는 확인점은 아니다. 그것은 박동환에게서와 마찬가지로 절대 타자이다. "모든 합리를 다한 철학적 사고의 끝에 오는 누를 길 없는 신화적 동화적 표현의 마음은 그러면 어떻게 풀이해야 하는가? 그것은 존재의 이편에서 보이지 않는 저편을 말하려고 할 때 어쩔 수 없이 그럴 수밖에 없는 순환이며, 사람은 파토스로 그 튕김점(反撥點)에 부딪쳐 감으로써 자기의 있음을 확인하는 것처럼, 모든 보이지 않는 것을 번역하여 손으로 만들고 싶어 하는 욕심의 소치다."(『서유기』, 212) "현실 가운데 결코 자신의 모습을 드러내지 않는 자는 다름으로 얽혀 저편에 있음이다."[21] "인간이 추적하려는 모든 대상이 그리고 자기 신체를 움직이고 있는 자연의 조건과 원인조차 다가갈 수 없는 암호상자 안에 숨겨져 있다. 우리는 지금도 은대(殷代)의 정인(貞人)처럼 그 암호상자를 향하여 의문을 던지고 그로부터 반사되어 오는 (정인(貞人)의 험사(驗辭)처럼) 신호를 가지고 지식으로 삼는다."[22] "생명의 탐구 행위는 쉼 없이 다가오는 자연의 암호 [ ]R(black boxed Response)에 부딪치는 접점에서 던지는 끝없는 물음 아니면 실험 TQ(Tangential Question)로 이어지는 반구(反求)운동 '[ ]R → TQ'이다."[23]

(5) 우연 : 최인훈의 '원(原)우연'과 마찬가지로 박동환도 타자의 힘에 휘둘리는 우연을 말한다. "가능의 사태에서 현실의 사태로 나아감에 부딪치는 우연을 막을 수 있는가."[24]

(6) 기생(寄生) : 인간은 절대 타자에 빌붙어 사는 존재이다. 최인

---

21) 같은 책, 0300.
22) 박동환, 『안티호모에렉투스』, 길, 2001, 57 이하.
23) 같은 책, 59.
24) 박동환, 『서양의 논리 동양의 마음』, 0851.

훈의 셋방살이와 박동환의 붙음살이(parasitism)가 그렇다. "'나'는 전외계와 전내계에서 각기 작은 부분을 세 들어 살고 있는 셋방살이꾼이다."(『서유기』, 220) "빛은 암호로 싸인 밤 [ ]을 꿰뚫는 것이 아니다. 그리 빠져 들어갈 뿐이다. 거기에 이미 빠져 있다. 거기서 무한 [ ]을 향하여 생명이 굴절, 분절, 연합, 변이, 특화, 입몰을 거치며 그 절대 환원의 삶으로서 붙음살이(parasitism)가 그리고 그 행위의 꼴로서 함몰의 논리가 이루어진다."25)

이들은 험하고 슬픈 한반도 역사를 살면서 희망과 꿈을 키우기보다는 현실과 타협하고 절망하는 법을 터득했다고 보인다. '그렇게 되어서는 안 되는 현실' 앞에서 개혁의 의지를 불사르는 실천가의 모습보다는 '현실이 왜 그렇게 될 수밖에 없나'를 따지는 차가운 이론가의 모습이다. 그러면서 그 원인을 현실 안에서 찾기보다는 현실 밖으로 나아간다. "밀쳐도 때려도 '나'를 받아들이지 않는 물체의 불가투입성(不可透入性)"(『서유기』, 217)이라든지 "사람을 향한 타자의 거부 행위"26)는, 역사 밖의 형이상학적 실재를 설정하여 그 절대 타자에 자기 무력(無力)의 이유를 떠맡긴다. 여기서 우리는 이들에게 왜 행위와 실천을 경시하느냐고 질책할 수도 있다. 그러나 이 비난은 사실은 초점에서 조금 빗나간다. 이들은 원칙적으로 '행위'가 아니라 '보는(觀)' 데 관심이 있다. '보기'를 잘하려는 사람에게 왜 '행위'를 못하냐고 비난하는 것은 마치 마라톤을 잘하려는 사람에게 왜 태권도를 못하냐고 비난하는 것과 같은 착오이다. 그러기보다는 오히려 "그렇게 '볼' 수만은 없고, 다르게 '볼' 수도 있다."고 따져 묻는 길이 남아 있다.

---

25) 박동환, 『안티호모에렉투스』, 118.
26) 박동환, 『서양의 논리 동양의 마음』, 0879.

최인훈은 '한계보유적 자각(自覺)'을 말하고 박동환은 '한계보유적 해탈(解脫)'을 말한다. 이들은 분명히 한반도가 낳은 탁월한 선지식들이다. 이들은 '왜 있음(존재)인가'가 아니라 '있음이 왜 부정되는가' 또는 '있음이 왜 부정될 수밖에 없는가'를 두고 고민한다. 한반도 역사의 현실이 깨진 형태로 드러날 '수밖에 없는' 불가피성에 주목한다. 그런 한에서 여기에는 '그럼에도 불구하고' 현실이 달리 될 수 있는 가능성을 적극적으로 찾기보다는 '어쩔 수 없음'이나 '그럴 수밖에 없음'이라는 형이상학적인 현실긍정과 실천적인 자기부정에 머묾으로써 결과적으로 현실변혁의 의지를 억압/축소하거나 포기를 조장할 위험이 도사리고 있다.

역사에는 방향이 없다고 회색빛 이론은 말할 수 있다. 그러나 현실은 매 순간마다 방향제시를 요구한다. 그리고 어떤 형태로든 선택/결정이 내려지기 마련이다. 이론과 인식에서 보류가 불가피한 것과 마찬가지로 현실과 행위에서는 선택이 불가피하다. 인식/논리/관념/말에서는 이것도 저것도 아닌 것이 가능하다. 그러나 행위에서는 그것이 불가능하다. 문학적-철학적 사실과 역사적-사회적 사실의 차이가 여기에 있다. 인문학의 사유가 아무리 갈팡질팡해도 현실은 어느 '한' 방향으로 결정되기 마련이다. 인문학이 우왕좌왕하는 사이 현실은 이미 '어느' 방향으로 진행되고 있는 것이다. 사유와 인식은 양방향이 가능하지만 현실에서는 그것이 용납되지 않는다. 현실이 가혹한 것은 이 때문이다. 어떤 식으로든 한 방향이 결정될 수밖에 없는 것이라면 그 방향의 결정/설정에 인문학도 행동으로 관여해야 한다. 그래서 행위의 부정이 아니라 행위의 긍정의 길을 열어야 한다. 모든 행위는 한계라는 조건에서 이루어진다. 그러나 행위가 한계 안에서 이루어진다고 해서 그 한계성이 곧 행위의 부정성을 뜻하지는 않는다. 행위는 한계를 지니면서도 긍정적일 수 있다. 이를 나는 '한계보유적 행위의 긍정성'이라 일컫는다. 행위가 주어진 한계 내에서 이루어진다고 해서 그것이 행위의 긍정적 가치를 손상시키는 것은 아니다. 비록 조건부이기는 하지만 행위가 단순한 허구나 맹랑한 도깨비짓이 아닌 이상 행위를 뒷받침하고 있는 존재론적 근거가 있기 마련이고 이를 통하여 행위를 긍정적으로 정당화할 수 있다. 자기를 부정하기보다는 긍정하고 현실을 피하기보다는 맞부딪쳐야 하는 이유가 여기에 있다. 한 조각의 나의 몸짓이 '가능하다', '있다'는 것은 얼마나 기적 같은 사실인가? 이 사소한 몸짓이 가능하기 위해 저 타자(他者)는 얼마나 많은 세월을 꿈꾸고 기도하면서 나의 긍정을 만들어냈을까? 이 움직임을 왜 부정의 시각으로만 바라보아야 하는가? 패배적 운명론에 앞서/맞서 희망적 선택론이 말해져야 하지 않는가? 그리하여 나의 일거수일투족이 저 타자와 호흡하고 있다는 생각 속에서 나의 행위에 자부심과 더불어 책임감을 갖도록 해야 하지 않는가?

이제 한 가지 사실이 분명해진다. 최인훈은 진정한 헤겔주의자가 아니다. 그는 반쪽 헤겔주의자이다. 김현이 그를 헤겔주의자라고 부른 것은 그 반쪽만을 헤겔로 잘못 알고 있었기 때문이다. 그가 헤겔주의자가 아닌 이유를 크게 두 가지로 나누어 살필 수 있다. 우선 그는 헤겔 철학의 핵심인 '유한과 무한의 동일성'에 대해 전혀 착안하지 못하고 있다. 헤겔에게서 유한자의 (언어) 행위는 무한자의 뜻과 맞물려 있다. 이 사항은 대단히 중요하다. 유한자인 '나'의 행위는 그것이 비록 무한자의 의도와 목적을 파악하지 못하지만 그 행위는 무한자의 계획을 실현시키는 실천가이다(이것이 헤겔의 '이성의 꾀스러움'의 뜻이다). 이 유한자인 '나'의 행위가 없으면 무한자도 자기를 역사 속에서 실현시킬 수 없다. 다시 말해 유한자의 행위 없는 무한자는 알맹이가 빠진 껍데기에 지나지 않는다. 이러한 사정을 헤겔은 악(惡)무한과 진(眞)무한의 차이로 설명한다. 최인훈은 헤겔 식으로 출발하여 칸트 식으로 끝맺는다. 그의 한계보유적 행위론에서 유한자는 무한자를 끊임없이 연모할 뿐 결코 그것과 손잡지 못한다. 헤겔 식으로 말하면 악무한이다. 헤겔에게서 끝이 없는 무한은 나쁜 무한이다. 끝이 있는 무한이 진짜 무한이다. 헤겔의 '끝이 있는 무한'은 유한과 무한이 서로 꼬리를 물고 있는 형국을 이룬다. 그래서 원환이다. 이 원환의 운동에서 서로 떨어져 있는 것은 아무것도 없다. 유한자와 무한자는 사람이 만들어낸 말에 지나지 않으며 실제에서 이들은 서로 구별할 수 없게 맞붙어 있다. 유한자 속에 무한자가 들어 있고 그 반대도 마찬가지다. 최인훈의 말과는 달리 유한자는 무한자를 마냥 그리워하며 그를 향해 피 흘리는 투쟁을 하는 존재가 아니다. 현상적으로 볼 때 역사에서 이 투쟁은 유한한 인간의 좌절로 나타나지만, 헤겔의 시각에서 볼 때 그것은 무한자가 자기 자신과 투쟁하는 모습이고 현장이다. 최인훈이 이 점을 간과할 경우 그는 헤겔 사유의 핵심에서 완전히 빗나가고 있고 그런 한에서 그를 헤겔주의자라고 부르는 것은 어불성설이다.

이러한 사실은 최인훈이 방법적으로 사용하고 있는 '기억' 개념을 다시 생각하게 만든다. 그의 '기억'은 언뜻 보기에는 시간성과 역사성을 포함하고 있는 것 같다. 그러나 과연 그런가? '자기'를 찾기 위해 과거로 거슬러 올라가는 것은 자기의 역사성 속에서 자기를 찾으려는 작업으로 보인다. 개인과 민족과 인류와 문학의 정신에 깃들인 역사를 찾아 각각의 사항에 담긴 개체발생적이며 계통발생적인 고리를 이어 나가는 것처럼 보인다. 이 연결고리 또는 맥을 그는 '이성적'인 것에서 찾는다. 이 점은 대단히 헤겔적이다. 역사 속의 이성! 그러나 양자의 차이를 보아야 한다. 헤겔의 경우 이성적인 것은 '구조화되어 있는 것'이 아니고 '역동적인 것'이다. 헤겔의 이성이 '살아 있다'고 할 때 그 살아 있음은 이성이 처음부터 완결된 형태를 갖추고 있는 것이 아니라 미흡한 상태에서 충족한 상태로 이행하는 과정성을 띤다는 뜻이다. 그런 한에서 이성도 '성장'하는 것이다. 이에 반해 최인훈의 '이성'은 성장하지 않을 뿐만 아니라 그 이성도 현재의 시점에서의 자기의 이성에 부합하는 것을 과거에서 취사선택하는 방식을 취한다. 여기에는 엄밀한 의미에서 역사성이 없다. 왜냐하면 과거의 사실들이 자체적인 (변증법적) 운동을 통하여 자기를 부정하여 새로운 자기로 탄생하는 '내재적인 운동'이 결여되어 있기 때문이다. 최인훈의 이성에는 '생성'이 없다. 그런 한에서 역사성이 없다. 그가 과거로 거슬러 올라가 찾아내는 선인들의 정신은 현재의 자기가 있기 위한, 혹독하게 말하면 현재의 자기를 탄생시키기 위한 진통에 지나지 않는다. 과거의 정신은 현재의 자기의 이성에 맞추어 재단될 뿐 그 자체로 독자적인 운동이 부여되지 않고 있다. 여기에는 이미 선취된 하나의 구조가 있을 뿐 현재가 출현하기 위한 내재적인 운동 과정이 빠져 있다. 이것은 헤겔의 역사 변증법과 판이하다. 이 점에서도 그는 헤겔주의자라고 할 수 없다.

최인훈을 '반쪽 헤겔주의자'라고 규정할 때 그 반쪽의 의미를 과소평가하고 싶지는 않다. 그의 사유의 근간을 이루는 기본 용어들에서는 헤겔의 냄새를 흠뻑 맡을 수 있다. 하지만 그가 택하고 있는 항목들, 이를테면 현실인식에서의 '분열'과 '대립', 인식방법으로서의 '기억'은 헤겔 사유의 중간 단면만을 도려내어 부각시킨 것이어서, 거기에 처음과 끝의 의미를 첨가하여 이해할 경우 분열과 대립이 함축하는 의미는 최인훈이 의도했던 것과 달라진다. 그럼으로써 최인훈은 '행위'를 통한 '종합'의 의미를 간과하고 있다. 또한 그가 해결책으로 제시한 '시간'과 '사랑'도 표면적인 용어는 헤겔과 동일하나 그 의미는 사뭇 다르다. 그의 '시간과 사랑'에는 헤겔과는 달리 유한

자의 행위가 무한자의 뜻과 맞닿아 있다는 행위에 대한 긍정이 빠져 있기 때문이다. '유무한(有無限)의 동일성'과 '역사 내재적인 변증법'을 자신의 문학정신과 작품 속에 구현하지 않을 경우 최인훈은 헤겔주의자라고 자칭할 수 없으며 그의 평자들이 자신을 헤겔주의자라고 지칭하는 것을 묵과해서는 안 될 것이다.

정신의 자기복귀와 자기혁명

함석헌 역사정신의 한 연구

함석헌은 냉정한 이론가가 아니다. 체계적인 철학자는 더욱 아니다. 그는 명석한 열정을 지닌 해석학적 실천가이다. 그에게서 중심은 삶 또는 생명이지, 이론이나 철학이 아니기 때문이다. 그래서 그의 사유를 엄밀한 학문의 장에서 다루기는 쉽지 않다. 더구나 하나님에 대한 신앙과 민족에 대한 애정을 바탕으로 전개하는 그의 생각의 파노라마에 철학의 지식과 논리로 접근하기는 껄끄럽다. 그렇지만 그의 열정 밑바닥에 흐르고 있는 해석학적 형이상학은 분명하게 하나의 세계관을 제시하여 당대의 깊은 이해와 뜨거운 호응을 얻었고, 구체적인 역사 이해에 기초한 그의 실천 지향적 사유는 지금의 파행적인 역사 진행에 반성의 실마리를 제공한다고 할 때, 함석헌의 사유에 담긴 철학 내용을 여러 각도에서 조명하는 일은 중요하고 의미있다.

함석헌은 한민족의 삶과 얼에 뜻을 새겨 넣은 인물이다. 그 뜻을 그는 남들이 하듯이 바깥에서 빌려온 개념에서 만들어내지 않고 한민족 땅에서 자생한 말들을 갈고 닦아 일구어낸다. 그가 서구의 기독사상을 끌어들이고는 있지만 그것도 어디까지나 한민족의 언어적 뿌리와 접맥시켜 이해한다는 점에서 그는 시종일관 한민족의 주체적 의지를 견지한다. 삶과 뜻과 말의 긴밀한 연관성을 그는 일찌감치 간파했던 것이다. 그를 '최초의 한글 철학자' 또는 '한글로 철학 글을 쓴 최초의 인물'이라고 평가할 수 있는 것은, 그가 한글에 담긴 속뜻을 풀어 한글 말들이 바탕에서 어떻게 서로 통하고 있는지를 보여주기 때문이다. 그리하여 그는 한글이 개념어로는 넉넉하지 않다는 세간의 평판을 단번에 불식시킨다.

그는 생명의 바탕을 정신에서 찾는다. 그런 한에서 그는 객관적 관념론자이다. 정신이 객관적인 존재 속에 깃들어 있다고 본 점에서 그의 사상은 독일 철학자 헤겔과 견줄 수 있다. 이들은 서로 닮았을 뿐 같지는 않기 때문에 둘을 구별할 수는 있지만 그 차이는 일단은 덮어두기로 한다. 이들이 본질적인 점에서 어떻게 만나고 있는지는 앞으로의 논의에서 밝혀지겠지만, 함석헌 사상에서 정신과 역사가 차지하는 비중 그리고 기독교적 종말론의 시각을 감안할 때, 서양의 전통적인 로고스주의와 기독교 섭리관을 종합적으로 집대성하여 고전 역사철학의 정점에 서 있는 헤겔이야말로 서양철학사의 그 어떤 인물보다도 함석헌 사상의 핵심을 이해하는 데 도움을 줄 것으로 기대한다. 그래서 이 글에서는 함석헌의 생각을 중심에 두고 이와 연관되는 서양철학자들의 견해는 주로 헤겔에 국한시키기로 한다.

1. (역사)정신의 자기복귀성

함석헌은 한국 역사를 '뜻'으로 풀이한다. 자기상실, 자기망각, 자기배반, 자기분열 등으로 점철된 한국 역사를 되돌아보면서, 급기야는 로댕의 '늙은 창녀'를 한민족의 자화상으로 그리는 그의 가슴 한

구석에 들어앉을 때 독자의 눈에는 어느덧 눈물이 고인다. 이 참담한 암흑의 심연 어디에서 우리는 삶의 의미와 희망을 찾을 수 있다는 말인가. 우리가 이대로 죽지 말라는 법이 어디 있는가. 독자가 이렇게 절망할 즈음 그는 '아니다'라고 말한다. 분열과 고통과 어둠이 깊을수록 거기에는 그에 상응하는 더 큰 '뜻'이 주어져 있다고 그는 말한다.

그는 어떤 근거에서 '뜻'을 말하는가? 이 물음에 대한 답변은 함석헌의 역사적 사유를 이해하는 데에서 우리가 부딪치는 최초의 어려움과 관련된다. 그래서 이 부분에 대한 해명에서 논의를 출발하기로 하자. "역사를 지나간 일의 결과라고 누가 그러나? 아니다. 역사는 장차 올 것 때문에 있는 것이다. 시(始)가 종(終)을 낳는 것이 아니라 종(終)이야말로 처음부터 있어 시(始)를 결정하느니라. 그러므로 뜻이다."(1/120)[1] 그는 "처음이 끝을 지배하는 것이 아니라 반대로 끝이 처음을 결정한다."고 말한다. 그에게서 끝은 목적이고 운동의 뜻이다. 역사는 이 목적과 뜻에 따라 진행하기 때문에 역사는 이미 이루어진 사실들의 집적물이 아니라 앞으로 출현할 사건의 준비단계이다. 이러한 세계관은 역사에 대한 목적론적인 이해의 전형이다. 그러니까 모든 과정은 그 성격이 어떻든 궁극적으로 최종목적의 실현을 위해 종사한다. 과정에서 우연처럼 보이는 것도 전체를 관통하는 목적이 실현되는 필연적인 과정의 일부로 인식된다.

서양철학에서 목적론적 사유의 뿌리는 아리스토텔레스에게 있다. 그가 말하는 'entelecheia'는 자기의 목적을 자기 안에 지니면서 가능태를 현실태로 만들어 완성시키는 활동 원리로서, 모든 사물은 'entelecheia'의 목적에 따라 자기를 전개한다. 따라서 목적이 달성되

---

1) 함석헌의 글은 한길사에서 간행한 『咸錫憲 全集』에서 인용하였다. ( ) 안 빗금 앞의 숫자는 전집 권수이고 뒤의 숫자는 쪽수를 나타낸다.

는 끝에 도달하지 않고서는 자기가 무엇을 지향하는지, 그리고 자기가 누구인지를 알 수 없다. "역사의 뜻이란 이상한 것이어서, 그 일이 다 드러나기까지는 아무도 그것을 미리 알 수가 없다."(1/185) 이러한 목적론적 역사관은 서양의 계몽주의를 거치면서 헤겔에 이르러 활짝 피어난다. 헤겔은 역사 속에 이성이 작용한다고 보는데, 그 이성은 "절대적인 최종목적이 그 내적인 것을 … 세계사 안에서의 정신적인 우주로 나타내도록 하는 활동이다."(G 21) 헤겔은 또한 '이성의 간지'라는 메타포를 통하여 함석헌과 마찬가지로 역사이성의 목적은 활동하는 당사자에게는 알려지지 않으며 오직 결과를 통해서만 모습을 드러낸다고 말한다. "절대자는 본질적으로 결과이며 종말에 가서야 그의 참모습이 드러난다."(Ph 24) 역사 속의 개인과 민족들은 이미 이성의 목적과 관계하고 있는데도 그것이 무엇인지, 다시 말해 자신들이 지금 무엇을 향해 활동하고 있는지 알지 못한다. "무진장한 욕구와 관심과 활동이 세계정신의 목적을 완수하기 위해 그의 도구와 수단으로 동원된다. … 개인들과 민족들의 생명성은 그들이 자기 것을 찾고 충족시키면서도 더 높고 더 넓은 차원에 있는 것의 수단과 도구가 된다. 그런데도 그들은 그것이 무엇인지 모르고 무의식적으로 추종할 따름이다."(G(H) 87)

그런데 함석헌의 '끝이 시작을 결정한다'에는 좀더 숙고할 사항이 있다. 과거는 현재와 미래를 담보하지 않는다. 오히려 현재와 미래가 과거를 담보한다. 진행된 현재까지의 끝, 그 끝의 성격과 향방이 시간적으로 앞서간 사태의 의미를 결정한다. 그래서 "고구려를 망하게 만든 것은 우리다. … 고구려가 망하는 것은 오늘날 너와 내게 달렸다."(1/120) 종(終)이 시(始)를 결정짓는다는 사태 인식은 함석헌이 한국 역사의 비극에 대하여 매번의 결정적인 현재에 대해 책임을 묻는 이유가 된다. 고구려의 의미를 신라와 고려와 조선의 현재가 찾지 못했다. 시대는 이들에게 고구려, 즉 '한민족의 자기'를 찾으라고 명령했지만 이들은 그 소임을 다하지 못했다. "사실 이때도 시대는 조선을 향해 외쳤건만 고려는 그 소리를 듣지 못했다."(1/153) 함석헌이 고구려의 정신을 "민족정신의 깨어 나옴"(1/112)이라 하고, 고구려가 위대한 것은 "그 민중이 위대한 국민적 이상에 가슴이 부풀고 타올랐기 때문"(1/118)이라고 할 때 고구려야말로 단군 조선에 담긴 뜻이 실현된 나라로서 한민족 역사의 당당한 시작이었다. 그런 한에서 이 시작은 한민족의 가능성을 내포한 씨앗이었다. 함석헌은 '끝이 처음을 결정한다'고 하지만 그 처음(始)은 아무것도 아닌 껍데기가 아니라 종(終)이 어떠하냐에 따라 그 본래의 모습을 찾을 수 있는 그러한 알맹이다. 그러니까 단군 조선의 이상을 실현한 고구려는 '시작'으로서 나무랄 데 없었는데 그 시작에 내포된 뜻을 이후의 신라, 고려, 조선, 대한민국은 깨닫지 못함으로써 결국 "종(終)을 통하여 시(始)를 살리는 일에 지금까지 실패했다."는 것이다. 그런데도 그가 한국의 역사에 희망을 거는 이유는 그 종(終)이 아직은 오지 않았지만 언젠가는 올 것이라는 믿음, 그러니까 지금까지 실패한 수차례의 가짜 종(終)에 분노하면서도 이를 만회할 수 있는 진짜 종(終)이 출현한다는 믿음에 있다.

시(始)가 종(終)을 통하여 발현되는 방식을 헤겔은 함석헌보다 좀 더 역동적으로 묘사한다. "무규정적인 시원에서 멀어지면서 세부적인 규정에 이르는 매번의 전진적인 진행은 동시에 시원을 향해 후진적으로 접근하는 것이기도 하기 때문에 결국 처음에는 서로 다른 것으로 보였던 두 측면, 즉 시원의 **후진적인 근거지음**과 시원의 **전진적인 세부 규정**(das rückwärtsgehende Begründung des Anfangs und das vorwärtsgehende Weiterbestimmen desselben)은 서로 합치되어 하나라는 사실이 밝혀진다."(L II 570) 사태의 변증법적인 진행은 이렇게 후진과 전진의 이중성을 보이지만 이는 분석적으로 볼 때 그럴 뿐, 실제는 시원에 추상적으로 감추어져 있는 개념/뜻을 끊임없이 구체화시켜 나아가는 활동이라는 점에서 하나의 사태에 대한 두 가지 표현에 지나지 않는다. 헤겔은 이 대목에 바로 이어 "원환으로 말려 들어간 방법에서 우리는 시간이 경과함에 따라 시원이 그 자체로 이미 도출되어 있는 것이라고 기대해서는 안 된다."(L II 570)고 말하는데, 이는 정신의 원환 운동을 시원에 이미 확정된 내용이 과정 속에서 단지 풀려 나오는 것으로 파악해서는 안 된다는 것이다. 그러니까 원운동의 출발점에 있는 시원은 그 자체로는 아무 내용을 지니지 않은, 어떤 것에도 매개되어 있지 않은 추상체에 지나지 않으며 스스로 탈바꿈하지 않으면 존립할 수 없는 성질의 것이다. 이러한 자기 탈바꿈에 작용하는 힘이 곧 종말에 놓인 목적이다. 종말의 목적은 시원의 자기를 끌어당긴다. 이렇게 말하면 목적이 마치 시원의 밖에 놓여 있는 것처럼 보인다. 그러나 그렇지 않다. 시원은 그 목적을 자기 안에 지닌다. (그렇지 않을 경우 시원과 종말은 원환으로 연결되지 않고 끝없는 직선을 그리게 된다.) 다만 그것을 알지 못할 따름이다. 종말에 이르러서야 자기 속에 어떤 목적이 자리 잡고 있었는지를 알게 된다. "진리는 자기 자신의 생성이며, 종말을 목적으로 전제하면서 이를 시원으로 삼는 원(圓)인데 이는 구체적인 전개 과정을 거치고 난 마지막에서야 현실로 나타난다."(Ph 23) 그러니까 목적은 존재론적으로는 시원에 있지만 인식론적으로는 종말에 있다.

그런데 함석헌이 종말을 통하여 시작의 의미를 되살리려고 할 때 그 시작이란 무엇인가? 그것은 '나'다. 시작에 서 있었던 '나'를 상실하고도 이를 회복하고자 하지 않는 한민족의 어리석음에 그는 통탄한다. 물론 그가 찾고자 하는 '나'는 잃어버린 고구려의 영토가 아니라 고구려의 정신이다. 여기서 그는 시작으로서의 고구려를 한민족의 '나'로 파악하고 이 "자기를 잃어버리고 찾으려 하지 않은 것"(1/133)을 죄로 규정한다. 결국 그에게서 시작과 종말은 같은 것이고 시작의 목적은 비록 겉으로 드러나지는 않지만 종말에 이르는 과정 속에 스며 있어서 종말을 통하여 비로소 그 속뜻이 밝혀지게 된다. 이러한 양상은 헤겔이 이성의 목적 수행을 매개로 하여 시원의 자기가 결과의 자기와 동일하다고 말하는 데에도 나타난다. "이성이란 합목적적인 행위이다. … 목적이란 직접적인 것이고 스스로 운동하면서도 움직이지 않는 것, 그래서 주체인 것이다. … 결과가 시원과 동일한 것은 시원이 목적이기 때문이다. 달리 말해 현실태가 그의 개념과 동일한 것은 목적성을 띤 직접태가 자기 또는 순수한 현실을 자기 안에 지니기 때문이다. … 수행된 목적, 즉 현실은 운동이며 전개된 생성이다. 이렇게 끊임없이 움직이는 자는 그렇지만 바로 자기 자신이다. 그래서 앞서 말한 시원의 직접성과 단순성이 동일한 것은 자기가 결과된 것, 즉 자기로 되돌아온 것이기 때문에, 다시 말해 자기로 복귀한 것이 바로 자기이고 자기는 자기 자신에 관계하는 동등성이며 단순성이기 때문이다."(Ph 26)

정신이 본래의 자기로 복귀하는 성향과 관련하여 헤겔은 '나는 나다'라는 근원적인 판단 형식이 지닌 사변적인 의미를 드러낸다. 여기서 그는 무엇보다 '시간' 개념을 끌어들여 '나'가 '나'로 이행하는 것이 단순한 형식논리적 동어반복이 아니라 추상적인 '나'가 시간 속에서 구체적인 '나'로 전환된다는 점을 밝힌다. "이 '나 = 나'는 스스로를 자기 안에서 반성하는 운동이다. 왜냐하면 이 동등성은 절대적인 부정성이라는 점에서 절대적인 구별이라고 할 때, 자아의 자기동등성이 이 순수한 구별과 맞서기 때문인데, 이때 이 구별은 순수하며 동시에 스스로를 아는 자기에 대립한다는 점에서 **시간**이라고 언표할 수 있다."(Ph 586ff.) 헤겔은 자아의 자기동등성을 그의 절대적인 구별로 전환시킴으로써 정신의 자기반성 과정에 시간이 필연적으로 개입된다는 사실을 일깨운다. '나 = 나'의 판단에서의 계사 '이다'는 더 이상 사유의 단적인 자기정립과 관련되어 있지 않고, 사유의 절대적인 부정성, 즉 순수한 **시간성**과 관련되어 있으며, 이를 통해 자기를 시간 안에서 드러내 보이는 '관념적인 것과 실재적인 것의 통일'을 매개한다. '이다'는 **활동하는 중심**으로서 다름 아닌 **시간으로 직관된 개념**이다. 사유는 자신이 지닌 바로 이 시간성 때문에 스스로를 외화하고 또 오직 시간을 통해서만 자기일 수 있게 된다.

이러한 상황은 함석헌에게서도 나타난다. 그는 비록 헤겔처럼 사태를 개념적인 언어로 구성하지는 않았지만 '나 = 나'라는 사유의 움직임에서 시간의 출처와 그에 따른 의미의 출현을 짚어낸다. "움직이는 것, 변화하는 것이야말로 생각입니다. 변하지만 그저 변하는 것이 아니고 시간을 가집니다. 시간은 마음에서 나갑니다. 기억을 하고 상상을 하는 데 시간이 있습니다. 변하지만 변한 것을 버리는 것이 아니라 자기 속에 가집니다. 쌓인 것이야말로 마음입니다. 앞은 뒤를 돌아보고 뒤는 앞을 돌아보아 살아 있는 하나를 이룹니다. 그것을 의미라 합니다."(2/27-28) 이 대목에서 우리는 함석헌의 생각이 얼마나 헤겔에 근접하는가를 새삼스레 확인하게 된다. 뒤에서 다시 언급하겠지만 사유의 움직임은 시간을 매개로 하여 이미 지난 과거로의 후진 운동과 앞으로 다가올 미래로의 전진 운동을 동시적으로 수행하면서 현재의 자기를 반성하고 추종시키는데, 이 운동을 통하여 결국 시원과 종말은 원환 속에서 하나로 통일된다는 사실을 이들은 똑같이 보여주고 있다.

모든 생명 현상에서 시작과 종말은 결국 서로 꼬리를 물고 있는 형국을 이룬다. 시작 속에 종말이 감추어져 있지만 그 시작의 의미는 오직 결과를 통해서만 드러나고 또 알 수 있다. 그런데 시(始)와 종(終)의 동일성 또는 시원과 종말의 동일성은 단순히 자기복귀적인 동어반복으로 규정할 수 없는 입체성을 띠고 있다. 시(始)와 종(終)이 연결되는 과정에는 시간의 진행에 따른 성장/자람이라는 특성이 있다고 할 때, 이는 단순히 동어반복으로 설명되지 않는다. 함석헌 자신도 역사의 진행을 발생기, 성장기, 단련기, 완성기의 성장 과정으로 파악하고 있다(1/58-62). 그러니까 단편적으로 보면 시작과 끝이 통일된 원(圓)이지만 실제의 내막은 원이 스스로 움직여 다른 원과 관계하면서 전진 또는 성장하는 것이다. 여기서 순환적인 반복(되풀이)과 직선적인 성장(자람)이 하나로 얽히게 된다. 이러한 사정을 함석헌은 '이중의 원환 구조'로 형상화한다. "생명은 에스겔이 본 환상 모양으로 바퀴 안에 또 바퀴가 있어 돌고, 그 바퀴가 눈으로 되고 날개로 되어 하나님의 영전한 보좌를 돌아가는 바퀴다. 그 안에서 인생의 일생이란 것은 지구의 자전으로 인한 하루 밤낮 같은 것이요, 역사의 시대는 그 공전으로 인한 일년 같은 것이다. 그러나 일생 변함없는 것 같은 우리 몸 안의 세포가 늘 바뀌고 있고, 그 세포의 안에는 원형질이 늘 돌아가고 있다. 그러므로 역사의 시대는 되풀이하는 것 같지만, 그것은 또 우리가 그 끝을 알 수 없는 무한의 바퀴를 돌고 있다. 그것은 아마 한번만의 바퀴일 것이다. 그러므로 역사의 운동은 차라리 수레바퀴나 나선의 운동으로 비유하는 것이 좋다. 수레의 바퀴는 밤낮 제자리를 도는 것 같건만 결코 제자리가 아니라 나간 것이요, 나사는 늘 제 구멍을 돌고 있는 것 같은데 사실은 올라가는 것이다. 그러므로 우리가 역사를 이해하는 데 있어서 그 근본 생각은 영원히 앞으로 나가는 혹은 위로 올라가는 단 한번의 운동, 곧 뜻을 이루기 위한 자람이라는 것이지만, 그것을 이해하기 위하여는 아무도 볼 수 없는 그 영원의 바퀴를 이 인생의 일생으로 비유하여 보는 수밖에 없다."(1/57-58) 이 대목은 생명의 기본적인 운동구조에 대한 함석헌의 생각을 밀도 있게 드러낸다. 수레바퀴와 나선운동을 통하여 생명의 운동이 동일한 원리의 단순 반복이 아니라 '앞으로 진행한다'는 사실을 밝히고 이를 입체적으로 설명하기 위해 그는 구약 에스겔서의 '바퀴 속의 바퀴'라는 비유를 끌어들인다. 작은 원 밖에는 그보다 큰 원이 있고 이 원 밖에는 또다시 그보다 더 큰 원이 감싸고 있는 식으로 계속되어 마지막에는 더 이상 포괄적일 수 없는 '하나의 원' 속에 갇히게 된다. 원과 원은 서로 맞물려 돌아가면서 하위의 원운동은 상위의 원운동에 지배받는다. 역사의 삶은 결국 유기체의 움직임이나 개인의 인생과 마찬가지로 자기충족적인 작은 원 속에서 삶을 영위하면서도 결국에는 그 상위 원의 뜻을 따르게 된다.

함석헌이 역사 이해에서 방법적으로 '바퀴의 바퀴'를 끌어들이는 방식은 헤겔이 자신의 학문방법을 설명하는 데에서 '원들의 원'을 말하는 것과 구조면에서 차이가 없다. "지금까지 논의된 방법의 본성에 따르면 학(學)이란 자기 안으로 말려들어간 하나의 원(圓)인데, 여기서 매개는 종말을 시원, 즉 단순한 근거로 되돌린다. 이 원은 결국 **원들의 원**(ein Kreis von Kreisen)이다. 왜냐하면 방법의 활력소인 각각의 분절들은 이 원의 시원으로 돌아가면서 동시에 새로운 분절의 시원이 되는 그러한 자기 내 반성이기 때문이다. 이 연결고리의 단편(斷片)들이 곧 개별적인 학문분과를 이루는데 이들 각각은 앞(先)과 뒤(後)를 지닌다. 아니 좀더 자세히 말하면 이들은 오직 앞만을 지니며 종결점에 이르러서야 그 뒤를 내보인다."(L II 571-572) 헤겔은 여기서 '학'의 본성에 대해 언급하고 있지만 시원과 종말의 관계를 하나의 큰 원으로 설정하고 그 안에 작은 원들을 포함하고 있다는 설명은 헤겔 철학체계 그 자체를 묘사한다고 할 수 있다. 이는 기본적으로 헤겔 철학 전체를 꿰뚫고 있는 삶(生)의 운동구조로 전환시킬 수 있기 때문이다. 여기서 삶의 작은 원은 그들 나름대로 자기 내 반성을 수행하면서 하나의 큰 원의 운동에 참여하는 동시에 다른 작은 원의 시발점을 이룬다. 작은 원들에게는 그 운동의 뜻이 드러나지 않지만 '원들의 원'인 하나의 큰 원은 스스로 자기복귀 운동을 하면서 작은 원들의 운동 전체를 포괄하고 관장한다.

'원'에서는 시작과 끝이 만나며, 자기는 자기로 되돌아온다. 자기로 되돌아옴으로써 최초의 자기는 운동을 매개로 자기 속의 씨앗(가능태)을 완전히 전개하여 추상적인 자기에서 벗어나 구체적인 자기로 생성된다. 이러한 자기생성의 원운동은 그렇지만 홑겹으로 되어 있지 않다. 이는 마치 종(種)과 종차(種差)의 관계처럼 특정한 위계 질서 속에서 상호 역동적으로 관련되어 있다. 이러한 양상을 함석헌은 '바퀴 속의 바퀴', 그리고 헤겔은 '원들의 원'이라고 표현한 것이다. 여기서 자기로 복귀하는 작은 원운동들은 자기로 복귀하는 큰 원운동에 참여한다. 단편적으로 보면 모든 사태의 진행은 이러한 이중의 원환 구조를 띠고 있지만, 전체적으로 보면 그 작은 원 안에 또 더 작은 원이 들어 있고 큰 원 밖에는 더 큰 원이 자리 잡고 있는 식으로 다층적이다. 그렇지만 이 과정은 무한히 지속되지 않고 끝이 있기 때문에, 최대의 원과 최소의 원이 있으며 이 양자 또한 긴밀하게 연관되어 있다. 이러한 양상은 단면에서 볼 때 큰 원과 작은 원의 만남이라 할 수 있는데, 이를 함석헌은 각각 개체와 전체의 만남으로 대치시켜 설명하면서 '나'의 참된 자리를 매긴다. "나와 전체가 대립이 되지 않는 데가 참 나일 것이다. 나자 곧 전체자, 전체자 곧 나다. 아무튼 나를 아는 것은 나다. 그러므로 나를 알려거든 돌이켜 보아야 할 것이다. … 동그란 원을 그릴 수 있는 것이 참 나를 아는 자리이다."(1/85-86)

정신의 활동 방식은 기본적으로 원환적이다. 정신이 행하는 '나는 나다'라는 판단에서 자기는 다시 자기로 되돌아오기 때문이다. '자기로 돌아옴'은 정신적 삶의 특징이다. 함석헌의 '얼' 또는 정신은 이러한 반사 작용, 반성 활동이다. "의식은 생명의 반사(反射)다. 생명은 쏘아 나가기도 하지만 또 되돌아온다. 물질에 있는 반사 작용이나 정신에 있는 반사는 한가지 운동이라 할 것이다. 소위 정신이라는 것, 생각이란 것은 생명의 반사 혹은 반성이다. 하나님의 마음의 방사선의 끄트머리가 다시 저 나온 근본으로 돌아가기 시작한 것이 마음이란 것, 생각이란 것이다."(2/94) '인간 = 자아 = 정신 = 원운동'이라는 등식은 인간에 대한 헤겔의 파악 방식과 다르지 않다. "인간은 곧 자아라고 생각하는 것은 인간 본성의 뿌리이다. 정신으로서의 인간은 직접적인 것이 아니라 본질적으로 자기 안으로 복귀된 것이다. 이러한 매개의 운동이야말로 정신의 본질적인 계기를 이룬다. 정신의 활동은 직접적인 것을 넘어서는 것, 즉 직접적인 것을 부정하여 자기로 되돌아가는 것이다. 그리하여 정신은 자기의 활동을 통하여 자기를 만들어가는 그러한 것이다. 자기로 되돌아간 것만이 주체이고, 따라서 실질적인 현실이다. 정신은 이렇게 결과로서만 존재한다."(G 57-58) 함석헌과 헤겔은 똑같이, 떠나온 자기로 되돌아가려는 욕구를 인간 정신의 생리로 파악하고 이러한 정신의 원운동을 자기 철학의 근간으로 삼아 그들 고유의 역사적 사유를 전개한다.

2. 자기복귀적인 정신의 실천력

정신의 자기복귀성은 단순히 정신의 운동원리만을 일컫지 않는다. 함석헌은 이 원리에서 정신의 실천적인 힘을 발견한다. "생명의 가장 높은 운동은 돌아옴이다. 생각이란, 창조주에서 발사된 생명이 무한의 벽을 치고 제 나온 근본에 돌아오는 것이다. 아들이 아버지를 알아봄이다. 그러므로 생각하지 않고는 아니 된다는 것이다. 반자(反者)는 도지동(道之動)이라 돌아갈 줄 아는 것이 큰일이다. 혁명 곧 'revolution'은 다시 돌아감이다."(2/69-70) 여기에서 우리는 하나의 중대한 물음에 부딪친다. 자기로 돌아가는 행위와 혁명, 달리 말해 자기복귀와 단절이 어떻게 양립할 수 있는가 하는 문제이다. 영어의 'revolution'에서 're'와 'volution'을 분리시켜 '다시'와 '돌다'의 의미를 이끌어내는 것은 이해할 수 있으나 이는 분명히 '혁명'에 대한 일반적인 이해에서 벗어난다. 그렇지만 여기에는 혁명의 의미에 대한 함석헌 특유의 깊은 이해가 깔려 있다. "바탈은 변할 수 없는 것이다. 그러므로 혁명은 그 변할 수 없는 것이 잊어지고 잃어지고 가리워진 것을 도로 찾는 일이다."(2/80) 그에게서 혁명은 잊어지고 잃어진 불변적인 것, 그의 표현에 따르면 '뜻'을 다시 찾는 일이다. 하이데거가 망각된 존재를 다시 밝히듯이 그는 망각된 생명의 뜻을 다시 밝히고자 한다. 혁명이란 그래서 단순히 현재와의 불연속이 아니라 근원/시작의 뜻과 다시 하나가 되는 일이다.

여기서 우리는 함석헌이 '있는 것'이나 '있었던 것'이 아니라 '있어야 할 것'이 참의 기준이라는 말을 되새길 필요가 있다(2/135). '있어야 할 것'이란 단순히 '앞으로 다가올 것'이라는 시간적인 의미만을 지니지 않는다. 그것은 우선적으로 '마땅히 그래야 할 것'이라는 당위성을 띠며, 그런 한에서 '미래에 다가올 것'도 여기에 포함된다. 그러니까 '뜻'이 먼저지 '시간'이 먼저가 아니다.[2] 여기서 '뜻'은 운동의 존재이유이고 지향점이다. 혁명이란 그래서 생명이 창조될 때

---

2) 아우구스티누스가 '시간'을 우주 밖에서 영원히 흐르는 것이 아니라 하나님의 우주창조와 더불어 생겨난다고 규정한 것이나(『신국론』, 11권 5절), 헤겔이 시간을 정신이 외화하는 하나의 방식으로 파악한 것(P 51)은 이와 동일한 맥락에서 이해할 수 있다. 이 두 경우 모두 신의 섭리, 즉 '뜻'에 따라 시간이 출현하고 또 사용되기 때문이다.

주어진 뜻을 현재 속에 되살리는 일이다.

'뜻' 없이 혁명을 할 수는 없다. 그렇지만 뜻은 겉으로 드러나 있지 않다. 뜻은 감추어져 있지만 겉으로 드러난 현상과 무관하게 존재하지 않는다. 그래서 함석헌은 "현상 속에서 뜻을 찾아보자."(1/77)고 한다. 현상을 매개로 하여 그 속에 담긴 불변의 뜻을 찾는 것, "몇 만 년을 뻗는 복잡한 인류의 일을 통하여 한 개의 의미 관련을 알아낼 뿐 아니라, 실로 영원한 뜻, 곧 의지, 의미를 붙잡아내는 것"(1/37)이야말로 현재의 질곡에서 벗어나 참된 생명, 참된 나를 되찾기 위한 첫 번째 과제이다. "민족을 개조하려면 나를 개조하지 않으면 안 되고 나를 개조하려면 나의 참 나를 발견하지 않으면 안 된다."(2/90) '참 나'는 하늘이 나에게 부여한 '뜻'이다. 그 뜻은 내 속에 있으면서도 현상에 가려 좀처럼 드러나지 않는다. "뜻은 숨은 것이므로, 숨었기 때문에 뜻이므로, 그것은 현상을 뜯어보아야 안다. … 말씀은 현상을 뜯어 제낌이다. 현상을 뜯어 제끼면 뜻의 샘이 저절로 솟아나오고 피어나오고 자라나온다. 그러므로 뜻엔 처음도 나중도 없기 때문에 처음과 나중을 지어낼 수 있다. 그것이 삶(生)이요, 숨(命)이요, 돼감(歷史)이다."(2/139) 여기서 뜻과 현상과 말씀의 관계가 나타난다. 말씀을 통하여 뜻이 현상 속에 드러난다. 말, 즉 로고스는 뜻의 전달자이고 그 결과는 현상으로 나타난다. 그러나 현상은 현상일 뿐 뜻 자체는 아니다. 현상에 감추어진 뜻을 간과하거나 잘못 파악할 때 역사는 옳은 방향으로 나아가지 못한다. 한민족의 역사가 난항을 거듭했던 것도 현상 속에서 뜻을 파악하지 못했기 때문이다. 지금 일어나야 할 혁명은 지금까지 진행되어 온 역사 속에 담긴 뜻을 밝혀 그 뜻에 따르는 일이고 이는 곧 본래의 자기를 회복하는 일이기도 하다. 여기서 '자기로 돌아감'은 '혁명'의 당위적인 근거이고 그 방법이다.

그렇다면 어떻게 자기로 다시 돌아갈 것인가? 함석헌은 '부정(否定)'을 제안한다. 부정은 현재의 자기에 대한 저항이다. 자기의 부정은 그렇지만 본래적인 자기의 부정이 아니라 이기적인 자기의 부정이다. 그는 '구심적(求心的)인' 자기와 '원심적(遠心的)인' 자기를 구별하면서 동시에 이를 하나로 묶는다. 구심적인 자기주장은 이기적인 '사심(私心)'이고, '나를 떠나 전체의 자리에 서려고 하는 원심적인' 마음이 곧 '양심(良心)'인데, 이 둘은 사실은 따로 있지 않다. '돌이켜 자기를 비판'함으로써 자기로 향하는 마음과 전체로 향하는 마음이 대립을 멈추고 하나로 통일된다(2/85). 그러니까 '부정'은 전체의 뜻에 참여하여 '가짜 나'를 부정하여 '진짜 나'를 찾기 위한 행위이다. 같은 맥락에서 함석헌은 '저항'의 미학을 역설한다. 인간은 저항하는 존재이다. "사람은 저항하는 거다. 저항하는 것이 곧 인간이다."(2/173) 저항의 대상은 내 안의 가짜 나 그리고 본래의 뜻에 어긋나게 진행되고 있는 역사/사회이다. 그래서 한편으로는 "인격은 자기반성으로 자기부정을 하고 쉼 없이 자기초월을 해가는 것"(2/95)이라고 가르치고, 다른 한편으로는 "글쎄 대한민국 헌법에, 또 천지법칙에, 사람을 그렇게 하란 법이 어디 있느냐?"(2/182) 외치며 세상의 불의에 항거한다. "생명의 길은 끊임없는 반항의 길이다."(2/187) 반항은 삶의 자기표현이다. 삶이 자기 안에 있는 것을 밖으로 드러내는 행위가 부정 또는 반항이다. 그래서 "안(內)이란 모든 것이 다 아니(否)인 것이다."(5/309) 한국 역사의 파행성과 분열상에 분개하면서도 이를 치유하여 다시 하나로 만들기 위해서는 분열 속에서 죽음을 무릅쓰고 항거하여 참된 자기를 찾아야 한다. 여기서 부정은 자기 내적 반성 또는 자기 안으로 향함과 결국 하나로 연결된다.

함석헌이 저항을 통해 지향하는 것은 결국 '자유'이다. "인격이 무엇인가? 자유하는 것 아닌가?"(2/173) "생명은 반발이다. 저항이다.

자유하자는 뜻의 나타남이다."(2/175) "자유야말로 생명의 근본 바탕이다."(2/178) 생명의 본질인 저항은 자유의 표현이다. 생명이 저항하는 것은 생명의 본질이 자유이기 때문이다. 자유는 활동의 이유(由)가 스스로(自)에게 있음이다. "제(自)가 곧 까닭(由)이다."(1/21) 자기의 뜻을 자기 안에서 찾아 활동하는 데에서 생명은 생명일 수 있다. 자유는 생명에게 주어진 명령이다. 그래서 "이 자유 발전하는 정신의 길에 아무것도 막아서는 것이 있을 수 없다."(2/173) 생명의 자유성은 폭발적인 힘을 지닌다. "생명은 하나의 놀라운 혁명인 것"(2/175)이다. 내가 다른 것에 의해서가 아니라 바로 나로 말미암아 행위할 때, 그 내가 결국 전체의 뜻과 호응할 때, 나의 저항은 곧 전체의 저항이고, 따라서 자유의 뜻은 이루어질 수밖에 없다고 함석헌은 확신한다.

'자유를 향한 부정'은 헤겔 역사철학의 핵심이기도 하다. 헤겔은 함석헌과 마찬가지로 "정신의 실체는 자유"이며, "세계정신의 목적이 지닌 … 실체는 각자의 자유를 통하여 성취된다."(G(H) 64) 역사의 목적은 정신이 자기의 자유를 찾음으로써 실현된다. "자유는 자기를 의식하면서 — 자유는 그 개념상 자기에 대한 지(知)이기 때문에 — 또한 자기를 실현시키는 무한한 필연성을 자기 안에 갖추고 있는 것은 그 자체에 깃들인 자유이다. 이 자유는 자유가 수행하는 목적이며 또한 정신의 유일한 목적이다."(G(H) 63ff.) 자유란 결국 자기가 누구인지 아는 자기복귀적 행위에 근거하며, 따라서 자유는 자기를 알려는 욕구와 마찬가지로 보편적이고 필연적이다. 헤겔은 이러한 자유의 의식을 또한 기독교 정신의 원리에서 찾아 이를 역사발전의 축으로 삼는다. "세계사는 자유의식에서의 진보이며, 이 진보를 우리는 그의 필연성 속에서 인식해야 한다."(G(H) 63) 자유의식이 진보한다는 것은 바꿔 말하면 덜 자유로운 단계에서 더 자유로운 단계로 역사가 진행한다는 뜻이다. 헤겔 자신이 기술하고 있듯이 역사는 한 사람이 자유로운 시대에서 다수가 자유로운 시대를 거쳐 모두가 자유로운 시대로 이행한다고 할 때, 이러한 자유의 확장은 지속적인 자기부정을 통하여 자유의 영역을 넓혀나가는 길밖에 없다. 여기서 자유의 실현은 곧 정신의 자기복귀성을 자기 것으로 만드는 활동이고, 자유를 결여한 또는 자유가 억압된 현재의 자기를 돌아보아 이를 부정하는 행위이다.

자유추구의 행위는 자기부정의 행위이다. 남이 아니라 나를 부정하는 것이며 타(他)민족이 아니라 자(自)민족을 부정하는 것이다. 자기의 자유를 구속하는 적은 자기 밖이 아니라 바로 자기 안에 있다. 그래서 '자기'혁신이다. 자기를 새롭게 만들기이다. 자기를 돌이킴으로써 자기부정의 이유를 자기 안에서 찾음으로써, 요컨대 스스로(自) 말미암음(由)으로써 옛것과 다른 '새것'이 출현한다. "원인이요 결과요 하면 벌써 바깥의 건드림을 받는 것이기 때문에 그것은 참이 아니다. 이것은 로켓처럼 제 스스로 터져남(爆發)으로 나감이다. 구름 속에서 구름이 피어나듯이 생명은 피어나는 것이다. 그러면 우리말에 피(血)라는 말은 재미있는 말이다. 피(發)는 것이 피다. 피는 것이므로 터져나는 것이므로 '이제는' '옛'의 껴붙은 것이 아니다. 그러므로 … '새(新)' 것이다. 그렇기 때문에 껴붙지 않은 껴붙음(不連續의 連續)이다."(2/210) 자기원인→ 터짐→ 피→ 핌→ 새로움→ 불연속의 연속으로 이어지는 일련의 사태파악에서 함석헌은 참(眞)의 실체를 응시한다. 그의 자기혁신 또는 자기혁명은 바로 이 '불연속의 연속'에 있다.

이러한 사정은 헤겔에서도 발견된다. "현재의 정신은 자기실존의 껍질을 벗어버린다. 그렇다고 해서 그 정신은 다른 껍질로 넘어가는 것이 아니라 자기의 기존의 형태의 잿더미에서 순수한 정신으로 출현한다. … 정신이 젊어지는 것은 동일한 형태로 단순히 복귀하는 것이 아니라 자기 자신을 구체적으로 설명하고 다듬는 것이다. 자기의 과제를 해결하면서 정신은 새로운 과제를 자신에게 부여함으로써 자신의 노동의 재료를 다양하게 만든다."(G(H) 35) 기존의 것이 잿더미로 화하는 불연속성 속에서 정신은 젊어짐이라는 연속성 또한 견지한다.[3] 새로운 것의 발생은 기존의 것과의 단절이면서 동시에 지난 것에서 배제된 가능성의 돌이킴이라는 점에서 지난 것과의 연속이다. 따라서 새로운 것으로의 이행은 바로 앞서 실현된 기존의 것과 지금 정립된 새로운 것의 관계에서 볼 때는 **불연속적**이지만 과거에 가능태로 존재했던 것과 지금 새로 정립된 것의 관계에서 보면 **연속적**이다. 바로 앞에 있는 것과는 불연속이지만 그 이전에 배제된 가능성과 이 가능성을 현재 자기 안에 수용한 현실성 사이에는 내용상 일관성이 있다. 이러한 일관성 또는 연속성은 원칙적으로 정신의 자기반성에 근거하는데, 이 자기반성은 역사 진행의 주요 국면에서 기존의 것과 단절을 꾀하게 하는 당위적인 근거이기도 하다. 함석헌의 '뜻'이 함축하는 이중적인 계기가 여기서도 나타난다. 역사는 뜻의 연속이지만 뜻을 근간으로 역사는 불연속을 경험한다.

함석헌의 혁명사상은 근본적으로 자기부정과 자기혁신에 근거한다. 이를 통하여 그는 자기약진을 주창한다. 약진(躍進) 그 자체는 기존 것과의 단절이며 불연속이다. 그러면서도 그는 연속을 말한다. 무엇을 잇고 무엇과 끊는다는 말인가? 끊을 것은 분명하다. "5천 년 역사의 앓는 소리"(1/72)에서 벗어나야 하고, 하늘이 한민족에게 부여한 '뜻'을 이어야 한다. 이미 항상 주어져 있지만 우리의 과거와 현재가 보지 못함으로써 묻혀 있는 그 뜻을 밖으로 드러내어 그것과

---

3) 이에 대한 자세한 서술은 졸고, 「헤겔의 역사철학에 나타난 세계사적 민족의 출현구조」, 『철학』 63집, 151 이하 참조.

소통하는 길을 열어야 한다. 뜻에 어긋나게 진행되고 있는 현재와 끊고 뜻에 호응하는 바탈을 되찾아 이어야 한다. 우주와 인간의 근본 성향인 바탈에 따르는 것이 곧 자기와 현실의 혁명이고 불연속의 연속이다.

뜻의 연속과 현실의 불연속, 즉 혁명은 함석헌에게 '극단적인 새로워짐'으로 나타난다. 현재를 적당하게 개선하거나 대충 계승 발전시키는 것이 아니다. 완전히 새롭게 판을 다시 짜야 한다. 그래서 혁명이다. "새 길을 내가 낸다는 정신"(5/110)으로 "완전히 새로운 것을 세우기 위하여 이때까지 보고들은 것을 다 잊고, 버려야 한다." (1/298) 과거의 역사 경험과 철저하게 불연속을 꾀하는 데에서만 한 민족에게 미래가 있다. 예를 들어 고려자기의 빛과 선은 한반도 역사의 고난의 징표여서 우리가 이어나갈 조상의 자랑거리가 아니다. "그 선이 무슨 선이요 그 빛은 무슨 빛인지 아는가? 그 선은 민중의 창자의 주린 선이며 민족혼의 고민하는 선이요, 그 빛은 나라 운명의 슬프게 저무는 빛이요, 역사의 수평선의 깜실거리는 파란 빛이다. 그런 줄이나 알고 예술을 좋다나? 그런 줄을 알기나 하고 민족의 자랑이라 하나? 차마 책상 위에 놓기보다는 차라리 땅 속에 묻혀 있게 하는 것이 낫지 않을까?"(1/154) 전통의 계승보다는 단절이 옳다. "자랑할 것이 없으면 이제 새로 만드는 것이 좋다."(1/307) 보잘것없는 '우리 것'을 궁색하게 찾아내려 하기보다는 이전 것과의 단절 속에서 이제 새로운 것을 만들어야 한다. 사정이 이런데도 우리는 옛것, 낡은 것을 붙잡으려는 유혹에서 벗어나지 못하고 있다고 함석헌은 지적한다. "새 믿음, 새 정신을 일으키자고 모든 것을 빼앗았는데, 믿음은 빈 것이요, 정신은 없음이기 때문에 그렇게 한 것인데, 우리는 비우고는 허전한 것 같고 없이는 못살 것 같아, 지나간 날의 낡은 관념, 묵은 그림자를 붙들었다."(1/283) 한민족은 역사에서 빼앗기기만 했다. 그 '빼앗김'에는 이유가 있었다. 그런데 우리는 어리석게도 그 이유를 간취하지 못했다. 그래서 떠나야 할 옛것으로 자꾸 돌아가려 한다.

이제는 단절이 미덕이다. '새것'이 출현해야 한다. 그렇다면 함석헌은 '새것'을 어떻게 이해하는가? "새것이 무엇이냐? 중도다. 세계 문제는 둘 중 하나를 고름(二者擇一)으로 해결될 것이 아니다. 한 놈이 죽고 한 놈이 이김으로 결말을 짓는 것이 유치한 장난 아닌가? 이긴 놈도 진 놈도 없어야 정말 이김이다. 두 놈이 다 실패하여야 두 놈이 다 구원이 된다. … 전능의 하나님이 시키는 우주극에 이긴 놈, 진 놈이 있을 리 없다. 다 져야 한다. 그리고 보다 높은 제3자가 나와야 한다. 그보다 높은 제3자가 중도다. … 이것도 저것도 아무것도 아니요, 하나다. 한이다. 그래 중도는 한 길이라 하자. 만국, 만민, 만물, 만신이 다 가야 하는 한 길이다. … 힘이 하나에 있다. 한을 함에 힘이 있는데 네가 그걸 몰랐구나."(1/296-297) 그는 새것을 방법적으로 '중도(中道)'에서 찾는데, 중도는 곧 '한'을 지향한다. 함석헌 사유에서 중추적인 역할을 하는 '한' 개념에 대한 그의 설명을 들어보자. " '하나님'은 하늘과 관계가 있는 말이다. 하늘은 한울인지, 하날인지 그 분명한 것은 알 수 없으나, 아무튼 우리나라 이름, 사람 이름의 '한'과 하나인 것일 것이다. '한' 혹 '칸'인데, 수의 하나를 표하는 동시에 또 크다는 뜻이다. '한'과 '큰'이 한 말인 것이다. 한자로는 한(韓), 한(干), 한(汗), 환(桓)으로 썼으나 음을 표했을 뿐이다. 이 '한' 혹은 '흔'이 우리 정신생활의 등뼈다. 우리 사람은 한 사람이요, 우리나라는 한 나라, 우리 문화는 한 문화다. 그리고 그것을 인격화하여 대표하는 것이 한님 곧 하나님, 환인(桓因)이다."(1/105) 그러니까 그에게 '한'은 객관적이면서 인격적인 의미를 지녀, 그는 우주를 하나의 큰 울타리로 규정하고 거기에는 하나의 인격적인 뜻이 작용한다고 본다. 또한 한민족의 '한'과 '환인'은 이러한 이념을 이미 내포하고 있었던 것이다. 결국 '새것의 만듦'이란 곧 우주의 기본 이념이며 한민족의 이상인 '한'을 실현하는 일이다.

앞서 인용한 내용 가운데 그가 말하는 '중도'에 잠시 머물 필요가 있다. 중도는 이것이냐 저것이냐의 양자택일이 아니라, 이것도 저것도 아닌 양자부정을 통하여 출현하는 제3자이다. '새것'의 출현에 대한 학적(學的)인 인식과 관련하여 중도의 이러한 특성은 중요하다. 중도와 관련하여 함석헌의 다른 이야기를 들어보자. "있음과 없음은 둘이 아니요, 있음과 생각도 둘이 아닐 것이다. 있다 하면 없는 것이요, 없다 하면 있는 것이다. 참 생각이야말로 있음이요, 참 있음이야말로 생각이다. 있다 함은 벌써 생각이 끊어진 것이요, 생각하면 벌써 있음은 깨진 것이다. 그러나 이것은 어떻게 할 수 없는 모순이다. 그러나 모순과 통일이 딴 것이 아니다. 모순은 의식된 통일이요 통일은 의식된 모순이다. 생명은 이것으로써 자기초월을 해나간다." (2/95) 중도란 규정된 양자의 부정이면서 양자충돌의 모순 속에 있는 '하나'의 길이다. 이 길은 양자를 글자 그대로 모두 부정해 버리는 데에서 찾아지지 않는다. 그가 존재와 무 그리고 존재와 사유를 동일시하고 모순과 통일을 바로 연결시키는 데에는 고도의 사변이 꿈틀거리고 있다. 모순을 '의식된 통일'로, 통일을 '의식된 모순'으로 규정함으로써 통일 속에 모순이, 모순 속에 통일이 내재하고 있다고 설명하는 데에서 우리는 변증법의 '사변'을 만나게 된다.

얼핏 보면 함석헌의 중도는 헤겔의 변증법과 사뭇 다른 것 같다. 그의 중도에는 운동 과정, 다시 말해 대립하는 두 항이 서로 다투어 제3의 단계로 지양되는 과정이 없는 것 같기 때문이다. 불립문자의 지경에서 하나를 꿰뚫는 통찰의 결과로서 중도가 주어지는 것처럼 보이기 때문이다. 그러니까 제3자로서의 중도는 직관적인 통일이지 개념적인 통일이 아닌 것처럼 보이기 때문이다. 그렇지 않고서야 어떻게 모순과 통일이 다르지 않다고 할 수 있겠는가. 그러나 이는 함석헌의 역사적 사유를 단편적으로만 읽어낸 결과이다. 그는 생명의 자람/성장을 중시하는 '생성'의 철학인이기 때문이다. 그에게서 역사는 자라는 생명이며 하나님도 자라는 인격이다. "우주는 움직이는 우주요, 인생은 자라는 인생이다. 하나님은 영원히 되자는 이, 되어 가고 있는 이다. 완성의 천당, 안식의 하나님, 적멸(寂滅)의 부처를 믿는 보수주의, 지배주의, 통치주의의 묵은 술에 취한 종교가는 그 귀족주의에 젖은 눈에 채 되지 않은 미완성 하나님은 아주 점잖지 못한 부정자, 파괴자로 뵐 것"(2/211)이다. 하나님은 현재 되어 가고 있는 아직 완성되지 않은 생명체이다. 완성을 향해 '움직이기' 때문에 생명이다. 인간을 새롭게 하는 근거로서 하나님은 그 자신이 완성되고 있는 존재이지 이미 완결된 고정 실체가 아니다. 그런 한에서 완결된 자나 완결된 세계를 '섬기는' 일은 어리석다고 함석헌은 지적한다. 개인과 역사의 새로워짐은 하나님의 새로워짐과 병행한다. 하나님은 자신의 완결된 섭리를 개인과 역사의 활동에 개입시키는 통제자가 아니라 이들의 자기반성 활동에 맞물려 자신도 반성을 시도하는 그러한 생명체인 것이다. 여기서 우리는 다시금 '바퀴 속의 바퀴' 또는 '원환들의 원환'의 의미를 되새기게 된다. 생명에 내재한 자기복귀적인 정신은 이렇게 이중의 원환 모습으로 실천력을 발휘한다.

　여기서 함석헌의 논리 전개 방식은 지극히 헤겔에 근접한다. 그는 헤겔처럼 체계적으로 자신의 생각을 전개하지는 않았지만 대립항을 넘어서는 제3자의 출현 과정, 존재와 무의 동일성, 존재와 사유의 동일성 등은 헤겔의 사변논리를 쉽게 풀어낸 것으로 보지 않을 수 없다. 특히 하나님을 생성하는 주체로 파악하는 대목에서 우리는 헤겔의 변신론이 함석헌에게서 다시 태어났다고 생각하게 된다. 여기서는 무엇보다도 '역사의 불연속적인 연속'과 관련하여 제3자, 즉 중도의 출현 문제에 초점을 맞추기로 한다.

이 문제는, 어떻게 기존에 없었던 '새로운 것'이 나타나는가 하는 문제와 연결되는 한에서 헤겔이 말하는 '지양(止揚, Aufheben)' 개념을 살펴볼 필요가 있다. (이 부분은 함석헌의 설명을 보완하는 의미를 지닌다.) '버리다', '보존하다', '높은 단계로 이행하다'라는 세 가지 뜻을 지닌 '지양' 개념의 논리적인 특성을 그는 '규정적 부정(bestimmte Negation)'이라고 표현한다. "부정적인 것은 동시에 긍정적인 것이기도 하다. 자기모순적인 것은 영, 즉 추상적인 무로 해소되지 않고 **특정한** 내용의 부정으로 나아간다. 이러한 부정은 전체 부정이 아니라 스스로 해소되는 **특정한 사태의 부정**, 따라서 규정적 부정으로, 그 결과 속에는 그 시원이 포함되게 된다. 이는 결국 하나의 동어반복인데, 그렇지 않을 경우 그것은 단지 직접적인 것일 뿐 결과일 수는 없을 것이다. 결과된 것은 부정된 것, 즉 규정적인 부정태이기 때문에 어떤 **내용**을 지닌다. 이는 새로운 개념으로서, 선행하는 개념보다 더 높고 풍부한 개념이다. 그것은 그의 부정만큼, 아니 대립한 만큼 더 풍부해졌기 때문에 대립태를 포함, 아니 대립태보다 더 많은 것을 포함하며 따라서 자기와 그 대립태가 통일된 결과이다."(L I 49) 함석헌은 부정을 통하여 대립의 해소를 말하고는 있지만 그 과정이 구체적으로 어떻게 진행되는지에 대해서는 언급하지 않고 있다. 헤겔과 마찬가지로 함석헌도 제3자, 즉 새로운 것은 자기 밖에서 아무것도 끌어들이지 않고 순전히 자기 힘으로, 그러니까 "바깥의 건드림 없이"(2/210) '자기 내적인 부정(selbstimmanente Negation)'에 의해서 출현한다고 생각하면서도 그리고 "버리면서 가지고, 가지면서 버리고"(5/331) 하여 지양 개념의 핵심에 근접하면서도, 그것이 어떤 메커니즘을 통하여 가능한지 보여주지 않고 있기 때문에, 그가 만일 변증법의 힘을 신뢰한다면 헤겔의 이러한 설명을 빌려 자기 생각의 빈틈을 메워야 할 것이다.

헤겔의 '규정적 부정'은 단지 새로운 개념이 어떻게 출현하는지를 보여주는 데 그치지 않는다. 부정이 특정한 내용을 산출하는 부정이라고 할 때 그 내용은 시원에 감추어져 있던 내용이 겉으로 드러난 결과라는 사실을 헤겔은 '동어반복'이라고 표현한다. 그러니까 대립 과정을 거친 만큼 풍부해졌다는 것은 대립이 발생하기 이전에 추상적으로 존재하던 것이 대립 과정을 통해 이제야 구체적인 모습으로 나타났다는 점에서 동어반복이다. 하지만 시원에서 가능태로만 있던 것이 이제 현실태로 등장했다는 점에서, 그것도 부정/대립 과정을 통하여 드러났다는 점에서 새로운 것이 출현한 것이다. 그러니까 이 사태는 존재론적으로는 동어반복이고 현상적으로는 새로움의 출현이다. 여기서 정신의 원환 운동과 자기혁신 운동은 결국 하나로 맞물린다.

함석헌이 말하는 존재와 사유의 동일성은 헤겔의 『정신현상학』 전권을 통하여, 그리고 존재와 무의 동일성은 헤겔의 『논리학의 학』 서두에서 구체적으로 언급되고 있으며, 신의 섭리를 과정과 결과를 통하여 입증하는 방식은 헤겔 『역사철학』의 핵심을 요약하고 있다고 할 수 있다. 이렇게 함석헌의 기본 사상은 변증법적이고 사변적이다. 그는 특히 '사변'의 힘을 정확하게 포착하여 '하나'가 '둘'로 나뉘어 대립하다가 다시 '하나'로 종합되는/복귀하는 양상을 생명활동의 기본 틀로 여겨, 대립과 갈등과 고난 속에서도 결국에는 '하나'의 뜻이 실현될 수밖에 없다는 신념과 "이성은 이기는 날이 오고야 말 것" (1/276)이라는 희망에 차서 개인과 민족이 혁명적으로 자기를 혁신할 수 있는 준거점을 마련한다.

3. 자기혁명의 주체인 씨올

역사는 만들어지는 것이다. 역사는 기다리는 자가 아니라 행동하는 자의 몫이다. 그러나 행동은 하늘의 '뜻'을 따를 때에만 역사에서 구체적인 힘을 지닌다. 자기로 복귀하고자 하는 또는 복귀할 수밖에 없는 '한(흔)'의 섭리는 욕구와 당위로서 전체의 운동을 주관하지만 이 '주관'은 어디까지나 원칙적으로 그럴 뿐 역사 속의 개인이 어떻게 행동하느냐에 따라 그 뜻이 실현되기도 하고 그렇지 않기도 한다. 그러니까 원칙은 그 자체로는 공허하여 반드시 내용으로 채워져야 한다. 채워져야 할 내용을 함석헌은 '씨올'의 활동에서 찾는다.

'씨올 사상'은 실천적 예언가 함석헌의 독창적인 산물이다. 씨올은 민중의 순 우리말이다. 정확히 말하면 씨올은 익명의 무리가 아니라 소위 민중들 가운데 눈앞의 이해관계에 얽매이지 않고 하늘이 부여한 뜻에 따라 삶을 영위하는 자들을 가리킨다. 그래서 씨올의 '올'은 "알, 얼, 올"(14/328)을 기본으로 한다. 깨어 일어난다는 점에서 알이고, 바른 정신을 지닌다는 점에서 얼이고, 알맹이라는 점에서 올이다. 바른 정신을 가지고 올곧게 깨어나는 사람들이 곧 씨올이다. 그러나 씨올을 깨어나게 하는 데에는 '뜻'이 선행해야 한다. 씨올은 뜻을 따라 움직이기 때문이다. "민중을 잡는 것은 정신이요, 뜻이다. 민중은 뜻을 찾는 것이다. … 주몽이 위대한 것은 민중에게 뜻을 보여주었기 때문이요, 고구려가 위대한 것은 그 민중이 위대한 국민적 이상에 가슴이 부풀고 타올랐기 때문이다."(1/119) 씨올은 뜻 앞에서 위대한 전진을 감행한다. "민중으로 하여금 전진하게 하는 것은 뜻의 제시다. … 민중은 … 뜻을 찾는 사람이다. 그러므로 뜻이 있음을 볼 때는 현실과 관념의 갈라진 것을 합해 몸과 마음을 잊고 뜻을 향해 돌진하는 것이다. 그것이 혁명이요, 그것이 새 나라 세움이다."(1/135)

씨올은 뜻 앞에 겸손하고 용감하다. 그렇지만 뜻이 주어지지 않으면 민중이 나아갈 길이 제시되지 않으며, 민중이 뜻을 찾고자 하는 의욕과 여유가 없으면 씨올은 자신이 매진해야 할 목표가 없게 되고 따라서 자기를 세울 수 있는 잣대를 지니지 못하게 된다. 그래서 역사에서는 뜻을 알고 밝히는 큰 인물들의 역할이 중요하다. 예컨대 세종이 '한글'을 창제한 것은 바로 씨올의 마음을 읽은 것이고 이로써 씨올은 진정으로 자신을 들여다볼 표현수단을 자기 속에서 찾게 된 것이다. 씨올이 뜻을 요구하고 씨올의 마음을 알아 이를 구체화 시키는 작업을 통하여 역사는 전진할 힘을 얻게 된다. "하늘의 뜻을 씨올이 알아보고, 민중의 마음을 하늘이 안다면 역사는 바로 될 것이다."(1/271) 씨올과 뜻은 역사 속에서 하나가 된다. "가다가 이따금씩 이 하수도 같은 역사의 흐름 위에 연꽃 같은 마음들이 나는 것은 신기한 일이다. 하늘이 하는 일이겠지. 씨올이 죽지 않는 증거겠지. 세종이 어질기도 하지만, 이것이 씨올의 요구인 것을 어찌하나? 역사의 명령인 것을 어찌하나?"(1/179)

씨올에게 뜻을 제시하는 역사적 인물들의 역할은 헤겔이 말하는 '세계사적인 개인들'의 역할에 대비시킬 수 있다. 세계사적 개인들은 바야흐로 무엇이 일어날 것인지를 앎(知)으로써, 즉 시대정신을 파악함으로써 더 고차적인 보편자의 정체를 드러낸다. 함석헌 식으로 표현하면 세계사적인 개인들은 시대의 뜻을 알아 그 뜻을 포괄하는 더 큰 뜻을 밝히는 인물들이다. 그래서 이들이 행하는 앎의 행위의 정당성은 현존하는 것이 아니라 이성적인 것에 있다. 이성적인 것은 현존하는 것 속에 감추어져 있으면서 발굴을 기다리고 있는데 세계사적인 개인들은 바로 이 일을 떠맡는다. "세계사적 개인들의 정당성은 현존하는 상태에 있지 않다. 그 정당성은 그들이 유래한 다른 근원에서 확보된다. 그것은 현재에 뿌리를 박고 있는 숨겨진 정신으로 이 정신은 아직 현재하는 현존재로 발전하지 못하고 그 상태에서 벗어나고자 하는데, 현재 드러나 있는 세계는 이 정신에 대해 단지 껍질에 지나지 않으며 이 껍질은 다른 알맹이를 자기 안에 지니고 있다."(G(H) 97) 껍데기 속의 알맹이를 찾는 일은 현상 속에 숨겨진 뜻을 찾는 일이고 이 일을 성공적으로 수행하는 인물만이 역사의 참된 진행에 관여할 수 있다. 이러한 설명은 헤겔의 역사철학이 엘리트주의를 표방하는 것으로 보이는데, 이는 그의 역사철학이 어디까지나 세계사의 서술에 주안점을 두고 있어, 개인 차원의 주관정신이 아니라 민족 단위의 객관정신을 다루는 데에서 발생하는 문제로 보인다. 그가 만일 함석헌처럼 민족사를 서술했더라면 '깨인 민중'으로서의 씨올의 의미를 어떻게 규정했을지 알 수 없지만, 중요한 것은 헤겔과 함석헌은 모두 시대에 감추어진 이성적인 것의 뜻을 밝히는 인물이 있어야 하는 점에서 견해를 같이한다.

그러나 한민족의 역사는 씨올의 뜻을 밝히고 받드는 방향으로 진행되지 않았다. 위정자들은 말할 나위 없고 지식인들도 씨올에게 부여한 하늘의 뜻이 무엇인지 모르고 또는 알려고 하지 않고 눈앞의 사리사욕을 채우는 데 혈안이 되어 내부의 대립과 갈등에서 좀처럼 헤어나지 못했다. 더구나 내부의 문제를 스스로 해결하고자 하는 자립과 자기혁신의 의지를 버리고 오히려 남을 끌어들여 자기를 세우려는 반(反)주체적이고 반(反)정신적인 행태를 보였던 것이다. 자기부정의 힘을 자기 안에서 잉태하지 못하고 남에게서 끌어오는 이들이 씨올의 뜻을 알 까닭이 없다. 남의 힘을 빌려 자기들의 높은 특권을 유지하고 보호하고자 하는 이들의 눈에 낮은 곳에 있는 씨올의 뜻이 들어올 리 없다.

현실이 이렇게 씨올의 뜻과 무관하게 진행되면 종교라도 정신을 차려야 하는데 이마저도 제 구실을 하지 못하고 오히려 씨올의 뜻에 반하는 방향으로 한민족의 역사를 이끌었다. 여기서 함석헌은 특히 한민족의 전통종교인 불교와 유교에 화살을 돌린다. "한 시대가 새로워지는 것은 결국 기적이 일어나야 한다. 기적을 행하는 것은 외물을 기다리지 않고 스스로 하는 정신만이다. 그러므로 결국 종교문제다. … 그런데 이때의 종교는 어떠하였느냐 하면 불교에서도 유교에서도 새로운 것을 기대할 수 없었다. 이제 깬다는 것은 씨올이 깬다는 것이므로 요구되는 것은 씨올의 종교다. 그런데 유교도 불교도 다 씨올의 종교는 될 수 없었다. 그것은 완전히 씨올을 떠나 특권층의 것이 되어 버렸고, 그 특권층과 함께 썩었으므로 도저히 씨올의 가슴을 흔들 힘이 없었다. 씨올의 구하는 것은 곧 새 양심이다. 두 종교가 다 특권층에 붙음으로써 씨올의 양심을 마비시켜 버렸다. 그러므로 그때의 형식으로 굳어진 유교 교리나 고루한 선비의 유교 사상을 가지고는 아무리 뒤집고 고쳐 보아도 씨올을 흔드는 새것은 나올 수 없었다."(1/244) 불교와 유교는 '씨올을 위한, 씨올에 의한'이 아니라 오히려 씨올을 억압하고 배제하는 특권층의 논리를 정당화하고 강화하는 데 이용된 것이다.

씨올의 정신은 세련된 문인(文人)의 정신이 아니라 순박한 야인(野人)의 정신과 통한다. 고상한 형식을 갖추고 인위적인 것으로 치장한 위인이 아니라 아무런 틀에 갇히지 않으면서 자연스럽게 자신의 행방을 정하는 야인에게서 그는 씨올의 생명력을 확인한다. 그는 문(文)에 대해 야(野)의 의미를 '무늬'에 대한 '바탈/바탕'의 의미로 설명한다(2/141). 요컨대 '야(野)'가 체(體)라면 '문(文)'은 용(用)이고, '야(野)'가 성(性)이라면 '문(文)'은 형(形)이다. 씨올의 힘은 이렇게 자연본원적이면서도 길들여지지 않은 야인정신에 토대를 두고 있고, 그렇기 때문에 창조적이다. "창조하는 힘은 씨올에게만 있습니다. 모든 시대를 죽음에서 건져내어 새 문화로 부활하게 하는 영원한 역사의 메시아는 씨올 속에 숨어 있습니다. 다만 하늘 소리 땅 소리가 그 속에서 결합되지 않으면 안 됩니다. 땅에서 올라온 양분과 하늘에서 내려온 빛이 열매 속에서 하나로 결합되듯 씨올은 지나간 역사를 씹어 그 의미를 깨닫고 영원한 앞을 내다보아 비전을 얻어 그것을 자기 속에서 결합시켜야 합니다."(5/12) 자연적이고, 그래서 근원적이고, 그래서 불멸이고, 그래서 창조적인 씨올이 인류의 미래를 짊어지고 있는 것이다. "살고 죽는, 화복의 마지막 결정권은 민중에 있다."(5/137)

함석헌에 따르면 한민족은 본래 야인정신에 뿌리를 두고 있었다. 그런데 고난의 역사 속에서 한민족은 그 야성을 잃어버렸다. 이제 "잃어버린 야성(野性)을 도로 찾도록"(2/144) 해야 한다. 지금 우리는 야인(들사람), 즉 "스스로 제 살을 찢는 자"(2/147)를 필요로 한다. 씨올을 일깨울 인물은 야인정신으로 무장해야 한다. 그리하여 역사 밖으로 나아가야 한다. 야인은 역사초탈자이다. 여기서 '초탈'은 인위적인 형성물인 문(文)의 역사 밖의 관점에서 지금의 역사와는 다른 가능성을 여는 행위이다. 이를 위해 야인은 현재의 자기와 현재의 역사를 부정하고/죽이고 자신과 세계를 새롭게 구성하려는 의지를 지녀야 한다. 주어진 사실을 역사적 사실로 인정하면서 또한 이를 죽여야 한다. 역사의 불연속이 생명의 미학이다. 그런 의미에서 "사실이 중요하지만 事實은 史實이 되어야 하고 死實에 이르러야 한다."(2/134-135) 죽임은 시간의 단절이고 단절은 새 생명의 시작이다. 그래서 혁명이다. 자기분열과 자기모순 속에서도 씨올이 본래의 자기를 찾아갈 수 있는 길을 야인은 터놓아야 한다. 헤겔은 말한다. "죽음을 두려워하고 곤경을 겁내 몸을 사리는 그러한 삶은 삶이 아니다. 정신의 삶은 죽음을 인내하고 그 안에서 자기를 보존하는 것이다. 정신은 절대적인 분열 속에서 자기 자신을 발견함으로써만 진

리를 얻는다."(Ph 36)

함석헌과 헤겔은 하나같이 역사의 진행에서 대립과 갈등이 필수적이라고 말한다. 고난의 과정 없이 역사는 자라지 못한다. "가시 없는 장미를 볼 수 없듯이 아픔 없이 하나님을 찾아 만날 수는 없다. 그러므로 인류의 길은 고통의 길이요, 역사의 나감은 수난의 과정이다."(1/53) 다만 고난에 지느냐 이기느냐가 관건이다. 고난에는 뜻이 있다. 이유가 있다. 아무 뜻 없이 주어지는 고난은 없다. 또한 헤겔은 (자연적인) 의식이 나아가는 길을 "절망의 도정"이라고 하지만, 이 도정은 "비(非)진리에 대항하여 자신을 구체적으로 실현시키는 과정"(Ph 72/73)이다. 한민족은 지금까지 고난에 담긴 뜻을 알지 못한 채 세월을 흘려보냈다. 이제는 그 뜻을 알아차릴 때이다. 하늘은 매번 고난의 뜻을 흔적으로 남겨 고난 극복의 기회를 주었건만 눈치 없는 민족은 매번 그 뜻에 어긋났다. 그러나 고난의 밤이 길수록 거기에는 더 큰 뜻이 있다고 함석헌은 믿는다. 지난 과거와 현재를 돌아볼수록 회한과 통탄이 앞서지만 한민족은 그 안에 감추어진 뜻을 알아 더 이상 과거의 그림자에 갇혀 운명론적인 우울에 빠져서는 안 된다. '뜻에 대한 믿음'으로 자기를 돌이키는 자만이 현재의 갇힌 운명에서 벗어나 자신의 길을 창조적으로 개척할 수 있다. "죽음을 죽음으로 알지 않음으로 정신이 된다. 믿음이 정신이요, 믿음이 불사신이다. 혼이 스스로 죽음으로 갇혀버렸다. 갇혀버린 혼, 그것이 곧 운명이다. 그러므로 운명은 자신을 잊은 자에게는 언제나 있는 것이요, 스스로 하는 자에게는 없다."(1/305) 씨올의 혼이 살아 있어야 한다. 그리하여 역사를 "끊임없이 영원히 새로 짜(야) 한다."(2/27) 멈춤은 죽음이다. 운명은 죽음을 무릅쓰고 죽음에 항거하는 자 앞에서 빛을 잃는다. 씨올은 운명을 거부하고 자기를 개척하는 이들이다. 그리하여 개인으로서의 자기와 민족으로서의 자기를 혁신하고 혁명하는 일이야말로 하늘이 씨울에게 부여한 뜻이다.

한국의 함석헌을 독일의 헤겔과 비교하는 일은 사실 간단한 과제가 아니다. 더구나 자신이 오래 공부한 인물을 '통하여' 다른 인물을 살피는 일은 그 선판단으로 인해 위험하기까지 하다. 자칫하면 드러난 결과만 보고 피상적으로 비교할 공산이 크다. 이 점을 고려하여 나는 가능한 한 객관성을 기하려고 주의했다. 이 글에서 나는 함석헌과 헤겔이 같은 생각을 했다고 주장하고 싶지는 않다. 서로 어긋나는 부분을 이 글에서 거의 의도적으로 제외시켰다. 자연과 인간의 의식을 동일시할 수 있는가 하는 문제, 역사를 자유의식의 진보로만 볼 수 있는가 하는 문제, 세속사와 구원사는 일치하는가 하는 문제, 역사에서 개인/민중이 어떤 역할을 할 수 있는가 하는 문제 등에 대해 두 인물은 견해 차이를 보인다고 나는 생각한다. 이 차이를 무시할 수는 없지만, 본질적인 것에서 접근하는 정도에 비하면 이 차이는 상대적으로 미미하다. 이 글은 정신의 자기복귀적인 원환성과 그것의 위대한 실천력을 중심으로 두 인물의 사상을 비교했다. 두 인물의 사상적인 접근 가능성을 통하여 이론적으로는 동서양의 사상적인 교류 가능성을 포착해야 할 것이며, 실천적으로는 척박한 한반도의 정신적 풍토를 혁신해야 하는 데 부지런해야 할 것이다. 함석헌과 헤겔은 똑같이 서양 기독교의 섭리관 밑에서 역사철학을 전개하지만 거기에는 동시에 동양적인 원환의 논리가 강하게 배어 있다는 사실을 이 글에서 밝힌 것은 한민족뿐만 아니라 인류가 지향해야 할 정신의 가치가 무엇인지를 암시하며 이를 바탕으로 정신이 현실에서 구체적으로 힘을 발휘할 수 있도록 도모해야 한다. 이는 함석헌과 헤겔의 뜻이기도 하다.

유헌식

연세대학교 사회학과 졸업. 연세대 대학원 철학과 석사. 독일 프랑크푸르트 괴테 대학 철학박사. 『헤겔연구』와 『철학과 현실』 편집위원. 현재 텍스트 해석연구소 소장 및 연세대 인문학연구원 선임연구원. 주요 저서로 『통합적으로 철학하기: 1권 고독』, 『통합적으로 철학하기: 2권 성장』, 『죽음아, 날 살려라: 텍스트로 철학하기』 등이 있다.

역사이성과 자기혁신

．

2009년 1월 10일 1판 1쇄 인쇄
2009년 1월 15일 1판 1쇄 발행

지은이 / 유 헌 식
발행인 / 전 춘 호
발행처 / 철학과현실사
서울시 종로구 동숭동 1-45
전화 579-5908 · 5909
등록 / 1987.12.15.제1-583호

ISBN 978-89-7775-678-6 03160
값 15,000원